한반도 평화를 위하여

비핵화와 대안적 안보 체제

심재권 지음

한반도의 민주주의, 평화
그리고 통일을 위해
(때로는 목숨을 바쳐)
헌신한 모든 이들께 바친다

1994년도 막 저물어 갈 무렵, 나는 함세웅 신부와 백양사 주지로 있는 지선 스님, 그리고 김근태 등과 함께 통일시대민주주의국민회의의 진로와 야권 통합에 대해 논의하고 있었다. 그 때 밖에서 "심재권 씨가 찾아왔다"고 쓰여진 메모가 들어왔다. 우리는 잠시 회의를 멈추고 그를 맞이하였다. 83년 전두환 정권에 의해 국외로 추방된 이후 실로 10수년만의 해후였다.

모르는 사람들이 그의 단아한 용모를 보면 아무도 그의 이력을 상상하지 못할 것이다. 이런 일화가 있다. 그가 공안 검사에게 불려 갔을 때 공안 검사는 눈이 휘둥그래지면서 "당신이 심재권이냐?"고 물으며 믿을 수 없다는 표정을 지었다고 한다. 그는 이렇게 외모에 어울리지 않게 70년대 이래 수배 기간 내내 안기부와 공안 검사들 사이에서 신출귀몰한 존재로 악명을 날렸던 인물이다.

심재권은 서울대 상대 재학 중인 71년 '서울대생 내란음모 사건'을 시작으로 유신반대투쟁, 민청학련 사건, 긴급조치 9호 위반, 김대중 내란음모 사건 등 민주화 운동의 주요 사건마다 주동자로 이름이 올랐지만 검거된 것은 71년과 82년 두 차례뿐이다. 그가 73년부터 82년까지 10년 동안 수사망을 피해 다니면서 운동을 주도했던 기록은 운동권에서 아직까지 최장기 도피 사례로 남아 있다. 이러한 행적은 아직도 전설로 회자되고 있을 정도로 유명한 일화로 남아 있는 것이다.

하지만 그의 운동권 생활은 안기부의 강요에 의해 83년 오스트레일리아로 출국하면서 끝이 났고, 국내에서 그에 대한 기억도 사라져갔다. 그로부터 11년, 호주 멜버른 모나쉬대학교에서 '핵문제 및 평화 이론'으로 국제정치학 박사 학위를 받은 그는 94년 말 귀국하여 30년 동지인 김근태와 함께 통일시대 민주주의국민회의에서 활동하게 되었다.

그 날 나는 그와 헤어지면서도 그의 모습이 뇌리에서 떠나지 않았다. 작은

키에 맑은 눈동자에서 뿜어져 나오는 그의 당찬 눈빛은 나를 사로잡고도 남았다. 그의 부드러우면서도 강한 눈빛의 의미가 무엇일까 하고 문득 생각하곤 했다.

그를 다시 만난 것은 그로부터 몇 달 후, 통일시대민주주의국민회의의 회원들이 마련한 '한반도 평화를 위하여'라는 강연 자리에서 였다. 강사는 물론 심재권이었다. 열정적으로 한반도의 평화와 통일에 대해서 강의하는 그의 품새와 눈망울을 보면서 나는 문익환 목사를 생각하고 있었다. 그랬다. 바로 그의 눈빛의 의미를 이제야 알았다. 따뜻하면서도 맑게 빛나는 눈, 열정과 자신에 찬 그의 눈빛에서 한국의 미래를 보고 있었던 것이다. 문목사님께서 생전에 그토록 사랑하고 아끼셨던 젊은 청년 심재권이 식견있는 통일 문제 전문가로 우리 앞에 당당히 서 있는 모습을 보신다면 얼마나 기뻐하고 흐뭇해하실 것인가.

강의 직후 우리는 심재권 박사의 학위 논문을 번역 출판하기로 결정하였다. 이러한 결정은 북한 핵문제로 야기된 핵전쟁의 위험성과 한반도의 평화 문제 등에 대해 우리들에게 많은 시사점을 줄 수 있다는 확신이 있었기 때문이다.

한국 사회의 민주화와 민족의 평화적 통일은 21세기 한민족의 웅비를 약속하는 미래의 비전이다. 이에 대한 국민적 관심은 앞으로 더욱 높아질 것이다. 이러한 때 한반도의 평화에 대한 탁월한 연구서인 『한반도 평화를 위하여 — 비핵화와 대안적 안보 체제』가 출간되는 것은 매우 환영할 만한 일이라 할 것이다.

특히 한반도 '비핵무기지대화'와 함께 저자가 제기하고 있는 '비도발적 방위 체제'는 핵문제뿐만 아니라 재래식 무기를 포함한 국가의 군사 방위 체제까지 연구 범위를 확대한 것으로서, 앞으로 남북한 간의 재래식 무기의 군축 및 군사 체제 전환에 의미있는 역할을 할 것으로 기대된다.

아무쪼록 독자들의 많은 관심과 토론이 있기를 기대한다.

1996년 3월

통일시대민주주의국민회의 상임대표

목사 김상근

□ 서 문
— 한국어판을 내면서

이 책은 필자의 박사 학위 논문(『한반도 평화를 위하여 — 핵억지 이론과 대체 안보 이론들』[*Towards Peace in the Korean Peninsula: Nuclear Deterrence and Alternative Security Approaches*], 1994년 호주 멜버른, 모나쉬대학교)을 완역한 것이다.

오랜 망명 생활 끝에 꿈에도 그리던 조국의 품에 돌아와 학위 논문의 한국어판을 내게 되니, 지난날의 고통스러웠던 불면의 기억들이 한꺼번에 밀려들어 무슨 말부터 해야 할지 모르겠다. 참으로 기나긴 고난의 역정이었다. 그러나 지금 심경은 캄캄한 터널을 가까스로 빠져나와 안도의 숨을 고르고 있다기보다는, 새로운 출발에 앞서 무거운 책임감과 함께 가슴 속 설레임을 억누를 수가 없다.

벌써 30년 가까운 세월이 흘렀다. 1960년대 후반, 대학에 입학하자마자 학우들과 삼선 개헌 반대 운동에 나선 이래 독재 권력에 맞서는 한길을 달려온 지 30년이다. 71년 민주수호전국청년학생연맹을 조직할 무렵, 박정희 군사 정권은 이미 종신 집권의 길을 치닫고 있었고 학교에는 무겁고도 침울한 회색의 암운이 드리워 있었다. 박정희 정권은 71년 ‘서울대생 내란음모 사건’을 조작했다. 이 사건으로 조영래, 장기표, 이신범 등과 함께 구속되었던 필자는 이 때부터 투옥과 수배로 점철된 고난의 길로 들어서게 되었다.

영원할 것만 같던 유신 정권이 심복의 총구에 쓰러지고 온나라가 민주화의 꿈에 부풀어갈 무렵, 필자는 김대중 선생님 등과 함께 한 민주회복민족통일국민연합의 중앙상무위원 겸 홍보국장을 맡았다. 80년 5월 17일, 비상계엄 전국 확대와 함께 광주 항쟁이 발발하면서 ‘김대중 등 내란음모 사건’이 발표되었다. 국민연합에서는 윤보선, 함석헌 두 분의 공동 의장을 제외한 중앙상임위원 전원이 구속되거나 수배되었다. 사실상 국민연합의 활동과 참여자들이 내란음모 활동과 그 주요 종사자로 둔갑하고 있었다. 필자는 체포는 면했으나 그 후 2년여 다시 “수배자”의 생활을 보내야 했다.

1982년 말에 내란 음모 사건 관련자들이 모두 출소한 후 필자는 사건을 종료해 주겠다는 당국으로부터의 약속을 박형규 목사님을 통해 받고 수사 당국에 출두했었다. 그러나 약속과는 달리 바로 서대문구치소에 수감되면서 수사를 한 달여 받아야 했다. "김대중 등 내란음모 사건"에서 필자의 역할은 지도부와 학생들 간의 연결 고리를 담당하는 것으로 기소장에 나타나 있었다. 70년대 수배 중의 여러 사건들과 내란음모 사건으로 수배 중의 국민연합 항의 성명 발표 등의 활동도 혐의에 올라 있었다. 한 수사관은 그간의 혐의 사건이 30건이 넘는다고 윽박지르기도 했다.

"공소 정지"라는 생소한 법적 신분으로 필자를 석방하며 당국은 필자에게 출국을 종용했다. 물론 장기 투옥의 위협도 뒤따랐다. 필자는 그간의 사건들과 관련하여 그 동안 일을 함께 하거나 도와준 분들을 지켜주어야 할 의무를 안고 있었다.

안병무 박사님의 주선으로 독일과 호주 인권 단체들에서 초청이 와 주위 분들에게 상의를 드렸을 때 적극 출국을 권유하셨다. 사람의 삶에도 재충전의 시간이 필요하다며 1, 2년 정도 밖에 다녀오는 것은 다른 면들에서도 도움이 되리라는 따뜻한 격려에서였다. 1, 2년을 생각하고 호주로 출국한 것이 10여 년의 세월이 흘렀다. 호주로 온 다음해에 38세 만학의 학부 청강생 신분으로 공부를 다시 시작한 것이다. 그렇게 떠났던 망명의 길이 이제 10년만에 한반도의 평화를 위한 소중한 결정체로 영글어 세상에 내놓게 되었다.

이 책의 주제는 한반도 평화에 관한 것이다. 민주화 운동을 하다 국외로 추방된 필자로서는 자나깨나 우리 나라 민주화의 완성에 대해 고민하지 않을 수 없었다. 그 결과 필자는 한국 민주화의 완성은 한민족의 평화적 통일 외에는 불가능하다는 결론에 도달하였다. 따라서 이 책은 한국 민주화의 완성과 민족의 평화적 통일이라는 두 개의 통일된 문제 의식에서 출발해 탄생한 산물인 것이다.

민족 통일을 이룩하기 위한 기초로서 한반도에서의 날카로운 정치·군사적 대치 상황을 어떻게 하면 완화하고, 항구적인 평화 상태로 만들 수 있는가에 대해 필자는 일차적 관심을 갖게 되었다. 따라서 평화의 문제, 구체적으로는 한반도의 평화 문제가 필자의 연구 주제이다.

필자는 남북한간의 지속적이고 날카로운 정치·군사적 대치를 염두에 두고,

특히 한반도가 오랫동안 핵억지의 논리 속에서 핵발화점으로 간주되어 왔음을 심각히 고려하였다. 따라서 한반도에서의 핵전쟁의 위험과 남북한간의 군사적 긴장 및 갈등을 제거하거나 상당 정도 감소시킬 수 있는 대안적인 안보 전략의 틀을 제시해 보고자 하였다. 그 결과 특정한 대안적 안보 전략의 틀로서 비핵무기지대화와 비도발적 방위 체제를 제안하기에 이르렀다.

필자는 비핵무기지대화와 비도발적 방위 체제야말로 한반도의 평화를 보장할 수 있으며, 민족의 평화적 통일의 기초임을 확신한다. 이에 대하여 독자들과 많은 토론이 있기를 기대한다.

한국어판을 출간함에 있어 필자는 다음 두 가지 점을 염두에 두었다. 우선 이 연구는 1992년까지를 다루고 있고, 인용된 자료 또한 1993년 이전의 것으로 한정되어 있다는 점이다. 그러나 90년대 이후에도 한반도는 여전히 군사적 긴장이 계속되고 있기 때문에 여기 제안된 이론들은 아직까지 유효할 것이다. 하지만 필자가 연구할 때와 비교해서 국내외적 환경이 많은 변화가 있었으므로 1996년 현재 시점에서 좀더 보완, 보충이 필요하다. 다음으로 보다 대중적으로 읽히도록 형식 면에서 대폭적인 수정을 기획하고 있었다. 하지만 이 모든 것이 이루어지지 못하고 출판되어 아쉽게 생각한다. 필자의 게으름을 자탄한다.

참고로 이 책의 한국어판 이외의 판권은 호주 국립한국학연구소에 있으며, Allen & Unwin 출판사와 이미 출판 계약을 맺은 상태에 있음을 밝혀 둔다.

끝으로 이 책의 번역에 도움을 준 '통일시대민주주의국민회의 통일위원회' 여러 회원들과 짧은 시간에도 불구하고 출판에 기꺼이 응해준 도서출판 한울의 김종수 사장에게 심심한 사의를 표한다.

필자의 아버님께서 얼마 전 갑작스럽게 돌아가셨다. 못난 자식탓에 80평생 많은 마음고생을 하신 아버님이다. 불초 자식, 늦게나마 사죄하는 마음으로 아버님의 영전에 이 책을 바친다.

1996년 3월
둔촌동 서재에서
심재권

□ 감사의 글

　이 논문이 이렇게 빛을 보게 되기까지 결코 완전히 갚지 못한 도움을 주신 많은 분들과 기관에 감사를 드린다. 우선 호주에 머물면서 연구할 수 있도록 지원해 주신 한국기독교장로회의 안병무 박사님, 남서독 교회선교협회 인권위원회, 호주연합교회 세계선교부의 존 P. 브라운 목사님과 그램 F. 브룩스 목사님, 호주인권재단의 리차드 F. 우튼 목사님, 호주 연합교회 교구 선교봉사위원회의 말콤 H. 캠벨 목사님께 감사드린다.

　이 논문이 제 모습을 갖출 수 있도록, 연구 과정과 논문 준비 과정에서 통찰력과 이해심으로 이끌어 주신 앤드류 페리 교수님과 특히 모나쉬 대학에서 은퇴하신 뒤에도 도움을 아끼지 않으셨던 허브 페이스 교수님 등 두 분 지도교수님께 감사드린다. 본 논문은 이들 교수님의 지도 없이는 불가능했지만, 논문에 대한 책임은 전적으로 필자에게 있음은 물론이다.

　필자가 공부하는 동안, 유학생이 겪는 여러 어려움을 이해하시며 따뜻한 마음으로 필자의 학업을 장려해 주신 모나쉬 대학 정치학과의 학장직을 역임하였던 휴 에미 교수님과 데이비드 캠프 교수님을 비롯한 여러 다른 교수님들과 교직원 여러분께도 감사를 드린다. 특히 세실리아 M. 쏘레이 여사는 여러 행정적인 문제를 해결하는 데 친절하게 도와 주셨고, 피터 로얼러와 앤드류 벗포이는 필요한 자료를 찾는 데 많은 도움을 주셨다. 그리고 필자의 연구를 지원해 주신 호주한국학연구원에 감사의 마음을 전한다.

　호주에 머물며 공부하는 동안 따뜻한 우정을 맺었던 많은 호주인들과 한국 교민 여러분들께도 감사드린다.

　마지막으로 멀리 서울에서 따뜻한 마음으로 저를 북돋아 주셨던 부모님과 형제자매, 공부하는 전 과정 동안 사랑으로 힘이 되어 준 아내, 공부에 허덕이던 아빠를 인내해 준 아들 주현이에 대한 고마움을 이 자리를 빌어 새삼 되새겨 둔다.

차 례

서 론

1945년 7월 16일 뉴멕시코의 알라모고르도(Alamogordo) 근처 사막에서 있었던 미국의 핵실험 성공은 전쟁이 인간 문명 그 자체의 종언을 의미할 수도 있는 신시대를 열어 놓았다. 1945년 8월 6일 히로시마에 12킬로톤의 폭발력을 지닌 최초의 핵폭탄이 투하되었을 때 그것은 인류 역사상 가장 끔찍한 무기임이 밝혀졌다. 단 한 개의 폭탄이 눈 깜짝할 사이에 도시 하나를 파괴할 수 있었다.[1] 6만 6천여 명의 사람들이 핵폭발과 그에 이어진 불폭풍 속에서 즉사했고, 히로시마 건축물들의 80% 정도가 파괴되었다. 그리고 같은 해 말까지 방사능에 의한 부상으로 8만여 명이 더 사망했다.

주지하다시피, 그 이후로 핵무기 체계는 양적으로나 질적으로 엄청나게 발전했다. 이제 핵탄두는 비행기나 지하 발사대, 해저 잠수함에서 쏘아올린 미사일뿐만 아니라, 이동대포에서 발사되는 핵포탄, 그리고 그것을 폭뢰와 수중 어뢰로 바다 속에 투하하는 배로도 운반할 수 있게 되었다. 운반 속도와 정확성 역시 가공할 만큼 발전했다. 크기는 작아지고 무게는 가벼워졌으며, 폭발력은 더욱 강력해짐으로써 핵탄두 그 자체 역시 매우 정교해졌다.

1980년 미의회 기술평가위원회는 미상원 외교위원회의 요청으로 핵전쟁의

---

1) 핵폭발의 영향에 대한 보다 구체적인 설명은 Barnaby and Rotblat(1983: 16-20), Prins(1983: 65-70), Berger(1981: 220-222)를 참고하라.

효과에 대한 연구를 수행한 바 있다. 이에 따르면 미국과 소련이 상대국의 한 도시, 즉 소련의 레닌그라드와 미국의 디트로이트에 1메가톤의 공중 폭발력을 갖는 공격을 주고 받는다면 핵불덩어리와 핵폭풍에 의해 레닌그라드에서는 약 90만 명, 디트로이트에서는 약 50만 명이 즉사할 것으로 알려졌다(U.S. Office of Technology Assessment, 1980: 27-45).

사망자 수의 차이는 대체로 레닌그라드의 인구 밀도가 더 높은 데 기인하는 것이다. 소련이 미국에 전면 선제 공격을 감행하고 미국이 이에 대해 전면적인 보복 공격을 실시할 경우 미국에서는 첫 30일 동안에만 7천만 명 내지 1억 6천만 명(미국 총인구의 35~77%)이, 소련에서는 같은 기간 동안 5천만 명 내지 1억 명(소련 총인구의 20~40%)이 사망할 것이라고 이 보고서는 밝혔다(U.S. Office of Technology Assessment, 1980: 94-106). 소련의 희생자 수가 더 적게 추산된 것은 소련 인구의 대부분이 농촌 지역에 거주하기 때문이다.

그러나 핵전쟁의 영향은 한 나라의 영토가 어디서 시작되고 끝나는가에 크게 좌우되지 않는다. 1986년 체르노빌 사고가 보여주듯, 명백히 한 나라에 한정된 핵전쟁조차도 교전국이 아닌 이웃 나라들의 시민들을 방사능 낙진의 위험에 빠뜨리게 되는 것이다.

핵무기 보유국들(*nuclear-weapon states*, NWSs) 간의 전면적 핵전쟁은 말할 것도 없이 더욱 더 심각한 문제를 야기한다. 1982년 폴 크루첸과 존 버크스는 스웨덴 왕립 과학원의 보고서에서 모든 핵무기 보유국들이 참여하는 전면 핵전쟁이 발생한다면 그 결과는 관계국들이 즉시 핵폭풍과 화재, 그리고 방사능으로 끔찍한 피해를 받는 것을 넘어서 장기적인 기후 파괴로까지 이어질 것이라고 주장했다(Crutzen and Birks, 1983: 73-96). 그들은 핵폭발은 불바다를 만들어 낼 것이고, 이 화재로 발생한 연기구름은 햇빛을 흡수하여 "한낮을 저녁"으로 만들어 버릴 것이라고 주장했다. 이런 통찰을 이어받아 1983년 말 리차드 투르코(Richard Turco), 오웬 툰(Owen Toon), 토마스 액커만(Thomas Ackerman), 제임스 폴락(James Pollack), 그리고 칼 세이건(Carl Sagan)— 이들은 이름의 첫글자를 따서 보통 TTAPS로 불린다 —은 '핵겨울' 이론을 제시했다. 핵폭풍과 대화재로 발생하는 엄청난 양의 먼지와 검은 매연이 태양빛을 흡수할 것이고, 이는 대기의 온도를 높이고 지구 표면을 냉각시킬 것이며,

그 결과 혹독하고 긴 저온 현상이 나타날 것이다. 이 저온 현상은 생태적, 유전적 피해와 유행병, 그리고 광범위한 곡물 피해와 기근을 야기할 것이다.[2]

오존층의 파괴에 대해서도 경고가 내려졌다. 핵전쟁으로 인한 화재는 대량의 스모크를 낮은 대기층에 주입시킬 것이고, 스모크가 침투한 대기는 태양열에 의해 섭씨 100도까지 가열될 것이다. 그리고 이는 바람의 흐름을 교란시켜 대부분의 오존층을 쓸어낼 것이다(Turco et al. 1990: 173; Sagan and Turco, 1990: 57-58).[3]

---

2) 핵겨울 이론은 광범위한 논쟁을 야기했다. 그러나 오늘날 이 이론이 주장한 기본적인 물리학적 사항의 유효성을 반박하는 과학자들은 거의 없다. 1986년 미국의 국립기후연구소의 톰슨과 슈나이더가 주장한 '핵가을'(nuclear fall) 이론은 핵무기 옹호자들이 종종 지지하는데, 이들은 과학이 핵겨울 이론의 그릇됨을 증명했다고 주장한다. 도대체 누가 가을을 두려워하겠는가? 그러나 앨런 로벅은 핵가을 이론은 "핵겨울 이론의 결론이 그릇되었음을 증명하지 못했다 ― 농업은 치명적으로 파괴될 것이다"라고 주장했다(Robock, 1989: 32). 세이건과 투르코 역시 핵'가을' 이론과 핵'겨울' 이론은 "동일한 물리학 가정에 기초한 결론"이라고 지적하면서 사실상 "'가을'이라는 계산이 핵겨울 이론을 확증하는 것"이라고 지적했다(Sagan and Turco, 1990: 35). "그들(톰슨과 슈나이더)이 가정하는 낮은 고도로의 연기 침투와 심한 오존층 제거 효과는 지구 표면의 냉각을 예견되었던 것보다 상당 정도 완화시킬 것이다. …… (그러나) 연기가 좀 더 현실적인 고도에 주입되고 제거 효과가 보다 그럴듯하게 나타난다면, '가을'은 '겨울'로 냉각되기 시작할 것이다. 이제 슈나이더 자신도 핵가을을 세이건과 투르코가 주장하는 것처럼 '겨울로 가는 문턱'으로 묘사하고 있는 것이다."(Sagan and Turco, 1990: 35-40)

  물론 핵겨울이 얼마나 끔찍한 것이 될지는 얼마나 많은 핵폭탄이 어떤 목표물에 떨어지는가에 따라 다를 수 있다. 새로운 정보와 실험에 기초하여 1990년의 TTAPS 연구는 연기구름 속에 휩싸인 한여름 대지의 기온은 몇 개월 간 평균 섭씨 10도에서 20도(1983년 연구에서는 섭씨 15도에서 25도)로 떨어질 것이며, 35도나 기온이 떨어지는 지역도 있을 것이라고 예언했다(Turco et al. 1990: 166; 보다 상세한 논의는 Sagan and Turco, 1993: 193-201, 448). 또한 "도시가 공격 목표가 되는 경우에는 비교적 작은 규모의 핵전쟁조차도 파국적인 기후 변화를 가져올 수 있다"는 주장도 있다(Sagan 1983/84: 268; Robock, 1989: 32-35 참고).

3) 또한 핵불덩어리는 공기 중의 질소를 연소시켜 엄청난 질소산화물(NOx)을 만들어 낼 것이다. 이 질소산화물은 폭풍의 열로 성층권으로 옮겨져 일련의 화학 반응을 일으킴으로써 남아 있는 오존층을 더 고갈시킬 것이다. TTAPS는, 1990년의 실험 결과들은 핵전쟁으로 발생한 연기가 대량 주입되어 고갈되는 오존은 지구 전체 오존층의 약 50% 이상이 될 것이고, 오존의 손실은 수년 동안 계속될 것임을 보여준다고 주장했다(Turco et al. 1990: 173). 1975년 미국 국립과학아카데미의 보고서는 북반구에서 전면적인 핵전쟁이 발생한다면 "북반구에서는 약 70%, 남반구에서는 약 40%의 오존이 제거될 것이며…… 오존의 수준이 정상적인 상태로 되돌아오는 데는 약 30년이 걸릴 것"이라고 추산했다(Schell, 1982: 20에서 재인용).

오존층은 태양이 방출하는 자외선을 흡수하는 기능을 하기 때문에 지구상의 생명체들에게 결정적으로 중요하다. 오존층이 제거된다면, '생명의 근원'인 태양은 포유동물과 식물에게 '생명의 찬탈자'로 바뀔 것이다(Schell, 1982: 79-90; Sagan and Turco, 1990: 58-59).[4]

초기 핵시대 이래, '핵억지'(核抑止)는 전략 연구의 핵심적 주제였다. 핵무기의 파국적 파괴력을 인식하면서, 그러나 국제적인 정치 권위체가 없는 상태에서 국가는 자신의 군사력에 국가 안보를 의존해야 한다는 현실주의적 관점에 기반하여, 핵전쟁을 예방하는 최선의 방법은 핵무기로 무장한 잠재적 적을 똑같이 핵무기 반격으로 위협하는 것이라는 논리였다. 다시 말해 핵무기의 존재와 이용에서의 유효성은 일차적으로는 '억지'(deterrence), 즉 핵전쟁의 억제라는 개념에 있었다. 냉전 이후의 시대에도 핵무기가 이미 존재한다는 사실은 핵억지 전략을 유지하는 중요한 정당화의 근거였다.

한국은 고도로 동질적인 민족이며, 한국인은 1천 년 이상 통일된 나라를 유지해 왔다. 그러나 동북아의 중요한 전략적 이해의 교차 지역이라는 지정학적 이유들로 인해 한반도는 역사적으로 자주 주변 열강들의 각축장이 되어 왔다. 특히 19세기 중반 이래 한국인의 운명은 외국 열강들에 크게 좌우되었다. 흔히 한국의 비극으로 지칭되는, 지금의 한반도가 남북한으로 분단된 상태 역시 이런 열강들 간의 경쟁에 그 기원을 두고 있다.

분단 이후 동서 진영 대치의 전선이 되면서 남북한 관계는 수많은 갈등과 긴장으로 점철되어 왔다. 잘 알려져 있다시피 1950년대 초반 두 개의 한국은 비극적인 동족 상잔의 전쟁을 치렀다. 그 이후 극도의 증오와 반감을 지닌 고도로 무장한 두 세력이 비무장지대 양쪽에 포진했고, 악순환적인 군비 경쟁이 이루어졌다. 또 다른 동족 상잔의 위험이 한반도에 상존해 왔고, 비무장지대는

---

4) 다른 몇몇 연구 보고서들은 "매우 여러 차례(100회 이상)의 엄청난 폭발력(1메가톤 이상)을 가진 폭발이나 높은 고도에서 이 폭발"로 인해 오존층이 제거될 수도 있으며, 새로 개발된 다탄두 각개 목표 재돌입 미사일(*multiple independently targetable reentry vehicles*)이 매우 폭발력이 높은 탄두로 낮은 폭발력을 갖는 다기능 무기들을 대체했기 때문에, 강대국들의 무기 체계에 있어 폭발력이 높은 탄두의 수 자체는 감소되었다"고 주장한다. 그러나 이 연구들이 결코 오존층의 제거가 발생할 수 없다거나, 그것이 치명적이지 않음을 증명한 것은 아니다.

흔히 이야기되듯, 하나의 화약고였다. 동서 경쟁이 약화된 오늘날에도 백만이 넘는 양측의 무장군은 여전히 상대방과 대치하고 있다.

게다가, 미국의 핵억지 전략으로, 그리고 한국 전쟁 동안 미국이 핵무기를 사용하겠다고 위협한 이래, 한반도에는 핵무장한 열강들 간의 제3차 대전까지도 발발시킬 수 있는 지극히 폭발 가능성이 높은 핵위협이 상존해 왔다. 더구나 1970년대 남한의 핵무기 개발 시도와 북한의 핵잠재력을 둘러싼 논쟁들은 두 개의 한국 자체의 핵무장화 가능성마저 제기하고 있다. 남한이나 북한이 '억지'라는 개념에 근거해 핵을 가지게 된다면, 나머지 한쪽 역시 십중팔구 이를 따라갈 것이다. 그리고 양쪽의 군사 대치의 강도에 비추어 볼 때, 선제 공격의 위험을 갖는 핵무기 경쟁이 시작될 가능성이 높다. 남북한 간의 적대와 갈등은 이제 한국인들에 의해 수행되는 핵전쟁의 가능성마저 갖게 된 것이다.

외부 세력에 의해서든 한국인 자신에 의해서든 한국에서 핵전쟁이 발생한다고 가정해 보라. 수백만의 사람들이 목숨을 잃을 때, 그리고 한반도가 조나단 쉘의 말처럼 '벌레와 풀만 남은 땅'(Schell, 1982: 65)으로 변하면서 치명적인 방사능 낙진으로 뒤덮일 때, 우리는 진정 다음과 같은 질문에 부딪힐 것이다. 무엇을 위한, 누구를 위한 핵전쟁인가?

이 연구에서는 두 개의 한국 간의 지속적이고 날카로운 대치를 염두에 두고, 특히 한반도가 오랫동안 핵억지의 논리 속에서 핵발화점으로 간주되어 왔음을 고려하면서, 한반도에서 핵전쟁의 위험과 남북한 간의 군사 긴장 및 갈등을 제거하거나 상당 정도 감소시킬 수 있는 대안적인 안보 전략의 틀을 제시해 보고자 한다. 이를 위해 여기서는 핵억지의 문제점을 검토해 보고 대안적인 안보 전략 제안들을 모색해 볼 것이다. 그리고 남북한 간의 갈등 상황을 검토하면서, 한반도의 평화에 대한 이런 대안적인 접근법의 필요성과 적합성을 고찰해 볼 것이다. 마지막으로 특정한 대안적 안보 전략의 틀로서 — 이 대안적 안보 전략의 틀은 현재의 권력 정치적 국가 체계 속에서도 매우 고려할 만한 가치가 있는 강력한 것이다 — 비핵무기지대(*nuclear weapon-free zone*, NWFZ)와 비도발적 방위(*non-provacative defence*, NPD) 체제를 제안할 것이다.

핵현실주의와 그 대안, 4대 열강의 한반도에 대한 전략적 이해 관계와 관련 정책들, 남북한의 입장과 서로에 대한 정책들을 검토함에 있어 이 연구는 전체적으로 분석적이고 비교적이며 논쟁적인 접근 방법을 채택하려 한다. 따라서 이 연구는 새로운 경험적 자료들을 제공하기보다는 연관된 이론적 정책적 논쟁들을 검토하고, 이를 통해 핵억지라는 문제와 대안적 안보 모델, 그리고 한반도에서 안정과 평화를 증대를 시킬 수 있는 방법들을 검토하고 심화시키는 방향으로 짜여 있다.

두 개의 한국, 그리고 4대 열강 각각의 국내 정치에 있어 외교 정책의 우선순위가 무엇이어야 하는가에 대해서는 상당한 의견의 불일치가 존재한다. 이 논문에서는 때에 따라 이런 차이들에 대해 언급할 것이다. 그러나 계속해서 이런 내부 정치적 차이를 언급하는 것은 이 연구의 범위를 넘어서는 것이다. 따라서 개별 국가들의 정책에 대해 논함에 있어 그 준거는 각 국가 내에서 지배적인 위치를 차지하는 정책들에 한정될 것이다.

무엇이 평화인가, 혹은 어떤 평화가 추구되어야 하는가는 매우 논쟁적인 주제가 되어 왔다(Sorensen, 1988: 556-559).[5] 예컨대 '평화'를 정의함에 있어 케네쓰 보울딩은 무엇보다도 '전쟁 부재 상태로서의 평화 개념', 이른바 '소극적 평화' 개념을 제시했다(Boulding, 1978: 6). 그러나 갈퉁(Johan Galtung) 같은 저술가는 범위를 확대한다. 그는 그가 '적극적 평화'라고 칭하는 것을 주장하는데, 이는 직접적인 폭력이 존재하지 않을 뿐만 아니라 구조적 폭력(이는 사회 체계 내의 구조적 불평등에서 비롯되는 폭력을 의미한다)이나 문화적 폭력(이는 직접적, 구조적 폭력을 옹호하거나 정당화하는 데 이용될 수 있는 모든 문화적 요소들을 지칭한다)이 제거된 상태를 가리킨다(Galtung, 1990: 291-305). 또한 평화라는 개념 자체 역시 어떤 문명에서 이를 사용하는가에 따라 그 함의가 매우 달라진다. 법 지배 아래서의 '폭력의 부재'를 의미했던 로마어의 팍스(Pax)로부터 '정의로서의 평화'를 의미하는 히브리어의 '샬롬'(*shalom*)과 아랍어의 '살라암'(*sala'am*)을 거쳐, '영혼의 평화와 비폭력'을 의미하는 불교의 '아힘싸'(*ahimsa*)와 간디의 '사티아그라하'(*satyagraha*)에 이르기까지 그 함의는 매우 다양하다(Galtung, 1985: 154-155).

이 연구에서는 한반도에서의 평화 증진의 방법을 논의함에 있어, 대체로 '평화'란 남북한 양국이 상대방이나 주변 열강들로부터 어떤 군사적 침공의 위협

---

5) 평화 개념에 대한 논의는 Rapoport(1992: 139-168) 참조.

도 느끼지 않으면서, 서로 비적대적이고 협력적인 관계를 발전시키고 이 관계에 기반하여 통일을 추구하는 상황을 의미하는 것으로 사용할 것이다. 이는 남북한 간의 분단과 과거의 적대와 군사적 대치를 고려한 것이며, 또한 지난날 주변 열강들이 자신의 지정학적 이해 관계를 위해 한반도에서 추구했던 힘의 정치에 입각한 접근 방법의 역사를 염두에 둔 것이다.

이제 각 장의 내용을 간략히 소개하겠다. 제1장에서는 핵억지의 이론과 전략을 검토한다. 이 장에서는 먼저 제2차 세계 대전 이후 지배적인 전략적 틀이었던 핵억지 전략이 부상한 배경을, 정치 현실주의라는 그것의 철학적 기초와 더불어 고찰한다. 다음 핵억지의 개념을 분석한 뒤, 핵억지의 문제점과 전쟁 위험을 이론적, 실천적인 면에서 비판적으로 검토한다. 제2장에서는 현실주의적 안보 패러다임과 핵억지 체제에 대한 대안적 접근 방법들을 검토한다. 탈냉전 시대에조차도 여전히 핵억지가 전략 문제에 대한 담화에서 지배적 주제로 남아 있음을 고려하여, 핵억지 체제의 유지에 대한 중요한 주장들과 이런 주장들의 유효성 역시 논의될 것이다. 위에서 언급했듯, 두 개의 한국을 위한 대안적인 안보 체계를 발전시키기 위해 이 연구는 한반도 비핵무기지대와 한반도 비도발적 방위 체제의 수립을 논의하고자 한다. 그러나 이런 대안적 접근법들은 전체적으로 일종의 연속선상에서 제시되며 이 중 일부는 동시적으로 추구될 것을 의도하고 있는데, 제2장에서는 현실주의적인 힘의 정치에 기초한 국가 간 체계를 대치할 주요한 접근 방법의 전체적 윤곽들이 제시될 것이다.

두 개의 분리된 국가로서의 남북한 간의 긴장과 군사적 대치는 영토적 분단과 더불어 시작되었다. 이후로는 주로 한국이 한민족으로 구성되어 있으며, 과거 오랫동안 한 나라였다는 이유로 인해 통일 문제가 그들의 관계를 지배했다. 따라서 제3장에서는 남북한 간의 갈등 상황의 본질과 원인들을 이해하기 위해, 한반도에서의 대안적 안보 개념의 실행을 논의하기에 앞서 한국이 한 민족으로 구성되어 있고 오랫동안 통일된 나라를 이루어 왔음에도 불구하고, 왜 그리고 어떻게 한반도가 분단되게 되었는지 살펴본다. 제4장에서는 분단 이후, 특히 냉전 시대 동안의 남북한 간의 갈등 상황을 고찰하는 한편, 이런 분단과 대치 상태를 유지시켜 온 주요한 요인들에 대해 논의한다.

1990년대에 접어들면서 그리고 동서 관계가 변화하면서 한반도를 둘러싼 지정학적 상황 역시 극적인 변화를 경험해 왔다. 제5장과 제6장에서는 이러한 냉전 이후 한반도 내의, 그리고 한반도를 둘러싼 변화들과 갈등 상황을 고려하면서, 대안적인 안보 체계에 대한 제안을 '두 개의 한국' 체제에 적용시키는 문제를 검토한다. 제5장은 한반도에서의 비핵무기지대의 적합성과 필요성을 논의한다. 이 장에서는 유엔의 비핵무기지대 모델의 논쟁점들을 고려하면서 한반도 비핵무기지대를 위한 개략적 원칙들 역시 제시한다. 제6장에서는 비도발적 방위 체제의 적합성과 필요성을 논한다. 제6장에서는 대안적인 군사 전략으로서의 비도발적 방위 체계의 효율성에 대한 논쟁을 검토하는 한편 남북한 양국을 위한 개략적인 비도발적 방위 체제를 제시한다.

맨마지막 결론 부분에서는 이 연구가 밝혀낸 중요한 사항들을 요약한다.

모든 연구는 명확한 주장을 가져야 하지만 이는 매우 인위적인 것이다. 필자는 이 연구를 냉전이 거의 막바지에 달했던 1980년대 후반까지의 사건들로 한정하라는 좋은 충고를 받은 바 있다. 그러나 이 연구가 애초에 한반도의 평화를 위한 구체적인 대안적 안보 체계를 제시함을 목적으로 했고, 특히 현재 한반도의 분단이 한반도에 대한 미소의 힘의 정치에 입각한 접근 방법에 기원하고 있기 때문에, 필자는 미소 간의 경쟁이 약화되기 시작한 직후까지 이 연구에서 다루기로 했다. 이 연구는 1992년 후반에 끝났으며, 따라서 이용된 자료들 역시 93년 이전의 것으로 한정되어 있다.

이 연구의 초고가 마지막 손질을 거치고 있을 무렵, 북한의 핵잠재력을 둘러싼 논쟁은 제3단계라고 할 수 있는 시기에 접어들었다. 제5장에서 살펴보게 되겠지만 1992년 말까지의 이 핵문제를 둘러싼 논쟁은 두 단계로 나눌 수 있다. 1991년 12월 남북한이 한반도의 비핵화에 합의한 때까지의 1단계와 핵시설의 목표, 과정 그리고 상대방의 핵시설에 대한 사찰이 이루어지게 될 그 이후이다. 그러나 1993년 2월 국제원자력기구(IAEA)는 미국의 주도 아래 이 기구 역사상 최초로 북한의 두 군데의 핵시설에 대한 특별 사찰을 실시할 것을 결정했다. 미국은 이 두 군데가 북한의 비밀 핵시설일 수 있다는 의혹을 제기했다. 그러나 북한은 핵무기확산금지조약(NPT)과 국제원자력기구의 사찰 체계의 차별적 성격에 불만을 표하면서 이런 국제원자력기구의 결정에 대해

1993년 핵무기확산금지조약 그 자체로부터의 탈퇴로 대응했다. 한국-남한 측의 첫번째 반응은 유엔 안전보장이사회의 결의를 통한 북한에 대한 경제·군사적 제재 조처를 고려한 것이었다. 그러나 북한의 주요 동맹국이고 이사회에서 거부권을 가지고 있던 중국이 이런 제재 조처에 반대함에 따라 이 문제는 한반도에서의 핵문제의 근본적 해결을 위한 북-미 직접 대화 쪽으로 해법이 바뀌었다. 따라서 별로 놀라운 일은 아니지만, 이 직접 대화의 의제에는 양측의 지금까지의 적대 관계의 중단과 외교 관계의 정상화가 포함되어 있었다.

냉전의 종언은 지금도 여전히 국제적, 지역적 수준에서 영향을 미치고 있다. 그러나 이 연구에서 검토하고 고찰한 문제들에 기초하여, 필자는 이 유동적인 국제적 지역적 질서의 변화 국면에 놓인 핵문제의 3단계에서도 역시 한반도 비핵무기지대와 비도발적 방위 체제를 확립하는 것이 핵문제의 해결뿐만 아니라 한반도의 좀더 장기적인 안정과 평화를 위한 기본적 지침이 될 수 있다고 생각한다.

1

핵억지 전략과 핵전쟁

안보 전략으로서의 '억지'는 핵시대에 등장한 새로운 개념은 아니다. 응징의 위협을 수단으로 삼아 상대방을 설득하는 전략인 억지는 나폴레옹 전쟁 이후 유럽의 힘의 균형 체제에서 이미 활용된 바 있다. 힘의 운용과 전쟁을 방지하기 위한 해군력 파견과 동맹 관계의 형성 등과 같은 신호는 경쟁 관계를 맺고 있는 국가들 사이에 종종 활용되었다. 그러나 '서구의 창조물'(Buzan, 1987a: 138)로서 '핵억지' 전략은 핵무기가 등장한 이후 새로운 의미를 갖게 되었고 특히 미국에 의해 주요 전략 기조로 자리를 잡았다.

아래에 나타나는 바와 같이, 핵억지 전략과 이론은 냉전을 통해 꾸준히 발전되었다. 소련 블록의 해체와 소련 자체의 와해로 인해 냉전이 종식되었다는 사실을 부인하는 사람은 없다. 로렌스 프리드만이 지적하듯이 "이 모든 새로운 상황은 핵전략이 수립, 발전, 실행되었던 틀 자체를 제거해 버렸다"(Freedman, 1991: 86). 미국과 러시아는 여전히 엄청난 수의 핵무기를 보유하고 있으나, 과거처럼 적대적인 관계를 형성하고 있지는 않다. 그러나 핵억지 전략의 주요 이념이자 이론적 기반이 되었던 현실주의 학파의 전략 분석가들은 여전히 핵억지 전략을 유지해야 한다고 주장하고 있다(Martin, 1991: 215-224; Quester, 1992: 74-88; Slocombe, 1991: 157-172). 핵억지 전략에 대한 워싱턴과 모스크바의 기존 입장에는 아직까지 아무런 변화가 없다.

이 장에서는 핵억지 전략이 어떤 과정을 통해 전후 시대의 지배적인 전략적
틀로 확립되는지 그 과정을 추적하고, 핵억지 전략의 내용이 무엇이고 또 이러
한 전략에 내포된 위험이 무엇인지를 살펴보기로 한다.

1. 핵억지 전략의 배경

핵억지 전략은 세 가지 가정 위에서 출현, 발전하였다. 첫째, 전례에 없는 파
괴력을 지닌 핵무기라는 새로운 군사 장비의 출현은 새로운 억지의 논리를 개
발할 필요를 야기했다. 둘째, 제2차 세계 대전 이후 국제 정치의 주요 형태를
강력하게 결정한 냉전은 그러한 새로운 논리가 발전할 수 있는 환경을 제공하
였다. 마지막으로 1920년대와 30년대의 이상주의에 대한 반향으로 전후 시대
의 국제 관계학을 지배하게 된, 동서 갈등의 분위기와 더불어 힘을 얻게 된 정
치 현실주의는 핵억지 전략이 발전할 수 있는 철학적 기반을 제공하였다.

1) 핵무기의 출현

핵무기의 출현은 '억지'가 국제 정치의 주요 주제로 자리를 잡는 새로운 시
대를 열었다. 앨런 런시먼이 지적하듯이 억지 정책의 결과로 핵무기가 존재하
게 된 것이 아니라 핵무기의 존재를 합리화하기 위하여 사후에 억지 정책이
도입되었다(Runciman, 1989: 59-60; Gergorin, 1992: 3).
단 하나의 폭탄으로 히로시마가 파괴된 것에서 볼 수 있듯이, 핵무기는 파멸
적인 파괴력을 지니고 있다. 그러나 이러한 '환상적으로 위대한' 무기는 이미
실재하였고 이는 전쟁에 대한 기존의 사고 방식에 큰 도전을 제기했다(Brodie,
1946: 52). 히로시마에 핵폭탄이 투하된 다음날『뉴욕 타임즈』지의 사설이 경
고했던 것과 같이 문명과 인류의 존속을 위해서는 '인간의 정치적 사고의 혁
명'이 필요했다(Mandelbaum, 1981: 1에서 재인용). 핵억지 이론의 주창자 가운
데 한 사람인 버나드 브로디가 지적하듯이 이전까지는 군사력의 주요 목적이
전쟁에서 승리하기 위한 것이었다면, 핵무기가 출현한 이후부터 군사력은 전

쟁을 방지하기 위한 목적에 복무하는 것일 수밖에 없다(Brodie, 1946: 76). 아무리 유리한 결과를 실현할 수 있다 하더라도 핵전쟁의 대가를 정당화할 수 없을 것이라는 생각이 대두되었다(Brodie, 1959: 173). 미국의 트루먼 대통령은 "미래의 전쟁은 단 한 방에 수백만의 인명을 몰살하고, 세계의 주요 도시를 파괴하고, 과거의 문화 유산을 말살하고 문명의 구조 자체를 파괴하는 전쟁이 될 것이다……. 이성적인 인간은 결코 이러한 전쟁이 가능하리라고 생각할 수 없다"(Kaysen et al., 1991: 96-97에서 재인용). 핵무기가 이미 존재하며 또 이러한 핵무기가 엄청난 재앙을 가져올 수 있는 힘을 지니고 있다는 두 가지 사실은, 전쟁을 피하는 노력이 전쟁에서 승리하기 위한 노력보다 우선하며, 그렇기 때문에 핵전쟁의 발발을 방지해야 한다는 새로운 두 가지 사실을 부각시켰다.

재래적 억지 개념과 달리 '핵억지' 개념은 바로 이러한 현실에 의해 새로운 의미를 부여받게 된다. 역사적으로 무력 사용의 위협을 통해 전쟁을 억지하려는 노력이 존재했음에도 불구하고 수많은 전쟁이 있어 왔다는 점은 억지 전략의 실패를 뜻한다. 그러나 핵억지는 이러한 실패의 가능성을 염두에 두고 고안되지 않았다. 핵억지는 "절대적 효력이 있다고 여겨지며 어떠한 실패도 용납하지 않는 위협"(Brodie, 1959: 175)을 활용하는 전략이다. 단 한 번의 실패가 치명적일 수밖에 없기 때문에 핵시대의 억지 체제는 "영원히 사용되지 않지만 항상 새롭게 완벽을 이루어야 하는 것"(Brodie, 1959: 175)으로 인식된다.

요약하자면, 핵시대의 산물인 핵억지는 핵전쟁을 수행하기 위해서가 아니라 핵전쟁을 방지하기 위해 도입되었다. 핵무기가 지닌 가공할 파괴력으로 인해 핵무기의 존재와 사용은 평화 유지의 수단으로서만 정당화될 수 있었다.[1] 핵억지 전략의 2차 발전 단계에 들어서면서 몇몇 학자들은 특정 종류와 특정 정도의 핵전력을 사용할 수 있다는 주장을 하기 시작하였다. 그러나 로버트 저비스가 주장하듯이 "그 어느 누구도 핵억지 전략이 전쟁을 방지하기 위해서가 아니라 전쟁을 수행하기 위해 고안된 전략이라고 주장할 수 없다"(Jervis, 1984: 11; Bull, 1980: 13 참조).

---

1) 핵억지 이론의 창시자 가운데 한 사람인 제이콥 바이너는 "동등한 규모의 보복이 불가피하다는 사실로 인해 원자폭탄은 전쟁을 억지하는, 평화를 창조하는 힘이 된다"라고 주장하였다(Kaplan, 1983: 27에서 재인용).

2) 냉전

핵억지 이론은 냉전 시대를 통해 발전되고 구체화되었다(Jervis, 1979: 290; Garnett, 1987: 15-16). 제2차 세계 대전 당시 존재했던 미국과 소련 사이의 협력적 관계는 1945년 이후 급속하게 위축되어 1947~1948년에 들어서면서 워싱턴과 모스크바 간의 긴장은 급격하게 고조되었다. 미국 정책 입안자들 사이에는 소련이 획일적인 공산주의 진영을 확립하기 위해 혈안이 되어 있으며, 이 목적을 실현하기 위해서는 무력 사용을 비롯한 어떠한 수단도 가리지 않을 것이라는 생각이 지배적인 신념으로 자리잡았다(Kaufmann, 1956b: 3, 15-16; MccGwire, 1986a: 55-57).

존 가네트가 지적하듯이 전후 시대 "모든 서구 군사론은 냉전의 논리를 배경으로 성립되었다. 즉 세계는 소련의 비타협적 자세와 소수 지도자들의 핵심적 결정에 따르는 두 강대국 중심의 두 개의 무력 진영으로 영구히 나누어진 양극 체제라는 세계관이 모든 사고의 기반이 되었다"(Garnett, 1987: 15-16). 미국은 자국 안보를 위해, 나아가 서구 진영의 영도국으로서 자국 영토 밖의 세계의 안정을 확립하는 것이 사활적이라고 인식하였다. 이에 따라 미국은 공산주의 팽창의 범위를 가능한 가장 빠른 시기에 그리고 가능한 가장 한정된 지역 내로 제한하기 위해 노력해야 한다고 생각하였다.

바로 이러한 가정 아래서, 예상되는 서유럽에 대한 소련의 공격 위협을 봉쇄하기 위한 목적으로 1940년대 말 핵억지 개념이 고안되었다. 전통적으로 서구 세계는 재래식 무기 차원에서 (특히 육상 군사력에서) 소련에 뒤진다고 — "종종 과장된 것이지만"(Williams, 1987: 130) — 인식하였고, "러시아 내륙의 근거지에 대한 [미국의] 대대적인 핵무기 공세 없이는 유럽에 대한 소련의 전면전을 격퇴할 수 없다"(Freedman, 1989: 294)고 믿었다. 특히 소련이 1949년 핵무기 제조에 성공한 후 핵억지 이론과 전략은 '확장된 억지'의 개념으로 발전하였다. 즉 서유럽에 대한 미국의 핵우산 제공 태세의 '신뢰성'의 문제를 중심으로 이해되기 시작했다.

3) 현실주의적 안보관

제2차 세계 대전 이후 냉전 기간 동안 현실주의는 국제 관계 이론의 주요 흐름을 형성하였다. 특히 유화 정책의 위험에 대한 "역사의 교훈" 또는 "더 이상의 뮌헨은 안된다"라는 사고가 전후 미국의 대외 정책에 큰 영향을 미쳤다(Williams, 1987: 114). 핵무기와 적대적인 미-소 양극 체제가 도래한 국제 환경에서, 이상주의에 대한 반향으로 대두된 세계 정치에 대한 현실주의적 가정들이 핵억지의 철학적 근거를 제공하였다(Jervis, 1979: 289-290; Garnett, 1987: 9-12).

현실주의에 관한 문헌은 많다. 현실주의가 국제 관계 이론의 주류를 이루고 있지만, 현실주의자로 자임하는 학자들 사이에는 다양한 차이가 존재한다. 그러나 이들 모두 다음과 같은 개념적 틀에 동의한다.[2]

(1) 힘의 정치

핵억지 전략은 기본적으로 힘의 정치를 중시하는 현실주의적 국가 안보관을 반영한다. 현실주의의 국제 관계에 관한 설명은, 국제 사회가 국내 사회와 달리 무정부적 성격을 지닌다는 점에서 출발한다.[3] 현실주의자를 자처하는 거의 모든 사람들은 "국가 간 관계는 본질적으로 전쟁 상태"라는 홉스 식 관념을 공유한다(Smith, 1986: 13). 한스 모겐쏘는 국제 사회를 "대립되는 이해와 국가들 간의 갈등의 세계"라고 주장한다(Morgenthau, 1973: 3). 현실주의자들은 이러한 무정부성에 대한 인식에서 출발하여 '사회 계약'(Held et al., 1983: 6-9)에서부터 '국가주의'[4]로 이어지는, 국가는 "최우선적"이고 "분할 불가능"하고 "정당한" 권력체라는 홉스주의적 관념을 발전시켰다. 이러한 '무정부 상태'에서 국가는 국가 간 공동체에서 자국 사회를 대표하는 '자율적인 행위자'이다. E. H. 카의 개념을 빌리자면, 국가에 "행위자의 지위"를 부여하지 않고는 국제 정치를 논하는 것 자체가 불가능하다(Carr, 1966: 148-149).

---

2) 주요 현실주의 학자들의 주장은 Carr(1966), Morgenthau(1973), Waltz(1979) 참조.
3) 국제 관계 학계의 무정부성 개념에 대한 논의는 Milner(1991: 68-81) 참조.
4) 애쉬리의 논의에 따라 국가의 자율성을 주장하는 현실주의적 관점을 '국가주의'로 파악한다. 상세한 내용은 Ashley(1984: 238) 참조.

무정부 사회의 자율적인 행위자인 국가는 "스스로 규정하고 판단하는"(Waltz, 1958: 238) 자국의 "국가 이익의 관점에서 행동"한다(Waltz, 1979: 134). 국가는 그 사회 내에 존재하는 특정 사회 '집단'이나 '계급'의 이익과는 구분되는 사회 전체의 일반적 이익과, 힘과 관련된 목표를 추구한다(Krasner, 1978: 5-20, 31-34). 논쟁이 완전히 해소된 것은 아니지만, 현실주의자들은 일반적으로 국가 안보를 바로 이러한 국가 이익이라고 규정한다. 국가의 안보가 확립되지 않는다면 국가는 자신의 존립을 보장할 수 없기 때문이다. 모겐쏘는 국가의 존립 그 자체는 국가가 다른 국가들과의 관계 속에서 추구할 수 있는, 더 이상 축소될 수 없는 가장 기본적인 이익이라고 주장한다(Morgenthau 1952: 972).

현실주의자들은 국제 사회가 무정부적이라는 명제에서, 국가는 자율적인 행위자로서 자신의 국가 이익을 방어하기 위하여 자신의 힘을 극대화하려 할 수밖에 없다고 추론한다. 이 때 국가 간 체제는 힘의 정치 체제의 성격을 띠게 된다. 모겐쏘의 말에 의하면, "국제 정치는 …… 힘을 위한 투쟁이다. 국제 정치의 궁극적인 목표가 무엇이든 힘은 항상 직접적인 목표이다"(Morgenthau, 1973: 27). 케니스 월츠는 국제 정치를 체계론의 관점에서 설명한다. 국가 간 체계(국제 체제)는 상호 작용하는 국가들로 구성되어 있으며, 이 체계는 그 자체의 정치적 구조를 지니고 있다(Waltz, 1979: ch. 5).[5] 이러한 국가 간 체계는 '자구' 체계이며 그 안의 모든 갈등은 본질적으로 '힘'에 의해 해결된다(Waltz, 1958: 188; Waltz, 1979: 111). 카 또한 힘을 정치의 본질적인 요소로 규정하고 힘의 정치가 국제 정치의 "자연 법칙"과 같다고 주장한다(Carr, 1966: 102-108).

(2) 힘의 균형과 핵억지

국가 간 체제는 힘의 정치의 체계이므로 국가는 그 세계 속에서 생존하기 위하여 가능한 최대한의 힘을 획득하여야 한다. 힘은 항상 궁극적인 이유이다. 현실주의자들은 국가 간 체계를 힘의 정치가 전개되는 장으로 인식하며, 이 체계의 정치적 자율성을 주장한다. 즉 국제 정치는 독립적인 정치-군사 관계의

---

5) 현실주의를 체계론으로 이론화한 월츠는 신현실주의자로 지칭된다(Keohane, 1986: 14-15). 신현실주의에 대한 논의는 Waltz(1990: 21-37), Howe(1991: 326-351) 참조

영역에 존재한다는 것이다(Morgenthau, 1973: 11-14; Waltz, 1979: chs 4, 5). 국가 안보 또는 국제 질서에 관한 현실주의의 논의에서 '힘의 균형'은 지배적인 개념 틀로 제시된다. 이들은 "국제 관계에 관한 정치 이론이 있다면 그것은 바로 힘의 정치이다"라고 주장한다(Waltz, 1979: 117).

힘의 균형은 "매우 모호한 개념"이지만(Wight, 1991: 164), "다른 모든 주체들보다 우월하여 그들 위에 군림할 수 있는 어떤 하나의 주체가 존재하지 않는 상태"(Bull, 1977: 101)[6]로 정의될 수 있다. 국력은 다양한 요소로 구성되기 때문에 이 개념은 세계 정치 관계를 구성하는 다른 여러 종류의 힘 간의 균형에도 적용될 수 있다.[7] 그러나 일반적으로 이 개념은 군사적 힘의 균형을 지칭한다(Bull, 1977: 101).

핵무기를 보유하는 것으로 공식적으로 알려진 국가들은 — 자국이 다른 핵무기 보유국들과 동맹을 맺은 핵무기 비보유국들의 공격을 받지 않는 한 — 핵무기 비보유국들을 상대로 핵무기를 사용하지 않을 것이라고 천명하였다. 그럼으로써 냉전 기간 동안 '핵억지' 개념은 미국과 소련이라는 두 적대적인 핵 강대국 간의 상호 핵억지와 동일한 것으로 인식되었다. 그렇기 때문에 현실 정치에서 거론되는 '핵억지' 개념은 실제로 '상호 핵억지'를 뜻한다. 즉 핵억지는 "두 개 이상의 국가가 핵보복의 위협을 통해 상대방의 의도적인 핵무기 공격을 억지하는 상태"를 지칭한다(Bull, 1977: 120).

재래식 힘의 균형에 비추어볼 때, 핵억지는 몇 가지 특징적인 성격을 지니고 있다. 재래식 무기를 바탕으로 한 힘의 균형을 추구하는 상황에서는 이해 당사자들 간에 군사력의 '대등성' 또는 '등가성'이 필요하다. 그러나 핵억지 상황에서는 핵무기 공격을 억지하는 데 '충분한' 핵무기 공격 능력만 보유하고 있으면 된다. 아서 리 번스는 다수의 핵무기 보유 국가를 가정하면서 이러한 상태에서 핵억지 체제는 고전적인 힘의 균형 체제와 다르다고 주장하였다. 핵무기의 파괴력으로 인해 "생산 자원('경제', 도시, 산업 시설 그리고 농업 단지 등)에 대한 공격의 효력"이 "핵무기 공격의 수단에 대한 공격의 효력"보다 크기 때문에 핵무기 보유국은 억지와 보복을 위해서는 "최대 능력이 아닌 최적의 능력"

---

6) 힘의 균형에 관한 논의는 Haas, E.(1953), Wight(1966), Pettman(1991: ch. 3) 참조.
7) 힘에 관한 논의는 Dougherty and Pfaltzgraff(1981: 86-92) 참조.

만 보유하는 것으로 충분하다(Burns, 1957: 510). 핵억지와 같은 다면적인 관계에서 핵무기 보유국은, 어느 한 국가가 우월한 지위를 차지하는 것을 방지하기 위해 여러 국가들 간에 연합을 통해 군사력을 최대화하는 힘의 균형 체제에서와 달리 자력으로 소기의 목적을 달성하는 데 충분한 억지력을 보유하는 데 주력하게 된다는 지적도 있다(Bull. 1977: 123). 그리고 전략적 핵무기를 바탕으로 한 핵억지 체제는 '응징'의 위협을 통해 억지력을 획득하기 때문에 제한적인 공격적 위협을 동원하는 무력 시위가 가능한 전통적인 힘의 균형 체제와 달리 분명히 공격적인 성격을 띤다(Wiberg, 1989: 33-34).

그럼에도 불구하고 핵억지에서 전통적인 힘의 균형과 유사한 성격을 찾을 수 있다. 핵무기의 파괴력과 그것에 대한 효과적인 방어의 부재로 인해 핵억지의 주체는 억지 대상국의 핵무기 능력과 동등한 수준이 아니라 '충분한' 핵전력만 보유해도 충분하다. 그러나 핵억지 체제에서도 핵무기 보유국들 사이에 핵탄두, 핵 운반 체계, 공격 탐지 및 감시 장비, 지휘·통제 체제 기술 상의 차이가 존재할 수 있다. 기술과 규모의 제한성은 핵무기 보유 소국들에 불리하게 작용할 수 있다. 그렇기 때문에 핵억지 체제에서도 핵 공격력의 '충분성'을 보장하기 위해서는 어느 정도의 '동등성' 또는 '등가성'이 필요하다. 즉 '충분성'은 절대적인 조건이 아니라 상대적인 것이다. 이에 따라 핵 공격력의 '충분성'이 힘의 균형 체제에서 '힘'이 하는 역할을 대신하게 되고, 나아가 '충분성'의 균형이 필요하게 된다.

충분성의 균형을 추구한다고 가정하면, 핵억지 체제의 이해 당사자들은 자국 핵무기 체제가 '충분하지만 우월'할 것을 추구하게 된다. 힘의 균형 체제에서 자국 군사력의 우월성을 추구하는 것과 같은 것이다. 이는 힘의 균형 체제와 마찬가지로 군사력 경쟁을 초래한다. 이는 냉전 시대에 미국과 소련이 치열한 핵무기 경쟁을 전개한 데서 잘 나타난다.[8] 미국과 소련은 1950년 중반에 이르러 상호 핵억지 관계에 돌입했음에도 불구하고 치열한 경쟁을 전개했는데, 미국은 소련에 대해 '충분하지만 우월한 핵능력'을 유지하기 위해 노력했으며, 소련은 미국의 우월성을 따라잡기 위해 노력했다. 그리고 미국과 소련 (러시아) 간의 핵무기 감축 협상은 두 국가 간의 핵무기 능력을 균형있게 조정

---

8) 이에 대한 논의는 Sheehan(1983), Carlton and Schaerf(1982) 참조.

해야 한다는 명제를 중심으로 전개되었다.

힘의 균형 체제의 한 특징인 '동맹 관계'의 형성도 핵억지 체제에서 발견할 수 있다. 1970년대 미국과 중국의 관계 정상화에서 볼 수 있듯이 중국은 소련의 공격에 대한 자립적인 억지 능력이 확립되지 않은 상태에서 미국과의 공동 위협을 통해 소련에 대한 억지력을 확보할 수 있었다. 그리고 미국은 소련에 대한 충분하면서도 우월한 핵능력을 분명히 할 수 있었다.

요약하자면, 힘의 정치와 힘의 균형에 기초한 국가 안보와 국제 질서에 대한 현실주의적 접근은 핵억지 이론의 이념적, 이론적 축을 형성하였다. 국제 관계를 힘의 정치 관점에서 바라보는 현실주의는 강대국 간의 힘의 균형 체제를 선호한다. 핵무기의 출현으로 인해 핵무기는 강대국 간의 정치-군사적 힘의 균형을 실현하는 본질적인 구성 요소가 되었다. 이에 따라 핵억지는 — 헤들리 불이 지적하듯이 부분적인 역할일 수밖에 없지만(Bull, 1977: 124) — 힘의 균형 체제에서 중요한 위치를 차지한다.

2. 핵억지: 개념적 해부도

핵억지는 엄청난 논란의 소지가 산재해 있는 개념이자 이론이다. 현실 정치에서 핵억지는 핵무기 보유국들 간의, 특히 미국과 소련 간의 '상호 핵억지'를 지칭하였지만, 전략적 담론과 틀로서의 핵억지는 그것의 본질과 기본 원리에 대한 논쟁에서부터 핵무기 배치의 효력과 작전 목표 지정의 문제에 대한 논란에 이르는 다양한 논쟁과 논란을 불러일으켰다.[9] 그리고 핵억지 체제의 내재적 위험성을 지적하는 폐기론까지 제기되었다. 여기서는 핵억지 체제의 문제점과 전쟁의 위험성에 대해 논의하기 전에 그것의 개념적 측면과 성격에 대해서 살펴보기로 한다.

---

9) 이러한 논의에 대해서는 Ball and Richelson(1986) 참조.

1) 일반 개념

필 윌리엄스는 버나드 브로디, 글렌 스나이더, 토마스 쉘링의 작업을 토대로 억지를 "한 정부가 상대방이 수용할 수 없을 정도의 피해를 위협함으로써 적대국 정부가 (자신 또는 동맹국에 대한 공격) 행동을 취하는 것을 방지하는 것"(Williams, 1987: 115)이라고 정의한다. 핵억지는 핵무기 공격의 수단을 통해 취해지는 이러한 위협을 뜻한다.

'을'이라는 상대방이 일정한 방향의 행동을 취하게 하기 위한 '갑'의 노력으로 이해될 수 있는 핵억지는 '을'의 의도에 압력을 가하는 노력이라고 할 수 있다. 전통적으로 군사 계획은 적국의 의도가 아닌 능력을 둘러싼 노력으로 이해된다. 그러나 쉘링이 주장하듯이 핵억지는 "의도를 둘러싼 노력이며, 그것은 적국의 의도를 예측하는 것뿐만 아니라 그것에 영향을 주려는 노력"이다(Schelling, 1966: 35). 그렇기 때문에 "[핵] 억지는 심리적인 관계를 상정한다"(Jervis et al. 1985: 1). 이러한 영향을 행사하려는 노력은 적국이 노리는 잠재적 이득이 지불해야 하는 비용에 의해 상쇄될 것이라는 점을 인식하도록 하는 것이다. 잠재적 적국이 인식하는 "유인을 상쇄하기 위해 적절한 억제 요인을 구축하려는 노력"(Brodie, 1959: 180)이라고 할 수 있는 핵억지는, 억지 대상국이 상대방이 희망하는 대로 행동했을 때 보상을 받는 것이 아니라, 억지 주체국의 의도대로 행동하지 않았을 때 핵보복을 단행할 것이라는 위협의 형태를 띤다. 즉 핵억지는 보상보다는 응징 또는 위협을 강조한다(Jervis, 1979: 294-295; MccGwire, 1986b: 24).

'수용할 수 없는 비용'을 지불하도록 하겠다는 위협에 기반한 핵억지 전략은, 억지 주체국과 억지 대상국 모두 현명하게 행동할 것이라고 가정한다. 즉 핵억지 전략은 억지 주체국과 억지 대상국 모두 특정 행동으로 초래될 이득과 손실의 관계를 합리적으로 평가하고 그것에 따라 행동할 것이라고 가정하고 있다. 헤들리 불의 설명에 따르자면, 핵억지 전략은 "'전략적 인간'의 '합리적 행동'을 가정하는데, 이 때 인간은 비범한 지적 치밀함과 세련미를 갖춘 대학 교수로 비추어진다"(Bull, 1966: 48). 다음 절에서 논의하듯이 합리성의 개념은 치열한 논쟁의 대상이다. 그러나 스나이더에 의하면(Snyder, 1961: 25), '합리성'은 "잠재적 이득과 손실 그리고 적의 행동의 개연성에 대한 냉정한 계산을 토대로 자신의 가치 선호를 극대화할 수 있는 형태로 행동할 것을 선택하는 것"으로 정의될 수 있다. 그에 의하면 반대로 '비합리성'은 "주어진 손실, 이득, 개연성에 대한 평가에 따라 행동하지 않거나 주어진 정황으로 인해 이러한 요인들에 대한 그릇된 계산"의 형태를 띤다.

2) 유형화

억지는 실제 행동 양태에 따라 여러 가지 유형으로 구분될 수 있다. 예를 들어 논리적으로 억지 개념은 '부정'과 '응징'을 포괄한다(Buzan, 1987a: 136; Williams, 1992: 74-78). 그러나 스나이더는 '부정에 의한 억지'와 '응징에 의한 억지'를 구분한다(Snyder, 1961: 14-16). 전자는 적국이 목적하는 이득을 실현하는 것을 막는 것으로, 재래식 무력에 의한 부정 능력과 방어적 측면이 강조된다. 후자는 목적하는 이득을 능가하는 응징을 상대방에 가하는 것으로, 핵전력에 의한 보복 능력과 공격적 측면이 강조된다. 그러나 1960년대 중반 이후, 특히 '유연 대응'(이에 대해서는 다음 절에 설명하기로 한다)에 관한 주장이 발전됨으로써 부정에 의한 억지 전략이 많은 핵 전략가들이 선호하는 접근법으로 자리잡았다. 여기서 말하는 부정에 의한 억지는 제한적인 핵전쟁을 수행하겠다는 위협에 기초한다. 이 때 핵무기는 전역(戰域) 차원에서만 사용된다. 그러나 부정에 의한 억지가 전면적인 핵전쟁으로의 확산, 즉 응징에 의한 억지의 가능성을 배제하는 것은 아니다.

 '제한적' 또는 '소극적' 억지와 '확장적' 또는 '적극적' 억지의 구분도 존재한다. 전자는 자국에 대한 공격을 억지하는 것을 뜻하고, 후자는 동맹국 또는 제3국에 대한 공격을 억지하는 것을 포괄한다(Bull, 1977: 119; Williams, 1987: 122-134). 이러한 유형화와 같이 허먼 칸은 미국의 전략적 목표에 의하면 3가지 유형의 억지가 존재한다고 주장한다. 제1 유형의 억지는 "미국의 군사력, 인구 또는 재산에 대한 대규모 공격을 방지하기 위한 억지"이며, 제2 유형의 억지는 "미국에 대한 대규모 공격에는 미치지 못하는 매우 도발적인 행동(예를 들어 서유럽에 대한 핵 또는 전면적인 재래식 공격)을 방지하기 위한 억지"이며, 제3 유형은 "제2 유형에 포함되지 않는 도발을 억지하고 평화적인 정치적 목표를 달성하고 통제된 보복, 여타 제한적 전쟁, 동원, 협상 등의 전술을 치원하는 전략"을 지칭한다(Herman, 1962: 108-109; Herman, 1984: ch. 5). 패트릭 모건은 국가 간의 관계에는 피해의 위험이 항상 존재한다는 것을 고려할 때 개념적으로 두 가지 유형의 억지가 존재한다고 주장한다. '직접적인 억지'와 '일반적 억지'가 그것이다(Morgan, 1977: 25-43). 직접적인 억지는 "대립하고 있는 두 국가 가운데 최소한 한 국가가 상대방에 대한 공격을 진지하게 고려하고, 다른 상대방은 이러한 공격을 방지하기 위하여 보복의 위협을 제기하는 관계"를 지칭한다. 일반적 억지는 "대립하고 있는 두 국가 가운데 어느 하나도 공격을 취할 준비를 하고 있지는 않은 상태에서 서로의 관계를 조절하기 위하여 군사력을 유지하는 상태"를 의미한다.

3) 필요 조건

스나이더는 억지의 구성 요소로 기반, 수단, 범위, 정도, 객관적 가치, 신뢰성 등의 여섯 가지 기본적인 요소를 제시한다. 억지의 기반은 "엄청난 응징을 가할 수 있는 능력"이며, 수단은 "보복의 위협"이고, 범위는 "위협에 의해 축소될 개연성이 있는 다양한 형태의 공격적 행동"을 뜻하며, 억지의 정도는 "위협에 의해 초래되는 공격의 개연성이 축소되는 정도"를 지칭하고, 객관적 가치는 "위협이나 약속을 실제 단행함으로써 축소 또는 증가되는 상대방의 가치"를 가리키며, 신뢰성은 "제시된 조건을 충족하지 않았을 때 또는 충족했을 때 억지 주체국이 위협 또는 약속을 실제로 단행할 개연성에 대한 억지 대상국의 인식"을 의미한다(Snyder, 1960: 164).

일반적으로 핵억지를 수행하기 위해서는 의사 소통, 능력, 신뢰성 등의 세 가지 보다 포괄적인 조건을 갖추어야 하는 것으로 인식된다(Kaufmann, 1956: 17-20; Williams, 1987: 117-121; Bull, 1977: 118-119). 첫째, 억지의 목표를 달성하기 위해서는 잠재적 적국에 어떠한 범위의 행동이 금지되었는지 그리고 이러한 금지 내용을 위반했을 때 어떠한 결과가 초래될 것인지를 알리는 것이 필수적이다. 그렇기 때문에 분명하고 조심스러운 의사 소통이 필수적이며, 이를 위해서는 다양한 객관적인 조건 속에서 적국이 자국의 행동 양태를 추론할 수 있는 공적 발표문, 사적 서신, 가시적인 행동 등의 가능한 모든 수단을 활용하여야 한다. 그리고 억지 주체국은 전달된 신호가 올바로 해석될 수 있도록 조심을 기해야 한다.[10]

둘째, 억지 주체는 억지 대상에게 수용할 수 없는 피해를 가할 수 있는 물리적 능력을 갖추어야 한다. 억지 주체는 억지 대상이 목적을 달성함으로써 획득하는 이득을 능가하는 대가를 치르게 할 수 있어야 한다. 스나이더의 용어로 말하자면, 억지 주체는 '억지 기반'을 가동함으로써 '객관적 가치'에 영향을 미칠 수 있는 능력을 보유해야 한다. 그렇기 때문에 상호 핵억지의 상황에서는 대응 공격 능력이 필수적이다.

셋째, 핵억지에는 신뢰성이 필수적이다. 억지 주체가 제시하는 위협은 억지 대상이 믿을 수 있는 것이어야만 한다. 핵억지는 억지 대상이 자신이 의도하는 행동이 수용 불가능하다고 또는 그럴 만한 가치가 없는 것으로 판단할 때 효과적이다. 억지 대상은 억지 주체가 실제 위협하는 대로 행동할 것이라고 믿을 수 있어야 한다. 그렇기 때문에 응징의 위협을 받는 상대국이 위협하는 국가가 단호한 의지를 가지고 있다고 믿을 때에만 억지는 성공할 수 있다. 그리고 억지의 실패는 상호 자멸적일 수 있기 때문에 신뢰성은 가장 중요한 조건으로 부각된다. 즉 "상대방이 섣부른 행동을 했을 때 피해를 입히겠다고 위협하는 것은 그러한 위협을 단행함으로써 자신이 입을 피해는 중요하지 않다는 각오가 있어야 한다. 상대방이 위협을 진지하게 받아들이는 것이 관건이기 때문이다"(Schelling, 1966: 36). 윌리엄 카우프만은 미국과 같은 억지 주체의 신뢰성을 측정하기 위하여 세 가지 요인을 제시한다. "최근 과거에 있었던 유사한 상황에서 보여준 행동의 기록, 정부의 발표와 행동, 국내와 동맹국 내의 공공 여론의 태도"를 통해 위협의 신뢰성을 측정할 수 있다(Kaufmann, 1956: 19-20).

4) 억지의 작동

핵억지가 어떻게 작동하는가에 대한 의견도 다양하다. 버나드 브로디는 핵무기 보유국들은 대대적인 대립으로 치닫는 위기 상황에서 억지가 붕괴될 수

---

10) 의사 소통과 관련된 문제에 대한 논의는 Jervis(1976), Jervis(1968) 참조.

있다는 사실을 알고 있으며, 바로 이러한 "잠복해 있는 두려움"이 "억지가 성공할 수 있도록 한다"고 주장한다(Brodie, 1973: 430-431). 로버트 저비스 또한 상호 취약성으로 인해 "현재 억지를 가능케 하는 것은 대규모 전쟁이 발발했을 때 치러야 하는 엄청난 비용에 대한 두려움"이라고 주장한다. 핵공격 그 자체보다는 바로 이러한 두려움이 상대방을 억지하는 것이다(Jervis, 1984: 12-13). 맥조지 번디는 핵무기 정책과 핵무기 체제 자체에 "억지가 붕괴되었을 때 발생할 사태"에 대한 "피할 수 없는 불확실성"이 내재되어 있다고 지적한다(Bundy, 1984: 8). 그는 강력한 선제 공격 이후에도 상대방에게 사용할 수 있는 다량의, 그리고 잘 보호된 핵무기가 존재하는 한 바로 이러한 "실존적 억지"가 존재한다고 주장한다(Bundy, 1984: 8-13).[11]

카우프만은 핵억지의 작동을 설명하면서, 적국의 목표가 억지 주체의 목표와 다를지라도 "그들의 비용-위험 계산은 대략적으로 비슷할 것"이라고 강조한다(Kaufmann, 1956: 15-16). 스나이더도 억지는 기본적으로 "억지 대상국의 비용-이득 기대치의 함수"라고 주장한다(Snyder, 1960: 166-167). 그에 의하면 공격 개시자의 '위험 미적분'은 ① 목적에 대한 가치 판단, ② 그로 인해 입게 될 비용, ③ 억지 주체국의 다양한 대응의 개연성, ④ 각각의 가능한 대응에 따라 자신의 목적을 실현할 확률 등의 네 가지 요소에 의해 결정된다.

억지의 신뢰성을 높이기 위해 실제 핵전쟁을 준비할 필요성을 강조하는 몇몇 학자들은 핵억지는 "잠재적 공격 주체가 수용 불가능한 비용에 대한 확실성 또는 거의 완벽한 확실성에 직면할 때에만 그 효과가 있다"고 주장한다.[12] 이러한 입장에 의하면, 핵전쟁을 억지할 수 있는 가장 확실한 방법은 핵전쟁의 가능성을 극대화하는 데 있다. 그리고 케니스 월츠와 같은 학자들은 여러 가지 요인들이 (예를 들어 두려움, 불확실성, 비용-이득 계산 등) 동시에 작용한다고 주장한다(Waltz, 1981: 5-6; Milburn, 1959: 138-139).

---

11) '실존주의'에 대한 논의는 Freedman(1988) 참조.
12) 이에 대한 논의는 Buzan(1987a: 171-172) 참조.

5) 논쟁과 의문

앞에서 살펴본 바와 같이 핵억지는 많은 논쟁에 둘러싸여 있다. 핵억지의 주요 개념적 측면과 성격에 대해서는 다양한 주장이 존재하는 것을 알 수 있다. 이로 인해 다양한 논의와 의문이 제기되었다. 예를 들어 핵억지의 효력에 대해서는 다음과 같은 의문과 쟁점이 있다. 핵억지 능력이 억지하고자 하는 것은 과연 무엇인가? 억지에 충분한 힘의 정도는 얼마인가? 수용 불가능한 피해의 기준은 무엇인가? 등등. 그리고 냉전 시대 동안에는 확장적인 억지를 시도할 때 기대할 수 있는 신뢰도에 대한 논의도 무수히 전개되었다.13) 일반적으로 소련이 미국 본토에 공격을 감행했을 때, 보복 능력이 있는 한 미국은 보복할 것이라는 주장에 대한 의혹은 제기되지 않았다. 그러나 소련이 하나 또는 미국의 여러 동맹국에 대해 재래식 무력 또는 핵무기를 동원한 공격을 단행했을 때, 미국이 자국 본토가 공격을 받았을 때처럼 행동할 것인가에 대한 의혹은 끊임없이 제기되었다. 이러한 논의는 특히 서유럽 방위와 관련되어 전개되었다. 이와 관련하여서는 다음 절에서 논의되는 '확실한 상호 파멸'(*mutually assured destruction*; MAD) 전략을 선호하는 분석가들과 유연 대응(*flexible response*) 전략을 선호하는 분석가들 사이의 논쟁으로 전개될 것이다.

핵억지가 동반하는 대대적인 파괴는 윤리 문제를 제기하였다. 보복 공격이라 할지라도 비전투요원이 분명한 사람들의 대량 학살은 정당화될 수 있는가? 민간인을 살해하겠다는 위협과 그 위협을 실천하는 것 사이에 질적 차이가 존재하는가? 핵억지는 과연 무엇을 의미하는가 — 핵억지는 실제로 비윤리적 공격의 위협에 대한 비윤리적 대응의 위협에 불과하지 않은가?

그러나 핵억지에 대한 가장 본질적 쟁점은 그것이 과연 '어떠한 사고도 허용하지 않으며 절대적 효과를 보장하는가'라는 질문에 초점이 있다. 위에서 살펴본 바와 같이 핵억지 이론은 핵무기의 묵시록적 파괴력을 직시하면서 핵전쟁을 방지할 수 있는 방법으로 제시되었다. 실제 핵전쟁을 준비해야 한다고 주장하는 사람들조차도 바로 이러한 위험성이 핵억지의 효력을 향상시킨다는 논리를

---

13) 이에 대한 논의는 Luttwak(1980: 31-37), Weede(1989) 참조. Osgood(1962), Gallios (1965)도 참조.

근거로 자신의 주장을 정당화한다. 이러한 근본적인 질문을 염두에 두고 핵억지의 이론과 실천에서 나타나는 문제점과 전쟁의 위험성을 살펴보기로 하자.

3. 핵억지 전략의 전쟁 경향성

핵억지는 본질적으로 핵전쟁을 방지하기 위한 전략이다. 미국 핵전략의 기초가 확립되었던 1961년부터 1968년까지 미국 국방부 장관을 지냈던 로버트 맥나마라는 "핵무기는 어떤 군사적 목적을 지니고 있지 않다. 핵무기는 상대방이 핵무기를 사용하는 것을 억지하는 것 외에 아무런 쓸모도 없다"고 주장했다(McNamara, 1983: 79). 위에서 인용한 저비스의 주장처럼, 핵억지 전략은 핵무기 사용을 억지하는 것이 아닌 전쟁을 수행하기 위한 전략이라고 말할 수 없다(Jervis, 1984: 11; Bull, 1980: 13). 그러나 핵억지는 이론과 실천에서 다양한 전쟁 수행의 개연성을 내포하고 있다. 즉 '전쟁 방지'라는 원래의 목적에 모순되는 경향이 내재되어 있다.

1) 신뢰성

핵억지에 내재되어 있는 전쟁의 위험성은 기본적으로 이른바 '신뢰성'의 문제에서 유래한다. 위에서 논의한 바와 같이 '신뢰성'은 효과적인 억지를 실행하기 위한 조건 가운데 가장 중요한 조건이다. 억지 대상 국가가, 억지 주체 국가가 핵보복의 위협을 단행할 단호한 의지가 있다고 믿지 않으면 억지는 실패할 수밖에 없다. 그렇기 때문에 전쟁 방지를 위해서는 핵보복 위협이 충분히 '신뢰'할 수 있는 것이어야만 한다. 그러나 이러한 신뢰성은 억지 체제가 와해되는 시점에 가까워질수록 더욱 강력해지게 된다. 즉 '극단 정책'의 상황에 이르게 되면 "현저한 전쟁의 위험성을 의도적으로 창출해 내게 되는데, 이러한 위험성은 당사자들이 완전히 통제할 수 있는 것이 아니다"(Schelling, 1963: 200). 나이젤 블레이크와 케이 폴이 주장하듯이 만일 억지 주체 국가가 핵무기를 사용할 것이라는 위협을 통해 전쟁을 억지하려 한다면 이 주체는 어떤 상황이 도래하면 핵무기를 실제 사용할 태세를 갖추어야 한다(Blake and Pole, 1983b: 1; Bohn, 1972: 9; Tunander, 1989: 354-345). 그러나 극단 정책에 대한 자세가 약하다면 신뢰성이 떨어지게 될 것이고, 따라서 이는 억지의 효과를 감소시키게 된다. 그러나 극단 정책에 임하는 자세가 어느 정도 지나치게 강하다면 전쟁의 촉발을 가져오게 될 것이다(Boserup, 1981: 11). 결국 핵억지는 그 논리상 전쟁 방지의 목적에 모순되는 높은 전쟁의 개연성을 내재하고 있는 것이다.

2) 합리성

억지의 합리성에 관해서는 핵억지를 안보 정책으로 인식하고 있는 당사자들 사이에도 다양한 논쟁이 존재한다. 여기서는 주요 논쟁을 살펴보기로 한다.[14] 저비스는 "합리성은 억지의 필수 조건이나 충분 조건이 아닐 수 있다"고 주장한다(Jervis, 1979: 299). 어떤 경우에는 억지 대상 국가가 비합리성에 의해 소극적인 묵인을 하게 되며 또 어떤 경우에는 합리성이 교전적 자세를 강요할 수 있다. 패트릭 모건은 만일 사람들이 완전히 합리적이라면 '확실한 상호 파멸'의 상황에서 억지는 효력을 발휘할 수 없다고 지적한다(Morgan, 1977: 92-98). 억지 주체와 억지 대상이 서로에게 수용할 수 없을 정도의 피해를 가할 수 있는 능력을 보유할 때 보복을 단행할 합리적 정당화를 찾기가 매우 어려워진다. 스나이더와 쉘링과 같은 학자들은 '비합리성의 합리성'을 지적하면서 "억지 주체는 비합리적으로 행동하는 경향이 있다는 인상을 창출함으로써 비합리적으로 보이는 대응을 할 수 있다는 신뢰성을 증대시킬 수 있다"고 주장한다(Snyder, 1960: 173; Snyder, 1961: 25-27; Schelling, 1966: 37-42). 쉘링은 "일정 정도를 우연에 맡기는 위협"의 비합리성, 즉 최종 결정에 기여하는 변수를 주체의 이성적 통제 밖에 두는 비합리적인 구도의 합리성을 지적하기도 한다(Schelling, 1963: 187-188).

그럼에도 불구하고 "합리성 개념— 즉 행위자의 행동이 다양한 행동 내용의 결과로 초래되는 이득과 손실의 계산에 의해 결정된다는 관념 —은 모든 전략

---

14) 이 개념의 정의 규정을 둘러싼 논쟁적 논의에 대해서는 Zagare(1990) 참조.

적 사고의 핵심이다"(Buzan, 1987a: 206-207). 위에서 논의한 바와 같이 핵억지 이론은 기본적으로 억지 대상 국가와 억지 주체 국가 모두 잠재적 이득과 손실에 대한 계산을 한다는 가정에서 출발한다. 이들의 계산은 다양한 변수의 작용에 따라 다를 수 있다. 그러나 핵억지 이론은 정책결정자들이 자신의 사회가 파괴되는 것을 우려하고 또 그것을 일부러 의도하지 않는다는 원리에 따라 행동한다는 차원에서 '합리적'으로 계산할 것으로 기대하는 것이다. 저비스 자신이 인정하듯이 최소한 "완전한 합리성에 훨씬 못 미치는 정도의 합리성"이 필수적이다(Jervis, 1979: 299-301). 그리고 비합리적인 것처럼 보이도록 하는 것도 실제로는 매우 합리적인 것이다. 비합리성 또는 비합리적 행동의 가능성에 대한 두려움이 어떤 경우에는 억지력을 향상할 수 있으며 그 반대로 합리성은 전쟁으로 이어질 수 있다고 할 수 있지만, 합리성이 억지의 필수 조건이 아니라고 주장할 수는 없다. 필립 그린이 지적하듯이 "만일 핵억지가 실제로 비합리적인 명제에 의해 희석된다면, 그것의 논리적 구조는 붕괴할 수밖에 없다"(Green, 1966: 164).

핵억지에 내재된 또다른 전쟁의 위험은 바로 이러한 인간의 합리성에 대한 가정에서 도출된다. 몇몇 학자들은 사례 연구의 결과를 근거로 전략적 선택의 결정 요인은 종종 억지 이론이 가정하는 합리성 밖에 있거나 그것에 모순된다고 주장한다(Lebow and Stein, 1989: 208).15) 실제로 레이먼드 아론이 경고하듯이 "철학자들은 종종 인간을 합리적 존재라고 규정하지만 인간의 역사에 대해서 '합리적'이라는 형용사가 적용된 적은 거의 없다"(Bundy, 1980: 12에서 재인용).16) 수많은 전쟁의 역사는, 핵무기 사용을 둘러싼 정책결정자들이 항상 핵억지 이론이 요구하는 대로 행동하리라고 기대하는 것은 근거가 없는 것임을 웅변해 준다. 그리고 합리성은 일관되게 정의할 수 있는 개념이 아니다. 억지의 주요 요소인 이득과 손실에 대한 계산은 실제로 주관적인 것일 수 있다. 억지 주체 국가가 위협하는 가치를 억지 대상 국가가 얼마나 중요하게 여기는가에 따라 그 계산의 결과는 변하게 되는 것이다. 즉 냉전 시대에 풍미했던

---

15) 이에 대한 논의는 *World Politics*의 "The Rational Deterrence Debate: A Symposium" 특집호(1998, 41(2))의 다른 논문들 참조.
16) 핵억지 체제의 '합리성'에 관한 비판적 논의는 Green(1966: 165-211) 참조.

'빨갱이가 되는 것보다는 죽는 것이 낫다'는 구호가 함의하는 자세는 많을 것을 시사한다(Kenny, 1984: 12).

그리고 위기 상황에 처한 정책결정자들의 능력 또한 과대 평가될 수 있다(Gottfried and Blair, 1988: 265-268; Jervis, 1989: 153-164 참조). 심리적 스트레스나 피로가 일정 수준 이상으로 증대되면 인간의 사고 능력은 비합리적인 기제들의 영향을 받는 경우가 많다는 것은 잘 알려져 있다. 위기 시 정책결정자들은 엄청난 강도의 압박에 시달리게 되고 평소보다 많은 양의 정보를 종합, 분석해야 할 것이다. 그렇기 때문에 이들은 자신들이 통제할 수 없다고 생각하는 대대적인 위협에 직면하여 위험의 실제성을 감안하고 그것에 대응하려 하기보다는 그것을 부정해 버릴 수 있다. 그리고 위기 상황에서는 스트레스가 작용하지 않는다 하더라도 '인지의 왜곡'과 '동기적 왜곡'이 일어날 수 있다. '인지의 왜곡'은 "애매한 증거를 자신이 기대하는 것을 확인해 주는 것으로 해석하려는 경향, 즉 자신이 기대하는 것을 보는 경향"을 뜻한다. '동기적 왜곡'은 "자신이 원하는 대로 사물을 파악하려는 충동"이다(Gottfried and Blair, 1988: 267). 제한적 전쟁 전략 또는 유연 대응 전략을 채택했을 때 억지 대상과 억지 주체는 가장 합리적인 행동 방향을 따르지 않을 수 있다. 이는 당사자들의 히스테리적 반응 때문에 초래되는 것이 아니라 시간이 불충분한 상황에서 상대방이 취할 수 있는 가능한 반응과 그것을 어떻게 해석하고 대응할 것인지에 대한 지적 혼란에서 기인한다. 소규모 핵무기 교환 발사도 쉽게 전면전으로 확전될 수 있는 것이다.

3) 핵전략

냉전 기간 동안 미국과 소련은 상호 핵억지 관계를 형성한 두 주요 행위자였다. 그리고 미국과 소련의 공식 후예인 러시아는 여전히 핵 강대국으로 존재하고 있다. 그러나 핵억지 전략은 '서구의 창조물'일 뿐만 아니라 미국에서 주로 발전되었다. 이에 따라 핵억지의 전쟁 경향성에 관한 논의를 간략화하기 위하여 미국의 핵정책에 이 논의를 국한시키고자 한다.17)

---

17) 소련의 핵정책에 대한 논의는 Garthoff(1990), MccGwire(1991) 참조.

(1) 전쟁 수행의 이론

서구에서 진행된 핵억지 이론의 발전은 세 단계로 나눌 수 있다. 첫번째 단계는 히로시마와 나가사키에 원자 폭탄이 투하된 후의 몇 년 간에 형성되며, 두번째 단계는 1940년대 말 또는 1950년대 초부터 1960년대 중반 또는 말까지의 기간이며, 세번째 단계는 그 이후의 시기를 지칭한다(Jervis, 1979: 289-292; Gray, 1982: 15-17 참조). 핵무기의 함의와 핵억지의 기본적인 개념은 1단계 시기에 버나드 브로디와 제이콥 바이너와 같은 학자들에 의해 제시되었다.[18] 그러나 이 첫번째 단계에 미국은 핵무기를 독점하고 있었다. 그렇기 때문에 소련이 최초로 핵무기 실험을 단행한 1949년부터 시작되는 두번째 단계부터 핵억지 전략에 대한 본격적인 논의가 전개되었다.

두번째 단계는 '확실한 상호 파멸'의 관점에서 억지에 대한 접근이 이루어졌다. 확실한 상호 파멸론에 따르면 미국과 소련은 상대방의 안정적인 대응 핵무기 공격 능력으로 인해 선제 공격을 감행할 수 없다고 인식되었다.[19] 이 때 주요 주제는 '상호 취약성'이다. 즉, 만일 억지 체제가 붕괴된다면, 자국의 대응 핵공격이 적국에 대대적인 파괴를 가할 수 있지만 이는 자국이 입게 될 비슷한 규모의 파괴를 상쇄할 수 없다는 것을 뜻했다. 그렇기 때문에 확실한 상호 파멸의 상황에서는 안정적인 대응 공격 능력에 기초한 '최소한의 억지'가 강조되었다.[20] 나아가 확실한 상호 파멸은 당사자들 간의 협력에 의해서만 피할 수 있다는 가정에 따라 적대국 간의 '협력'의 가능성도 논의되었다.

그러나 확실한 상호 파멸론은 또다른 '신뢰성'의 문제를 제기했다. 확실한 상호 파멸론에 따르면 핵전쟁을 수행하는 것은 궁극적으로 상호 자기 부정적

---

18) 핵억지에 대한 연구는 많지만 현 논의는 주로 Freedman(1989), Kaku and Axelrod (1987), Kaplan(1983), Friedberg(1983), Rosenberg(1987), Rosenberg(1983)에 기초하고 있다.

19) '확실한 상호 파멸론'에 관한 논의는 Bobbitt, et al.(1989: III, IV) 참조.

20) 1960년에 번디는 "자국의 한 도시에 단 한 방의 수소폭탄이 투하되는 결과를 가져오는 결정은 재앙적인 실수로 인식될 것이고, 10개 도시에 10개의 폭탄이 투하되는 결과는 역사적으로 유례 없는 파멸로 인식될 것이며, 100개 도시에 100개의 폭탄이 투하되는 결과는 상상조차 하기 어렵다"고 주장하였다(Bundy, 1969: 10). 미국 정부의 한 보고서에 의하면 소련 인구의 30%와 산업 시설의 3/4을 파괴할 수 있는 1메가톤 급 탄두 400개가 미국이 필요한 최소한의 핵전력력이라고 밝히고 있다. 그리고 더 이상의 핵탄두는 "추가적인 억지 효과가 거의 없다"고 분석하였다(Enthoven and Smith, 1971: 207).

인 행위일 수밖에 없다. 이 논리의 극단에는 완전한 파멸과 굴복 외의 다른 어떠한 선택도 존재하지 않는다. 미국이 핵무기를 사용한다면 그것은 '국가적 자살' 행위를 의미하고, 사용하지 않는다면 그것은 '항복'을 뜻하게 되는 것이다. 이러한 상황에서 자국의 안보는 상대방의 행동에 종속되는 것이다. 이러한 상호 취약성의 문제는 서유럽 방위를 위한 '확장된 억지' 개념과 연계되어 쟁점화되었다. 기술 발전과 소련의 핵전력 증대와 더불어 확장된 억지 문제는 냉전 기간 동안 서구의 핵전략의 발전을 추동한 세 가지 주요 요인이 되었다(Freedman, 1989: xix-xx).

1960년대 말 이후부터 시작되는 세번째 단계에서는 '유연 대응'이 핵억지 논의의 주요 주제로 확립되었다. 유연 대응의 궁극적인 목표는 핵억지 틀 내에서 전쟁을 억지하는 것이었다. 앞의 논의에서 살펴본 것처럼 실제 핵전쟁의 위험성이 높을수록 핵억지의 효과가 증대한다는 주장이 존재한다. 그러나 '붕괴 절대 불가론'이라는 기본적인 전제와 달리 세번째 단계의 논의는 핵전쟁 수행과 승리의 가능성을 강조하였다. 이러한 명제는 이미 1961년에 허먼 칸과 같은 몇몇 학자들에 의해 제시되었다(Kahn, 1961; Kahn, 1962).

'부정에 의한 억지' 개념을 강조하는 유연 대응은 군사 시설에 대한 소규모 공격에서부터 전면적인 핵전쟁까지 다양한 가능성을 제시한다. 지리적 범위, 목적, 수단 또는 목표물 등을 제한하는 '제한적 핵전쟁'의 가능성은 1950년대 말부터 부분적으로 논의되기 시작했다(Garnett, 1987: 191-193).[21] 제한적 핵전쟁은 '확전 통제' 개념에 근거한다. 이 개념에 따르면 미국은 전역 차원의 핵공격 교환의 진전에 따라 목적 의식적으로, 통제된 형태로 소련 영토 내의 선별적 목표물에 대한 공격을 확산할 수 있다. 만일 이러한 대응이 실패하게 되면 "미국은 소련의 전후 재건을 방지하기 위하여 소련의 군사, 정치, 경제적 자산을 파괴할 수도 있다"(Friedberg, 1983: 58). 유연 대응 전략은 가치를 파괴하기 위한 도시와 산업 시설에 대한 공격 대신 무력 능력을 파괴하기 위한 특정 목표물에 대한 공격을 강조한다. 유연 대응 전략은 나아가 안정적인 대응 공격 능력 외에도 다양한 수준의 무력 파괴 공격 방식, 전략적 방어, 전역 차원의 핵무기를 포괄하는 '최대 억지'를 상정한다. 이에 따라 유연 대응 전략은,

---

21) 핵전쟁 제한 양식에 대한 상세한 논의는 Clark(1982: 164-188) 참조.

핵무기는 보다 사용 가능한 것이어야 하고 핵전쟁의 가능성을 적극적으로 사고해야 하고, 나아가 가능하다면 승리할 수 있어야 한다는 점을 강조한다 (Gray and Payne, 1980).

(2) 전쟁 수행 정책

핵억지 이론의 발전 과정과 함께 미국의 핵억지 전략의 발전도 대규모 보복, 확실한 상호 파멸, 그리고 유연 대응이라는 세 단계로 나눌 수 있다.[22] 미국이 핵을 독점하던 기간 동안 그리고 소련의 핵전력이 여전히 초보적인 수준에 머물렀던 1950년대 중반까지 미국의 공식 핵전략은 대규모 보복을 중심으로 이루어졌다. 이 전략은 미국이 선택하는 목표물(소련과 중국의 수도를 포함하는)에 대한 무차별적 핵공격을 강조하였다(Ball, 1982b: 54; Freedman, 1989: 76).[23] 1960년대에 들어 소련의 핵능력이 증대함에 따라 확실한 상호 파멸론이 주요 전략으로 확립되었다. 그러나 1970년대 초부터 핵전략에 관한 이론적 논의가 유연 대응을 강조하게 된 똑같은 이유로 미국의 핵전략도 유연 전략을 중심으로 전개되었다.

미국의 핵억지 전략을 깊이 관찰하면, 미국의 핵정책 실천은 이론적 논의와 달리 애초부터 핵전쟁의 개연성을 내포하고 있었다는 사실을 발견하게 된다. 저비스가 지적하듯이, 미국의 핵전략은 처음부터 응징과 부정을 포괄하는 억지 개념 위에 확립되었다(Jervis, 1984: 20). 카터 행정부의 국방부 장관이었던 해롤드 브라운이 증언했듯이, 미국은 처음부터 무력 능력을 무력화하기 위한 전략을 기획하였다(Kaplan, 1980: 8; Leitenberg, 1981). 물론 대규모 보복 전략도 소련의 군사력과 시설을 공격 목표물로 삼고 있다. 그러나 확실한 상호 파멸론의 단계에서도 미국은 항상 소련의 전략적 군사 시설을 최우선적 목표물로 삼았다. 이는 미국 사회의 대대적인 파괴를 허용할 수 없었기 때문이다. 아론 프리드버그가 지적하듯이, 확실한 상호 파멸론과 '전력 무력화'론의 차이는 "실천보다는 이론에서만 중요한" 것이었다(Friedberg, 1983: 20-22).

---

22) 그러나 프리드먼이 지적하듯이 "오늘날 새롭고 심오한 통찰력으로 제시되는 것들은 모두 이미 지난날에 거론되었던 것들"(Freedman, 1989: xviii)이므로 엄격한 의미에서 미국의 핵전략은 '진화'적인 성격보다는 '순환적'이거나 '동시적'인 성격을 띠고 있다.

23) 상세한 논의는 Wells(1981) 참조.

미사일 기지에 배치된 핵무기가 발사된 후에 그 시설에 대한 보복 공격을 가하는 것은 무의미한 것이라고 할 때, 이러한 '전력 무력화'론은 미국이 소련의 공격 시설을 먼저 공격할 때에만 효과를 발휘할 수 있다. 그렇기 때문에 도널드 맥켄지가 해제된 미국 국방 관련 자료에 관한 연구에서 밝혔듯이, 미국의 핵독점이 해체된 이후부터 미국은 '선제 공격'을 기본적인 핵전략의 일부로 상정하고 있었다(MacKenzie, 1984: 33-40; Rosenberg, 1983: 25-26). 공식적으로 발표된 것과 달리 핵억지는 실제로 보복적 공격의 위협 개념을 중심으로 확립된 것이 아니라 선제 공격의 위협 개념 위에 구축되었다. 그리고 데이비드 로젠버그가 밝히듯이, 미국의 핵무기 정책의 실천적인 문제는 군 장교들과 민간 관료들에 의해 결정, 수행되었다(Rosenberg, 1987: 20-22). 이들은 핵전쟁의 발발이 인지될 때 핵무기를 전쟁 억지 수단 또는 능력으로 파악하는 것이 아니라 전쟁 수행 수단 또는 능력으로 파악한다. 그렇기 때문에 미국의 핵전략은 기본적으로 핵전쟁에서 살아남고 또 그 전쟁을 승리로 이끄는 데 초점을 두고 있다(Kaku and Axelrod, 1987: 13-17). 요약하자면 허만 칸의 억지의 논리, 즉 '핵전쟁 수행과 승리에 대한 가정'이 미국의 핵정책을 지배했다고 할 수 있다(Porro, 1982).

한 특정 전략이 하나의 기조를 강조하기는 하지만 다른 전략의 요소들을 포함하고 있다는 사실도 지적되어야 한다. 확실한 상호 파멸론은 상대방을 더 이상 문명적인 사회로 존재할 수 없도록 파괴하는 것을 목적으로 삼고 있다는 점에서 결코 '대규모 보복론'을 배제하는 것이 아니다. 그리고 유연 대응론은 갈등이 확실한 상호 파멸의 수준까지 확산될 수 있는 가능성을 배제하지 않는다. 필요하다고 판단되면 각 당사자들은 상대방을 완전히 파괴하려고 할 것이다. 그리고 대규모 보복론도 유연 대응론을 배제한 것이 아니다. 아이젠하워 행정부도 소규모 핵무기의 필요성과 이를 전면적인 핵전쟁에까지 확산되지 않는 수준에서 전술적으로 사용할 수 있다는 점을 강조하였다(Rosenberg, 1987: 22).

4) 군비 경쟁의 확산

힘의 균형과 마찬가지로 핵억지 또한 한스 모겐쏘가 지적하는 '불확실성'의 문제를 내포하고 있다(Morgenthau, 1973: 203-211; Galtung, 1984a: 89-93;

Freedman, 1989: 369-371). 핵무기 체제에는 다양한 변수가 내재해 있는데 각 국의 핵전력을 비교할 수 있는 자명한 지표가 존재하지 않는다. 파괴력의 측면에서 핵무기 체제는 각 무기의 핵출력과 정확성에 따라 차이를 지닌다. 원주 오차 확률(*Circular Error Probable*, CEP)로 측정되는 미사일의 정확도는 목표물을 향해 발사된 핵탄두의 반이 일정한 길이의 반지름 내에 떨어지는 것에서 산출된다. 미사일의 위력은 견고성, 즉 선제 공격 이후에 파괴되지 않고 건재할 가능성에 따라 차이가 존재한다. 이는 보복 대응 공격 능력이 핵억지의 핵심적 요소이기 때문이다. 핵무기의 파괴력, 항속 거리, 방사능 효과 등으로 인해 전략적 핵무기와 전역용 핵무기의 차이를 분명하게 구분하기란 쉽지 않다. 전략적 핵무기는 적의 군사, 정치, 경제 하부구조의 파괴를 통해 전체적인 전쟁 수행 능력을 마비시키는 것을 목적으로 하며 전역용 핵무기는 특정 지역 내에서 적의 (재래식 또는 핵) 전쟁 수행 능력을 제한하는 것을 목적으로 한다. 조한 갈퉁이 지적하듯이 핵무기 체제에서 정밀한 균형을 추구하는 것은 "형이상학적 목표"를 추구하는 것과 다를 바가 없다(Galtung, 1984a: 91).

핵무기 기술의 발전 또한 핵억지의 불확실성에 기여한다.[24] 신뢰할 수 있는 억지의 본질은 적의 선제 공격을 수용한 뒤 적에게 수용할 수 없는 정도의 피해를 가할 수 있는 안정된 보복 능력을 보유하는 데 있다. 그러나 무기 기술이 발전함으로써 옛 능력은 약해지게 되고 새로운 능력을 개발할 필요가 대두된다. 예를 들어 전략적 방어 계획(*Strategic Defense Initiative*, SDI)[25]과 제한적 공격에 대한 전지구적 방어 계획(*Global Protection Against Limited Strikes*, GPALS)[26] 같은 대 탄두 미사일 방어 체제가 성공한다면 기존의 핵억지 체제에 심각한 도전을 제기하게 될 것이다. 한 당사자의 기술 발전은 상대방에 대한 실제적 위협의 증대를 의미하기 때문에 억지 능력은 급격하게 변하고 급속하게 발전

---

24) 기술 발전이 군비(무기) 경쟁에 미치는 영향에 대한 논의는 Taylor(1989), Albrecht(1990), Thee(1990) 참조.

25) 미국은 1980년대 초부터 '전략적 방어 계획'(SDI)을 추구하였다. 전략적 방어 계획은 미국의 군사용 인공위성에서 발사되는 레이저나 분자 발사기로 적군의 미사일을 비행 중에 요격하는 탄두 미사일 방위 체제이다. 이러한 체제의 실질적인 효력에 대해서는 많은 논쟁이 있어 왔다. 이러한 논의는 Holm(1986), Teller and Sagan(1985) 참조.

26) 걸프전 이후 미국은 러시아의 협력을 동원하여 '전략적 방어 계획'의 전역 미사일 방어 능력을 강화하는 GPALS를 추구하기 시작했다(Clausen, 1991; Cooper, 1992 참조).

하는 기술에 따라 유지되어야만 한다.

이러한 불확실성은 핵억지의 전략적 안정성을 끊임없이 와해시킨다. 즉 '충분성'의 균형이 위협받게 되는 것이다. 앞에서 논의한 것과 같이 당사자들은 자국 핵전력의 '충분성 가운데 우월성'의 폭을 확대함으로써 불확실성을 상쇄하고자 한다. 이는 곧 핵무기 경쟁으로 이어지게 된다.[27] 이전의 미소 관계에서 볼 수 있듯이 핵무기 경쟁은 핵보유 국가들이 적대적인 관계— 패트릭 모건의 용어를 따르자면 '직접적인 억지' 관계 —를 형성하고 있을 때 더욱 두드러진다. 냉전의 종식에 따라, 미국과 러시아는 두 차례에 걸친 전략 핵무기 감축 협상(*Strategic Arms Reduction Talks*, START)을 통해 양국의 전략적 핵무기를 2002년까지 2/3로 축소하기로 합의하였다.[28] 그러나 앞에서도 지적하였듯이 이 두 국가는 냉전 기간 동안 치열한 군비 경쟁을 전개하였다. 1980년대 중반 각국은 약 25,000개의 핵탄두와 다양한 운반 체제를 보유하고 있었다.

군비 경쟁은 그 낭비적 성격과 더불어 파괴의 위험성 증대 때문에 비판을 받아 왔다.[29] 핵무기 경쟁은 각국 정부에 엄청난 재정 부담을 부가하고 자원 낭비를 가져온다. 그리고 핵무기 경쟁의 결과로 전쟁이 발발하게 되면 그 파괴력은 그 이전과 비교할 수 없이 증폭될 수밖에 없다. 그러나 핵무기 경쟁의 가장 큰 문제는 경쟁 자체가 전쟁의 가능성을 증대시킨다는 데 있다. J. 데이비드 싱어가 1815년 이후의 모든 국제적 위기를 조사한 결과, 군사력이 대략 동등한 국가들이 군비 경쟁을 전개해 왔을 때 전체 분규 가운데 75%가 전쟁으로 이어졌다는 사실을 밝혀냈다(Russett, 1983: 63에서 재인용). 마이클 D. 월러스 또한 경험적 연구를 통해 군사학의 '준비론'(평화를 원하면 전쟁을 준비하라)

---

27) 군비 경쟁의 다양한 원인에 관한 논의는 Kurtz(1988: Part II) 참조.

28) 1991년 7월에 체결된 START I에서 미국과 소련/러시아는 전략적 핵전력을 30% 감축하고, 1992년 12월에 발효된 START II에서는 2/3를 감축하기로 합의하였다. 이에 따라 미국은 2002년 말에 이르러 약 3,500개의 전략적 핵탄두를 보유하게 되고 러시아는 3,300개를 보유하게 될 것으로 추정된다. START에 관한 논의는 Karp(1992a: 13-37) 참조. 이와 별도로 두 국가는 1991년 말 일방적 선언을 통해 지상에서 발사되는 단거리 핵무기를 폐기할 것이라고 밝혔다. 이에 따라 2002년에는 두 국가의 전체 핵탄두는 약 9,000개 정도가 될 것으로 추정된다. 이에 대한 논의는 Fieldhouse(1992: 65-92) 참조.

29) 상세한 논의는 Russet(1983: 48-60) 참조. 핵전력 감축에 따른 경제적 혜택에 관한 논의는 Perkovich(1991) 참조.

의 허구성을 입증하였다. 그는 군비 경쟁을 동반한 국제적 대립과 분쟁은 군비 경쟁을 동반하지 않을 때보다 전쟁으로 이어질 가능성이 높다는 사실을 밝혔다(Wallace, 1979; Wallace, 1982). 월러스는 1816년부터 1965년까지 강대국 사이에 발생한 심각한 분쟁의 결과를 분석한 결과, 이들 분쟁 가운데 군비 경쟁을 동반한 경우의 82%가 전면전으로 귀결되었다는 사실을 발견히였다.

마이클 쉬한은 군비 경쟁과 전쟁 간의 연관성은 아직 확정적이지 않다고 주장한다.[30] 그는 역사적으로 전쟁으로 귀결되지 않은 군비 경쟁도 많았으며 "전쟁의 가능성에 대한 인식이 군비 경쟁을 초래하는 것이지, 군비 경쟁이 전쟁의 가능성을 현저하게 증대시키는 것이 아니다"고 주장한다(Sheehan, 1983: 17). 마이클 월러스의 연구에 대한 의혹이 제기되는 것도 사실이다(Weede, 1980; Altfeld 1983; Diehl, 1983; Intriligator and Brito, 1984 참조). 그의 주장에 대한 비판은 일반적으로 그의 사례 선택 방법과 분쟁, 군비 경쟁의 측정에 초점을 맞추고 있다. 그리고 무제한적 군비 경쟁 그 자체가 위험하기보다는 기존의 한 강대국이 군비 경쟁에서 현저하게 낙오될 때가 가장 위험하다는 주장도 제기된다. 한 당사자가 경쟁에서 뒤처지게 되면 군사력 균형이 붕괴되어 전쟁이 발발할 가능성이 증대되기 때문이다. 그리고 몇몇 학자들은 군비 경쟁과 전쟁 간의 연관성은 시기에 따라 다르다고 주장한다. 이들은 월러스의 연구 사례를 수용하면서 1945년 이후 핵무기의 시대에 돌입하여 강대국 간에 군비 경쟁을 동반한 심각한 분쟁들이 존재했지만 이러한 분쟁들이 전쟁으로 이어지지 않았다는 사실을 지적한다.

현재의 연구 수준에서는 군비 경쟁이 그 자체로서 전쟁의 원인이라고 확실하게 증명하는 것은 불가능할지 모른다(Wiberg, 1990c: 373-375 참조). 월러스 자신이 밝히고 있듯이 전쟁으로 귀결되지 않은 군비 경쟁도 있었으며, 군비 경쟁이 선행되지 않은 전쟁도 있었기 때문이다. 그러나 모든 군비 경쟁이 필연적으로 전쟁으로 이어지지 않는다 하더라도, 역사는 군비 경쟁은 전쟁의 가능성이 높아지게 한다는 것을 분명히 보여주고 있다. 그렇기 때문에 군비 경쟁은 전쟁을 방지하는 방법으로서는 매우 신뢰할 수 없는 방식이라는 사실은 분명하다. 그리고 핵무기 경쟁에 관한 논의의 주요 초점은 핵전쟁이 본질적으로 재

---

30) 군비 경쟁 개념에 대한 상세한 논의는 Sheehan(1983: 16-19) 참조.

앙적인 파멸을 가져올 수 있다는 데 두어져야 한다. 공공연하게 지적되듯이 과거의 전쟁들이 각각 한 시대의 종말을 의미하는 것이었다면, 핵전쟁의 발발은 인류 문명의 종말을 뜻하기 때문이다. 핵무기 시대에 들어 강대국 간에 불거졌던 지나간 분쟁들이 온 인류의 재앙으로 이어지지 않았다는 사실로 핵무기 경쟁을 정당화할 수 없는 것은 자명하다.

핵억지 체제에서 전개되는 군비 경쟁은 선제 공격의 유혹을 증대시킨다는 위험성을 내포하고 있다. "의도하지 않은 핵전쟁의 위험"이라는 글에서 데니엘 프라이는 핵무기 자체의 취약성에서 도출되는 전략적 불안정성의 위험을 강조한다(Frei, 1983: 5-8, ch. 2). 앞에서 살펴보았듯이 핵억지의 주요 주제는 신뢰할 수 있는 강력한 대응 공격 능력의 확립이다. 핵무기 경쟁과 함께 급속하게 전개되는 기술 발전은 핵무기의 정확성과 위력을 더욱 높이고 있다. 이는 기존의 대응 공격 능력의 효력을 위협하고 있다. 이는 다시 상대방이 결정적인 우월성을 확보하지 않을까라는 두려움을 자극한다. 그 결과 기존의 전략적 안정성은 끊임없이 도전받게 되고 잠식된다. 그렇기 때문에 당사자들은 ─ 특히 불신과 위기가 고조되는 시기에 ─ 선제 공격 준비를 해제할 것을 요구받는다. 브루스 러셋이 지적하듯이 한 당사자는 "자신이 전쟁을 원해서가 아니라 상대방이 공격을 단행하려 한다는 두려움 때문에"(Russet, 1983: 66) 선제 공격의 유혹에 빠질 수 있다.

5) 핵확산

핵무기는 지난 반세기 동안 급격하진 않지만 꾸준히 확산되어 왔다.[31] 1949년 소련이 핵장치를 폭발하는 데 성공한 후 1952년 영국이 핵무기 보유국이 되었으며, 프랑스는 1960년에, 중국은 1964년에 핵무기 보유국이 되었다. 그리고 이스라엘은 1960년대 말 핵무기 보유국의 지위를 획득하였다(Spector, 1988: 3).[32]

---

31) 오늘날 핵무기 확산 상태에 대해서는 Spector(1988), Spector(1990), Spector(1992a) 참조.

32) 이스라엘의 디모나(Dimona) 비밀 핵시설에서 일했던 이스라엘 기술자가 제공한 정보에 따르면 이스라엘은 이미 100개에서 200개에 이르는 핵무기를 보유하고 있다(Spector, 1990: 149-150). 그리고 걸프전 당시 이스라엘은 이라크가 이스라엘의 주요 인구 과밀 지역에 화학무기를 사용한다면 "핵무기 사용도 불사할 것이라는 은근하지

1974년에는 인도가 평화적 목적이라 주장하는 핵장치를 폭발시키는 데 성공하였다. 남아프리카 공화국은 1991년에 핵무기확산금지조약(NPT)에 가입하였지만 1980년대 초 사실상 핵무기 보유 국가가 된 것으로 알려져 있다. 그리고 1981년에는 고도로 농축된 우라늄을 생산하는 데 성공했다. 파키스탄은 1992년 2월 최소한 한 개의 핵폭탄을 제조하는 데 필요한 부품을 보유하고 있다고 공식 발표했다(Albright and Hibbs, 1992c: 38). 걸프 전쟁 이후 이라크가 비밀리에 핵무기를 개발하려 했다는 사실이 폭로되었다.[33] 최근에는 북한의 핵무기 프로그램이 국제적으로 쟁점화되었다. (이에 대해서는 한반도 비핵무기지대화와 관련된 장에서 논의하기로 한다.) 아르헨티나, 브라질, 이란, 리비아 등이 과거 또는 현재 핵무기 보유국이 되기 위해 노력하는 것으로 알려져 있다.

냉전이 종식된 후, 특히 이라크의 비밀 핵무기 개발 계획이 알려진 후부터 핵무기 확산을 방지하기 위한 국제적 레짐을 강화하려는 움직임이 대두되었다(Leventhal, 1992: 174-179). 이라크는 핵무기확산금지조약에 가입하여 국제원자력기구(IAEA)의 정기 사찰을 받아왔지만 비밀리에 핵무기를 개발하려 했다. 이에 따라 '특별 사찰' 제도와 필요한 첩보를 수집하기 위한 첩보 담당 부서를 설치하는 등 IAEA의 사찰 체제를 강화하기 위한 노력이 고려되고 있다(Muller, 1992: 95-96; Jennekens et al., 1992: 7). 걸프 전쟁이 끝난 후 국제연합(UN) 안전보장이사회는 1991년 4월 이라크의 대량 살상 무기 제조 능력을 해체하는 작업을 규제하고, 필요하다면 무력 사용을 허용하는 결의안(No. 687)을 채택하였다. 몇몇 학자들은 이라크에 대한 대응 사례를 바탕으로 앞으로 핵무기를 비밀리에 개발하려는 국가에 대해 이와 유사한 조치를 취해야 한다고 주장하고 있다(Simpson, 1991: 13; Spector, 1992a: 23). 그리고 최근 몇 가지 변화에 따라 핵무기확산금지조약 자체도 강화되었다(Spector, 1992a: 23-29). 브라질과 아르헨티나는 핵무기확산금지조약에 가입하지 않고 있지만 1990년 자국 영토 내 모든 핵물질과 시설에 대해 쌍무적 그리고 IAEA의 사찰을 받겠다고 합의하였다. 앞에서 언급한 바와 같이 남아프리카 공화국은 1991년 핵무기확산금지조약에 가입하여 핵무기를 자발적으로 포기한 최초의 국가가 되었

만 의심의 여지가 없는 위협"을 가했다(Harkavy, 1991: 161).
33) 이에 대한 상세한 논의는 Albright and Hibbs(1992a), Thorne(1992) 참조

다. 이전까지 핵무기확산금지조약에 가입하는 것을 거부해 온 중국과 프랑스가 1992년 조약에 가입하기로 결정함에 따라 공식 핵무기 보유국 모두 핵무기확산금지조약에 가입하게 되었다. 구 소련의 핵무기가 배치되었던 우크라이나, 카자흐스탄, 벨라루스 공화국은 1992년 최대한 빠른 시일 내에 핵무기 비보유국의 지위로 핵무기확산금지조약에 가입하겠다고 공표하였다. 핵확산금지조약이 인정하는 수출국 위원회(*Zangger Committee*)의 수출 가능한 핵물질 및 장비 목록을 재검토하기 위한 논의도 시작되고 있다. 핵기술 수출을 통제하는 핵제공국 그룹(런던 그룹)의 지침도 핵무기와 관련된 분야에 활용되고 비무기 분야에서도 활용되는 이중 활용 기술 수출에 대한 통제에 대해서 검토하기로 하였다(Muller, 1992: 97-99; Rioux, 1992; *Orbis* 36[2]).

이러한 변화에도 불구하고 핵무기 확산은 앞으로 계속될 것으로 보인다. 미국과 소련의 핵무장에 대응하여 영국과 프랑스는 자국의 국가 안보와 지위를 향상하기 위해 핵무기를 보유하기로 했었다(Myrdal, 1982: 160-165). 중국의 경우도 비슷하다. 이는 핵무기 확산의 전형적인 유형으로 자리잡았다(Sheehan, 1983: 62-65; Goheen, 1982: 204-207; Dror, 1980: 46-49). 그리고 핵무기 확산을 방지하기 위한 국제 레짐인 핵무기확산금지조약은 처음 체결되었을 때부터 그리고 그 이후 네 번의 재심의(Prandler, 1991: 131-134)를 단행한 후에도 의무와 혜택 사이의 불균형이 해소되지 않고 있다(Myrdal, 1982: 168- 171; Prins, 1983: 214-215).[34)]

핵무기확산금지조약은 핵무기 보유국들에게는 계속해서 핵무기를 보유하고 핵실험을 할 수 있도록 허용하고 있지만, 비보유국들에게는 그러한 행동을 금지하고 있다. 그리고 감사, 현장 사찰, 핵물질과 시설의 재고 검사 등 IAEA의 안전 협약은 비보유국들에게만 강요되고 있다. 오랫동안 비판되어 왔던 것처럼 핵무기확산금지조약은 '핵무장 국가가 핵무장을 하지 않은 국가들을 무장 해제시키는 체제'가 되어 버렸다. 이러한 불균형은 기존의 국제적 힘의 관계를 유지하는 데 봉사한다. 그러나 강대국들이 '억지'의 논리 아래 핵무기를 보유하고 있는 동안 군사 분쟁과 불안정은 세계 각지에서 진행되고 있으며, 힘의 정치에 입각한 현실주의적 세계 정치관이 국제 정치를 지배하고 있다. 그렇기

---

34) 핵무기확산금지조약의 효과에 대한 회의적인 논의는 Ezz(1989: 40-41) 참조.

때문에 헤들리 불이 지적하듯이 "현재의 핵무기 보유국들이 상호 핵억지의 논리가 자신들에게만 해당되는 것이라고 국제 사회를 설득할 수 있는 근거가 전혀 없다"(Bull, 1980: 16).

핵무기확산금지조약은 핵무기 보유국이 조약에 가입한 핵무기 비보유국에 핵무기를 사용하거나 또는 그렇게 위협할 때 아무런 보호를 제공하지 않는다(Ezz, 1989: 42-43). (이에 대해서는 한반도 비핵지대화에 대한 장에서 논의하기로 한다.) 그리고 핵기술 또는 이중 활용 기술의 개도국 이전에 대한 제약을 강화하는 것은 선진국들의 핵독점을 강화하는 결과를 낳게 되어 이미 차별적인 핵무기확산금지 레짐의 차별성을 더욱 심화시키게 될 것이다. 핵무기확산금지조약과 연관된 제반 협정들이 그 차별적 측면에도 불구하고 합의 정치의 산물이라는 사실을 감안할 때 유엔 안보리가 강제력을 지닌 조치들을 도입한다면 조약의 성격을 근본적으로 변질시키는 것이 될 것이다. 이는 주요 강대국들이 힘의 정치에 의존하는 경향을 강화하게 될 것이다. 핵무기확산금지조약의 제10조는 조약에 가입한 국가가 조약으로 인해 자국의 최고의 국가 이익이 위협을 받는다고 인식할 때 3개월 사전 통보를 통해 조약에서 탈퇴하는 것을 허용한다. 그런데 안보리의 강압적인 역할은 이 조항의 의미와 효력을 무시하는 게 되는 것이다. 이러한 문제들은 핵무기확산금지조약을 일정 기간 동안 또는 영구히 연장할 것을 결정하게 될 1995년 조약 재심의 회의에서 논란이 될 가능성이 매우 높다.

기존 핵무기 보유국의 전략적 또는 경제적 이해 관계는 핵무기가 확산되는 것을 방지하는 노력에 걸림돌이 되어 왔다(Spector, 1985: 71-72; Sheehan, 1983: 80; Lellouche, 1982: 177-180, 199-201; Dunn, 1990: 13). 예를 들어 냉전 시대 동안 미국은 1979년 소련의 아프가니스탄 침공 이후 인도에 우라늄 수출을 재개했다. 미국은 1974년 인도가 핵무기 실험을 단행하자 핵물질 수출을 금지했다. 그리고 핵무기를 개발하려는 파키스탄의 노력은 더 이상 미국 정부의 비판을 받지 않는다. 이스라엘의 경우, 냉전이 종식된 후에도 미국은 이스라엘을 중동 지역의 '전략적 동맹국'으로 파악하고 있으며, 이미 상당한 양과 수준의 핵무기 능력을 보유하고 있음을 나타내는 수많은 증거를 못 본 척하고 있다. 서구 국가들의 핵물질과 기술을 수출하려는 의지가 핵무기를 개발하려는 이라크의 노력을 가능케 했다는 것은 잘 알려진 사실이다. 핵무기가 확산되는 것을 확실하게 방지하기 위해서는 단순히 통제 대상 품목을 강화하는 것 대신 공급국이 이미 존재하는 규제를 준수하기 위한 일관되고 꾸준한 노력이 전제되어야 한다(Rioux, 1992: 165). 그리고 소련이 해체된 이후 핵무기 비보유국들이 구 소련의 핵기술 관련 전문가, 제품, 기술을 확보하는 것에 대한 우려도 제기되었다.

핵무기 확산 문제에 대한 논의는 핵기술, 특히 전기 발전을 위한 핵기술이 세계적으로 확산되어 있다는 사실을 감안해야 한다. 잘 알려져 있듯이 핵에너지를 평화적인 용도로 사용하는 데 필요한 물질과 기술은 핵무기 제조에도 깊은 연관성을 지니고 있다(Prins, 1983: 214-215; Poneman, 1981: 569-578). 그렇기 때문에 핵에너지 프로그램이 아무리 평화적인 방향성을 가지고 있더라도 그것은 핵무기를 제조하는 데 필요한 지식과 기술을 제공하게 된다. 1992년에 이르러 핵에너지 관련 기술의 확산으로 인해 40개 이상의 국가들이 핵무기를 생산하는 데 필요한 기술적 능력과 자원을 보유하고 있는 것으로 밝혀졌다(Fischer, 1992: 5). 그리고 2000년까지 민간 사업체가 국제 무역을 통해 확보할 수 있는 플루토늄이 수만 킬로그램을 넘을 것으로 추정되고 있다(Dunn, 1990: 12). 그리고 핵공급자의 수가 점진적으로 증대되고 있는(Potter, 1992) 사실이 함의하듯이 시간이 흐를수록 많은 국가들이 자립적으로 핵기술을 개발할 수 있는 능력을 보유하게 되어 각종 수출 통제 조치들의 효력을 축소시키게 될 것이다. IAEA의 한스 브릭스 사무총장이 인정하듯이 얼마 되지 않아 보다 많은 국가들이 그러한 기술을 확보하게 될 것이다(Blix, 1992: 2-3). 대부분의 핵 과학자들은 핵실험을 하지 않고도 안전한 핵무기를 개발할 수 있다고 믿고 있다(Spector, 1985: 53; Spector, 1987: 6). 사실 히로시마에 투하된 원자폭탄은 한 번도 실험된 적이 없는 유형의 폭탄이었다.

핵무기 확산의 역사는 "핵무기 능력을 보유하려는 강력한 의지가 있고 충분히 광범위한 산업 기반을 갖추고 있다면 그 국가가 결국에는 그 목적을 실현하는 것을 막을 수는 없음"(Dunn, 1990: 10)을 분명히 보여주고 있다. 핵무기확산금지조약과 기존의 핵 공급국이 유지하고 있는 수출 통제는 핵능력 확보 과정을 느리게, 힘들게, 복잡하게 할 수는 있겠지만 그러한 시도를 차단하는 데는 분명한 한계를 지닌다.

그렇기 때문에 장기적으로 핵무장을 하지 않겠다는 정치적 결단이 매우 중요하다. 사실 독일, 이탈리아, 일본 등의 선진국은 핵무기를 제조할 수 있는 모든 능력을 갖추고 있지만 정치적 결정이 이들 국가들의 핵무장을 막고 있다. 이러한 정치적 입장과 핵무기 비보유의 규범은 국제적으로 강화되어야 한다. 이를 실현하기 위해서는 핵무기의 군사적, 정치적 무용성에 대한 공통된 국세적 인식이 확립되어야 한다. 그러기 위해서는 기존의 핵무기 보유국들은 보다 안전하고 정의로운 지구촌 공동체를 확립하기 위한 장기적인 노력과 더불어 핵무기확산금지조약의 제4조에 명시된 "보편적이고 완전한" 탈핵화를 위한 "신의 있는 노력"을 단행해야만 한다.

몇몇 학자들은 핵무기의 확산이 세계 평화에 바람직한 것이라고 주장한다. 이들은 많은 국가들이 핵무기를 보유하게 되면 상대방의 핵공격 때문에 서로 공격하지 못할 것이라는 논리를 내세운다(Waltz, 1981; Bueno de Mesquita and Riker, 1982). 그렇기 때문에 장기적으로 핵무기 확산은 전쟁의 가능성을 축소하게 될 것이고 궁극적으로 완전히 제거하게 될 것이라고 인식한다. 그러나 이러한 주장은 본질적으로 앞에서 살펴본 '핵억지'의 논리에 기초한다. 실제로 핵무기가 여러 소국에 확산되는 것은 새로운 위험을 제기하게 된다. 일반적으로 지적되듯이(Nye, 1985: 126-127; Williams, 1987: 135-136; Spector, 1988: 5-6) 이들 국가들은 종종 내전과 주변 국가들과의 분쟁을 경험하며 무기 체제(지휘, 통제, 통신 체제를 포함한)와 대응 공격 능력의 측면에서 치밀함을 결여하고 있다. 이러한 요인들은 '억지' 체제의 붕괴를 가속화할 수 있다. 그리고 핵무기를 보유하는 국가가 많을수록 이러한 무기들이 사고에 의해 또는 불가피한 상황에서 사용될 수 있는 가능성이 높아지게 되고 핵무기에 대한 통제와 그 역할을 축소 또는 제거하기 위한 궁극적인 노력에 보다 많은 장애를 낳게 될 것이다. 보다 많은 국가들이 핵으로 무장할수록 세계가 핵전쟁의 문턱을 넘어설 개연성이 높아지게 되는 것이다.

6) 사고로 인한 핵전쟁

마지막으로 핵억지, 특히 '직접적인 핵억지'는 단순한 사고로 인해 붕괴될 수 있다는 점을 지적하여야 한다.[35] '사고로 인한 핵전쟁'은 "오인된 신호, 틀린 정보나 그릇된 해석, 또는 공식 명령이 아닌 사고, 아니면 테러 집단에 의한 핵무기 발사, 또는 제한된 분쟁이 통제할 수 없이 확산될 때"(Hellman, 1990: 99)[36] 발생할 수 있는 핵전쟁을 의미한다. 냉전 시대에 핵전쟁이 발발할 수 있는 가장 가능성 높은 원인은 사고라는 지적이 있어 왔다(PRI, 1984: 14; Babst and Aldrdge, 1986a: 15).[37]

핵무기 보유국들은 사고로 인한 핵전쟁의 위험을 축소하기 위한 다양한 조치를 도입하였다. 핵탄두 자체도 사고로 인한 폭발을 피하도록 설계되었고 핵무기 사용을 통제하기 위한 복잡한 절차도 도입되었다. '허용 가능한 행동 연계 체제'(*Permissive Action Links*, PAL), 공인되지 않은 핵무기 사용을 방지하기 위한 전자 자물쇠 장치 등이 이러한 예방 조치에 속한다. 쿠바 미사일 사태 이후 미국과 소련은 1963년 양국 간에 핫라인을 설치하였다. 1987년에는 "그릇된 해석, 계산 오류, 사고의 결과"로 인한 핵전쟁의 위험을 축소하기 위하여 워싱턴과 모스크바에 핵위험 축소 센터가 구축되었다.[38]

그러나 이러한 조치에도 불구하고 핵억지 체제가 존재하는 한 사고로 인한 핵전쟁의 위험은 완전히 제거될 수 없을 것이다. 예를 들어 핵무기가 도입된 후 핵무기 사고는 끊임없이 반복되었다. 한 보고서에 의하면 1950년부터 1988년까지 미국, 소련, 영국의 핵무기 체제에 230번 이상의 사고가 발생하였다.[39] 사고로 인한 핵폭발이 발생했을 경우 가중되는 위험은 핵폭발로 인해 발생하는 전자기 파동(*electro-magnetic pulse*, EMP)에서 유래한다. 전자기 파동은 핵폭발로 인해 발생하는 엄청난 전자기 에너지의 출력을 뜻한다. 핵폭발이 공

---

35) 사고로 인한 핵전쟁에 관한 포괄적인 논의는 이 문제를 특집으로 다루고 있는 *Peace Research Reviews* Vol. 9, Nos. 4 and 5, 1984, Vol. 10, No. 3, 4, 1986 참조.

36) '사고' 개념에 대한 논의는 Williamson(1986: 76-79) 참조.

37) 재래식 전쟁을 전개하는 중 의도하지 않은 핵전쟁이 발발할 위험성에 관한 논의는 Posen(1991) 참조.

38) SIPRI, 1988. "Appendix 13E: Agreement between the United States of America and the Union of Soviet Socialist Republics on the Establishment of Nuclear Risk Reduction Centres." In SIPRI Yearbook, p. 486.

39) 사고 발생 목록은 Gregory and Edwards(1989: 11-24) 참조. 그리고 Arkin and Handler (1989)도 참조.

중에서 발생했을 경우 전자기 파동은 광범위한 영역에 영향을 미치게 되고 육지에서 폭발했을 경우 상대적으로 좁은 영역으로 국한된다. 전자기 파동은 빛의 속도로 확산되고 전기 체제의 회로를 마비시키는 것으로 알려져 있다. 그에 따라 경고 태세와 지휘 체제가 겪게 되는 혼란으로 인해 사고로 인한 핵폭발은 — 특히 중대한 국제적 위기가 진행되고 있을 때 또는 폭발이 주요 시실 근처에서 발생했을 때 — 적국이 상대국의 준비 체제를 와해하려는 시도 또는 미리 감지되지 않은 핵공격으로 오인될 수 있다. 이 때 국가 지도자나 군 지도자는 대응 공격 감행을 고려할 수 있다.

위에서 지적한 핵무기 체제 상의 사고 가운데 최소한 9개의 경우는 "사고로 인하거나 공인되지 않은 핵무기의 폭발로 인한 것으로 핵전쟁의 위험을 창출할 수 있는" 범주에 속하는 것이었다(Natvig, 1989: 219). 그리고 핵무기 보유국은 핵무기 사고가 이미 공중에 알려졌을 때 시인하는 것이 관례화되어 있기 때문에 이 보고서에서 파악된 사고들은 "실제 발생한 사고의 아주 작은 부분일 수 있다"(Gregory and Edwards, 1989: 30).

핵무기 체제를 직접 담당하는 사람들의 인간적 취약성은 사고로 인한 핵전쟁의 또다른 원인으로 지적될 수 있다. "인간의 실수, 스트레스로 인한 비정상적인 행동, 부정적인 창의성 [의도적인 실수], 정신 상태 또는 약물 복용이나 음주"(Gregory and Edwards, 1989: 6-8; Dumas, 1980) 등을 인간에 의한 사고 요인으로 들 수 있다.

핵무기와 운반 체제가 보다 위력적이고 빨라짐에 따라, 그리고 조기 경고 체제와 지휘, 통제, 통신, 첩보 시설이 보다 복잡해짐으로써 사고로 인한 핵전쟁의 개연성도 높아졌다. 앞에서 논의한 것과 같이 대응 공격 능력이 억지의 논리에 중요한 위치를 차지하지만 선제 공격의 유리함은 여전히 존재한다.[40] 탄도 미사일 유도 체제의 개선과 다수의 핵탄두를 운반할 수 있는 미사일의 도입 등으로 인한 핵무기의 발전은 선제 공격의 프리미엄을 더욱 높여 주고 있다(PRI, 1984a; Wallace et al., 1986: 96-106). 1950년대에 핵무기를 탑재한 폭격기가 6천 마일을 대륙간 비행하는 데는 약 12시간이 걸렸다. 오늘날 대륙간

---

40) 핵무기의 첨단화에 따른 '선제 공격'의 유혹이 증대하는 것에 관한 논의는 PRI(1984c) 참조

탄도 미사일(ICBM)은 똑같은 거리를 30분만에 돌파한다. 적국의 해안 근처에 있는 잠수함에서 발사된 미사일은 지하 격납고에 있는 미사일을 6분에서 8분 사이에 파괴할 수 있다. 그리고 적국의 레이다 망과 경보 체제를 피하기 위해 스텔스 폭격기와 크루즈 미사일과 같은 기습 공격용 무기가 개발되었다. 이는 다시 경고 체제와 통제 체제의 발전과 복잡화를 가져왔다.

핵공격이 하나의 유효한 선택으로 고려될 수 있는 위기 상황이 도래하면, 적국의 선제 공격의 가능성으로 인해 긴장이 팽배해지는 동안 정보 처리, 정책 결정, 발사를 단행할 수 있는 시간이 매우 짧다. 이러한 시간 부족과 소련의 선제 공격에 대비하기 위하여 미국은 냉전 시대에 '경보시 발사'(*launch-on-warning*, LOW) 전략을 도입하였다(Aldridge, 1986: 27-33).[41] 일반적으로 '공격시 발사'(*launch-under-attack*, LUA) 전략이 최초의 적국 탄두가 미국 땅에서 폭발되었을 때 미국의 핵미사일을 발사하는 전략이라 한다면, '경고시 발사' 전략은 미국의 조기 경보 체제가 적국의 공격을 포착하자마자, 즉 적국의 미사일이 미국 땅에 도착하기 전에, 적국에 대해 미사일을 발사하는 것으로 알려졌다. 그러나 사실 이러한 이해는 그릇된 것이다. 미국의 전략적 경보 체제는 '이중 현상 감시 체제'이다. 첫째, 경보 위성은 적외선 신호를 감지하여 미사일의 비행 여부를 포착한다. 둘째, 그 후 몇 분 이내 지상의 레이다 망은 비행하는 물체를 추적하여 새로운 정보를 제공한다(Marsh, 1986: 6).[42] '공격시 발사'는 위의 "두 가지 감지 장치를 통해 적국 미사일의 비행이 확인될 때 대륙간 탄두 미사일을 발사"하는 것이다. '경보시 발사'는 "두 가지 감지 장치 가운데 하나를 통해 확인될 때" 그 경보가 몇 분 내 취소되지 않을 경우 미사일을 발사하는 것을 뜻한다(Aldridge, 1986: 25-26; Marsh, 1986: 15-17).

이러한 체제에서 '경보시 발사'는 거짓 경보에 의해 발동될 수 있는 위험을 안고 있다. 예를 들어 1977년부터 1983년까지 미국은 거짓 경보를 평가하기 위해 천 번에 걸친 미사일 전시 회의(*Missile Display Conference*, MDC)를 개최하

---

41) 냉전 시대 동안 미국의 경보 체제와 의사 결정 과정에 관한 논의는 PRI(1984b), PRI (1984d), Natvig(1989: 220-221) 참조.

42) 미사일이 발사된 뒤 경보 위성에 의해 1차로 탐지되는 데는 약 1~2분이 걸리고, 지상의 레이다 망에 의해 2차로 탐지되는 데는 3분에서 7분이 걸리는 것으로 알려져 있다 (Wallace et al., 1986: 96-106; Marsh, 1986: 10-14).

여야만 했다(Marsh, 1986: 14-15).[43] 거짓 경보의 원인은 다양했다. 감지 장치가 대기와 지구 표면의 물리적 현상을 잘못 인식한 경우도 있었고 인간의 실수도 있었으며, 기계 고장도 있었고 경보 시설과 '지휘-통제-통신-첩보' 체계의 복잡성과 시간 지체도 문제의 원인이 되었다(PRI, 1984b; Aldridge, 1986: 33-34 참조).

핵무기 체제의 자동회에 따른 거짓 경보의 가능성도 제기되었다. 무기, 경보, 통제 체제들은 모두 매우 복잡한 반면 결정을 내리는 데 주어진 시간이 매우 짧기 때문에 '평가와 결정'의 과정이 사전에 컴퓨터에 프로그램화되는 것이 불가피해졌다(Babst and Aldridge, 1986b: 88). 전략적 방어 계획(SDI)이 자동 감지 장치와 컴퓨터의 연결 체제에 상당 부분 의존하는 것이었다는 점은 잘 알려진 사실이다.[44] 그러나 버나드 브로디가 지적하듯이 모든 무작위의 요인들과 그들의 집합을 한 치의 오류도 없이 계산할 수 있는 컴퓨터 프로그램은 존재하지 않는 것은 물론 유형 구분을 위한 프로그램을 만드는 데도 한계가 있다. 예를 들어 아직도 "B와 8을 구분하는 단순한 작업을 하는 프로그램도 오류에서 자유롭지 않다"(Bereanu, 1983: 52; Gregory and Edwards, 1989: 4; Hellman, 1990: 101)는 점이 이러한 한계를 웅변해 준다.

'거짓 경보'의 위험은 위기 시기에 더욱 극명하다. 그리고 이러한 위험은 '대응 강도의 상승 확산이라는 연쇄 작용'에 의해 더욱 악화된다. 위기시 '갑' 국의 지휘-통제 체제가 거짓 경보에 의해 경계 태세에 들어간다면, '을' 국('갑' 국의 적국)의 지휘-통제 체제는 '갑' 국의 이러한 변화를 감지하고 이를 위협으로 인식하고 경계 태세에 돌입하게 될 것이다. 이는 다시 '갑' 국의 지휘-통제 주체로 하여금 원래의 경보가 옳은 것이었다고 확신시켜 주게 되어 대응 공격의 절차에 돌입하게 될 것이다(Hellman, 1990: 101).

---

43) 핵위기 시기에 미국이 따르는 긴급 행동 회의 절차에 관한 논의는 Marsh(1986: 33-34) 참조.
44) 상세한 내용은 Morrison(1984), Dely(1986: 47-55) 참조.

2

대안적 안보 체제

국제 관계에 대한 국가 중심적이며 힘의 정치에 입각한 현실주의적 접근은 국제 정치 이론을 다루는 다른 학파의 관점에서 오랫동안 비판되어 왔다. 현실주의와 달리 자유주의 정치경제학 이론, 종속 이론, 자본주의 세계 체제론 등의 전통은 국제 관계의 정치경제학을 확립해야 한다고 강조한다. 이는 국가와 시민 사회의 분리를 지양하고 국내 및 국제 경제적 요인을 정치적 요인에 앞서 또는 동시에 고려할 것을 주장하는 것이다.[1] 현실주의의 지배적 지위에 반대하여 국제 관계에 대한 비판 이론도 제시되었다. 비판 이론은 현존하는 세계 질서에 거리를 두고 이러한 질서가 어떻게 성립되었는지를 질문한다. 비판 이론은 "현재 지배적인 질서와는 다른 사회·정치 질서를 선호하는 규범적 선택을 허용하지만 선택의 폭을 현존하는 세계를 변화시킬 수 있는 가능성이 있는 대안으로 제한한다"(Cox, 1981: 129-130; Linklater, 1990: 21-32 참조).

현실주의에 대한 반론으로 제시된 또 하나의 학파는 평화 연구이다. 평화 연구는 지난 30여 년 동안 가치 지향적인 평화를 연구하는 과학으로 발전하였다. 핵억지 체제 또는 현실주의적 안보 패러다임의 대안에 대한 논의는 주로 평화 연구의 틀 내에서 이루어져 왔다. 그렇다고 현실주의의 대안을 모색하는 모든

---

1) 이에 대한 개략적인 논의는 Little and Smith(1991) 참조

논의가 평화 연구라고는 할 수 없다. 평화 연구의 주요 학자 가운데 한 사람인 리차드 포크는 "현실주의에 대한 진정한 대안은 인간 정체성과 정치적 삶의 조직화 그리고 지구의 안보에 대한 총체적인 관점 위에서 확립되어야 한다"고 주장한다(Falk, 1991: 21). 이러한 주장에서 볼 수 있듯이 평화 연구의 주제는 "그 방향성에서 국제적 또는 전지구적"(Rytovuori, 1990: 273)이며, 그에 따라 광범위한 영역의 연구 과제에 관심을 갖는다. 국가 간의 갈등 해결, 제3세계 국가들의 저발전, 북-남 갈등, 전지구적 환경 문제 등 광범위한 분야에 걸쳐 평화 연구가 이루어져 왔다.[2] 국제적 갈등 해소에 대한 관심의 한 부분으로 파악하는 핵무기와 핵전쟁의 위험에 관해서 평화 연구는 국가 간 갈등과 군비 축소와 연관된 핵무기 문제에 대해 다양한 연구를 해 왔다.

국제 관계에 대한 힘의 정치에 입각한 현실주의적 관점은 국가 간 체제의 재생산의 필요성을 중심으로 정당화되었다. 그러나 현실주의 외의 다른 모든 전통들은 현존하는 국가 간 체제는 역사적 산물 이상이 아니며, 그렇기 때문에 변화의 대상이 될 수 있다는 관점을 공유한다. 안보에 대한 현실주의적 관점에 대한 대안적 제안들도 현실주의의 안보 개념이 역사적 산물이라는 인식에서 출발한다.

핵억지는 냉전이 종식된 후에도 안보 전략에 관한 논의에서 지배적인 주제로 유지되어 왔다. 이 장에서는 핵억지 체제 존속의 필요성에 대한 주장들을 검토하고 그 타당성을 평가하기로 한다. 그 뒤 대안적 논의에서 제기된 안보 개념을 검토하여 현실주의와 비교하고자 한다. 이러한 논의를 바탕으로 주요 대안적 접근을 살펴볼 것이다.

1. 핵억지: 해결책이 아니다

핵억지 전략의 주창자들은 두 가지 주장을 제시한다. 첫째는 핵억지가 지금까지 잘 작동해 왔다는 주장이다. 제2차 세계 대전 이후 대규모 전쟁이 ─ 최

---

2) 평화 연구에 대한 개략적인 소개는 Mack(1983: 1-23), Naidu(1985)에서 찾을 수 있다. 그리고 Lawler(1986), Lawler(1990: 111-122), Dunn(1991: 64-65)도 참조.

소한 중요한 유럽 전역(戰域)의 강대국들 사이에는 — 없었다. 이들은 이러한 사실은 핵억지가 전후 안정적인 국제 질서의 유지에 기여했다는 것을 의미한다고 주장한다. 둘째, 핵무기를 보유하거나 제조할 수 있는 능력을 보유하고 있는 국가들이 이미 존재한다. 그리고 핵무기에 관한 지식은 사라질 수 없다. 그렇기 때문에 핵억지는 핵무기 사용을 막을 수 있는 최선의 방법이다. 그리고 핵무기 사용의 위협은 그 사용을 피하기 위한 의도에 기초하기 때문에 이러한 위협은 실제 핵무기 사용과는 다르다. 핵억지 주창자들은 이러한 논리를 바탕으로 전쟁을 방지하기 위한 핵억지는 윤리적 측면에서도 정당성을 확보하고 있다고 주장한다. 이들은 힘의 정치로 규정되는 세계의 현실이 존재하는 한 핵억지는 여러 가지 불가피한 나쁜 선택들 가운데서 최선의 선택이라고 주장한다.

냉전 종식 이후 기존의 핵 강대국들은 — 두 주요 강대국이 보유 핵무기의 수를 축소할 것을 희망한다는 의사를 밝힌 것 외에 — 자국의 미래 핵전략이나 군비 통제 계획에 대해 아무런 구체적이고 분명한 입장을 밝히지 않고 있다. 그리고 기존의 핵 강대국들 가운데 핵무기를 포기하겠다는 국가는 하나도 없다.

몇몇 학자들은 핵무기가 계속 존재할 것이라는 가정을 토대로 기존의 핵전략과 무력 대립 양상을 새로운 국제 환경에 부합하게 변화시킬 필요가 있다고 주장한다(Sloss, 1991 참조). 그러나 이들은 핵무기가 존재하는 한, 핵무기의 엄청난 파괴력을 감안할 때, 핵무기의 존재를 합리화할 수 있는 최선이자 유일한 전략이 '억지'라는 데 동의한다. 그 결과 탈냉전 시대의 이러한 논의의 주요 관심사는 새로운 핵억지 정책이 최소 지향적이어야 하느냐, 최대 지향적이어야 하느냐 또는 온건적인 것이어야 하느냐는 — 이미 냉전 시대에도 쟁점이 되었던 — 질문을 중심으로 이루어지고 있다(Mazarr, 1992a; Mazarr 1992b; Glaser, 1990). 핵무기의 평화에 대한 기여와 핵무기 지식의 소멸 불가능성에 입각한 논의는 구 소련의 불안정, 중동 등의 지역에서 지역 분쟁이 발발할 가능성, 핵무기의 확산 가능성을 강조하면서 핵무기를 계속 보유할 필요가 있다고 주장한다(Gergorin, 1992: 8-10; Glaser, 1992: 36-37). 그리고 몇몇 학자들은 탈냉전 시대에 핵무기는 다른 국가가 핵무기를 사용하는 것을 억지하는 '보험'의 역할을 할 수 있다고 주장한다(Nitze, 1992).

그러나 핵무기가 냉전 시대에 서구와 동구 간의 평화를 유지하는 데 기여했는지는 — 특히 유럽에서 — 확정적으로 결론지을 수 없는 문제이다. 현재 유지되고 있는 '평화'의 주요 원인이 핵억지였다고 주장하기에는 너무나 많은 중요한 변수들이 작용하고 있기 때문이다. 많은 학자들은 다른 중요한 요인도 중요한 역할을 했다고 주장한다. 제2차 세계 대전에 참전했던 모든 국가들이 — 특히 소련과 독일 — 간직하고 있는 참혹한 경험에 대한 기억. 두 강대국이 기존 질서에 만족하고 있었다는 사실. "전쟁보다는 혁명적 절차를 강조"하는 소련이 내세운 조심스럽고 실용주의적인 이데올로기와 소련이 히틀러 식의 군사적 팽창을 지향한 것이 아니라 자국 안보를 최우선 과제로 삼았다는 사실. "강대국 차원의 갈등으로 확산될 경우 — 그것이 핵무기를 사용하는 것이든 사용하지 않는 것이든 — 그 비용은 강대국의 입장에서도 수용 불가능한 수준"이라는 사실. 많은 학자들은 바로 이러한 요인들이 유럽에서 전쟁이 발발하지 않은 원인이었다고 주장한다(Mueller, 1991: 47-49에서 재인용; MccGwire, 1986a: 55-70; Holmes, 1989: ch. 7; Gaddis, 1991; Risse-Kappen, 1991 참조). 핵억지가 냉전 시대에 성공적으로 작동했다는 주장이 설득력을 갖기 위해서는, 로버트 홈즈가 지적하고 있듯이 서구 국가들의 보복 위협이 없었더라면 소련이 서양을 공격했을 것이라는 명제, 또 그 역의 경우인 소련의 보복 위협이 없었더라면 서구 국가들이 소련을 공격했을 것이라는 명제를 입증할 수 있어야 된다(Holmes, 1989: 243-244. Johansen, 1987: 440-441 참조). 즉 홈즈가 주장하듯이 "이러한 명제를 입증할 수 없다면 핵전쟁이 아직 발발하지 않았다는 사실 자체만으로 핵억지가 성공적으로 작동했다고 할 수 없는"(Holmes, 1989: 244) 것이다.

핵억지가 성공적이었다는 주장과 달리 핵억지 체제는 실제로 수많은 붕괴 위기를 겪었다. 이는 특히 '실존적 억지'의 차원에서 더욱 두드러진다(Fischer, 1992: 11; Holmes, 1989: 215). 1940년대 말까지 미국은 핵전력을 독점하였지만 이는 소련이 동유럽에 대한 통제를 강화하기 위해 무력을 사용하는 것 또는 무력 사용을 위협하는 것을 억지하지 못했다. 그리고 미국과 소련 간의 상호 핵억지는 각국이 다른 국가에 개입하는 것을 방지하지 못했다. 예를 들어 소련은 헝가리와 체코슬로바키아에 무력 개입하였고, 미국은 베트남과 도미니카 공화국에 무력 개입을 할 수 있었다. 그리고 핵보복의 위협은 핵무기 비보유국이 핵무기 보유국을 상대로 전쟁을 수행하는 것을 막지 못했다. 중국은 한국전쟁에 참전함으로써 미국을 상대로 전쟁을 했으며, 베트남은 미국, 아프가니스탄 반군은 소련, 아르헨티나는 포크랜드에서 영국, 그리고 최근에 이라크는 미국, 영국, 프랑스를 상대로 전쟁을 전개했다. 나아가 핵무기 자체가 세계 평화를 심각하게 위협했던 적도 많다. 몇몇 학자들은 1962년 쿠바 미사일 사태 때 핵무기가 존재한다는 사실이 미국과 소련 간의 직접적인 대결을 피하는 데 결정적인 역할을 했다고 주장한다(Trachtenberg, 1991: 237). 그러나 "핵무기를 활용하려는 시도 그 자체가 사태의 직접적인 원인이었다"(Butfoy, 1992: 3)3)는 주장도 가능하다.

핵전쟁이 발발하지 않았기 때문에 핵억지가 냉전 시대에 동구와 서구 간의 평화를 유지하는 직접적인 원인이었는지의 여부에 대해 확정적으로 단언할 수 없다. 그러나 헤들리 불이 주장하듯이 "억지는 그 자체로서 정책의 목표가 될 수 없음"이 분명하며, 장기적으로는 "평화와 안보를 위한 안정적인 기반을 제공하지 못한다"(Bull, 1980: 16-17). 핵무기의 파괴력에 비추어볼 때, 과거의 전쟁이 한 시대의 종말을 가져왔다면, 핵전쟁의 발발은 인류 문명의 종말을 가져올 것이라고 할 수 있다. 인류의 장기적인 미래를 몇십 년 동안 유럽이 경험한 평화에 기반하여 설계하는 것은 너무나 위험한 도박이라고 할 수 있다. 냉전 시대에 서구와 동구 사이에 핵전쟁이 일어나지 않았다는 사실로 절대 핵억지를 정당화할 수 없다.

핵지식 소멸 불가능론에 ― 즉 핵무기를 제조할 수 있는 지식이 이미 존재하며, 탈핵무기화하고 있는 당사자들이 위기 시 또는 위기를 알리는 조그만 신호에도 다시 핵무기를 개발할 수 있다 ― 대해 조나단 쉘은, 핵무기에 관한 지식의 존재를 탈핵무기 세계에서 전개될 전지구적인 군비 통제 또는 탈무장화의 기반으로 삼아야 한다고 주장한다. 그는 핵무기에 관한 지식이 이미 존재하기 때문에 미래에 성립될 핵무기가 없는 세계는 "핵무장 가능한 세계"가 될

---

3) 이 논문은 1992년에 작성된 초고로서 *Australian Journal of Political Science* 28(2)에 발표되었다. 여기서는 초고를 기초로 인용한다.

것이며 이는 핵무기가 존재하기 이전의 세계와는 본질적으로 다르다고 설명한다. 이러한 핵무장 가능한 세계는 상호 핵재무장 위협 아래 핵재무장이 "억지된 상태"를 창출하게 될 것이다. 핵억지의 긍정적인 측면이 있다면, 그것은 핵무기가 존재하지 않는 상태에서 핵억지의 형태를 띠게 되는 것이다(Schell, 1984: 97-105). 즉 억지의 가치는 계속 존재하게 된다. 핵무기가 물리적으로 존재하기 때문이 아니라 핵무기를 제조할 수 있는 능력이 존재하기 때문이다. 이러한 '억지된 상태'는 전통적인 자연 상태인 무정부 상태가 아니기 (그리고 고전적 의미의 시민 사회도 아닐 것이다) 때문에 핵무기 폐기의 결과로 추가적인 국제적 불안정성 또는 재래식 전쟁의 가능성을 창출하지 않는다.

앞 장에서 살펴보았듯이 사고로 인한 핵전쟁의 가능성이 내재되어 있는 핵억지 체제의 중요한 결함 가운데 하나는 위기 시 상대방의 선제 공격에 대한 두려움으로 인한 선제 공격의 가능성이 존재한다는 사실이다. 핵무기가 존재하지 않는 상태의 억지 체제에서는 최소한 이 두 가지 파멸의 원인이 제거된다. '억지된 상태'가 붕괴된다 하더라도 핵전쟁의 발발은 핵무기 제조에 필요한 시간에 의해 지연되기 때문에 사태를 새롭게 파악할 수 있는 냉각 기간을 제공한다. 나이젤 블레이크와 케이 폴은 핵무기 생산을 재가동할 수 있다는 위협으로 구성된 상태에서 누릴 수 있는 안보가 실제 핵무기를 보유하는 상태의 안보보다 덜 안전하다고 규정할 이유가 없다고 주장한다. 즉 핵무기를 제조할 수 있는 가능성을 공유하는 상태가 핵무기를 실제로 보유하는 상태보다 더 위험할 이유가 없다(Blake and Pole, 1983: 6-7). 그리고 핵무기확산금지조약과 IAEA 등의 여러 국제 조약과 기구 등의 경험에서 볼 수 있듯이 핵무기가 제거된 세계는 공개적으로 또는 비밀리에 핵재무장을 시도하는 국가들에 대해 국제적 제재를 가할 수 있는 제도를 마련할 수 있다.

다른 대량 학살 무기에 관한 군비 통제 또는 탈무장화 조치들에 비추어볼 때 핵무기에 관한 지식이 존재한다는 사실 때문에 핵무기의 폐기가 무의미하다는 주장은 근거가 없다고 할 수 있다. 1972년 세균무기(생물무기) 및 독소무기의 개발, 생산 및 비축의 금지와 그 폐기에 관한 협약(세균무기협약)이 체결되었고, 1992년 11월 유엔 총회는 화학무기협약을 체결하였다. 이들 협약은 이러한 무기를 제조할 수 있는 지식이 이미 존재하는데도 불구하고 화학무기 등 대량 살상을 가할 수 있는 무기의 개발, 비축 그리고 사용을 완전히 금지하는 내용을 담고 있다.4) 그런데 제조 지식이 존재한다는 이유만으로 핵무기에 대해서 이러한 조치를 취하는 것이 불가능하다는 것은 무엇 때문인가? 핵무기 보유국들이 핵무기확산금지조약을 유지할 것을 강력하게 주장하고 있는데, 이들이 세균무기협약과 화학무기협약에는 동의할 수 있지만 핵무기가 없는 세계를 확립하는 데는 반대하는 것은 이들 국가들이 세계 평화를 힘의 정치의 관점에서 접근하고 있다는 것을 반영한다. 위에서 살펴본 것처럼 인류가 핵무기 제조에 관한 지식을 보유한다는 사실은 핵무기가 없는 세상을 만드는 데 절대 중대한 장애물이 되지 않는다.

핵무기를 사용하겠다고 위협하는 것이 실제 사용과 다르기 때문에 윤리적으로 정당화될 수 있다는 주장이 있다. 그러나 핵억지의 핵심적인 결함은 '어떠한 실패도 허용하지 않는다'고 보장할 수 없다는 데 있다. 핵억지의 결정적인 결함은 억지 체제가 붕괴되었을 때, 핵전쟁 외에 어떤 다른 대안이 없다는 데 있는 것이다. 그리고 그로 인한 전쟁은 인류를 재앙에 휩쓸어 넣게 된다. 핵무기 사용을 위협하는 것과 실제 사용을 구분할 수는 있겠지만, 베리 부잔이 지적하듯이 "그러한 사용의 위험성은 — 그 확률이 아무리 적다 하더라도 — 그 결과가 인류의 생존 자체를 위험에 빠뜨리기 때문에 윤리적으로 수용할 수 없다"(Buzan, 1987a: 213).

구 소련의 불안정도 핵억지 체제의 유지를 정당화하는 적합한 이유가 될 수 없다. 구 소련 정권의 거의 완전한 붕괴로 인해 러시아에 또다른 강경 공산주의 정권이 들어설 것이라고 상상하기 어렵다. 그리고 앞에서 언급했듯이 1992년 말 구 소련의 핵무기가 배치되었던 우크라이나, 카자흐스탄, 벨라루스 공화국은 핵무기확산금지조약에 가입할 것을 천명한 바 있다. 이들 공화국들은 러시아로부터 제기되는 군사적 위협에 대한 대응으로 서구 국가들에게 보호를 요청하였다.

이러한 문제를 고려할 때 핵억지 체제가 동반하는 위험이 무엇이며 억지 체제 유지를 위한 주장들이 근거가 없는 것이라는 점을 염두에 두어야 한다. 러시아가 정치적 불안을 계속 경험한다 하더라도, 그리고 희박한 가능성이지만

---

4) 화학무기협약에 대한 논의는 Smithson(1992) 참조.

러시아에 또다른 강경 사회주의 정권이 수립된다 하더라도 이것이 핵전력을 해체하기 위한 노력을 시작하지 않는 것을 정당화할 수는 없다.

핵무기의 확산에 대비해서 핵억지 체제를 유지해야 한다는 주장도 힘을 가질 수 없다. 앞에서 살펴본 바와 같이 보다 많은 국가들이 핵전력을 보유하게 될수록 세계는 핵전쟁의 문턱에 더욱 가까워질 것이기 때문이다. 그리고 이러한 다양한 핵억지 체제 유지 주장은 핵무기확산금지조약을 강화해야 한다는 주장과 모순된다. 핵무기확산금지조약은 1995년 5차 재심의를 받게 되고 이때 조약의 유효 기간 연장 여부가 결정될 것이다. 이전의 재심의 회의에서처럼 이번 회의도 조약 가입국의 의무와 혜택의 불균형 문제를 집중적으로 다루게 될 것이다. 즉 이번 제5차 회의에서 조약 가입국들은 기존의 핵무기 보유국의 핵군비 축소 또는 탈핵무장화를 명시하고 있는 조약 제6조의 실천 문제를 주요 안건으로 삼을 것이다. 1990년에 개최된 제4차 재심의 때 몇몇 핵무기 비보유국들은 1995년의 조약 효력 연장은 핵무기 보유국들의 의무 준수 여부에 있다고 경고한 바 있다(Epstein, 1992: 23).

핵무기의 확산을 방지하기 위한 다양한 조치들이 — 특히 걸프전 이후 — 도입되었지만 핵무기 기술이 보다 많은 나라에 전파되는 것은 시간 문제일 수밖에 없다. 이에 따라 핵무기 확산을 막는 가장 효과적인 조치는 핵무기의 정치적, 군사적 무용성의 규범을 확산하는 데 있다. 이러한 규범이 전 세계적으로 확립되기 위한 일차적인 과제는 핵무기 보유국들이 핵무기를 포기하고 보다 안전하고 정의로운 세계 공동체를 건설하는 데 주력하는 데 있다. 1995년 핵무기확산금지조약 재심의 회의는 핵무기가 없는 세계를 확립하기 위한 장기적인 계획을 논의하는 기회를 제공할 것이다.

중동 갈등과 같은 지역 차원의 불안정성도 평화의 관점에서 그리고 핵무기의 무용성을 확립하는 국제적 규범을 구축한다는 관점에서 접근하여야만 한다. 아랍-이스라엘 갈등은 이스라엘의 핵무장 또는 양당사자들의 핵전력화를 통해 해결되거나 억제될 수 없다. 앞 장에서 살펴본 바와 같이 중동 지역에서 핵무기가 확산될 가능성— 특히 이란과 시리아의 경우 —에 대해 많은 사람들이 경고하고 있다(Albright and Hibbs, 1992b; Spector, 1992b: 186-190 참조). 이스라엘의 핵무기 또는 보다 근본적으로 강대국의 핵억지 논리가 이라크의 핵무기 개발 노력을 촉진하는 역할을 했으며, 또 사담 후세인의 이라크와 같은 국가가 중동 지역의 다른 곳에서 다시 출현하는 것을 자극할 수도 있다. 이러한 상황은 지역 전체를 더욱 불안정하게 만들 것이다. 이스라엘의 핵전력은 핵무기확산금지조약을 강화하려는 노력에 장애물이 될 수 있다. 미국이 이스라엘의 핵무기에 대해서는 의도적으로 눈을 감아 주기 때문에 불편부당성을 결여하고 있는 것으로 지적되고 있기 때문이다. 핵무기 무용성의 규범이 전지구적으로 확립되고 기존의 핵무기 보유국들이 핵군비 축소 또는 탈핵무장화를 단행하는 것이 지역 평화를 촉진하기 위한 가장 효과적인 접근일 것이다.

2. 안보에 대한 새로운 사고

핵억지 체제의 대안에 대한 논의는 '안보'를 현실주의의 관점과는 다르게 파악한다. 하나 뉴컴에 의하면 국제 관계를 힘의 정치와 국가 중심적인 관점에서 바라보는 현실주의의 안보 개념은 '일방적', '경쟁적', '국가적', '군사적' 성격을 띤다. 즉 안보 정책을 상대방과의 협의 없이 고안, 집행한다는 점에서 '일방적'이다. 이러한 안보 정책은 자국의 승리와 상대방의 패배를 추구하기 때문에 '경쟁적'이다. 그리고 자신의 국민국가를 보호한다는 목표를 추구하기 때문에 '국가'적이다. 그리고 이러한 정책은 궁극적으로 군사적 위협 또는 무력에 의존하기 때문에 '군사적'이라 할 수 있다(Newcombe, 1986: 1). 이러한 일방적, 경쟁적, 국가적, 군사적 안보 체제는 종종 군사 동맹 등과 같은 특징들로 보완되고 군비 통제 조약 등에 의해 변형되기도 한다. 로빈 럭험이 지적하듯이 '안보'는 1940년대까지 '방위'라는 의미로 사용되다가 냉전 시대에 들어 서구의 공산주의 진영 봉쇄 전략을 정당화하는 이념적 성격을 띠게 되었다(Luckham, 1984: 159-161).

대안적 논의는, 일반적으로 인류는 "국가 주권에 대한 극단적인 해석에 근거하는 세계에서는 더 이상 생존할 수 없"으며 "전쟁이 체제 변화의 수단으로 인정받는 국가 간 (국제) 체제에서 더 이상 생존할 수 없"고 전제한다(Walker, 1990: 22). 그렇기 때문에 '안보'에 관한 논의는 국가들 간의 대립 이데올로기가 아닌 모든 인류의 공동 번영을 위한 철학을 추구한다. 이러한 논의는 현실주의와 달리 안보를 경쟁의 시각에서 접근하기보다는 '협력'의 관점에서 바라본다. 그리고 '국가적'이기보다는 '국제적'이며, '군사적'으로 접근하기보다는 '평화적'으로 접근한다. 이러한 안보를 위한 일방적 조치들을 환영하지만 이러한 조치가 상호주의와 협력을 위한 쌍무적이고 다자주의적 구조의 확립으로 이어질 것으로 여긴다. 이러한 과정이 궁극적으로 전지구적, '보편적' 체제의 확립으로 이어져야 된다고 주장하는 것이다.

현실주의적 안보 패러다임에 대한 다양한 대안적 접근들은 공통적으로 세 가지의 가정을 출발점으로 삼는다. 첫째, 핵전쟁의 발발은 전인류의 파멸을 초래하기 때문에 핵전쟁을 방지하는 것은 절대적 과제이다. 핵억지 체제는 '어떠한 실패도 허용하지 않는다'는 가정에 의존하지만 실제로는 다양한 전쟁의 위험을 내포하고 있다. 데니엘 프라이가 주장하듯이 핵전쟁이 발발할 가능성이 매우 적다고 — 거의 영(zero)에 가깝다고 — 하지만, 그 어떠한 위험도 최대한 조심스럽게 접근해야 한다(Frei, 1983: 222). 그리고 무기는 항상 해결책의 한 부분이었다기보다는 문제의 일부였으며, 핵무기는 그 극단적 예라고 할 수 있다. 핵무기의 파괴력을 감안한다면 전쟁을 정책 수단으로 삼는다는 것은 전혀 무의미한 것이다.

둘째, 로버트 콕스가 지적했듯이 사회, 정치적 관점은 "역사적으로 형성된 의식"이며 그것이 형성된 시간과 공간을 반영할 수밖에 없다(Cox, 1981: 128). 국가 간 체제— 즉 국제 체제 —는 변화의 대상이 될 수 있는 역사적 산물이기 때문에 안보 개념 자체도 변화 가능한 역사적 산물이다. 그렇기 때문에 일방적, 경쟁적, 국가적, 군사적 성격에 기초하는 현재의 국제 안보 체제 또한 변화될 수 있다. 그리고 새로운 국제 안보 체제의 확립은 "진지한 가능성"이다(Johansen, 1983: 341; Stephenson, 1988). 그리고 국가 간 체제가 미래에도 존속된다 하더라도 "국제 체제가 필연적으로 '전쟁 체제'라고 단정하기에는 역사적으로 너무 이르다"고 할 수 있다(Booth, 1991a: 545).

셋째, 핵억지 체제의 대안을 모색하는 논의는 위에서 언급한 두 가지 가정을 토대로 협력적, 국제적, 평화적 그리고 보편적 성격을 띠는 새로운 안보 개념을 모색하게 된다. 새로운 안보 개념을 모색하는 노력은 다음 세 가지 원리를 지침으로 삼는다. 첫째, 새로운 안보 개념은 군사적인 위협뿐만 아니라 인간의 생존과 복지를 위협하는 모든 주요 위협에 대한 보호를 포함해야 한다. 둘째, 세계를 위협하는 위험성이 다수이기 때문에 '국가 안보' 개념은 '세계 안보' 개념과 결합되어야 한다. 셋째, 국가 안보와 국제 안보 목적을 추구하는 동안 기본적인 인간의 가치와 관심을 간과해서는 안된다(Klare and Thomas, 1991: 3-5).[5]

팔머 위원회는 1982년 보고서에서 '공동 안보'의 관점에 입각한 대안적 안보 체제를 제안하였다.[6] 이 보고서는 현 국제 체제에서 국가의 안보는 근본적으로 상호 의존적이라는 인식에서 출발한다. 국가들은 자국의 안보를 극대화하려는 노력을 통해 상대방의 안보를 침식하게 되어 (이에 대해서는 '비도발적 방위'에 대한 논의에서 보다 구체적으로 다루기로 한다) 이른바 안보 딜레마에 빠지게 된다. 공동 안보는 "다수의 국가들이 안보를 하나의 공공재로 제공받는 국제 체제의 한 상태"라고 할 수 있다(Windass and Grove, 1988: 4). 팔머 위원회는 이러한 안보 개념에 기초하여 주로 탈핵무장화를 위한 논의를 전개하였다.

협력적, 국제적, 평화적, 보편적인 성격을 띠고 위의 세 가지 원리에 입각한 안보 개념을 찾기 위한 노력은 '포괄적 안보'라고도 알려진 다차원적 개념의 개발로 이어졌다(Petrovsky, 1990: 241; Johansen, 1991: 404-405). 이 안보 개념은 국가 차원에서 전개되는 외부로부터의 공격— 핵전력 또는 재래식 전력에 의한 —에 대한 보호뿐만 아니라 전세계적 차원에서 전개되는 경제적 복지, 인권, 사회 정의, 지구의 자원, 생태계의 균형에 대한 위협으로부터의 보호를 포괄한다.[7] 이러한 개념화에 따르면 핵억지 체제는 장기적으로 국제법에 기초

---

5) 이와 관련해서 요한센은 '상호주의', '공평성', '환경적 유지 가능성', '민주화', '탈무장화'를 국가 안보 정책의 다섯 가지 기본 원칙 또는 지침으로 제시한다(Johansen, 1991: 408-416).

6) 팔머 위원회(위원장인 전 스웨덴 수상 올로프 팔머의 이름을 딴 것임)는 국제적으로 저명한 정치인과 정부 고위 간부들로 구성되었다. Independent Commission on Disarmament and Security Issues(이하 팔머 위원회)가 1982년 발간한 *Common Security: A Blue Print for Survival* 참조.

7) Newcombe(1982: 13-14), Mathews(1989), Lipschutz and Holdren(1990), Mische(1992: 103-108) 참조. 광의의 의미로서 안보에 대한 논의는 Buzan(1991) 참조.

한 국제적 안보 체제의 확립에 의해 소멸된다. 이는 핵무기의 폐기를 뜻할 뿐만 아니라 현실주의적 안보 패러다임 자체의 대체를 지향하는 것이다.

새로운 안보 개념을 모색하는 다양한 논의들은 위에서 살펴본 세 가지 가정을 공유하면서도 현실주의적 안보 체제를 대체할 대안적 안보 체제에 대해서는 다양한 제안들을 제시한다. 다음 절에서는 핵억지 체제의 대안들을 중심으로 이러한 다양한 제안들을 살펴보기로 한다.

3. 핵억지 체제의 대안 체제를 위하여 — 제도 개혁적 접근

대안적 안보 정책으로, 군사적 수단이 완전히 폐기된 비폭력적 민간 방위 체제가 제안되기도 했다.[8] 그러나 관례적으로 대안적 안보 제안은 제도 개혁적 접근과 대안적 군사적 접근의 두 범주로 나눌 수 있다. 현실주의 문헌들은 국제적 불안정이나 국가 간의 전쟁을 전지구적 권위체의 부재에서 기인하는 것으로 파악하는 것을 감안하여, 첫번째 범주의 대안들은 현재 국가 간 체제에서 '무정부' 상태를 극복하여 보다 효과적인 전쟁 방지와 평화 유지를 위한 새로운 국제 제도를 창출하는 방안에 초점을 두고 있다. 이러한 논의는 일반적으로 국가 중심적이고 힘의 정치의 관점에서 추구되는 안보 체제 자체의 대체를 주장한다. 두번째 범주의 대안들은 보다 군사적인 측면에서 핵억지 체제의 대체에 초점을 둔다.

한반도 평화 체제 확립 문제를 주로 다루는 본 연구는 핵억지 체제에 대한 군사적 대안들을 집중적으로 논의하지만, 첫번째 범주의 대안들에 대한 논의를 완전히 배제할 수는 없다. 이는 이 두 가지 접근법은 상당 부분 연계된 측면이 많기 때문이다. 첫번째 범주의 대안적 개념들은 현실주의적 안보 패러다임의 대체를 목적으로 하지만 핵억지 논리의 폐기를 위한 주장도 포함하고 있다. 그리고 두번째 범주의 대안적 제안들은 비핵지대나 비도발적 방위 체제 확립을 위한 제안들같이 핵억지 체제의 대안을 집중적으로 모색하지만, 이러한

---

8) Roberts(1967), Sharp(1973), Sharp(1985), Sharp(1990), Boserup and Mack(1974), Paige(1981) 참조

제안들은 현실주의적 안보 패러다임 전체를 대체하는 틀 속에서 제시되는 것이지 그 자체로서 완전한 안보 모델은 아니다. 그리고 두 범주의 개념들은 일반적으로 연속적인 과정으로 제시되며, 몇몇 제안들은 두 범주의 노력을 동시에 추구하고 있다. 전체적으로 이러한 제안들은 교조적인 입장에서 제시된다기보다는 모색의 차원에서 논의되고 있다.

여기서는 군사적 측면에서 제기되는 핵억지 체제의 대안적 접근을 논의하기 전에 현실주의적 안보 패러다임의 구조적, 제도적 개혁을 위한 주요 접근법과 이와 연관된 구체적 제안들을 살펴보기로 한다.

1) 법과 세계 평화

무정부성의 문제를 극복하기 위하여 국제법을 강화하기 위한 제안 또는 집행 기구를 겸비한 세계 헌법적 조약을 확립해야 한다는 제안들이 제시된 바 있다(Stephenson, 1982b: 204; Johansen, 1983: 337-338; Johansen, 1991: 420-421). 그리고 이는 힘의 정치에 입각한 강대국 중심의 노력이 아니라 국제적 협약을 통해서 실현되어야 하는 것이다.

오늘날 수많은 국제적 상거래가 매일 이루어지고 있으며, 모두 국제법의 규제를 받고 있다. 핵무기의 사용을 방지해야 한다는 필요성에 대한 인식은 세계적으로 확산되어 있다. 이에 따라 법의 범위를 정치-군사적 영역에까지 확장하여 국제법적 협약을 통해 핵전쟁 또는 재래식 전쟁을 불법화하는 것은 불가능한 것이 아니라는 주장이 제기되고 있다(Arbess and Sahaydachny, 1987 참조). 이러한 주장은 국제법을 집행하기 위해 지구 경찰을 창설하여 국경 지대의 폭력을 억제할 수 있다고 말한다(Johanse and Mendlovitz, 1980 참조). 국제 경찰은 상비 조직의 성격을 띠게 되고 그 요원들은 모두 개별적으로 충원되어 세계 공동체가 확립한 권위체에만 충성하게 된다. 이 외에도 핵무기 없는 전지구적 안보 체제에 기여할 수 있는 다양한 법적 노력이 제안되었다. 국제 군축 또는 탈무장화 검증 기관과 무기 비축을 방지, 제한하고 다국적 과학자 집단으로 구성되는 공동방위기술개발기구 등의 국제 기구 창설을 위한 제안이 그것이다(Weston, 1990b: 93-96).

몇몇 학자들은 "온 인류의 공통된 이해가 개입되어 있는 몇몇 영역에 관한 집행 가능한, 효과적인 세계법 체계가 확립되기 전에는 진정한 평화를 기대할 수 없다"며 세계적인 정치 조직의 확립을 주장한다(Clark and Sohn, 1973: 11). 그렌빌 클라크와 루이 손은 '세계법을 통한 세계 평화'에서 이러한 접근의 사례를 제시한다. 1958년에 처음 발표된 클라크-손 계획은 보편적이고 완전한 탈무장화와 "전쟁을 방지하기 위한 진정으로 효과적인 제도를 확립"할 것을 목적으로 내세웠다(Clark and Sohn, 1973: 10). 이를 위해서는 기존의 국제 연합(UN)을 완전히 혁신하여 국가 간의 전쟁을 방지하거나 중단시킬 수 있는 힘을 지닌 효과적이지만 제한적인 세계 정부를 확립하거나 유엔을 보완하는 '세계 탈무장화 및 발전 기구'를 창설할 것을 주장한다. 이 기구는 무력 사용 또는 그 위협을 방지하는 데 충분한 힘을 보유하여 유엔의 평화 유지, 분쟁의 평화적 해결 노력을 보완하며 유엔과의 공동 노력 또는 자체적인 기구를 통해 경제, 사회 발전에 기여하게 된다. 세계 정부는 평화 유지를 위해서 평화유지군을 보유하는데 이 조직은 상비 인력군과 예비 인력군으로 형성되는 두 부분으로 구성된다. 이러한 세계 정부는 핵무기 없는 세계를 보장하지만 소수의 핵무기를 세계 정부 관할 하에 있는 민간 기구를 통해 보유하게 된다. 이러한 핵무기는 누군가가 은닉되어 있는 또는 비밀리에 제조된 핵무기를 사용하거나 사용을 위협할 때를 대비한 것이다(Clark and Sohn, 1973: 31). 연방 정부적 성격을 띠는 이러한 세계 정부는 다양한 기구로 구성된다. 국가 인구에 따라 가중치를 둔 투표 체제에 기반한 세계 입법부, 입법부에 의해 선출되고 해임될 수 있는 집행 위원회, 사법 체제, 협의 체제, 세계적인 조세 체제 등이 이러한 세계 정부를 구성한다.

몇몇 학자들은 현 유엔이 여전히 창설 당시의 힘의 구조를 반영하고 있는 현실을 지적하면서 완전히 새로운 국제적 권위체의 창설을 주장하기도 한다(Brucan, 1982 참조). 1977년 오스트리아 인스브르크에서 개최된 비정부 단체로 구성된 세계입헌의회에서 승인된 '지구연방헌법'은 부의 평등과 인권을 보장하는 최대주의적 세계 정부를 제안하고 있다(Newcombe, 1983b: 24-25). 전지구적 평화와 보편적이고 완전한 탈무장화를 향한 과도기적 단계로서 분쟁 중인 국가들 사이에 중개역을 맡으며 평화를 유지하는 초국가적 조직을 창설해야 한다는 제안도 제시되었다. 초지역적, 초이데올로기적 국가 연합으로 제시된 '세계평화창출국가연합'이 바로 이러한 제안의 한 사례이다. 이 조직은 보편적인 조직이 아니기 때문에 세계 정부와는 다른 형태를 띤다(Newcombe, 1984: 58-59).

2) 세계 질서 모델 프로젝트

1968년 세계 각 지역의 학자들로 구성된 단체가 발기한 세계 질서 모델 프로젝트(WOMP)의 회원들은 세계를 변화시키기 위한 다양한 급진적인 제안들을 제시했다. 이 프로젝트의 회원들은 기본적으로 보편적이고 완전한 탈무장화 문제를 국가 간 체제 변혁의 관점에서 파악한다. 번스 웨스턴은 "이러한 체제 변혁 과정의 근본적인 과제는 인간 가치, 정치적 생활 방식, 공동체의 목표를 재정립하는 것"이라고 설명한다(Weston, 1984: 632; Falk, 1981 참조). 왜냐하면 "전쟁의 습관을 제거하기 위해서는 완전히 새로운 사고와 행동 방식을 계발하고 그것에 헌신해야 하며 이러한 노력은 우리의 규범, 절차, 제도가 생명의 귀중함과 인간 존재의 향상에 대한 민감성을 반영할 때 — 불행히도 지금은 전혀 그러하지 못하지만 — 비로소 가능하기 때문이다"(Weston, 1984: 632).

현실주의의 논의에서 '세계 질서'라는 개념은 일반적으로 "현재 세계에 존재하는 국가들 간의 위계 질서를 침해하지 않으면서 안정, 운영 능력, 대중적 향상을 추구하는 지정학적 관점"을 의미한다(Falk, 1983: 16). 그러나 '세계 질서 모델 프로젝트'는 정의로운 세계 질서를 확립하기 위해서는 평화, 경제적 복지, 개인적-집단적 정의, 생태학적 균형 등의 네 가지 규범적 목표 또는 가치를 동시에 추구해야 한다고 주장한다(Falk et al., 1975: 143). '평화'는 전쟁을 방지하고 자원의 낭비를 축소하는 것을 뜻하며, '경제적 복지'는 세계의 빈곤 퇴치, 모든 인류의 근본적인 필요를 충족하는 것, 불평등과 불공정 축소, 과잉 소비의 제거를 뜻한다. '개인적-집단적 정의'는 개인과 집단의 인권 유린과 탄압을 제거하는 것을 뜻하며, '생태학적 균형'은 오염과 환경 파괴의 축소와 극단적인 자원 고갈을 피하는 것을 뜻한다(Falk, 1975: 163).[9] 세계 질서를 체제 유지

---

9) 이러한 가치 틀에 대한 상세한 논의는 Falk et al.(1982: Part Two) 참조

의 관점에서 접근하는 노력들은 현재 존재하는 힘의 정치에 입각한 국가 간 체제를 불가피한 것으로 인식하기 때문에 이러한 가치를 실현할 수 없다. 그렇기 때문에 세계 질서 모델 프로젝트와 관련된 학자들은 이러한 가치를 실현하기 위해서는 체제 변혁적인 접근이 필요하다고 주장한다(Falk, 1983: 46-55 참조).10)

체제 변혁적인 접근인 세계 질서 모델 프로젝트는 "미래 만들기"와 "고삐 풀린 상상력"이라는 두 개의 구호를 연구 지침으로 삼는 대안적인 청사진을 제시하기 위해 노력한다(Mendlovitz and Weiss, 1973: 82). 그리고 청사진의 실현을 위해서는 체제 변혁적인 행동의 위력을 강조한다. 세계 각지에서 전개되고 있는 보다 나은 사회를 위해 투쟁하는 민중 운동을 체제 변혁적인 행동의 사례로 인식한다. 체제 변혁을 위한 행동은 다양한 동기를 통해 유발될 수 있으며, 각각 독특한 방식을 띨 수 있고, 지역에 따라 발생하고, 개별적으로 전개되기도 하며 임의적인 결사체나 제도를 통해 전개될 수도 있다(Falk et al., 1982a: section 9). 세계 질서 모델 프로젝트는 이러한 모든 노력들, 변혁을 위해 분출되는 힘을 파악하고 이들이 어떻게 서로 연계될 수 있는지를 평가하며, 새로운 세계 질서를 지향하는 가치를 실현하는 데 상호 지원할 수 있는 역할을 장려하게 된다. 그리고 이들은 대중 투쟁과 변혁을 위한 노력이 연구와 이론 작업과 연계되어야 한다고 강조한다.

전쟁 방지라는 보다 구체적인 문제에 관해서 리차드 포크는 군사화의 근본 가정에 도전하는 — 원칙적인 탈군사화를 위해 운동하는 실제 사회 세력들과 연관되어 있으며 이들에 의해 동원되는 — 규범적 노력의 중요성을 강조한다.11) 탈군사화된 세계를 위한 운동의 지침으로는 "가능한 것을 쟁취하고 불가능한 것을 요구하라"는 구호를 제시한다(Lifton and Falk, 1984: 687). 최근 세계 질서 모델 프로젝트가 제시하는 제안들은 기존의 네 가지 가치와 초국가적 사회 운동의 역할에 대한 강조를 유지하면서(Falk, 1991: 22-23), 세계 평화를 위한 구

---

10) 변혁된 세계에 관한 논의는 Falk(1982b: 537-558), Bateson(1990: 145-158) 참조.

11) 포크는 이러한 힘을 제3의 체제라고 지칭한다. 제3의 체제는 개인적으로 또는 자발적인 제도와 결사를 통해 집단적으로 행동하는 사람들로 대표되는데, 현 국가 간 체제와 하부 지원 구조로 이루어진 제1의 체제와 유엔과 지역 국제 제도로 구성되는 제2의 체제와 구분된다(Falk, 1982c: 626-631).

체적인 실천 목표를 제시한다. 그 예로는 "소규모 상비 유엔 평화유지군의 창설"과 "지구적 문제를 다루는 지구적 차원의 제도적 틀"을 확립해야 한다는 주장을 들 수 있다(Mendlovitz, 1989: 364-367).

3) 유엔 강화론

유엔 헌장 제1조 1항에 명시되어 있듯이 유엔의 주요 목적은 국제 평화와 안보 유지에 있다(Bailey, 1989: 91). 이러한 목적을 실현하기 위하여 유엔 헌장은, 모든 회원국은 무력 공격에 대한 자위의 일환이나 평화와 안보를 유지 또는 복원하기 위한 유엔 활동의 일부로 전개되는 무력 사용을 제외한 모든 무력 사용을 금하고 국제적 분쟁을 평화적인 수단을 통해서 해결한다고 선언하였다. 유엔은 헌장의 제7조에 명시된 것처럼 헌장을 위배하는 사례에 대해서는 집단 안보 체제의 접근법을 도입하고 있다. 집단 안보 체제에서는 모든 국가들이 하나의 사회를 형성한다. 사회의 일원이 계약을 이탈하거나 위배하면, 그 국가는 그 사회의 다른 모든 구성원의 — 무력을 포함한 — 집단적 힘에 의해 응징받게 된다(Newcombe, 1986: 3-5). 모든 침략 행위는 원칙적으로 금지되어 있으며 위배자에 대한 응징은 자동적 대응의 형태를 띤다. 집단 안보 체제를 확립하려는 노력은 1919년 국제 연맹(*League of Nations*)에 의해 최초로 시도되었다. 이러한 체제는 국가적이 아니라 국제적이며 일방적이기보다는 보편적 체제이지만 여전히 군사 체제의 성격을 띤다. 그리고 이러한 체제는 침략국 또는 적국이 사전에 명시되거나 가정되지 않는다는 점과 안보의 단위가 세계적이라는 점에서 군사 동맹에 의해 제공되는 집단 방위와 차별성을 지닌다.

세계 정부 창설을 목적으로 삼는 클라크-손 계획은 바로 이러한 점에서 기존의 유엔 헌장을 근본적으로 개혁할 것을 주장하였다. 클라크-손 식의 세계 정부론자는 아닌, 대안적 안보를 지향하는 거의 모든 학자들도 세계 평화를 증대하기 위한 방법으로 유엔의 개혁 또는 변혁을 주장한다.[12] 이는 유엔이 구

---

12) 세계 질서 모델 프로젝트(WOMP)는 유엔이 "세계 정치 환경 속에서 발전하는 정치적 행위자"임을 인정하고, 세계 질서 모델 프로젝트가 제시하는 가치 틀을 실현하는 데 긍정적인 세계 질서 지향적인 힘이 될 수 있다고 인식한다(Falk et al., 1991: 9-10).

조적 취약성을 내재하고 있으며 국제 분쟁을 해결하는 데 한계를 안고 있는 것이 사실이지만, 거의 모든 국가들로부터 쌍무적, 다자적 또는 전지구적 문제의 해결을 논의하는 최고의 국제적 논의의 장으로 인정받고 있다는 사실을 반영하는 것이다. 다그 하마르스크홀드 전 유엔 사무총장이 지적했듯이 "국가가 존재하는 한 대립은 존재할 것이다……. 이러한 상황에서 유엔과 같은 조직이 할 수 있는 일은 무궁무진하다"(Bailey, 1989: 89에서 재인용).

유엔 개혁을 위해 다양한 제안들이 제시되었다. 그러나 유엔의 주요 목적이 국제 평화와 안보 유지에 있다는 사실 때문에 대부분의 제안들은 평화 유지와 평화 정착의 문제에 초점을 두고 있다. 다음 사례들이 주요 제안의 내용이라고 할 수 있다. 모든 국제 분쟁이 의무적으로 협상, 중재, 심의의 과정에 따라 해결될 수 있도록 하기 위한 유엔의 중재 기능 강화를 위한 제안, 국제 분쟁을 해결하는 '최고 사법 기관'으로서의 유엔 국제 법원의 역할과 위상 강화를 위한 제안, 안보리 상임이사국의 자의적인 행동을 방지하고 유엔의 민주적 정통성을 강화하기 위한 안보리 상임이사국의 거부권 철폐 또는 제한을 위한 제안(Vayrynen, 1985: 193-195; Newcombe, 1990; Weston 1990: 91-93 참조).

유엔은 평화유지 활동을 구축하고 유지하는 데 필요한 재정 자원을 확보하는 데 어려움을 겪어 왔다. 이러한 어려움을 극복하고 필요한 재정을 확보하기 위하여 회원국들이 자국 예산에서 국방비가 차지하는 비중에 상응하는 비율의 유엔 헌금을 지불하도록 해야 한다는 제안도 제시되었다(Steele, 1987: 126-129).

냉전 종식 이후 법에 의한 세계 평화와 안보를 실현하려는 노력은 유엔의 역할과 중요성에 대한 강조와 더불어 새로운 각광을 받기 시작했다. 그리고 최근 걸프전에서 나타난 것과 같이 강대국들은 이른바 '신 세계 질서'의 구호 아래 유엔의 집단 안보 체제를 강조하기 시작하였다.

그러나 '신 세계 질서' 개념은 그 내용이 아직 분명하게 부각되지 않고 있으며 논쟁의 초점이 되고 있다. 이 용어는 1988년 구 소련의 서기장 고르바초프가 유엔 총회 연설에서 최초로 거론하였다. 그러나 1990년 9월 미국의 부시 대통령이 이라크에 대응하는 연합군을 구축하는 과정에서 미국의 역할을 정당화하기 위하여 이 용어를 사용하기 시작함으로써 광범위하게 언급되기 시작했다. 부시 대통령은 이 새로운 질서가 구축된 상황은 "법치가 정글의 법칙을 대체하는" 상황이라고 주장하였다(Millar, 1992: 7). 걸프전과 관련해서 이 용어를 사용한 것의 타당성을 둘러싼 논쟁(이러한 논의는 Safty, 1991 참조)을 제외하더라도 이 용어는 상당한 혼란을 불러일으켰다. 여러 정치인들과 학자들은 각각 서로 다른 목적으로 이 용어를 사용하고 있으며, 이는 이 개념에 대한 정확한 정의나 일반적으로 수용할 수 있는 의미를 창출하는 데 역효과를 내고 있다. 어떤 사람들은 동구권의 붕괴와 걸프전을 빗대어 탈냉전 시대 자유민주주의의 패권을 강조하고, 또 다른 사람들은 자유주의의 종말을 거론한다. 어떤 사람들은 미국이 주도하는 강대국 연합에 의한 기존 국가 간의 위계 질서의 강화, 즉 '구 세계 질서'의 강화를 지칭하기도 한다. 또 다른 사람들은 힘의 정치의 관점에 입각하여 강대국들이 단극적인 이익 집단을 형성한다고 분석하면서 새로운 세계 무질서를 우려한다(Fukuyama, 1991; Wallerstein, 1992: 96-110; Rundle, 1991; Anderson, B., 1992 참조). 이로 인해 이 개념은 원칙적 측면에서나 실제 사용 기준의 측면에서 볼 때 여전히 불분명한 상태에 있다(Steinbruner et al., 1991; Mares et al., 1992 참조).

세계 주요 정치, 경제적 강대국 정상들은 1992년 1월 유엔 역사상 처음으로, 신 세계 질서 확립을 위한 노력의 일환으로 유엔 안전보장이사회 정상회담을 개최하여 유엔의 평화유지 및 평화창출 능력을 강화하기 위한 제안들을 논의하였다. 이 정상회담의 요청으로 부트로스 부트로스-갈리 유엔 사무총장은 1992년 6월 유엔 상비군의 창설 요구를 포함하는 "평화를 위한 의제"라는 제목의 보고서를 작성하였다. 이 보고서에 대한 대응으로 안전보장이사회는 1992년 10월 각 회원국들에게 자발적으로 '신속대응군' 창설을 지원할 것을 요청하였다. 신속대응군 요원들은 일상적으로 각 회원국 내에 배치, 유지되며, 안전보장이사회의 지시에 따라 분쟁 지역에 평화유지군으로 신속하게 동원될 수 있다.13)

냉전 종식 이후 유엔의 평화유지 활동은 그 수와 규모 그리고 활동의 복잡성에서 전례 없이 확대되었다. 1948년부터 1988년 기간 동안 유엔이 평화유지 활동을 한 것은 모두 13번에 불과했다. 그러나 1988년 이후에는 이미 10번

---

13) 그러나 부트로스 부트로스 - 갈리 사무총장은 단지 몇몇 정부들만 이러한 제안에 동의한다고 지적하고 있다(Boutros-Ghali, 1992a: 93).

이 넘는다(Goulding, 1992; Boutros-Ghali, 1992a: 89-91 참조). 유엔 평화유지
군은 즉각적인 적대 행위 종식을 확보하고 휴전을 유지하는 역할 외에, 보스니
아와 소말리아 사태에서 볼 수 있듯이 분쟁에 휩싸인 민간인에게 제공되는 인
도주의적 지원품 전달을 보장하는 새로운 과제도 수행한다.

그러나 동서 관계의 변화와 '신 세계 질서'에 관한 논의에 대응하여 유엔의
현재 기능을 강화 또는 개혁하기 위한 보다 긍정적이고 적극적인 — 모두 새
로운 제안은 아니지만 — 제안들이 제시되었다. 앞에서 소개한 바 있는 제안들
외에도 냉전 종식 이후 제시된 몇 가지 제안들14)은 검토해 볼 필요가 있다. 주
요 제안 가운데 하나는 유엔의 '예방적 외교'를 강화해야 한다는 주장이다. 평
화유지가 필요하고 중요하지만 분쟁이 발생한 뒤에 수습하는 일보다 분쟁을
사전에 방지하는 것이 보다 바람직하다는 것에 이의를 제기할 수는 없을 것이
다. 예방적 외교를 수행하기 위해서는 "고도로 발전된, 신뢰할 수 있는 (현재
까지 초보적인 수준에 머물러 있는) 정보 수집 네트워크 확립과 사무총장이
동원할 수 있는 분쟁 해결 활동에 필요한 전문성을 갖춘 인력 확대" 등이 필수
적이다(Wilenski, 1991: 130; Childers, 1992: 131 참조). 이러한 조건이 갖추어지
면 유엔은 특정 지역에서 무기가 위험한 수위를 넘어 비축되고 있는 것을 조
기에 감지하여 관련된 국가들과 협의하고 경보할 수 있게 된다. 휴전이 합의된
이후 두 분쟁 집단 사이에 배치되는 전통적인 평화유지 활동 외에 갈등이 악
화되고 있는 국경 지대에 파견되어 완충 지대를 확보하는 활동을 전개할 수
있어야 한다는 제안도 제시되었다(Diehl and Kumar, 1991: 370). 그리고 유엔
평화창출-평화유지군의 보다 유연하고 신속한 배치를 위해서는 회원국들이
유엔에 의해 동원될 수 있는 '신속대응군 부대'를 자발적으로 창설, 유지하는
것보다는 영구적인 유엔 상비군을 창설하는 것이 효과적이라는 지적도 있다.

유엔 헌장의 제2조 4항을 보다 엄격하게 해석해야 한다는 주장도 제시되었
다. 무력 사용을 금지하는 이 조항은, 한 국가의 합법적 정부의 동의 아래 그
국가에 대한 제3국의 무력 개입(요청에 의한 개입)과 같은 특별한 상황에는 무
력을 사용하는 것을 용인하는 것으로 해석되고 있다. 그러나 1978년 소련이

---

14) 포괄적인 논의는 Wilenski(1991), *Stockholm Initiative on Global Security and Governance*
(1991), Boutros-Ghali(1992b) 참조.

군사력을 동원하여 아프가니스탄에 개입한 것과 1983년 미국이 그라나다에 대한 군사적 개입을 단행한 것처럼 이러한 해석은 종종 다른 국가의 내정에 대한 강대국의 자의적인 개입을 정당화하는 데 활용되었다. 이에 따라 이 조항을 보다 엄격하게 해석하고 준수해야 한다는 주장이 제기되었다. 무력 사용은 불법적인 무력 공격에 대한 자위와 유엔 안전보장이사회가 평화를 보장하기 위하여 승인한 무력 활동의 경우에만 허용되어야 한다(Schachter, 1991: 78-80). 이러한 경우에도 무력 사용은 유엔 집단 안보 보장 활동의 "최후의 보루"로서만 허용되어야 한다(Connaughton, 1992: 165).

"예방적 외교"는 위기를 사전에 방지하는 것을 의미하는데, 앞에서 언급한 "평화를 위한 의제" 보고서에서 부트로스 부트로스-갈리 사무총장은 갈등이 재발하는 것을 방지하기 위한 "갈등 종식 후 평화 건설"이라는 개념을 주창하였다(Boutros-Ghali, 1992b: 3-4; Wurst, 1992). 그는 이를 실현하기 위한 방편으로 무장 당사자들의 무장 해제와 선거 감시 그리고 경제 발전을 위한 유엔 지원 등의 조치를 제안하였다.

유엔 체제의 대대적인 개혁을 주장하는 학자들은 '온실 효과', 독성 물질과 중금속에 의한 토양 및 해양 오염, 남벌로 인한 밀림 파괴, 공해 등에 의한 생태계 파괴도 유엔의 관심 영역이 되어야 한다고 주장한다. 전지구적 차원의 포괄적인 안보를 실현하기 위해서는 유엔의 모든 논의와 의사 결정 과정은 환경 문제를 가장 시급한 문제로 취급해야 한다는 것이다(Stockholm Initiative on Global Security and Governance, 1991: 26-30; Imber, 1991).

4. 핵억지의 대안을 위하여 — 대안적 군사적 접근법

현실주의적 안보 개념의 대안을 모색하는 학자들의 두번째 관심 영역은 보다 구체적인 군사 영역에 초점을 두고 있다. 이들 학자들의 주요 관심은 핵억지 체제의 군사적 측면을 대체하는 데 있다. 그리고 궁극적으로는 핵무기 자체를 폐기하는 것을 지향한다. 핵무기 없는 사회는 현실적으로 여전히 장기적인 전망에 불과하기 때문에 이들 학자들은 과도기적 단계로 비핵무기지대화(이하 비핵지대화)와 비도발적 방위 체제를 제안한다. 그리고 몇몇 학자들은 이러한 안보 체제 자체의 유용성을 강조하기도 한다. 여기서는 이러한 제안들을 검토하기로 한다.

1) 탈핵무장화

광범위하게 수용되는 탈무장화 또는 군축 개념은 헤들리 불이 제시한 것으로, "그 방법에서는 일방적일 수도 있고 다자적일 수도 있는, 지리적 범위로는 보편적으로 또는 특정 지역 차원에 국한될 수도 있는, 그 대상의 범위는 포괄적일 수도 있으며 부분적일 수도 있고, 통제된 방식 또는 통제되지 않은 방식으로" 단행될 수 있는 "군사력의 축소 또는 폐기"로 정의된다. 그는 탈무장화와 달리 군비 통제는 "군사력 또는 무기의 수준, 성격 그리고 배치 또는 사용 등을 관할하는 무기 정책에 대한 국제적인 자제"라고 정의한다(Bull, 1966: vii). 탈무장화와 군비 통제의 중요한 차이는 전자가 '축소'를 지향하는 반면 후자는 '자제'를 목적으로 한다는 데 있다(비교 논의는 Booth, 1987: 140-186; Buzan, 1987a: chs. 15, 16). 그렇기 때문에 탈무장화는 항상 군사 장비의 축소를 지칭하지만 군비 통제는 통제에 합의하는 당사자들이 상호 자제하는 한에서 실질적인 무기 보유의 증대를 가져올 수 있다. 그 결과 탈무장화는 "군사력의 대안"이라는 측면을 지니고 있지만 군비 통제는 "군사력의 보완"이라는 측면을 내포하고 있다(Sheehan, 1988: 6). 탈무장화의 정의에 따라 가장 광범위한 탈무장화 개념인 '보편적이고 완전한 탈무장화'는 전지구적 차원에서 주요 무기 비축량의 축소 또는 폐기를 뜻한다.15)

핵무기의 문제점들을 검토하기 위해 1978년에 개최된 제1차 유엔 탈무장화 특별 회의의 최종 보고서는 '보편적이고 완전한 탈무장화'와 세계 평화를 실현하기 위해서는 완전한 탈핵무장화가 시급한 선결 과제라고 지적하였다(PRI, 1982: 1). 탈핵무장화를 주장하는 사람들은 이러한 목적을 실현하기 위해서는 군비 통제보다는 탈무장화를 위한 보다 직접적인 노력을 촉구한다(Johansen,

---

15) McCloy-Zorin 협약의 경우, 국가 상비군의 해체와 군사 예산의 중단 등이 "보편적인 완전한 탈무장화"의 목적으로 포함되어 있다(Thee, 1982: 240).

1983: 359; Newcombe, 1982: 17-18; Stephenson, 1988: 56-57). 이들은 탈무장화는 핵무기 경쟁의 '중단'과 비축 핵무기의 '축소'라는 두 단계를 통해 실현될 것으로 전망한다.

군비 통제는 1960년대 초부터 핵무기와 관련된 국제 협상의 기본 개념으로 자리잡았다. 1960년대 초까지 정부 차원에서는 세 가지 탈핵무장화를 위한 제안이 제시되었다. 1946년 미국은 핵물질과 핵시설이 군사적으로 사용되는 것을 방지하기 위한 방안으로 모든 핵물질과 시설에 대한 국제적 통제를 확립하자는 이른바 바루크 계획을 제안하였다. 이 방안은 당시 핵무장을 하지 않았던 소련의 반대에 부딪쳤다. 소련은 이 계획이 이미 핵무기 제조 기술을 보유하고 있는 미국에 유리하며, 아직 핵무기를 보유하지 않은 소련에게 사전에 탈무장화를 강요하는 것이라고 주장하였다. 1961년 미국과 소련은 유엔 총회에 공동으로 맥클로이-조린 협정을 제출하였다. 이 계획은 총회에서 만장일치로 채택되었다. 이 협정은 궁극적으로 국가 단위의 군사력의 해체로까지 이어질 수 있는 '보편적이고 완전한 탈무장화'를 실현하기 위한 다자적 협상을 제안하였다.[16] 이 협약은 '보편적이고 완전한 탈무장화'가 실현되려면 모든 국가들은 집단 안보 체제의 보호를 받을 수 있어야 한다는 인식을 명시하고 있다. 이에 따라 이 협정은 유엔 상비 평화유지군과 국제적 분쟁의 평화적인 해결을 위한 효과적인 장치를 확립할 것을 촉구하였다. 1962년 미국은 '평화 경쟁을 위한 청사진'이라는 새로운 '보편적이고 완전한 탈무장화' 계획을 유엔에 제출하였다. 이 계획은 탈핵무장화는 세 단계를 통해 진행되어야 한다고 밝히고 있다(Raffel and D'agostino, 1991: 32-33). 그러나 이러한 제안들에 대한 사후 협상과 대화는 냉전의 분위기 속에서 결렬되고 말았다.[17] 탈무장화를 위한 논의가 지지부진하게 되면서, 1960년대 초부터 군비 통제 방식을 선호하는 접근법이 확립되었다.

공식 협정 체결 여부의 측면에서 볼 때 군비 통제 협상은 냉전 시대에도 일정한 진전을 이루었다. 1963년에는 '부분적 핵실험 금지 조약'(PTBT)이 체결되

---

16) 협정 전문은 Thee(1982: 240-242) 참조.

17) 부스는 탈무장화 제안들은 종종 자국의 군사적 우월성을 유지하는 것을 목적으로 제시되거나, "자국, 동맹국, 나아가 제3국의 공공 여론을 대상으로 한" 선전의 양식으로 제시되는 경우가 많았다고 비판한다(Booth, 1987: 149).

었고 1972년과 1979년에는 '전략적 무기 제한 조약'(SALT)이 그리고 1987년에는 '중거리핵무기에 관한 조약(INF)이 체결되었다. 이러한 군비 통제 협상은 군비 경쟁을 완화하는 데 실패하였을 뿐만 아니라 어떤 경우에는 악화시키는 데 기여한 측면도 있다는 점에서 분명한 한계를 지니고 있었다. 군비 통제 노력의 실패 원인으로는 다음 요인들이 강조된다. 군비 통제 협상을 완성하는 데는 종종 수년씩 걸렸고, 이는 군비 경쟁의 지속을 정당화하였다. 이러한 협상은 무기 수를 파악하는 데 집중함으로써 다양한 핵무기의 질적 측면을 간과하였다. 그리고 군비 통제 협상은 협상 카드로 사용할 수 있는 새로운 무기의 개발을 자극하기도 하였다. 마지막으로 이러한 협상은 대체로 당사자들이 협상이 완결되어 조약이 체결된 뒤 새롭게 배치할 계획을 갖고 있는 차세대 무기에 대한 논의는 완전히 배제하였다(Johansen, 1983: 359; Buzan, 1987a: 268-269). 따라서 냉전 시대에 진행된 이러한 노력에 대해서 "대부분의 분석가들은 군비 통제 협상의 진전은 미미했으며 실제로 국제 안보를 강화하는 데 기여한 것은 극미했다는 평가를 수용한다"(Booth, 1987: 179; 그리고 Lodgaard, 1985: 335-336; Miller, 1991: 46-63 참조). 제인 샤프는 "긍정적인 측면에서 군비 통제 협정은 협상 대상자들 간의 이미 개선된 관계를 반영하고 또 강화하였다. 그러나 부정적이 측면을 부각시킨다면, 군비 통제 협상은 당사자들 간의 긴장을 완화하기보다는 격화시켰으며 신뢰를 구축하기보다는 고갈시켰다"고 지적한다(Sharp, 1991: 110).

1980년대 말부터 진행된 동서 관계 개선에 따른 군비 통제 협상은 몇몇 실질적인 성과를 이루었다. 당사자들은 유럽의 재래식 무기에 관한 조약(CFE), START I, II 등의 조약을 체결함으로써 최초로 실제 군사력을 축소시키는 데 성공하였다(Dean and Forsberg, 1992; Karp, 1992a 참조).[18] 그러나 이러한 군비 감축 노력이 핵억지를 대체하는 대안적 안보 체제를 공식적으로 논의할 수 있는 수준까지 진척된 것은 아니다.[19] 군비 통제 노력의 한계는 기본적으

---

18) 제인 샤프는 "상대에 대한 인식, 양국 관계의 최근 역사, 주요 지도자들의 개성 등을 포함하는 주요 당사자들 간의 정치적 분위기"가 군비 통제 협상의 성공 또는 실패를 결정하는 가장 중요한 요인 가운데 하나라고 주장한다(Sharp, 1991: 119).

19) START에 대한 비판은 Karp(1992a: 26-34), Lewis and Postol(1991), Adelman(1991) 참조

로 이러한 접근이 기존의 핵억지 체제를 이미 주어진, 완성된 것으로 인정하는 선상에서 출발하고 있다는 사실에서 기인한다고 할 수 있다. 즉 군비 통제 협상은 현실주의에 입각한 '일방적, 경쟁적, 국가적, 군사적' 안보 패러다임에 뿌리를 두고 있기 때문에 내재적 한계를 안고 있는 것이다. '자제'를 강조하는 데서 볼 수 있듯이 군비 통제 노력의 주요 목적은 부분적으로 전쟁의 가능성을 축소하는 것이고, 또 부분적으로 전쟁이 발발하게 될 때 그 피해를 축소하려는 데 있다.

탈핵무장화에 관한 논의에서 주목해야 할 것은, 냉전의 종식은 핵억지를 대체하는 대안적 안보 체제를 확립하는 데 전례 없는 기회를 제공하고 있다는 점이다(이러한 견해는 Clark et al., 1992 참조). 동서 갈등은 냉전 시대에 핵억지를 정당화했던 중요한 요인으로 작용하였다(Buzan, 1987a: 148). 냉전의 당사자들은 상대방이 공격하려는 강력한 동기를 가지고 있다고 인식했다. 그리고 이러한 동기는 핵무기의 위협을 통해서 억지되어야 한다고 주장했다. 그러나 오늘날 공인된 핵무기 보유국은 공식적으로는 아무도 그러한 '적국'과 대치하고 있지 않다.

핵억지가 핵무기 비보유국들에게는 부적당하다는 사실은 냉전 시대에도 분명히 밝혀졌다. 탈냉전 시대에 이러한 부적절성은 더욱 강화되었다고 할 수 있다. 핵무기 비보유국에 대한 핵무기 사용은 핵전쟁이 아니라 단순히 핵공격이다. 역사적으로 핵무기 비보유국들 또는 비핵무기 강대국들은 핵무기 보유국들과 전쟁을 전개했지만 핵무기 보유국들은 이들을 상대로 핵무기를 사용할 수 없었다. 이는 (핵무기 비보유국에 대한) 핵무기 사용의 정치적 대가 때문이었다(Kaysen et al., 1991: 100). 탈냉전 시대에 들어 그러한 정치적 대가는 더욱 높아졌다. 핵무기 보유국들이 핵무기확산금지조약을 강조하고 있음을 감안할 때 핵무기 비보유국에 대한 핵무기 사용은 정부 차원은 물론 대중 차원에서 엄청난 국제적 비난을 불러일으키게 될 것이다. 그리고 핵무기 비보유국이 오랫동안 자국에 대한 적극적인 핵불사용 보장을 요구해 왔다는 점에서 (이에 대해서는 한반도 비핵지대화를 논의하는 장에서 다루기로 한다) 핵무기 비보유국에 대한 핵무기 사용은 핵무기확산금지조약 체제 자체의 존립을 위협할 것이다. 걸프전의 경험은, 지역 차원에서 제기되는 세계 평화에 대한 위협에 가장 적절하게 대응하는 것은 핵무기 사용의 위협이 아니라 유엔 결의를 바탕으로 한 재래식 무기를 통한 집단적 응징의 가능성을 동반한 정치, 경제적 압력이라는 사실을 웅변해 주고 있다.

오늘날 핵강대국들 사이에는 적대보다는 협력이 보다 지배적이다. 그리고 핵무기 비보유국에 대한 핵무기 사용은 현실 정치의 관점에서 거의 상상조차 불가능하다. 이에 따라 로버트 닐드가 지적하듯이 "과거의 업적과 결함이 무엇이었든지간에 군비 통제는 냉전이 종식된 후 부적절하다는 것이 판명되었다"(Neild, 1992: 25; 그리고 Karp, 1992a: 35; Clarke et al., 1992 참조). 탈핵무장화를 위한 새로운 접근을 모색하는 일은 이제 실질적인 정책 대안으로 부상하기 시작했다. 이러한 모색은 '바루크 계획', '맥클로이-코린 협정', '평화 경쟁을 위한 청사진' 등 과거에 제시되었던 제안들을 재검토하는 것에서 시작할 필요가 있을 것이다.

탈핵무장화를 위한 주장들은 군비 경쟁을 '중단'시키고 무기 비축량을 '축소'하기 위한 구체적인 방안을 제시하였다. 전자를 위한 주요 방안들을 살펴보면 다음과 같다. 궁극적인 탈핵무장화를 명시하고 있는 핵무기비확산조약의 제6조를 실천하는 첫 단계로서 핵무기 경쟁을 완화하기 위해서는 핵실험에 대한 포괄적 금지가 실현되어야 한다는 점이 이미 오래 전부터 강조되었다(상세한 논의는 Howlett and Simpson, 1992: 85-87 참조). 냉전의 종식은 '포괄적 핵실험금지조약'(CTBT)을 체결할 수 있는 최상의 기회를 제공한다. 1991년 10월 러시아가 12개월 동안 핵실험을 중단한다고 일방적으로 선언한 후 1992년 4월 '부분적 핵실험금지조약'(PTBT)에조차 가입하지 않은 프랑스가 12개월 동안 핵실험을 중단하겠다고 선언하였다. 1992년 11월 선거에 승리한 빌 클린턴은 핵실험을 즉각적으로 중단하기보다는 점진적으로 축소시켜 나가는 것을 선호하는 것으로 알려졌다. 그러나 미국은 1992년 10월 9개월 간의 핵실험 중단을 단행하고 1996년 말까지 '포괄적 핵실험금지조약'을 체결하기 위해 노력하겠다고 공언하였다. 미국의 실험 중단으로 인해 미국 네바다 주 핵실험장을 사용하는 영국도 핵실험을 중단할 수밖에 없다. 그리고 중국도 다른 국가들이 가입한다면 '포괄적 핵실험금지조약'에 가입할 것으로 기대되고 있다(Findlay, 1992: 21). 몇몇 학자들은 '포괄적 핵실험금지조약'을 강제하는 다양한 이유는 핵무기 연구, 개발, 생산, 배치를 현재의 수준으로 동결해야 하는 필요성의 근거가 될 수 있다고 주장한다. 선제 공격에 대한 두려움이 핵전쟁 발발 가능성의 주요 원인으로 작용하지만, 선제 공격의 이점은 보다 효과적인 공격 무기와 방어 무기를 개발하는 데 주력하게 하는 동기로 작용한다. 이에 따라 전문가들은 핵무기 보유국들에게 전쟁 시 핵무기를 최초로 사용하는 주체가 되지 않겠다는 협정을 맺을 것을 강요한다.[20]

핵무기 비축량 축소를 위해 제안된 내용들은 다음과 같다. 전문가들은 포괄적인 탈무장화를 이룩하는 과정의 과도기적 단계로 상대방에게 확실한 파괴를 가할 수 있는 능력이라고 평가되는 핵무기 위협과 핵전력 수준인 '최소 핵억지' 상태를 확립할 것을 제안한다. 이들은 '최소 핵억지'에 필요한 양의 핵전력을 제외한 모든 핵무기를 해체하더라도 부품들의 재조립에 필요한 지식은 소멸되는 것이 아니라고 설명한다. 이들은 나아가 클라크-손 제안처럼 완전 탈핵무장화를 달성하는 과정의 특정 단계에서 유엔은 "몇몇 국가들이 비밀리에 핵무기를 보유하는 것을 억제 또는 방지하기 위하여 몇 개의 핵무기를 보관할 수 있다"고 주장한다(Epstein, 1992: 23). 이 경우 유엔 기구는 "모든 핵분열 물질과 핵폭발물을 보유, 통제하게 되고 평화적 목적을 위한 원자력 활동에 대해서 허가를 결정할 수 있는 권위체"가 된다(Epstein, 1992: 23). 핵무기 없는 세계는 '가상의 유토피아'라는 비판을 받아 왔다. 지구상에서 핵무기를 완전히 제거하는 것은 실현하기 어렵다는 점을 감안하여 몇몇 학자들은 '과정적 유토피아' 개념에 입각한 핵무기 없는 세계를 주장한다. 이는 "미래 세대의 인류가 보다 나은 세계를 실현하는 데 성공할 수 있도록 제한적이고 개량적인 조치"(Booth and Wheeler, 1992: 42-45)들을 차곡차곡 추진해 나가는 과정을 중시하는 주장이다. 이들은 "핵무기를 철폐하는 것이 불가능한 일이라고 단정하기에는 역사적으로 너무 이르다"고 주장하면서, 장기적으로 '반핵, 반폭력적 갈등 문화'를 육성할 것을 제안한다(Booth and Wheeler, 1992: 54-55).

탈핵무장화에 대한 포괄적인 논의인 팔머 위원회 보고서를 다시 한 번 살펴

---

20) 구 소련과 중국은 1982년 핵무기 '최초 사용 포기'를 공식 선언하였다. 핵무기 최초 사용 포기 원칙에 관한 논의는 Blackaby and Lodgaard(1984), Segal et al.(1983) 참조.

볼 필요가 있다. 이 보고서는 "핵전쟁에서는 승리를 희망할 수 없다"(Palme Commission, 1982: xiii), 그리고 "핵시대의 절대적인 진리는 어느 한 국가도 혼자서 진정한 안보를 실현할 수 없다는 점이다"(Palme Commission, 1982: vii)는 가정을 출발점으로 삼는다. 이 보고서는 전쟁을 중단하기 위해 전쟁을 수행하는 것이나 전쟁을 억지하는 데 초점을 두기보다는 전쟁 자체를 피하는 것에 주요 초점을 두고 있다. 그리고 군사력 사용 자체를 부정하고자 하면서 '보편적이고 완전한 탈무장화'를 강력하게 지지한다. 팔머 위원회 보고서는 이러한 목적을 실현하기 위한 방안으로 군비 통제, 탈무장화, 유엔 안보 체제 강화, 비핵지대 확립을 포함한 안보에 대한 지역적 접근을 포함한 다양한 건의와 제안을 담고 있다(Palme Commission, 1982: ch. 6; 그리고 SIPRI 1985; Nakarada and Oberg, 1989 참조). 보고서는 '포괄적 핵실험금지조약'과 유엔 평화유지 활동의 개선, 이를 위한 재정 확보 방안 등의 구체적인 단기 및 중기 조치를 제안하고 있다.

2) 비핵무기지대화

전지구적 탈핵무장화에 기초한 핵무기 없는 세계나 공동 안보 체제의 확립은 여전히 가까운 미래에는 실현하기 어려운 과제이다. 이러한 현실을 감안할 때 현재로서는 비핵무기지대화와 비도발적 방위 체제가 핵무기 체제와의 연계를 차단하는 가장 실현 가능한 방안으로 여겨진다(Tanter, 1988: 185 참조). 비핵무기지대의 확립은 기존의 핵무기 보유국이 핵을 고집하는 상황에서 지역 차원의 탈핵무장화에 대한 강력한 의지를 반영한다. 비도발적 방위 체제는 기존의 핵무기 비보유국들이 미래에 추진할 수도 있는 핵무장화를 사전에 포기하는 것을 뜻한다. 이는 기존의 핵무기 보유국들이 핵무기를 먼저 사용하지 않겠다는 선언과 함께 최소 핵억지 전략을 도입하는 것을 전제로 한다. 이러한 대안적 안보 체제는 기존의 핵억지 체제의 틀 내에서 추진될 수 있다.[21] 이러한 변화는 지역 평화, 나아가 세계 평화를 향상하는 데 기여할 뿐만 아니라 궁

---

21) 이와 관련하여 비도발적 방위 체제의 주요 주창자인 몰러(Moller)는 비도발적 방위 체제가 현실주의와 양립할 수 있다고 주장한다(Moller, 1992: 43).

극적으로 전지구적 차원의 탈핵무장화를 실현하는 데 기여할 것이다. 여기서는 이러한 대안적 안보 체제의 주요 원리와 성격을 검토하기로 한다. 이러한 제안들과 관련해서는 여전히 몇 가지 논쟁점이 존재하며 비판도 제기된다. 그러나 이 연구의 목적을 위해 제반 문제점과 비판에 대해서는 한반도 비핵무기 지대화와 한반도 비도발적 방위 체제에 관한 논의와 함께 다루기로 한다.

비핵무기지대 개념은 비핵지대 개념과 혼동되기도 한다. 후자는 핵무기뿐만 아니라 원자력 발전, 의학과 연구에 필요한 핵기술 등 모든 원자력 활동을 금지하는 것을 의미한다. 본 연구에서 채택하는 비핵무기지대 개념은 1975년 제30차 유엔 총회의 결의안 No. 3472B의 정의를 따른다. 유엔 결의안은 비핵무기지대를 "해당 지역의 국가들 사이에 자유롭게 체결된 협정 또는 체제"로 핵무기의 완전 부재, 검증과 통제를 위한 국제 체제, 모든 핵무기 보유국들에 의한 소극적 안보 보장 등의 조건을 충족한다(U.N. General Assembly, 1976: 24). 소극적 안보 보장이란 핵무기 보유국들이 비핵무기지대에는 핵무기가 존재하지 않는다는 점을 존중하고 이러한 법적 환경을 위배하는 행위에 어떠한 방식으로도 기여하지 않으며, 그 지역 내 국가들에 대해 핵무기를 사용하거나 사용을 위협하는 것을 자제한다는 것을 뜻한다. 특정 지역의 국가들이 이미 핵무기 확산금지조약에 가입해 있고 핵무기 보유국들이 그 지역에 핵무기를 배치하지 않고 있다면 그 지역은 사실상 비핵무기지대라고 할 수 있다. 그러나 이는 국제법적 협정에 기초하여 역내 핵무기를 금지하는 유엔 결의안에 기초한 비핵무기지대 개념(그렇기 때문에 본 연구의 개념)과는 다르다.

비핵무기지대 개념은 1950년대 중반에 처음 제안되었다. 이는 "완전하고 보편적인 핵무기 제거를 실현하는 것은 불가능하며 다른 한편으로는 이러한 무기가 더욱 많은 국가들로 전파될 위험이 존재한다"는 인식에 대한 대응으로 제시되었다(Multan, 1985: 375). 1956년 소련은 유엔 탈무장화 위원회 소위원회 회동에서 중앙 유럽의 비핵무기지대화에 대한 최초의 제안을 제시했다(Delcoigne, 1982: 50). 최초의 독자적인 구체적 비핵무기지대화 제안은 1957년 유엔 총회에서 폴란드가 제안하였다(상세한 논의는 Ozinga, [1989] 참조). 이 라파키 계획(폴란드 외무장관 아담 라파키의 이름을 딴 것이다)은 폴란드, 체코슬로바키아, 동서독 등 중앙 유럽에서 핵무기와 핵무기 운반 체제를 제거하고 군전력과 재래식 무기를 축소한다는 내용을 담고 있다. 라파키 계획은 최초의 전면적인 비핵무기지대화 제안으로서 특정 지역 내 핵무기 배제, 다자적 협정과 사찰, 비핵무기지대의 지위에 대한 핵무기 보유국들의 인정 등 기본적인 요소들을 포함하고 있다. 이는 1967년 틀레테롤코 조약에서 확정된 비핵무기지대 개념과 유엔의 정의로 이어졌다. 라파키 계획은 중앙 유럽에 배치된 동구의 재래식 무기에 대한 서방 국가의 군사적 열세를 보완하기 위해 미국 핵무기를 전진 배치할 필요가 있다는 이유로 북대서양조약기구(NATO)에 의해 거부되었다. 그 이후 발칸 반도, 아프리카, 인도양, 남아시아, 중동 지역, 일본 그리고 한반도 등의 비핵무기지대화 제안으로 이어졌다. 오늘날 한 국가 내의 지역 행정 단위에서 지방 정부가 자기 지역을 비핵지대로 선언하는 경우를 쉽게 발견할 수 있는데 이러한 선언은 국제적 효력을 갖지 않는다.

비핵무기지대는 비핵지대는 아니다. 그리고 비핵무기 조건이 위기 시 또는 전쟁 시 준수될 것이라는 절대적인 보장은 불가능하다. 그러나 1978년 유엔 탈무장화 특별 총회가 "보편적이고 완전한 탈무장화"를 위한 협정에서 촉구한 것처럼 비핵무기지대의 확립은 핵무기확산금지와 핵무기가 없는 세계를 실현하려는 궁극적인 목표를 달성하기 위한 "중요한 탈무장화 조치"라고 할 수 있다. 비핵무기지대화의 기본 목적은 그 지역 내 핵전쟁의 위험을 제거하고 핵무기 포기를 통해 역내 국가 간의 관계를 개선하는 데 있다. 그러나 이러한 비핵무기지대는 지역 평화에 기여함으로써 세계 평화의 전망을 강화하는 데 기여한다. 비핵무기지대의 확립은 역외 주변국들이 핵무기를 포기하게 하도록 하는 일출 효과도 가져올 수 있다. 예를 들어 호주가 남태평양 비핵지대 조약(SPNFZT)에 가입함으로써 호주는 이웃 인도네시아에 핵무기를 역내로 반입하지 않을 것이라는 의지를 재확인할 수 있었고, 이에 따라 인도네시아와의 핵경쟁의 가능성을 축소시켰다(Fry, 1986: 68-69). 남태평양 조약은 동남아시아 비핵무기지대 확립을 위한 논의를 촉진하는 데 기여하였다.

핵무기 확산을 방지하는 국제 레짐으로 기능하는 핵무기확산금지조약과 비교할 때 비핵무기지대는 탈핵무기화에 대한 보다 강력한 의지를 반영한다. 핵무기확산금지조약은 핵무기 비보유국이 자체적인 핵무기를 개발하는 것은 금지하지만 핵무기 보유국의 통제 아래 자국 영토 내 핵무기를 배치하는 것을 허용한다(Epstein, 1975: 196 참조). 이는 비핵무기지대에서는 금지된다. 그리고 비핵무기지대는 IAEA 안전 협정의 적용 외에 조약 준수를 감독하는 완전한 통제 체제를 제공한다. 그렇기 때문에 비핵무기지대의 확립은 탈핵무기화에 대한 보다 강력한 의지를 담고 있을 뿐만 아니라 핵무기 확산을 제한함으로써 핵무기확산금지조약을 강화하는 데 기여한다. 조제프 골드블라트가 지적하듯이 핵무기확산금지조약은 제7조에 핵무기 확산을 방지하는 더 강력한 장벽 창출을 위하여 이러한 비핵무기지대의 설립을 장려하고 있다(Goldblat, 1990: 49). 이 조항은 해당 지역 내에서 핵무기를 완전히 배제하기 위해 지역 조약을 체결할 수 있는 국가의 권리에 아무런 제약을 가하지 않는다고 명시하고 있다. 그리고 핵무기확산금지조약은 가입국을 핵무기 보유국의 핵위협으로부터 보호하는 규제를 포함하고 있지 않지만 비핵무기지대는 핵무기 보유국으로 하여금 그 지대의 지위를 존중하고 그 지대에 대해 핵무기를 사용하지 못하도록 강제하고 있다.

라파키 계획의 실패에서 볼 수 있듯이 냉전 시대에는 동서 갈등이 비핵무기지대 확립에 걸림돌로 작용했다. 오늘날 이라크의 비밀 핵무기 개발 계획에서 볼 수 있듯이 핵무기 기술의 확산으로 인해 제3세계의 분쟁이 핵무기화될 수 있는 가능성이 높아졌다. 그러나 앞에서 살펴보았듯이 이러한 가능성은 핵억지 체제 유지를 정당화하는 근거로 활용되었다. 동서 경쟁의 완화로 인해 핵무기 보유국들이 자국 핵무기를 세계 각지에 자유롭게 배치할 수 있다는 주장을 포기할 수도 있으며, 이에 따라 비핵무기지대가 핵무기 확산을 제한하는 효과적인 수단이 될 수 있다는 주장도 제시되었다(Kittel et al., 1991: 220). 핵무기 보유국들이 비핵무기지대 확립을 장려하는 것은 지역 안정에도 기여할 것이며 나아가 핵무기 확산을 막는 가장 효과적인 방법인 핵무기의 정치, 군사적 무용성의 규범을 세계적으로 확립하는 데 기여할 것이다.

법적 조약을 통해 확립된 비핵무기지대는 남극(남극 조약, 1959년), 우주(달과 모든 천체적 물체 등 우주 탐사와 활용 행위에 관한 원칙 조약, 1967년), 해저(핵무기 및 그 외 대량살상무기 해저배치금지조약, 1971), 라틴아메리카(라틴아메리카 핵무기 금지조약, 이른바 틀레테롤코 조약, 1967), 남태평양(SPNFZT, 이른바 라로통가 조약, 1985년) 등이 있다. 이 가운데 남극, 우주, 해저는 무인 지역이다. 남극은 평화 지대로 규정되어 핵무기뿐만 아니라 재래식 무기도 금지되어 있다.[22] 그리고 방사능 폐기물 처리도 금지되어 있다. 우주와 해저에 관한 조약은 핵무기를 배치하는 것은 금지되어 있지만 핵무기의 통과는 금지되어 있지 않다.

틀레테롤코 조약과 라로통가 조약은 사람이 살고 있는 지역에 비핵무기지대를 확립하였다.[23] 이 두 조약은 역내 핵무기 완전 금지와 이에 대한 국제적 검증 및 통제를 명시하고 있다. 그러나 몇몇 중요한 쟁점에 대해서 이 두 조약 사이에는 상당한 차이가 존재한다(Goldblat and Lodgaard, 1986; Goldblat, 1990: 49-57 참조). 비핵무기지대에 관한 논의에서 평화적 목적을 위한 핵폭발의 허용 여부를 둘러싸고 논쟁이 제기되었다. 인도는 1974년 평화적 목적을 위한 것이라고 주장하며 핵장치 폭발을 단행했다. 틀레테롤코 조약(*Treaty of Tlatelolco*)은 평화적 핵폭발을 허용하는 조건부 조항을 포함하고 있다. 아르헨티나와 브라질은 이 조약에 따라 평화적 핵폭발은 가능하다고 주장하는 반면 핵무기 보유국들은 평화적 핵폭발은 핵무기 폭발과 구분될 수 없다고 주장한다. 라로통가 조약(*Treaty of Rarotonga, South Pacific Nuclear-Weapon-Free-Zone Treaty*)은 이러한 논쟁을 완전히 피하고 있다. 이 조약은 '핵무기'라는 용어 대신 '핵폭발 장치'를 사용함으로써 모든 종류의 핵폭발을 금지하고 있다. 폴리네시아에서 전개되는 프랑스의 핵실험에 대한 우려 때문에 포함된 이 조약의 의정서 3조는 핵무기 보유국들이 역내 어느 곳에서도 핵실험을 할 수 없다고 요구하고 있다. 이러한 내용은 틀레테롤코 조약에는 언급되지 않고 있다. 라로통가 조약은 핵폐기물 처리 문제에 대해서도 언급하고 있다. 이 조약은 대양 환경 보호를 위하여 비무기 핵물질 금지 조항으로 핵폐기물과 그 외 여타 방사능 물질을 남태평양 조약 지역 내 바다에 투기하는 것을 금지하고 있다. 그러나 핵물질을 육지에서 처리하는 것은 제외하였다.[24] 그리고 엄격

---

22) 평화 지대에 관한 논의는 Husain(1991: 215-223), Galtung and Oberg(1992: 264-271) 참조.

23) 틀레테롤코 조약 전문은 SIPRI Yearbook 1969/70(pp. 237-256), 라로통가 조약 전문은 SIPRI Yearbook 1986(pp. 509-519) 참조. 틀레테롤코 조약에 관한 논의는 Redick(1975), Redick(1981) 참조. 그리고 라로통가 조약에 관한 논의는 Fry(1986), Hamel-Green(1990) 참조.

24) 이에 따라 라로통가 조약은 '비핵무기지대'라는 용어 대신 '비핵지대'라는 용어를 채택하였다. 그러나 이 조약은 역내 평화적인 핵활동과, 회원국들과 역외 국가들 간의 평화

한 안전 장치가 마련되어 있지 않은 핵물질 수출을 금지하고 있다.

비핵무기지대에 관련되어 제기된 또 하나의 치열한 논쟁은 핵무기가 조약 가입국의 영토(영해, 영공)와 역내 공해(公海)를 통과하는 것에 관한 것이다. 틀레테롤코 조약과 달리 라로통가 조약은 핵무기를 탑재할 수 있는 외국의 핵추진 선박과 항공기의 자국 항구와 공항 방문 및 통과에 대해서는 조약 가입국 스스로 결정할 수 있는 권리가 보장된다고 구체적으로 명시하고 있다. 이 조약은 그러한 외국 선박의 역내 국제 해역 통과를 막는 것은 법적으로 불가능하다는 사실을 지적하고 있다. 이는 호주가 이 조약에 가입하면서 이 조약의 의무가 미국과 체결한 ANZUS 조약과 마찰을 빚을 수 없다고 주장한 데서 연유한다.[25]

틀레테롤코 조약은 핵무기 보유국 영토의 일부가 비핵무기지대에 포함될 수 있다고 명기하고 있다. 이 조약의 의정서 1조는 남아메리카 지역에 법적 또는 사실상의 영토적 책무를 보유하는 국가들에게 그 영토에 대해서도 조약이 선포한 비핵무기 지위를 적용하겠다고 공약할 것을 요구한다. 이 지역 내에 영토를 보유하는 미국과 영국이 이 의정서를 비준했다.

3) 비도발적 방위 체제

방어 지향적 전략에 관해서는 비도발적 방위, 트랜스아마멘트, 비공격적 방위, 방어적 억지, 보존적 방위, 상호 방위 우월성, 방어적 방위 등의 다양한 이름의 제안들이 제시되었다(Wiseman, 1989: 8-9). 이 연구에서는 별도로 명기하지 않는 한 비도발적 방위(*non-provocative defence*, NPD) 개념을 이러한 다양한 방어 지향적 접근을 포괄하는 용어로 사용하기로 한다. 몇몇 학자들이 지적하듯이 이 용어는 매우 높은 수준의 일반성을 띠고 있기 때문에 방어 지향적 전략에 관한 논의에서 언급되는 거의 모든 상이한 접근들을 포괄할 수 있다(Buzan, 1987b: 271; Mack, 1989: 1 참조). 방어 지향적인 군전력 구조는 제한적

적인 핵거래를 허용한다(Fry, 1986: 62; Power, 1986: 456).

25) 이로 인해 라로통가 조약은 역내에 존재하는 보다 엄격한 비핵화 염원을 묵살하고 대신 미국과 ANZUS의 핵 이해관계를 강화한 결과를 가져왔다는 비판을 받는다(Hamel-Green, 1990 참조).

공격 (또는 대응 공격) 능력을 보유하면서도 — 엄격하게 규정하면 순수한 방어적 또는 비공격적 군전력이라고 할 수 없지만 — 비도발적 체제라고 할 수 있다.

비도발적 방위 체제는 민간인 중심의 방위 체제와 구분된다. 후자는 물론 비도발적이다. 비도발적 방위 체제는 군사적 수단의 사용에 근거하지만 민간인 중심의 방위 체제는 비폭력적 방위 전략을 선호하면서 군사적 수단을 완전히 포기하는 것을 지향한다. 그러나 비도발적 방위 체제는 특히 도시 지역에서 민간인 중심의 방위 체제와 결합되는 것을 배제하지 않는다(Moller, 1991a: 26).

비도발적 방위 체제는 20세기 말의 창조물이 아니다. 지상 공격에 대한 대응에 보다 효과적인 소구경 라이플과 같은 무기의 발전으로 인해 군사 전문가들은 이미 19세기 말부터 공격적 전략에 비해 방어적 전략의 장점을 강조하기 시작했다(Wiseman, 1989: 22-31). 그러나 안보에 대한 대안적 접근으로서의 비도발적 방위 체제는 1980년대, 특히 유럽에서 새롭게 각광을 받기 시작했다. 이는 1970년대 말 도래한 2차 냉전의 격화, 크루즈 미사일과 퍼싱 II 미사일의 유럽 배치를 둘러싼 중거리 핵무기 근대화, 원격조정운반체제(RPVs)와 정밀유도폭탄(PGMs) 등의 탐지 체제와 재래식 무기 기술의 발전 등에 의해 촉진되었다(Wiseman, 1989: 2-5; Herolf, 1988). 서구의 '후방 지역 공격' 전략이 위기 시 소련의 선제 공격을 자극할 수 있다는 우려도 비도발적 방위 체제에 대한 관심을 고조시키는 계기가 되었다(Windass, 1985b: 43-46; Mack, 1989: 9-12). 새로운 재래식 무기, 핵무기, 화학무기의 통합적 활용을 강조하는 '후방 지역 공격' 전략은 전역의 범위를 전역을 향해 진군하는 후방 지역에 배치된 적국 군전력에까지 확장하기 위해 고안되었다. 이는 1980년대 초 미 육군의 공지(空地) 교리와 북대서양조약기구의 추가배치전력공격 교리에 포함되어 구체화되었다.

유럽의 주요 비도발적 방위 체제 주창자인 앤더스 보스럽이 지적하듯이 비공격적 대안을 선호하는 유럽에서 제기된 새로운 주장들은 유럽의 전략적 상황이 핵무기의 그늘 아래 있다는 인식에서 출발한다. "유럽에서 발발하는 그 어떠한 전쟁도 — 그것이 엄격하게 비핵무기 전쟁이라 할지라도 — 두 강대국의 핵무기 군전력의 그늘과 궁극적인 재앙으로 확전될 위험 아래서 전개된다"

(Boserup, 1988a: 455). 그렇기 때문에 비도발적 방위 체제를 선호하는 사람들은 핵무기 시대에서는 공격적 목적을 위한 무력 사용은 엄격하게 배제되어야 하며 "군전력이 사용될 수 있는 유일한 목적은 안보와 안정의 촉진에 있다"고 주장한다(Boserup, 1986: 1).

공격적 방위 전략은 본질적으로 불안정성을 야기하거나 증대시킨다. 국제 사회는 무정부성으로 인해 '안보 딜레마'를 창출한다(Herz, 1950: 157; 그리고 Jervis, 1978 참조). 국가는 일반적으로 다른 국가의 공격, 다른 국가에 예속되는 것, 다른 국가의 지배를 받는 것 또는 다른 국가에 의해 전멸되는 것을 우려한다. 국가들은 이러한 공격으로부터 자신을 보호하기 위해 보다 많은 힘을 확보하기 위해 노력한다. 그러나 이러한 노력은 다른 국가들을 불안하게 만들게 되며 그들로 하여금 최악의 상황을 위해 준비하도록 한다. 모든 국가가 경쟁적인 관계에 있는 이러한 무정부적 세계에서는 어느 누구도 완전한 안전을 확보할 수 없기 때문에 힘의 경쟁이 가속화되고 안보 추구와 힘의 축적이라는 악순환이 확립되게 된다. 그 결과 다른 국가가 불안을 느끼게 하지 않으면서 자국의 안보를 증대할 수 있는 방법은 존재하지 않는다.

한 국가가 공격적 전략을 도입하게 되면 — 그것이 실제로 순수한 방어적 목적으로 설계되어 있다 하더라도 — 그 국가의 잠재적 적국이 이러한 행동을 공격적 목적을 위한 준비로 잘못 해석할 수 있다. 이는 그러한 공격적 전략을 위한 군전력 태세는 침략적 전쟁을 수행하는 데 필요한 군 태세와 동일하거나 매우 유사하기 때문이다. 상대방의 의도를 잘못 해석함으로써 공격적 방위 전략은 — 상대방이 이러한 위협에 대비하기 위해서 군전력을 강화할 필요를 느낄 수 있기 때문에 — 군비 경쟁을 야기하게 된다. 앞 장에서 살펴본 바 있듯이 역사적으로 군비 경쟁이 동반된 심각한 국제적 갈등의 80%는 전쟁으로 귀결되었다. 공격적 방위 전략은 — 공격적 작전에는 기습과 주도권 확보가 사활적이기 때문에 — 선제 공격을 부추긴다. 그렇기 때문에 특히 위기 시에 사고로 인한 또는 의도하지 않은 전쟁이 일어날 가능성이 높아진다. 현 시대는 불가피하게 핵무기, 핵전쟁의 시대라는 인식에 따라 안보 딜레마에 따른 이러한 전략적 불안정성의 문제를 피하기 위한 대안적 방안으로 비도발적 방위 체제가 제안되는 것이다.

가장 광범위하게 채택된 비도발적 방위 체제 개념의 정의는 프랭크 바르나비와 에그버트 뵈커에 의해 제시되었다. 이들에 따르면 비도발적 방위 체제는 다음과 같이 정의될 수 있다.

한 국가의 무력 조직의 규모, 무기, 훈련, 지원 체제, 교리, 작전 지침, 전쟁 연습, 작전 태세, 군사 학교에서 사용되는 교과서 등이 전체적으로 핵무기에 대한 의존성을 완전히 배제한 채 신뢰할 수 있는 방위 능력을 갖추고 있는 동시에 공격 능력이 부재한 체제이다(Barnaby and Boeker, 1988: 137).

즉 비도발적 방위 체제의 무력 조직은 전체적으로 방위에는 명백하게 충분한 능력을 보유하지만 공격에는 비적합한 성격을 띤다.[26]

비도발적 방위 체제에서 자위가 허용되고 자위를 위한 준비가 전개되지만, 그 방식은 주변 국가들 또는 상대 진영이 이에 의해 위협을 느끼지 않는 형식과 내용을 담아야 한다. 군사 작전은 자국 영토나 근접 지역에 국한되어야 한다. 이러한 형태는 잠재적 적국에게 기습 공격을 감행하거나 위기 시 선제 공격을 감행하게 하는 유인을 제공하지 않음으로써 안정성을 높이게 된다. 비도발적 방위 전략은 상대방의 입장에서 공격이나 침략을 받을 수 있다는 두려움을 축소하거나 제거함으로써 안보의 필요성에서 제기될 수 있는 군비 경쟁의 동기나 정당화의 근거를 제거할 수 있다. 그리고 군비 경쟁을 형성하는 한 부분인 행동–대응의 역학을 제거하게 된다(Mack, 1986: 26; Wiberg, 1990b: 86-88).[27] 결과적으로 비도발적 방위 체제는 안보 딜레마와 그와 관련된 제반 문제들을 해소시켜 준다.

비도발적 방위 체제는 장기적인 공격적 작전에는 부적합하지만 공격을 격퇴

---

26) 비도발적 방위 체제의 성격과 원칙에 대한 간명한 논의는 Wiberg(1990a: 12-14); Lynch (1990: 13-15); Moller(1991b: 2-14) 참조. 그리고 *The Bulletin of the Atomic Scientists*의 1988년 9호(특별호)도 비공격적 방어에 관한 논의를 집중적으로 다루고 있다.

27) 비도발적 방위 체제를 주장하는 몇몇 학자들은 이러한 방위 체제가 군비 경쟁의 내적 역학을 약화시킬 수 있다고 주장한다. 그러나 이러한 주장에 대한 체계적인 연구는 아직 준비 수준에 머물러 있다. 이들은 무기 체제의 변화에 따라 (군수) 산업의 중심이 보다 소규모 개별 기업으로 이전되어 군-산업 복합체의 기반을 와해시킬 수 있다 주장한다(Moller, 1990: 76-79 참조).

할 수 있는 강력한 능력을 제공함으로써 전쟁을 방지하는 것을 목적으로 하기 때문에 이는 응징에 의한 억지가 아니라 부정에 의한 억지 체제의 성격을 띤다(Wiberg, 1990a: 9; Laurenti, 1990: 188; Mack, 1986: 18).

몇몇 학자들은 "공격적" 범주와 "방어적" 범주를 구분하기 위해서 한 국가의 무기 체제가 방어적인지의 여부를 파악할 것을 강조한다(Dyson, 1979: 143; Galtung, 1984a: 172-184). 즉 비도발적 방위 체제를 확립하기 위해서는 공격적 무기를 포기하고 방어적 무기를 강조하여야 한다. 이들은 공격용과 방어용의 구분은 논쟁의 대상이 될 수 있으며 대부분의 무기는 공격적 목적과 방어적 목적 모두에 적합할 수 있다는 점을 인정한다. 그러나 이들은 "방어적 성격의 정도에 존재하는 차이가 중요"하다고 주장한다(Johansen, 1983: 314- 315). 프리먼 다이슨은 이렇게 단언한다. "무슨 뜻인지는 분명하다. 폭격기는 나쁘고 대공 미사일은 좋다. 탱크는 나쁘지만 대 탱크용 미사일은 좋다. 잠수함은 나쁘지만 대 잠수함용 기술은 좋다"(Dyson, 1979: 143). 존 갈퉁은 공격용/방어용의 이분법을 지리적 공간에 따라 정의한다. 외국에서 효과적으로 사용될 수 있는 무기 체제는 공격용이며 자국 내에서만 효과적으로 사용될 수 있는 것이면 방어용 무기이다(Galtung, 1984a: 173-174; Galtung, 1984b: 128-130). 무기 운반 체제가 이동 불가능한 것이고 그 사정 거리가 짧다면, 그 무기 체제는 방어적 성격을 띠는 것이다. "단거리", "제한적" 등의 형용사는 일반적으로 "공격에 대한 대응의 효과가 자국 영토 내에 한정되는 것"을 뜻한다(Galtung, 1984a: 174). 이러한 접근법은 대 전투(폭격)기용 무기, 마지노선과 지뢰밭 등과 같은 분명히 방어적인 무기를 제외한 모든 무기를 금지해야 한다는 급진적인 주장으로까지 이어진다(Newcombe, 1983a: 4).

그러나 비도발적 방위 체제를 주장하는 많은 사람들은 "공격용"과 "방어용"의 범주 구분에서 특정 무기 체제가 아닌 전반적인 무력 태세를 강조한다. 그들은 엄격하게 볼 때, '방어적 무기'라는 것은 존재하지 않는다고 주장한다. 이들은 특정 무기가 공격 또는 방어 능력에 어떻게 기여하는가는 다른 어떤 무기와 무력이 존재하느냐에 의해 결정된다고 파악한다(Boserup, 1986: 2; Moller, 1987a: 68-69). 예를 들어 대 탱크용 미사일도 자국 영토를 방어하는 적국 탱크를 파괴하면 공격적 무기가 되는 것이다. 그렇기 때문에 각 상대국은 실제

전쟁에서 부분적으로는 공격적 태세로 부분적으로는 방어적 태세로 전투에 임하지만 비도발적 방위 체제는 전반적으로 "방어적 태세에서 전투할 수 있도록 설계된 방어 체제"이어야 한다고 강조하는 것이다(Boserup, 1986: 2-3). 이들은 분명하게 공격적 무기인 전략적 폭격기와 장거리 탄도 미사일을 고려에서 제외한다. 그리고 핵무기, 화학무기, 생물학무기 등과 같은 대량 살상용 무기의 폐기를 강조한다(Saperstein, 1987: 48). 국가가 합리적으로 행동한다면 이러한 무기를 자국 영토 내에서는 사용하지 않을 것이기 때문이다.

핵강대국들이 가까운 미래에 자국 핵무기를 폐기할 것이라고 기대하기는 어렵다. 그렇기 때문에 이들은 핵강대국들에게 핵무기의 최초 사용을 포기한다는 약속을 공표할 것과 최소 억지를 위한 소량의 핵전력만을 보유할 것을 요구한다.[28] 그리고 이들은 최소 억지는 "최소한의 역할로 축소된 것을 의미"하는 것이지 안정적인 대응 공격 능력을 의미하는 최소 억지가 아니라고 주장한다(Boserup, 1990: 11). 군사적으로 최소 억지로는 잠수함에 탑재된 전략적 핵전력으로 충분하다고 강조한다(Barnaby and Boeker, 1988: 137).

클라우스비츠 식 교리에 의하면 (논쟁이 없는 것은 아니지만) 방어는 내재적으로 우월한 형태의 전투이다. 일반적으로 공격자는 방어자를 굴복시키기 위해서는 수적으로 세 배의 전력을 보유해야 한다고 알려져 있다. 자국 영토에서의 방어는 지형에 대한 풍부한 지식, 공급선의 유리함, 원활한 지원 시설, 보다 단순하고 강건한 지휘-통제-통신-첩보 체제, 진격하는 공격자의 노출성에 대한 은닉을 통한 보호 등의 이점을 지니고 있다(Mack, 1989: 13-14; Windass, 1985: 46-47). 비도발적 방위 체제를 확립하기 위하여 이러한 이점을 기반으로 하는 다양하고 구체적인 전략과 모델이 제시되었다(Wiberg, 1990a: 14-17; Boeker and Unterseher, 1986: 93-107 참조. 상세한 논의는 Moller, 1991b: ch. 4 참조). (앞으로 이러한 논의 선상에서 한반도의 비도발적 방위 체제를 논의할 것이다.)

다양성의 가능성은 비도발적 방위 체제의 궁극적인 형태에 관한 완전한 합의를 어렵게 한다. 그러나 다양한 제안들은 모두 위에서 논의한 주요 기본 성

---

28) 몰러는 비공격적 방어 체제와 양립 가능한 "유일한 핵전략은 최소 억지 체제"라고 주장한다(Moller, 1992: 162). 그리고 Boeker and Unterseher(1986: 92), Moller(1988: 446-448) 참조.

격과 원칙을 공유한다. 이러한 다양성이 존재하는 것은 비도발적 방위 체제의 전략과 모델에 관한 논의는 — 모든 대안적 사고가 그렇듯이 — "구체적인 체제 확립을 위한 청사진으로 제시되는 것이 아니라 사고의 발전을 위해 제시되는 것"이기 때문이다(Boserup, 1986: 5).

방어적 방위는 유럽의 중립국인 스웨덴, 스위스, 오스트리아 등에서 국가 안보 정책으로 실천되고 있다(Roberts, 1986: chs 3-6; Fischer, 1982 참조; 그리고 Galtung, 1984a: 163-169 참조). 유고슬라비아도 1990년대 들어 내전에 휩쓸리기 전에는 비도발적 방위 체제를 추구했던 것으로 알려져 있다(Johnson, 1973). 특히 스웨덴의 방위 정책은 — 완전한 하나의 모델로서가 아니라 방어와 비위협적인 전력 태세에 대한 강조 때문에 — 비도발적 방위 체제라는 "창의적인 사고의 실천적 사례"로 인용되기도 한다(Wiseman, 1989: 7).

우리는 지금까지 핵억지 체제의 이론과 전략 그리고 문제점에 대해서, 나아가 현실주의적 안보 패러다임과 핵억지에 대한 대안적 안보 개념과 제안을 살펴보았다. 이제 한반도 상황에 대해서 살펴보기로 한다.

3
......
분단의 기원

한국은 유구한 역사와 찬란한 문화를 지닌 단일 민족 국가이다. 한국 민중은 천 년 이상 통일된 나라를 형성하여 왔으며, 공통된 언어, 문화, 정치적 전통을 향유하여 왔다. 그렇지만 제2차 세계 대전의 종식과 더불어 남북으로 나누어졌으며, 1948년 이후에는 한반도에서 두 개의 분단된 국가가 존재하게 되었다.

한국의 근대사는, 지정학적 위치에 의해 심대하게 영향받았다. 한국은 중국, 일본, 소련이라는 삼대 강국으로 둘러싸여 있다. 그렇기 때문에 지정학적으로 한국은 동아시아의 전략적 요충지가 되었다. 영토의 면적으로 보면, 한국에 비해 일본은 1.7배, 중국은 43배, 소련은 102배나 크다. 그렇지만 한반도의 전략적 중요성으로 인해 일본인은 한반도를 '일본의 심장부를 향한 비수'로 여겼으며, 중국인들은 '중국의 이빨을 지키기 위한 입술'(脣亡齒寒)로 여겼다. 한국과 두만강을 경계로 16마일의 남동부 국경을 접하고 있는 러시아는 짜르 시대 이래로 한국을 태평양으로 진출하기 위한 관문으로 보았다.

그렇기 때문에 한반도는 19세기 중반 이래 한반도에 대한 상대방의 주도권 장악을 염려하는 강대국들의 각축장이 되어 왔다. 19세기 말과 20세기 초의 한국은 청일전쟁과 러일전쟁의 전장이 되었으며, 1910년에 일본의 식민지가 되었다.[1] 1945년 한반도의 남쪽이 미국에 의해 점령됨으로써 미국은 한국에

---

1) 역사적으로 한국은 이미 대륙과 일본 간의 침공 경로가 된 적이 있는데, 13세기에는 몽

지정학적 이해 관계를 갖는 제4의 강대국으로 등장하였다.

미국은 한국의 인접국이 아니다. 미국의 전통적 대한 정책은 불간섭 정책이었으며, 일본의 한반도 지배를 승인하고 지지했다(Chay, 1990). 그렇지만 다음에서 살펴보는 바와 같이 미국은 2차 대전 중 한반도에 대한 지정학적 이해 관계를 갖기 시작했다. 다른 주변 강대국들과 마찬가지로 미국의 정책은 한반도의 지정학적 위치에 의해 영향받았다. 그리고 그 이후 한반도의 분단에 작용한 미국의 역할에서 드러나는 바와 같이 미국의 한반도에 대한 영향력은 인접한 3대국에 필적하거나 그 이상이었다. 오늘날의 한반도는 이들 4대 강국이 직접적으로 대면하면서 이해 관계를 다투는 유일한 지점이 되었다.

대부분의 한국인들은 분단된 국토의 통일에 강한 열망과 관심을 가지고 있다. 또한 남북의 정권은 모두 통일을 최우선적 정책 목표로 강조하고 있다. 그렇지만 국민적 열망과 정권의 공언에도 불구하고 지난 반세기 동안 남북은 분단된 두 개의 국가로 남아 있었으며, 양자의 관계는 갈등과 긴장으로 점철되었다. 1950년대 초반에는 3천만 남북 동포의 10%가 넘는 약 4백만이 목숨을 잃는 동족 상잔을 겪었다(Halliday and Cumings, 1988: 200-201). 그 이후 한반도에서는 군비 경쟁의 확산과 더불어 또 다른 동족 상잔의 비극의 위험이 항존하고 있었다. 냉전 체제가 소멸된 오늘날조차도 백만 이상의 중무장한 군대가 군사분계선을 사이에 두고 대치하고 있다. 미국은 남한에 40년 이상 미군을 주둔시키고 있으며, 북한에 대하여 종종 핵무기의 사용을 위협하고 있다. 5장에서 살펴보는 바와 같이, 남북의 핵무장화 가능성에 대한 논란이 종종 있어 왔다. 남북한의 대치는 민족의 공멸이라는 비극의 가능성마저 포함한 것이었다.

말할 필요도 없이 남북한 사이의 갈등과 군사적 위기의 근본 원인은 한민족이 단일 민족이며 유구한 역사 동안 하나의 나라로 유지되어 왔음에도 불구하고 한반도에 두 개의 분단 국가가 존재한다는 사실에 있다. 따라서 분단 국가의 출현 이래로, 분단의 정치학과 그 동전의 이면으로서 통일의 정치학이 남북한 관계를 지배해 왔다. 그렇기 때문에 한반도의 전쟁과 평화에 대한 논의에

골의 일본 원정 경로가 되었고 16세기에는 일본이 명나라 원정을 평계로 조선을 침략하였다.

서, 한반도의 분단 방식과 원인 및 분단 이후 서울과 평양이 어떠한 갈등과 대립을 전개시켜 왔는가를 이해하는 것이 필수적이다. 그렇기 때문에 한반도의 대안적 안보 이념으로서 비핵무기지대화와 비도발적 방위 체제를 논의하기 전에 이 장에서는 남북 분단의 원인과 배경에 대하여 살펴보고, 다음 장에서는 분단 이후의 갈등 상황을 살펴보도록 하겠다.

이미 한국의 근대사에 대한 심층적 연구 업적들이 있기 때문에,[2] 이 장에서는 한반도의 분단을 초래한 주요한 과정에 초점을 두고 논의를 전개하겠다.

1. 미소의 한반도 분할 점령

한국의 비극인 분단은 종전 후의 새로운 세계 질서와 전후 한반도에 대한 미국의 지정학적 이해를 고려한 미국의 전시 구상에서 출발한다.

미국의 루즈벨트 대통령은 미국이 전후에 지배적인 세력으로 등장할 것을 알았기 때문에 식민지 지역에 대한 전후 처리에서 신탁 통치의 방식을 선호했다. 한 연구자(윌라드 레인지)에 의하면, 신탁 통치는 "새로운 세계 질서를 위한 거대 구상으로…… 새로운 국제 질서의 창출을 목표한 것이다"(Range, 1959: 49; Cumings, 1981: 103에서 재인용).[3] 전후 구 식민지는 자신들의 문제를 다룰 수 있는 준비가 될 때까지 강대국들의 신탁 통치 하에 놓일 운명이었다. 일국에 의한 식민주의가 다자 간의 신탁 통치에 의해 대체되고, 식민지들은 점진적 독립의 길로 간다는 것을 의미했다.

그렇지만 사실 그러한 방식은 또한 전후 세계에서 미국의 세력과 영향력을 확대 강화하기 위한 것이었다. 브루스 커밍스가 말하는 바와 같이 "내용은 비

---

2) 여기에는 McCune(1950), Lee, C. S.(1965), Cho, S. S.(1967a), Suh, D. S.(1967), Scalapino and Lee, C. S.(1972), Cumings(1981 and 1990), van Ree(1988), 서중석(1991) 등이 포함된다.

3) 1943년 초 국무부의 초안은 신탁 통치에 참가하는 국가들은 피보호 민족이 자치 정부를 형성하도록 준비하고 교육하며, 피보호 민족을 수탈로부터 보호하고 경제 발전과 사회 정의를 증진시키며, 세계의 이익을 위해, 차별 없는 교역 협정을 유지하고, 평등한 경제적 기회를 가지게 하며, 전체의 안보에 기여해야 한다고 규정하고 있다(Cumings, 1981: 105).

록 이상적이었지만, 그 구상은 무력의 사용 없이 미국의 이해에 부합하는 것이었다"(Cumings, 1974: 42). 전후 세계는 영토적 점령과 병합이라는 구 식민주의를 용납하지 않았다. 그러나 국제 신탁 체제는 구 식민지의 문호를 개방하는 것이었고, 문호가 개방된다면 미국에 유리할 것으로 루즈벨트는 믿었다(Cumings, 1981: 108). 신탁 통치에 대하여 당시 영국의 외상이었던 이든은 회고록에서 다음과 같이 지적하고 있다. "구 식민지 지역이 일단 종주국으로부터 자유로워지게 되면 미국에 정치적·경제적으로 의존하게 되고, 다른 세력이 종주국의 역할을 대체할 것이라는 두려움에서 벗어날 것이라고 루즈벨트는 희망했다"(Cumings, 1974: 42에서 재인용). 어쨌든 일본의 식민지였던 한국은 그러한 신탁 통치 계획의 대상이었다.

그런데 다음에서 살펴보는 바와 같이, 미국은 1941년의 진주만 공습 이후 대일전에 소련의 참전을 요청했다. 그렇지만 소련의 참전은 소련이 한반도 대부분을 점령할 가능성을 가지는 것이었다. 한반도의 지정학적 위치에 비추어 보았을 때, 미 국무부는 소련의 한반도 점령이 그러한 정도로 진행된다면 미국의 전후 태평양 안보에 위협이 될 것으로 보았다. 그렇기 때문에 1944년 3월부터 이미 국무부 관리들은 한반도의 전체 또는 분할 점령이 이 지역에서의 전후 미국의 지정학적 이해에 필요한 것으로 고려하기 시작했다(Matray, 1985: 21-22; Cumings, 1981: 113-114).

1) 2차 대전 중의 회의에서 거론된 한국 문제

잘 알려진 바와 같이 2차 대전 중에, 전쟁의 효과적 수행과 전후의 질서 재편을 논의하기 위한 연합국 회의가 몇 차례 있었다.[4] 여기에서는 한국과 관련된 주요한 논의만을 살펴보도록 하겠다.

전후 한국의 신탁 통치 문제에 대한 첫번째 국제적 논의는 미국과 영국 간에 있었다.[5] 1943년 3월 루즈벨트는 이든에게 전후 한국과 인도차이나에 신

---

4) 상세한 논의는 Cho, S. S.(1967: 13-44), Kim, H. J.(1976: 27-31) 참조.
5) 루즈벨트의 한국에 대한 전시 정책으로서 신탁 통치에 대한 최초의 제안은 국무부가 1942년 2월에 한 것이다(Matray, 1985: 8-9).

탁 통치를 실시하는 것이 적합하다고 지적했다. 이든은 신탁 통치 구상을 반기지 않았다(Cumings, 1981: 104-105). 대영제국 체제가 자치령과 식민지에 기초하고 있기 때문에, 이든은 신탁 통치를 좀 더 연구할 과제로 받아들였다. 그렇지만 프랑스는 말할 것도 없고 영국도 자신들의 식민지를 계속 보유하기를 원했기 때문에 이후의 모든 전시 논의에서 신탁 통치에 반대했다.

미국, 영국, 소련의 지도자가 참가한 1943년 11월 말의 테헤란 회의에서, 스탈린은 독일이 패망한다면 대일전에 참전할 것이라고 공식적으로 확인했다. 스탈린은 1942년 11월 연합국 대표에게 대일 선전 포고에 대한 의지를 처음으로 표명했다(van Ree, 1988: 33). 테헤란 회의 몇 주 전이었던 1943년 10월 말 미 국무장관의 모스크바 방문시에도 스탈린은 대일 참전 의지를 선언했다. 1943년 후반기에 소련은 스탈린그라드와 쿠르스크 전투 이후 대독 전쟁에서 우세를 거두고 있었으며 이러한 변화가 극동에 대한 새로운 관심을 가능하게 했다(van Ree, 1988: 33). 미국의 지도자들은 1941년 12월 8일 일본의 진주만 기습 직후부터 소련의 태평양 전쟁 참전을 원했으며, 1943년 경에는 이미 소련의 참전을 요청했다(Cho, S. S., 1967a: 24). 미국의 군사 지도자들은 미, 중, 소의 군사적 동맹이 전쟁을 상당한 기간 단축시킬 것으로 보았다. 1943년 8월 경 그들은, 일본을 점령하기 위해서는 러시아가 참전한다 해도 독일이 패망한 후 18개월이 소요될 것이며, 50만의 미군이 전사할 것으로 추정했다(Cho, S. S., 1967a: 25). 그래서 그들은 소련의 참전이 불가피한 것으로 믿었다. 그렇기 때문에 미국과 영국은 테헤란에서의 스탈린의 대일 참전에 대한 공식 약속을 환영했다. 그렇지만 스탈린은 참전 약속과 더불어 참전에 대한 보상을 비공식적으로 요청했다(van Ree, 1988: 35). 스탈린은 사할린의 남부와 쿠릴 열도를 소련에 양도해 주기를 원했으며 다롄(大連)에 대한 이권을 요구했다. 그렇지만 그는 한국에 대하여는 언급하지 않았다. 이 단계에서는 소련이 아직 한반도에 대한 어떠한 특정한 목적을 가지지 않은 것으로 나타나고 있다(van Ree, 1988: 36). 루즈벨트는 다롄을 국제적 자유항으로 만들 것을 제안했다.

테헤란 회의의 사적 논의에서 루즈벨트는 스탈린에게 한국의 국제적 신탁 통치를 제안했다(Cho, S. S., 1967a: 21-24; van Ree, 1988: 33-36). 그 제안은 같은 달에 있었던 카이로 선언에 뒤이은 것이었는데, 카이로 선언에서는 '적절한 과정을 거쳐' 한국이 자유로운 독립 국가가 되어야 한다고 언급하고 있다. 루즈벨트는 해방된 식민지 아시아 민중들에 대한 민주주의 제도 교육의 필요를 지적하면서, "한국이 완전한 독립을 획득하기까지는 40년 정도의 훈련 과정이 필요하다"고 주장했다(Cho, S. S., 1967a: 23).[6] 스탈린은 그 구상을 기꺼워하지는 않았지만 동의했다(van Ree, 1988: 34-35 참조).

1945년 2월의 얄타 회담에서 스탈린은 태평양 전쟁 참전을 재확인했다 (Cho, S. S., 1967a: 25-34; van Ree, 1988: 38-40; Matray, 1985: 25-31). 미국은 여전히 소련을 대일전에 끌어들이기 위해 고심했다. 얄타 회담에서 루즈벨트의 주요한 목적은 소련의 태평양 전쟁 참전 계획을 확정하는 것이었다(Matray, 1985: 25). 그렇기 때문에 얄타 회담에서 스탈린은 루즈벨트와 처칠로부터 독일 항복 2~3개월 후 태평양 전쟁에 참전하는 조건으로 많은 보상을 받는 데 성공했다. 쿠릴 열도의 이양과 남부 사할린의 수복과 같은 러일전쟁 중에 잃었던 이권의 회복 등이 그것이다(Cho, S. S., 1967a: 26-28; van Ree, 1988: 38). 그런데 다롄, 뤼순(旅順), 만주 철도에 대한 소련의 조차권과 같은 중국과 관련된 보상은 중국에서의 국민당 지배에 대한 인정을 전제하는 것이었다.

얄타 회담에서 한국의 신탁 통치 문제가 다시 논의되었다. 루즈벨트는 소련, 미국, 중국의 대표가 참가하는 신탁 통치를 염두에 두고 있음을 언급했다. 여기에서 스탈린은 한국민이 스스로 만족스러운 정부를 이룰 수 있는 경우에도 신탁 통치가 필요한지를 질문했다. 이에 대해 루즈벨트는 필리핀에서의 미국의 경험을 설명하면서 한국에서 20~30년의 신탁 통치가 필요할 것이라고 말했다. 스탈린은 그 기간이 짧을수록 좋다고 지적하면서 그 제안을 수용했다. 또한 스탈린은 신탁 통치 기간 중 외국군의 주둔 문제에 대하여 질문했는데 루즈벨트가 필요없는 것으로 대답하자 스탈린도 동의했다.

그러나 스탈린이 신탁 통치안에는 동의하고 태평양 전쟁 참전의 대가로서

---

6) 루즈벨트가 한국의 신탁 통치 기간을 40년이라고 한 이유는 필리핀에서의 미국의 경험에 근거한 것이었다. 그는 미국의 후견 아래 지난 44년 간의 필리핀 역사가 "세계의 다른 약소 민족과 국가의 장래에 대한 모범"이 되며, 필리핀에서의 경험에 비추어보았을 때, "교육 확산을 통한 준비기"와 "지방 정부에서 시작하여 국가 전체 규모까지 다양한 단계를 거치는 점진적인 자치 정부의 실험을 통해 궁극적인 독립 주권을 획득하기 위한 훈련기"가 있어야 한다고 여겼다(Cho, S. S., 1967a: 17-19).

한국에 대하여 언급하지는 않았지만, 소련은 한국을 단독으로 점령할 수 있을 것으로 기대하고 있었다고 한 연구자는 주장하고 있다(van Ree, 1988: 36-39). 1944년 말 연합군이 얄타 회담을 준비하는 과정에서 소련은 이미 위에서 언급한 정치적 조건 아래 독일 패망 3개월 후 태평양 전쟁에 참전하겠다고 제안했다. 루즈벨트와 처칠에 대한 연합합참의 1945년 2월 9일자 보고에서는 여전히 독일 항복 이후 대일전의 종전에는 18개월이 소요될 것이라고 예측했다(van Ree, 1988: 39 참조). 따라서 소련의 한국에 대한 지리적 위치와 예상 전쟁 기간을 고려했을 때 스탈린은 소련군이 한반도 전체를 자연스럽게 지배하게 될 것이라고 예측했다.

2) 38선 분할

1945년 5월 8일의 독일 패망은 전후 질서와 소련의 태평양 전쟁 참전 문제를 논의하기 위한 연합국 지도자들의 새로운 회의의 필요성을 제기했다. 4월의 루즈벨트 사망 이후 7월 17일에 열린 포츠담 회담에는 트루만이 미국의 대표로 참석했다. 그런데 트루만은 포츠담에 도착한 날 원자폭탄의 성공적 실험 소식을 듣고, 소련의 대일전 참전에 대한 흥미를 잃었다(Matray, 1985: 39-41). 위에서 살펴본 바와 같이 미국은 소련의 참전에 많은 대가를 약속했었다. 그러나 트루만은 원자폭탄을 사용하면 전쟁을 빨리 종식시킬 수 있을 것이기 때문에 소련의 참전 기회 자체를 박탈할 것이고 따라서 얄타 회담에서 한 보상 약속을 무효화시킬 것이라고 생각했다. 더욱이 일본의 조속한 항복은 한반도에 대한 미국의 단독 점령을 가능하게 할 수 있었다.

그렇지만 트루만이 승계한 후, 맥아더 장군을 포함한 미국의 군사 지도자들은 여전히 다음과 같이 판단했다. 즉 그들은 일본을 패망시키는 것이 미국의 최우선의 과제이며, 소련이 일본을 패배시킬 수 있는 군사적 능력을 가지고 있고 소련의 참전이 미군의 희생을 줄일 것이기 때문에 소련이 "2차 대전 후 만주와 한반도를 점령하는 것은 불가피하며 그 지역에 대한 기득권을 가지는 것이 당연하다"고 여겼다(Matray, 1985: 34-35). 원자폭탄 실험 성공 소식을 들은 후에도 그들은 여전히 극동 지역의 전쟁에 소련의 참전이 필요하다고 평가했다(Matray, 1985: 41; Cho, S. S., 1967a: 40-41도 참조).

그렇기 때문에 포츠담에서의 연합군 군사 회담 중, 미군 관리들은 소련군 대표와 한반도 지역 전체에 걸친 공중과 해상의 양측 군사 작전 분계선에 대하여 논의했다. 미국측은 38도 선을 잠수함의 작전 분계선으로 하고, 공군은 41도 선 이남을 작전 지역으로 하며, 해군은 동해의 전역에서 무제한적으로 작전권을 갖기를 원했다. 최종적으로 양측은 이 지역에서 41도 선을 공군과 해군의 작전 분계선으로 하는 데 합의했다(구체적인 내용은 van Ree, 1988: 45-46 참조; Cho, S. S., 1967a: 50-51; Matray, 1985: 41-42도 참조). 그러나 한국 본토에서의 미군과 소련군의 군사분계선에 대하여는 어떠한 논의도 없었다. 미군 지도자들은 미군이건 소련군이건 할 것 없이 가까운 장래에 한반도에 진주할 수 있을 것이라고는 예측하지 않았다(Matray, 1985: 41; van Ree, 1988: 45). 그렇지만 이 즈음에 미군 지도자들도 대일 승전에 소련군의 참여가 필요없을 수 있다는 가능성에 대하여 숙고하기 시작했다(Matray, 1985: 42-43). 일본의 갑작스러운 패망에 대비하여, 마샬 합참의장의 요구에 따라 맥아더 사령부는 항복 12일 이내에 일본 본토를 점령하고 그 후 한국에 진주할 계획을 세웠다.

포츠담 회담의 초기 단계에서 스탈린은, 중국이 여전히 동의하기를 꺼리고 있는 얄타 회담의 합의 사항에 대하여 중국이 비준할 때까지는 태평양 전쟁에 참전하지 않을 것이라고 선언했다. 또한 스탈린은 1945년 8월 15일 이전에는 대일전에 참전할 준비가 되지 않을 것이라고 했다. 그렇지만 모스크바가 종전의 조정 역할을 맡아 줄 것을 요청받았기 때문에, 스탈린은 이 즈음에 이미 일본이 임박한 붕괴의 징조를 보이고 있음을 느꼈다(van Ree, 1988: 42-43). 그러한 징조는 소련을 놀라게 하기에 충분한 것이었다. 일본이 소련 참전 이전에 항복한다면 소련은 극동에서 계획된 성과를 거둘 수 없을 것이다. 그렇기 때문에 트루만과 처칠에게는 소련이 8월 중순까지는 참전하지 않을 것이라고 말했지만, 스탈린은 사실상 이미 일본에 대한 공격을 그보다 열흘 정도 더 빨리 개시할 것을 숙고했다(van Ree, 1988: 42-43).

아프리카와 지중해의 이탈리아 식민지 처리에 관한 포츠담 회담에서의 소련과 영국의 논쟁 외중에서 신탁 통치 문제는 외무장관 협의회가 처리하도록 맡겨졌다(van Ree, 1988: 43-44; Matray, 1985: 40; Cumings, 1981: 112). 그러나 협의회는 논의를 연기했으며, 1945년 12월에야 회의가 재개되었다. 그렇기 때문에 한국의 신탁 통치 문제에 대하여는 포츠담 회담에서는 아무것도 논의되지 않았다. 한국 문제에 대한 언급은 소련의 몰로토프 외상이 이탈리아 식민지의 재편 문제에 대한 논의 과정에서 한국 문제에 관하여도 연합국이 의견을 교환해야 한다고 간략하게 언급한 것이 전부였다. 미국측이나 소련측 모두 한국 문제를 논의할 의도를 보이지 않았다. 소련의 참전 기회를 없애 버릴 일본의 조속한 항복을 예견했기 때문에, 트루만은 한국의 신탁 통치의 필요성에 대한 관심을 상실했다(Matray, 1985: 42). 소련도 그 문제에 대하여는 집착하지 않았다. 아마도 스탈린은 여전히 소련이 한국 전역을 점령할 것으로 생각하고 있었던 듯하다(van Ree, 1988: 41-44).

어쨌든 포츠담 회담에서 확인된 것은 신탁 통치 문제가 다음 연합국 외무장관 회담의 의제라는 것이었으며, 또한 한국의 신탁 통치 문제에 대하여는 연합국 사이에 이미 이해가 있었다. 결과적으로 2차 대전이 종전되었을 때, 연합국은 비록 공식적인 합의의 형태는 아니었지만 신탁 통치를 통한 전후 한국의 처리에 대한 사전에 논의된 계획을 가지고 있었다고 할 수 있다.

소련의 태평양 전쟁 참전 기회를 봉쇄하기 위한 트루만의 전략에 따라, 미·영·중 삼국은 7월 26일의 포츠담 선언에서, 항복을 거부한다면 즉각적이고 전면적으로 초토화시킬 것이라고 경고하면서 일본의 항복을 요구했다(Matray, 1985: 43). 이 즈음 미국은 "러시아의 참전 이전에 일본 문제를 종결짓기를 갈망하고 있었다"(Matray, 1985: 43). 그런데 포츠담 선언에서는 카이로 선언을 재확인하면서 일본이 한국을 보유할 수 없다는 사실을 명백히 했다.

8월 6일 첫번째 원자폭탄이 히로시마에 투하되었다. 소련은 스탈린이 선언한 계획보다는 일주일 빨리, 독일이 패전한 지 정확히 3개월 후인, 8월 8일 일본이 연합군의 포츠담 제안을 받아들이지 않았다는 것을 명분으로 대일전 참전을 선언했다.7) 일본과의 1941년의 중립 조약은 1945년 4월에 이미 폐기되었다. 미국은 8월 9일 나가사키에 두번째 원자폭탄을 투하했다. 8월 10일 첫

---

7) 8월 10일 일본은 독립 군주로서 천황의 특권을 축소하지 않는 조건으로 포츠담 제안을 수락할 의사를 스위스를 통해 무선으로 알렸다. 연합국은 그 제안을 즉시 거부하고 무조건 항복을 요구했다(Cho, S. S., 1967a: 42-45).

번째 소련군 부대가 한국의 동북 지역으로 진입하였으며 급속하게 한반도 깊숙이 진군하였다. 일본은 급격한 붕괴의 조짐을 보였다.

위에서 지적한 대로, 미국은 이미 1940년대 초에 전후 한국의 새로운 지리적 이해 관계를 인식하고 있었으며, 1944년에는 한반도 분할 점령까지를 고려했다. 그런데 일본의 항복이 임박해 있었으며, 한국 문제에 대한 즉각적인 결정을 내려야 했다. 최초의 과제는 소련이 한반도 전역을 점령하는 것을 막는 것이었다. 그렇지만 한국에 진주 가능한 가장 근접한 미군은 600마일이나 떨어진 오키나와에 있었다. 워싱턴에서 8월 10, 11일에 걸쳐 밤을 세워 국무부-육군부-해군부의 공동 위원회가 열렸다.[8] 한국에 경계선을 그을 적당한 지점을 찾는 임무는 두 젊은 대령에게 맡겨졌다. 그들에게는 30분의 시간이 주어졌다. 한국의 수도 서울이 미군의 점령 지역에 포함되기 때문에 38선이 일본의 항복을 받는 경계선으로 선택되었다. 그 결정은 즉시 소련, 영국, 중국에 통보되었다.

한국의 분할에 관한 국제적 논의가 한국 근대사에서 새삼스러운 것은 아니었다. 동아시아에서의 전략적 위치 때문에 이전에도 이미 몇 차례의 유사한 국제적 논의가 있었다(Kim, H. J., 1976: 19-21; Cho, S. S., 1967a: 47-50). 청일전쟁(1894~1895) 직전에 영국 정부는 중재를 위해, 중국이 조선의 북부를 차지하고 일본이 남부를 차지할 것을 제안했지만 모두 거절한 적이 있었다. 1896년에는 일본이 일본과 러시아가 38선을 경계로 조선을 분할할 것을 제안했다. 그러나 당시 조선의 조정이 일본의 영향에서 벗어나기 위해 러시아에 의존하고 있었기 때문에(아관파천), 러시아는 조선에서는 이미 승부가 났다고 생각하여 거절했다. 러일전쟁(1904~1905) 직전인 1903년에 러시아가 39도 선을 경계로 분할할 것을 제안했지만 이번에는 태평양에서의 역관계가 자신들에게 유리하다고 생각한 일본이 거절했다. 그러므로 1945년 8월의 미국의 제안은 한반도에 대한 외부 세력의 오랜 지정학적 전략의 재판이었다고 할 수 있다. 그렇지만 이번에는 연합국에 의해 받아들여졌다.

9월 2일 일본이 공식적으로 항복에 조인했을 때, 연합국의 태평양 지역 최

---

8) 분단과 관련된 결정 과정에 대한 보다 구체적인 논의는 Cumings(1981: 121-122), Matray (1985: 44-46) 참조.

고사령관인 미국의 맥아더 원수가 38도 선을 분계선으로 한다는 일반명령 제1호를 발하였다. 이어서 9월 8일에는 하지 중장 휘하의 24군단이 서울에 입성했다.

한국 전역에 대한 지배권을 기대했던 소련이, 한반도 전체를 점령할 수 있는 유리한 위치에 있었음에도 분할 점령안을 받아들인 이유에 대하여는 다양한 가정이 제기될 수 있다. 어떤 연구자들은 스탈린이 한국이나 독일과 마찬가지로 일본을 분할하려고 시도했던 것이거나, 그렇지 않다면 당시 북한에 주둔한 소련군이 한반도 전체를 점령하기에는 지나치게 소규모였기 때문이라고 본다(Cho, S. S., 1967a: 56; van Ree, 1988: 62-63; Choy, B. Y., 1984: 13-14도 참조). 그에 비하여 다른 연구자들은 소련의 태평양 전쟁 참전에 대한 보상의 처리를 포함하여 연합국 간에 처리하여야 할 많은 전후 문제가 남아 있었기 때문에, 스탈린이 연합국과의 공조 유지에 최우선권을 두었다고 주장한다(Matray, 1985: 46-47).

마찬가지로 소련은 한반도 북반부의 점령이 소련의 기초적인 안보 이익에 복무할 것으로 판단했을 수도 있다. 소련 전후 정책의 핵심의 하나는 안보의 정착이었는데, 이를 위해 소련 지도부는 완충 지대 구축에 중심적 관심을 가졌다. 한반도 전역의 점령이 소련에게 보다 실질적인 완충 지대를 제공할 것은 분명하다. 그러나 연합국 간의 관계가 악화되더라도, 분할된 한국은 여전히 완충 지대로서의 역할— 소련에 대한 공격 기지를 제공하지 않을 보장 —을 할 수 있을 것이다(Cumings, 1981: 121). 더욱이 최소한 비공식적으로는 연합국 간의 신탁 통치에 대한 합의가 있었기 때문에 한반도 전역에 대하여 소련이 영향력을 행사할 수 있는 기회는 여전히 남아 있었다.

어쨌든 일본군의 무장 해제라는 명분과는 달리 한반도에 대한 미소 분할 점령이라는 미국의 결정은 전후 이 지역에 대한 새로운 지정학적 이해를 고려한 산물이었다. 그레고리 헨더슨이 지적한 바와 같이 분할 계획은 단순히 군사적인 것만은 아니었다. 일반명령 제1호는 "정부와 민간의 역할을 규정하는 중요한 정치적 내용을 포함하며, 단순한 항복 접수가 아니라 전면적인 초기 점령 정책이었다"(Henderson, 1974: 50-51). 출발에서부터 분할에 의한 점령 계획은 한반도의 영속적 분단의 가능성을 포함하고 있었다.

2. 두 개의 한국의 등장

연합국의 승리로 카이로 선언에서 한국의 독립을 약속한 것을 알게 된 한국 민들은 독립 국가로서의 새로운 출발을 기대했다. 그러나 한국민들에게는 절망스럽고 당황스럽게도, 한국은 "한 명의 지배자에게서는 자유로워졌지민 두 명의 지배자를 얻었다. 곧 나타난 것처럼 그 결과는 한국 역사상 가장 파괴적인 것이었다"(Cho, S. S., 1967a: 61). 문제를 더욱 어렵게 한 것은 일본이 항복했을 때, 독립 운동에 헌신했던 지도자들이 좌우로 갈라져 있었고, 또한 한국민의 이익을 대표하는 국제적으로 인정된 조직이 없었다는 사실이다. 또한 독립 운동 지도자들은 국제 정세에 대한 정확한 지식도 가지지 못했다.

1) 좌우의 균열과 갈등

한국은 일본과 공통적으로 중국의 문화적 영향을 받았고, 19세기 중반까지는 전통적으로 발전 수준에서 한국이 일본보다는 우월하다고 느꼈다. 그렇기 때문에 1910년의 일본에 의한 한국 합병이 한국인들의 눈에는 브루스 커밍스의 표현대로 "구 체제와, 한국의 주권과 독립, 초보적이지만 토착적인 근대화, 무엇보다도 민족적 자존을 강탈해 간 것"이었다(Cumings, 1984c: 19). 그렇기 때문에 일본의 침략 이후에 민족 독립 운동의 물결이 몰아쳤던 것은 놀라운 일이 아니다.9) 1919년의 3.1 독립선언이 가장 대규모였는데, 일본 정부의 보고에 의하면 5만 명이 체포되고, 8천 명이 사망하였으며, 1만 6천 명이 부상했을 정도로 잔혹하게 일본군에 의해 진압되었다(Lee, K. B., 1984: 344; Lee, C. S., 1965: Ch. 7 참조).

3.1 독립 선언 직후인 1919년 4월 상해의 프랑스 조계에서, 구 조선 왕조의 복원이 아니라 이승만을 주석으로 하는 공화정인, 대한민국 임시 정부가 수립되었다(Lee, C. S., 1965: 130; Choy, B. Y., 1971: 178-181). 그런데 임시 정부의

---

9) 상세한 내용은 Lee K. B.(1984: Chs. 14-15), Han, W. K.(1980: Chs. 32-33), Choy, B. Y.(1971: Ch. 7), Lee, C. S.(1965), Nahm(1973: Part 4), Kim, C. I. E. and Mortimore (1975) 참조.

지도자들이 비록 한국의 독립을 목표로 하였지만, 이데올로기적 정향에 따라 서로 다른 정책을 옹호했다. 그래서 곧 갈등에 휩싸이게 되었으며 1921년에는 분열되었다. 임시 정부는 지속적으로 망명 정부의 역할을 수행하지 못했으며, 이름과 틀만 유지되었다. 그 이후, 크게 보면 독립 운동은 일본이 항복할 때까지 좌우의 두 흐름으로 나누어졌다.[10] 1944년 초 임시 정부는, 비록 부분적이고 불완전한 연합이기는 했지만, 1921년 분열 후 처음으로 좌우 통일 전선을 준비했다(Lee, C. S., 1965: 225-226). 그러나 일본이 항복할 때까지 한국 국민을 대표하는 합법적인 망명 정부로서 연합국에 의해 인정을 받지 못했던 것은 주로 그 대표성 문제 때문이었다(Lee, C. S., 1965: 231; Choy, B. Y., 1971: 190).

이승만은 미국에 머물면서, 1932년 제네바의 국제 연맹에 한국 문제를 제소한다든지 미국으로부터 임시 정부가 공식적으로 인정받기 위해 노력한다든지 등의 외교 활동에 집중하였다(Oliver, 1955: Chs. 8-10; Allen, 1960: 53-71). 그렇지만 그 두 가지 시도는 모두 실패했다. 김구가 이끄는 대한민국 임시 정부는 1937년 중일전쟁 이후인 1940년에 중경으로 옮겨갔다(Lee, C. S., 1965: 201-213). 임정은 최대 600명에 이르렀던 광복군을 창설하였으며(서중석, 1991: 169), 연합군— 주로 중국 국민당군 —과 공동 군사 작전을 수행했다(Lee, C. S., 1965: 223-224).[11] 1941년 태평양 전쟁 발발 다음 날, 임정은 일본에 대하여 선전포고를 했다.

임시 정부의 군무총감을 사임한 이동휘는 1921년 1월 상해에서 고려공산당을 창건하였다(Suh D. S., 1967: 6-15). 그 뒤 1925년 4월 서울에서 고려공산당은 이르쿠츠크 파와 일본 유학생 공산주의자 그룹과 함께 제1차 조선공산당을 결성하였다(상세한 내용은 Suh D. S. 1967: 4-74; Scalapino Lee, C. S., 1972: 3-65).[12] 그러나 조선공산당은 곧바로 일본 경찰의 삼엄한 감시 하에 놓이게 되었다. 일부 지도자들은 체포되고, 일부는 만주, 중국, 시베리아 등으로 망명

---

10) 상세한 내용은 Lee, C. S., 1965: 156-233; Choy, B. Y., 1971: 182-195 참조.
11) 광복군의 일부가 버마-인도 전선에 배치되어 영국군과 함께 전투에 참가했다는 주장도 있다(Lee, K. B., 1984: 366).
12) 1922년 4월의 고려공산당에 대한 코민테른의 지시에 의해 통합이 이루어진 것으로 여겨지는데, 코민테른은 조선 공산주의자 분파의 통합과 조선 내에 공산당의 지부를 건설하도록 지시했다(Suh, D. S., 1967: 40-41).

했다.

망명한 좌익들은 만주와 북중국을 중심 무대로 항일 무장 투쟁을 수행했다 (Scalapino and Lee, C. S., 1972: 138-180; Suh, D. S., 1967: 212-251). 만주의 한국인 공산주의자들은 1920년대 말부터 활발한 활동을 전개하였는데, 한 기록에 의하면, 1930년대 중반 동만주 지역에서 활동하던 공산주의자 유격대원 수는 2,000명을 최대로 평균 1,000명 이상이었다(Scalapino and Lee, C. S., 1972: 164). 북한의 주석이 된 김일성도 1930년대에 만주의 일본군에 대한 공격을 포함하는 항일 활동을 수행했다(와다 하루끼, 1992).

3.1 독립선언 이후 국내의 독립 운동도 정치적 이념과 방법에 따라 좌우의 두 흐름으로 분열되었다(Lee, C. S., 1965: 237-271; Choy, B. Y., 1971: 182-195; Scalapino and Lee, C. S., 1972: 189-202). 우익 인사들은 교육과 계몽을 통한 '민족 자강 운동'을 옹호한 데 비해, 좌익은 노동 운동과 농민 운동에 중점을 두었다.

1937년 중일전쟁부터 1945년의 항복에 이르기까지 일본의 한국에 대한 억압은 극심해졌다(Lee, C. S., 1965: 263-273). 조선어의 사용은 엄격하게 금지되었으며 창씨 개명을 하도록 강제되었다. 한국의 청년들은 학병과 징용에 끌려 갔고, 젊은 여성들은 정신대로 끌려갔다.

이러한 억압기에 몇몇 우익 인사들은 일제 통치의 앞잡이가 되었다. 종종 시늉만 한 이상은 아니었다고 주장되기도 하지만, 많은 우익 인사들은 강제에 의해 일제의 통치에 협력하였다. 항상 일제의 극심한 탄압을 받았지만, 대부분의 좌익은 줄기차게 저항하였다. 일부는 체포되었고 다른 일부는 지하로 숨어들었다(Suh, D. S., 1967: 192-193; Scalapino and Lee, C. S., 1972: 201-202). 결과적으로 일본이 항복할 즈음에는 우익은 국내의 독립 운동에 대한 헌신에서 좌익에 비하여 상대적인 나약함을 보였다고 할 수 있다.[13]

---

13) 일본이 항복했을 당시, 한국 사회는 특권층과 사회적 혜택을 누리지 못하는 층으로 구성된 반봉건 사회였다고 주장된다. 전자는 지주, 상인, 관료 등의 소수로 구성되며, 후자는 대다수인 농민(인구의 70%)과 산업 노동자 등으로 구성된다. 전자는 보통 우익이었고, 후자는 좌익이었다. 그렇기 때문에 대다수의 우익은 식민지 통치기에 적극적으로든 소극적으로든 일본에 협력하였다. 그래서 한국이 해방되었을 때, 좌익의 세력이 우익에 비해 우위에 있었다고 평가된다(Choy, B. Y., 1971: 199-202; Scalapino

어쨌든 일제 통치 시기를 통틀어 많은 한국인들이 국내외에서 줄기차게 일제에 저항했음에도 불구하고, 그들 내의 이념적 통일성이 부재했다. 그 결과 1921년의 망명 임시 정부의 분열에서 나타나는 바와 같이 한국의 지도자들은, 일본이 항복할 때까지, 한국민을 국제적으로 대표할 단일한 조직을 준비하는 데 실패했다. 그들 내부의 갈등이 현존하는 상황에서 미군과 소련군이 진주하였다.

2) 미소의 초기 점령기

그러나 한국민들이 새로운 독립 민족 국가를 건설하기 위한 좌우 통일 조직을 준비하지 않은 것은 결코 아니었다. 일본이 항복했을 때, 일본의 한국에서의 주요한 관심은 일본인과 그들의 재산에 대한 안전이었다. 그래서 조선총독부는 일본의 공식적 항복 선언 직전에 국내에서 일본과 투쟁하였던 온건 좌익인 여운형과 비밀리에 접촉하여 행정 책임을 맡고 질서 유지를 도와줄 것을 요청했다.14) 조선총독부는 여운형이 일본과 지속적으로 투쟁해 왔기 때문에 여운형이 일반 한국민들에게 영향력이 있을 것으로 판단했다(서중석, 1991: 198). 여운형은 법과 질서를 유지하기 위하여 정부의 주요한 기능을 자신에게 넘겨 줄 것을 요구했다. 조선총독이 그의 요구를 "기존 정부의 구조가 해체되지 않을 것으로 이해하면서"(Cho, S. S., 1967a: 67)15) 받아들이자, 여운형은 즉시 건국준비위원회(이하 건준)의 결성에 착수했다.

---

and Lee, C. S., 1972: 239-240). 1946년 8월 미군정에 의해 실시된 여론 조사도 77%가 좌익 지지(사회주의 지지 70%, 공산주의 지지 7%)를 나타내고 있다(서중석, 1991: 571-572에서 재인용).

14) 몇몇 학자들은 그러한 제안이 우파인 송진우에게 먼저 제안되었다고 주장한다. 그러나 송진우가 "일본인들의 보증인 역할을 하기를 원하지 않는다는 것을 분명히 하면서" 거절하자 여운형에게 제안했다는 것이다(Scalapino and Lee, C. S., 1972: 235; Cho, S. S., 1967a: 66-67). 그러나 최근의 연구자들은 일본 총독부가 처음부터 여운형과 접촉했다고 주장한다. 송진우와도 접촉하여 공공 질서를 유지해 주도록 도움을 요청하였지만, 단지 하위 직급에서 보조적안 차원에서였다(예로서는 서중석, 1991: 197-199 참조).

15) 그러나 "일본 당국은 그 시점에서 조선인 집단이, 정부 역할은 말할 것도 없고, 공식적인 정치 활동을 수행하는 것도 의도하거나 바라지 않았다"고 주장된다(Scalapino and Lee, C. S., 1972: 236).

　그 과정에서 여운형은 저명한 우익 지도자인 송진우를 포함하는 우익 지도자들에게도 자문을 구했다. 그러나 송진우파는 협력을 거부했으며, 중경의 임시 정부를 지지해야 한다고 주장했다.16) 여운형은 건준을 일본이 항복한 다음 날 조직했다. 이어서 그는 일본의 항복에 대한 언급과 건준의 결성, 모든 정치범의 석방, 국방군의 창설을 포함하는 라디오 성명을 발표했다.

　일본 식민지 통치로부터 해방된 흥분에서 벗어나 반도 전역에 걸쳐 지방인민위원회와 치안위원회가 설치되었다. 건준의 영향력과 힘은 급속히 성장했다. 8월 말 경에는 이미 북한을 포함하여 전국적으로 145개의 지방인민위원회가 조직되었다. 우익의 불참으로 인하여 몇몇 예외를 제외하고는 서울의 중앙지도부는 좌익으로 구성되었다. 어떤 점에서 그러한 사실은 항일 독립 투쟁에 우익이 거의 기여하지 못했다는 사실의 반영이었다. 그러나 지방인민위원회에는 우익도 적극적으로 참여하였는데 우파가 지도하는 지방인민위원회도 있었다. 현재 북한의 수도인 평양의 인민위원회는 기독교도이며 온건 우익인 조만식이 지도했다.

　일본 항복 이후 3주가 지나서야 한국민들은 미국과 소련에 의해 38선으로 분단되었다는 사실을 알게 되었다. 건준은 미 점령군의 진주 이전에 과도 정부를 수립하기 위해 서둘렀다. 서울에서 9월 6일 전국 회의가 개최되었다. 회의에서는 그 날 인민공화국의 출범이 선포되었으며 한반도 전체에 대한 통치권을 선언했다. 과도 정부의 건설은 다양한 정치적 요소와 견해를 반영했다. 이승만이 참석하지도 않고 이승만과의 협의도 없었지만, 미국에 있는 이승만이 주석으로 선출되었고, 김구와 같은 망명 인물이 내각의 성원으로 임명되었다. 여운형은 부주석이 되었다. 선출된 55명의 중앙위원 중 39명이 좌파였다 (Scalapino and Lee, C. S., 1972: 239). 서대숙 교수가 지적하는 바와 같이, 비록 좌익으로 기울어 있기는 했지만 좌우가 모두 받아들일 수 있는 모든 세력의 연합을 이루기 위한 고심의 흔적이 역력한 것이었다고 할 수 있다(Suh, D. S., 1967: 298-299; 서중석, 1991: 600-601).

---

16) 송진우의 우익 그룹 대다수가 일본의 식민지 통치에 협력했기 때문에, 송진우에게는 중경의 임시정부를 지지하면서 그 제안을 거부하는 것 외에는 선택할 수 있는 대안이 없었다고 주장된다(서중석, 1991: 203).

9월 8일 한국에 진주한 미국 점령군은 한국민과 인민공화국에 대하여 적대적이었다. 9월 4일 미 4군이 오키나와에서 출발할 때 하지 장군은 그의 부관들에게 한국은 "미국의 적이며" 그렇기 때문에 "항복 규정에 복종해야 한다"고 훈시했다(Cumings, 1981: 126). 그는 원래 맥아더 장군에게서 한국민을 "해방된 민족"으로 취급하도록 지시를 받았는데, 그러한 지시는 그가 적당하다고 생각하는 대로 해도 좋다는 다른 지시서에 부수된 것이었다(Cumings, 1981: 126-127). 하지의 군대가 인천항에 상륙했을 때, 인민공화국의 대표를 포함한 약 500명의 한국인이 태극기를 흔들면서 하지와 부관들에게 꽃다발을 증정하기 위해 기다리고 있었다. 사람들이 꽃다발을 증정하기 위해 그들에게 다가갔을 때, 일본인이 발포하여 5명이 죽고 적어도 9명 이상이 부상을 당했다(Oliver, 1955: 203). 하지는 그들을 처벌하기는커녕 오히려 칭찬했다. 또한 그는 포고령을 통하여 일본인들이 당분간은 관직에 남아서 한국을 계속 통치하도록 지시했다.17) 인민공화국은 완전히 무시되었다.

하지군의 한국민과 인민공화국에 대한 적대는 주로 일본인들의 잘못되고 과장된 정보에서 기인한다. 미군은 오키나와에 주둔하고 있었지만 서울의 일본 관리들과 무선으로 접촉하여 정보를 얻고 있었다. 그렇지만 그러한 정보는 한국민을 불신하도록 일본인에 의해서 왜곡된 것이었다(Chung, K M., 1987: 137).18) 35년 간의 일본의 혹독한 통치에도 불구하고 한국민은, 악명 높은 일본인 '고등 경찰'에 대한 몇몇 사건을 제외하고는, 질서를 잘 유지했다(Cho, S. S., 1967a: 68). 지방인민위원회가 효과적으로 질서를 유지했으며, 권력 공백기에 한국민들은 자치 능력을 보여주는 높은 협력 정신을 내보였다. 그러나 일본인들의 보고는 한국민을 "미군이 한국에서 할 모든 활동에 장애가 될 무법적 폭도"라고 규정했다(Chung, K. M., 1987: 137; Cumings, 1981: 127-128). 미군들은 "한국에는 상황을 이용하려는 공산주의자와 독립 운동 선동가가 있으며, '적색' 노조가 미군의 상륙을 방해할 가능성이 있으며, 경찰에 대한 한국인 폭도들의 폭력과 군수품 약탈과 파업이 있는 것"으로 이해했다. 일본인들은 또

---

17) 이에 대한 논의는 **Chung, K. M.**(1987: 136-139) 참조.

18) 브루스 커밍스는 오키나와의 점령군 사령부가 한국에 대한 미국의 기존 정책보다는 한국의 주변 상황에 대한 일본인들의 이야기에 더 주의를 기울였던 것 같다고 지적한다 (Cumings, 1981: 127).

한 건준과 인민공화국이 공산주의자들로 구성되어 있다고 주장했다(Cumings, 1981: 141).

하지가 남한에 대하여 당분간 일본인의 행정 체계를 유지하면서 통치를 하겠다고 선언하자, 한국민들의 전국적인 항의가 터져 나왔다. 4일 후 그는 그 계획을 폐기하고 대신 미군정청을 설치하였다. 그렇지만 하지는 그의 군대가 오키나와에서 서울로 급파된 것이 소련군의 남하를 막기 위한 것이었다는 사실을 잘 이해하고 있었다. 더욱이 한국 사회에서 좌익이 우월한 지위를 확보하고 있었다. 미군정청은 소련이 인민공화국의 배후에 있다고 생각했다(Cumings, 1974: 79-80; Cumings, 1981: 149). 위에서 지적한 바와 같이 8월 말부터 미국인들은 이미 일본인들로부터 건준과 인민공화국이 공산주의자들로 구성되어 있다는 정보를 들었다. 미군정청으로서는 서울에서 좌익의 세력을 제한하는 것이 긴급한 요구였다.

그러는 중 미국에서 교육을 받은 사람들과 기독교 지도자들을 포함하는 송진우파는 이미 미군 당국과 협력하기 시작했다. 이미 지적한 바와 같이 이들 중 상당수는 친일 부역자들이었다. 그렇지만 그들 중 몇몇 사람들은 미군 당국에 인민공화국이 친일 부역 한국인들에 의해 조직된 것이며 여운형이 친일 부역자라고 말하였고 또 어떤 사람들은 인공이 공산주의자라고 말했다(Cumings, 1981: 141-142).[19] 임시 행정 수단으로서 그리고 인민공화국 대항 세력을 육성하고 우익을 강화시키기 위하여, 미군정청은 주로 우익 인사들로 구성되는 자문위원회를 구성했다. 인민공화국의 치안대를 무력화시키기 위하여 미군정청은 이전의 식민지 관리였던 한국인들을 재고용한 경찰을 창설했다. 1945년 10월까지 "일본 경찰이었던 자들 중 85%가 한국의 경찰로 복귀했다." 1945년 12월 12일 인민공화국은 마침내 불법화되었다.

이반 치스티아코프 장군의 소련 25군은 8월 26일 평양에 입성했다. 미군과 비교했을 때 소련군은 상대적으로 북한에서 영향력과 권위를 잘 형성해 갔다고 할 수 있다. 인민공화국이나 지방인민위원회가 일반적으로 좌익으로 기울

---

19) 그러나 인민공화국이 '친일적'이고 동시에 '공산주의자'라고 부르는 데 내포되어 있는 모순이 24군단 지휘부를 당황하게 했던 것 같지는 않다. 커밍스에 따르면, 그것은 주로 그들이 스스로 듣고 믿기를 원하는 바를 들었기 때문이다(Cumings, 1981: 142-143).

어져 있었다는 사실이 소련에게는 유리한 요인이었다고 할 수 있다.[20] 또한 소련군은 해방된 식민지 민족의 기대와 요구를 상대적으로 잘 이해하고 있었다. 예컨대 위에서 살펴본 바와 같이 하지 장군은 일본의 식민지 행정 조직을 통해 남한을 통제하려고 하여, 한국민의 전국적인 항의를 불러일으켜 나흘 후 그 계획을 폐기해야 했다. 그렇지만 소련군은 입성 후 즉각 "일제 체제의 모든 잔재를 일소하는 정책"을 수행했다(Cho, S. S., 1967a: 86). 모든 일제의 행정 조직은 해체되고 한국인 부역자들은 자리에서 쫓겨났다.

소련도 마찬가지로 북한에 소비에트 행정청(*Soviet Civil Administration*)을 설치했다. 그러나 북한에서의 소비에트 행정청은 사실 명목상의 것일 뿐이었다(van Ree, 1988: 88-98). 소련은 직접적인 통치 정책을 취하지 않았다. 기존의 인민위원회를 인정했으며 친일 부역자가 아닌 한 우익도 추방되지 않았다. 다만 좌익이 약한 인민위위회에 대하여는 좌익을 보강하였다. 그렇게 하여 모든 인민위원회를 좌익의 주도권 하에 두려고 했거나, 최소한 좌우익의 영향을 균형에 두려고 했다. 이러한 방법을 통하여, 인민위원회에 자치권을 부여하고 인민위원회의 대표자들만을 통제함으로써, 소비에트 행정청은 배후에서 실질적인 강력한 지도력을 행사할 수 있었다.

그런데 소련도, 일본의 항복 이후 토착 공산주의자들에 의해 재건된 조선공산당에 소련의 헤게모니를 관철시키는 데는 민첩했다. 1941년부터 1945년까지 하바로브스크에 머물러 있었던 김일성과 그 일파가 늦어도 1945년 9월 경에는 소련군과 함께 평양으로 돌아왔다. 소련의 도움으로 김일성 일파는 당내에서 급속히 지도적 세력으로 부상하였다. 12월 중순에 당시 33세였던 김일성이 북조선 공산당의 제1서기가 되었다.

3) 신탁 통치에 대한 논쟁

일본 항복 4개월 후인 1945년 12월 16일에서 27일 사이에 미국, 소련, 영국

---

20) 소련도 한국 진공 준비가 부족했다는 것을 보여 주는 것으로, 소련도 점령 초기 며칠 간 기존의 일본 관리들이 몇몇 지역에서 행정 업무를 맡게 한 것을 들 수 있다. 그러나 그 지역 인민위원회의 존재를 알고 난 후에는 행정권을 즉시 인민위원회로 이양했다 (Cumings, 1981: 386-387).

의 외무장관이 모스크바에서 회담을 개최하였다. 미소가 각각 한국의 절반을 군사적으로 점령하고 있는 상황에서 미국은 신탁 통치안을 재론했다(Matray, 1985: 58-61). 전쟁 중과 마찬가지로 모스크바 3상회의에서도 미국이 신탁 통치안에 대한 가장 적극적인 지지자였다. 이 때 소련은 신탁 통치안에 대하여 주서했나. 소련은 한반도에서 소련의 이해가 미국이 지배력을 행사하는 국제적 신탁 통치를 통해서보다는 즉각적인 독립을 통하여 더욱더 잘 실현될 수 있다고 판단했다(Cumings, 1981: 215-216). 그러나 소련은 미국이 동유럽에서의 소련의 계획을 묵인하기를 기대하면서 신탁 통치안에 동의했다(Cumings, 1981: 216). 모스크바 3상회의의 결정은 ① 미, 소, 영, 중의 향후 5년 간 한국에 대한 신탁 통치 실시, ② 신탁 통치를 실시할 임시 정부 수립, ③ 미소 공동위원회 설치, ④ 미소 공동위원회는 한국의 민주적 정파와 사회 조직으로부터 자문을 받아 한국 임시 정부를 건설한다는 네 가지를 포함한다.

위에서 언급한 바와 같이 1943년 12월 카이로 선언에서는, 한국이 '적절한 절차를 밟아서 독립될 것'이라고 언급되어 있다. 이것에 대하여 한국인들은 '적절한 절차'가 한국의 독립에 대한 유보를 의미한다는 것을 알았다. 그래서 그 이후 2년 동안 이승만과 김구 등의 망명 지도자들은 항의 성명을 발표했다. 그들은 "한국의 천 년 이상의 자치와 불과 170년의 미국의 역사"를 비교했다 (Cumings, 1974: 90, fn. 11). 한 망명 인사는 다음과 같은 성명을 발표하여 분노를 표명했다. "한국민은 유구한 역사를 가진 민족이다. 북유럽인들의 조상이 벌거벗은 채 주술적 제의를 행하면서 삼림 지대를 유랑할 때 한국민들은 이미 자신들의 정부를 가졌고 고도의 문화를 향유했다"(Cumings, 1981: 106에서 재인용).

모스크바의 결정은 한국민들의 민족 정서를 또 다시 무시한 것이었다. 모스크바 3상회의 결정 소식이 전해진 다음날 아침, 한국인들은 즉각적으로 반대를 표명했다. 남한의 신문은 3상회의의 결정을 "또 다른 위임 통치", "국제적 노예로 만드는 합의", 또는 "한국에 대한 모독"이라고 보도했다(Cho, S. S., 1967a: 105). 좌우익을 막론한 한국의 모든 정치 집단이 반대를 표명했다. 북한에서도 인민위원회 대표자 회의의 의장인 조만식이 신탁 통치에 대한 반대를 밝혔다.

소련의 신탁 통치에 대한 입장은 확고해진 듯했다. 북한에서의 신탁 통치에 대한 반대는 삽시간에 중단되었다. 신탁 통치에 대한 반대 성명을 한 이후 조만식은 감금당했다. 조만식의 추종자들 중의 일부는 체포되고, 또 다른 일부는 월남했다. 1월 2일 북조선 공산당은 모스크바 3상회의 결정을 지지하는 성명을 발표했다. 2월 8일 북한에서는 정당 사회단체 연석회의를 열어 북조선 임시인민위원회를 만들었으며, 김일성이 위원장으로 선출되었다.

최초에는 신탁 통치에 대하여 반대를 표명했던 남한의 좌익은, 북한의 찬탁에 영향을 받아 갑자기 태도를 일변하였다. 북조선 공산당의 찬탁 성명 하루 뒤인 1월 3일, 남한의 좌익도 찬탁 성명을 발표했다. 그러나 우익은 반대 입장을 고수했다. 1945년 10월 말과 11월 말에 각각 귀국한 이승만과 김구의 지도 아래 전국적인 거리 데모와 정부 직원들의 항의 파업이 조직되었다. 김구는 대한민국 임시 정부를 전 한반도의 유일한 합법 정부라고 선언함으로써 경찰권과 사법권도 장악하려고 시도했다.

그 때 남한에서 신탁 통치에 관한 뉴스는 마치 미국이 반대하는데 소련이 주장한 것인 양 완전히 왜곡되어 보도되었다. 예컨대 1945년 12월 27일자 동아일보는 모스크바 3상회의에 대하여 "미국이 한반도의 즉각적인 독립을 주장한데 비해, 38선을 경계로 한 분할 점령을 핑계로 소련이 한반도에 대한 신탁 통치를 주장했다"고 보도했다(서중석, 1991: 307-308에서 재인용). 모스크바 회의 이전에 하지는 맥아더에게 보낸 보고서에서 한국민들이 "가장 우선적으로 원하는 것은 독립이며", 신탁 통치가 실시된다면 한국인들은 "폭동을 일으킬 것이다"라면서 신탁 통치에 대한 반대 의견을 표시했다(Cumings, 1981: 209-210). 모스크바 3상회의 이후 하지는 미국이 신탁 통치에 반대하며 즉각적인 독립을 지지하는 양 왜곡했다(Cumings, 1981: 119-120). 미군의 기관지인 성조지는 12월 27일, 소련이 신탁 통치를 옹호하는 데 비해 미국은 한국의 즉각적 독립을 주장했다고 보도했다(Cumings, 1981: 522, fn. 26에서 재인용). 일반적으로 "미군 당국은 소련이 한국에 신탁 통치를 강요하려는 세력이라는 한국민들의 대중적인 믿음이 커져 가는 것을 묵인했다"(Hoag, 1970: 352, Cumings, 1981: 220에서 재인용). 이제 우익은 좌익을 '매국적인 소련의 꼭두각시'로 비난했다.

남한에서의 반탁은 곧 반소와 반공 운동과 불가분의 상태가 되었다. 식민지

시대의 관료와 경찰을 포함하는 친일 부역자들이 반탁 운동에 열성적으로 참여하였으며, 친일 부역자를 가리키던 '매국노'가 이제는 반탁 운동에 협력하지 않는 사람을 가리키게 되었다(서중석, 1991: 315-316). 신탁 통치에 반대하는 사람은 '애국자'가 되었으며, 그렇지 않은 사람은 '매국노'가 되었다. 나아가 극우파는 이러한 반탁 논리를 정치적 목적에 이용했다. 그들은 반탁을 반공, 반소, 극우 이데올로기와 결합시켜, 서울에 단독 정부를 수립하여 영구적인 분단 체제를 수립하려는 그들의 시도가 마치 민족을 위한 것인 양 기만하면서 그들의 시도를 정당화하는 도구로 이용했다(서중석, 1991: 316). 신탁 통치 논쟁을 통하여 좌우익의 골은 깊어졌고 화해할 수 없는 상태로 되어 갔다.

어쨌든 신탁 통치를 처음 제안했던 미국은 커다란 딜레마에 봉착했다. 한국에서의 정치적 이해를 위해서는 우익을 필요로 했다. 그러나 신탁 통치를 실시하기 위해서는 그들이 미국에 적대적이 되도록 몰아가야 한다는 것을 의미했다. 그렇기 때문에 미국은 그들에게 모스크바 3상회의의 합의를 받아들이도록 설득하려고 했다. 그러나 김구와 이승만은 신탁 통치에 대한 반대를 고수했다.

4) 미소 공동위원회

1월 중순 미소 공동위원회를 위한 예비 회담이 열렸으며, 양점령 지역의 행정적 경제적 협력 문제가 논의되었다. 첫번째 미소 공동위원회는 1946년 3월 말 서울에서 개최되었는데 신탁 통치를 수행할 한국 임시 정부 구성 문제가 논의되었다. 이 시기 미국의 한 문서는 미국의 우선적 목표는 소련의 지배를 막는 것이고, 한국의 독립은 부차적이라고 적고 있다. 게다가 "한국의 독립이 부차적 목적이기 때문에 한국 임시 정부의 구성 방식은 적어도 향후 몇 년 간은 최소한 최고위층에는 미국의 은밀한 영향력이 행사되는 조건에 기초하여야 한다"고 명시하고 있다(Cumings, 1981: 238-239에서 재인용). 그 문서에는 그러한 목적을 달성하기 위한 유엔의 이용 가능성에 대하여도 언급하고 있다(Cumings, 1981: 238-239). 소련의 대표단장도 미소 공동위원회의 개막식에서 소련이 한국에 우호적인 국가를 수립하는 데 첨예한 이해 관계를 가지고 있으며, "장래에 한국이 소련의 공격 기지가 되어서는 안된다"고 공식적으로 밝히고 있다. 요약하자면 양측 모두 미소 공동위원회의 우선적 목적을 한반도에서의 지정학적 이익의 보장에 두었던 것이다.

미소 공동위원회에서 핵심적 문제는 임시 정부를 수립하기 위해 함께 협의할 '민주적 정당과 사회단체'를 둘러싼 것이었다. 미국의 대표단은 남북에서 각 지역의 인구 비례로 대표단을 선출하여 국회를 구성하고, 거기에서 정부를 선출하게 하자고 제안했다. 당시 남한의 인구가 북한 인구의 거의 두 배나 되었다. 소련의 대표단은 "모스크바 3상회의의 결정에 반대했던 정당 사회단체는 협의 대상에서 배제해야 한다"고 주장했다(Cumings, 1981: 241). 미국 대표단은 3상회의 결정에 대한 반대가 언론의 본질적 자유에 속하는 것이기 때문에 반대했던 단체와도 협의해야 한다고 주장했다. 그러한 주장은 남한에서 완전한 민주적 자유가 실현되고 있다는 것을 가정하는 것이었다. 그렇지만 실제로는 미국의 점령 질서를 받아들이는 한국인들에게만 그러한 자유는 허용된 것이었다(Cumings, 1981: 244-245).

어쨌든 양측은 협상을 통하여 4월 중순에 협의할 사회단체에 대한 합의(코뮤니케 5호)에 도달했는데, 모스크바 3상회의의 결정을 수락하고 미소 공동위원회의 결정을 지지하는 정당 사회단체만을 협의 대상으로 한다고 것이었다.[21] 따라서 비록 신탁 통치에는 반대를 했지만, 합의에 동의하는 단체는 협의 정당이 될 수 있었다.

그러나 김구와 이승만은 여전히 신탁 통치에 반대했다. 그렇기 때문에 하지는 우익이 합의를 받아들이도록 하기 위해, 합의에 서명하는 것이 반드시 신탁 통치를 지지하는 것을 뜻하지는 않는다고 설득했다(서중석, 1991: 379). 김규식과 같은 온건 우익은 합의에는 동의하였지만 임시 정부가 수립된 이후의 신탁 통치에 대하여는 반대 성명을 발표했다.[22] 그러한 성명은 합의의 정신에 명백히 위배되는 것이었다. 그 사이에 미국은 협의할 30개의 단체 목록을 제출했는데, 그 중 19개는 서울에 있는 것이었고 11개가 북측에 있는 것이었다(van Ree, 1988: 172; 서중석, 1991: 380). 그것은 위에서 언급된 남북의 인구비를 반

---

21) 자료는 Cho, S. S.(1967a: 120) 참조. 이에 대한 논의는 van Ree(1988: 170-171), 서중석(1991: 377-378), Cumings(1981: 241-241) 참조.
22) 자료는 van Ree(1988: 173) 참조. 서중석(1991: 380) 참조.

영하는 것이었다. 서울의 조직은 거의 모두가 우익 조직이었으며, 주요 좌익 정당은 배제되었다.

합의 이후 이러한 방향으로 회의가 진전된 것은 소련측을 분개시켰다. 이에 대해 소련은 합의에 동의한 단체와 협의할 수 있으며, 그 단체의 조직원이라도 "모스크바 3상회의와 연합국의 결정에 반대하는 개인"은 협의에서 배제되어야 한다고 대응했다(van Ree, 1988: 172; 서중석, 1991: 380). 이 즈음에 소련은 한반도에 대한 일시적인 분할 점령에서 영구적인 분할 정책으로 정책 변화를 고려하기 시작했다. 5월 1일 스탈린이 소련 대표단에 보낸 명령에는 "민주적 원칙 위에 안정된 질서가 구축된 북측이, 반동들이 중심적인 역할을 하고 통제되지 않는 새로운 정부를 구성하는 한반도의 통일을 위해 희생되어서는 안된다"고 지적하고 있다(van Ree, 1988: 174). 미소 공동위원회는 이후 몇 차례의 회의를 더 개최하였지만, 협의할 민주 정당과 사회단체에 대한 견해 차이는 좁혀지지 못했다. 회담을 시작한 지 6주 후인 1946년 5월 초, 미국의 제안으로 공동위원회는 무기한 연기되었다.

남한에서 1946년의 나머지 기간은 갈등이 증폭되는 과정이었다고 할 수 있다. 한편으로는 위에서 언급된 딜레마를 해결하기 위하여 미군정은, 좌익을 분열시키고 약화시키면서 극우의 영향력을 축소시키기 위해, 온건 좌우익 연합을 건설하려고 했다. 다른 한편, 좌익 지도자의 체포와 같은 좌익에 대한 직접적인 억압을 강화했다. 미국이 기대한 대로 좌익은 분열되었지만, 좌우익 강경파의 반대로 연합 정책은 실패했다. 그런데, 1946년 후반기는 노동자의 파업과 농민 봉기가 남한을 휩쓸었다. 그러한 파업과 봉기는, 미군정이 친일 부역자를 재임용하여 미군정의 보호 아래 그들이 다시 위세를 부리는 것에 대한 분노와 좌절의 표현이었으며, 미군정의 인민위원회, 노동자위원회, 농민조합에 대한 탄압과 물가 폭등에 대한 분노의 반영이었다(Cumings, 1981: 375; 서중석, 1991: 462, 464).

그런데 1946년은 북한의 완전한 사회주의 혁명의 기점이었다고 할 수 있다(Cumings, 1981: 414-418). 1946년에 임시 인민위원회는, 토지 개혁과 주요 산업의 국유화와 같은 북한 사회를 완전히 재편하는 근본적인 개혁을 수행하였다. 북쪽은 이제 완전히 새로운 사회가 되었으며 남쪽과는 완전히 분리되게 되었다.

사태를 더욱 악화시킨 것은 1946년 말 경의 동구와 지중해에서의 미소 갈등의 심화가 냉전으로 이어졌다는 사실이었다. 이란, 터키, 그리스 사태에 대한 대응으로, 트루만은 1947년 3월 12일의 의회 연설에서 트루만 독트린을 제창했다. 트루만은 미국이 전지구적으로 공산주의에 대항하여 투쟁할 것이라고 선언했다. 트루만 독트린 이후 한국은 아시아 지역에서의 이른바 봉쇄 정책에 대한 미국의 의지를 시험하는 장소가 되었다.

군사적인 관점에서 미 육군부와 군대는, 아시아 전체가 교전 상태에 있는 경우 한반도가 군사적인 책임을 지면서 싸우기에 적합한 장소가 아니기 때문에, 미군과 기지를 유지하는 데 반대했다. 그러나 국무부는 정치적으로 판단하여, 한국의 상실이 전세계적으로 미국의 위신과 약속에 대한 신뢰를 떨어뜨릴 것이며, 소련 또는 소련이 통제하는 세력에 의한 한반도의 장악은 일본과 태평양의 안보를 포함하는 동아시아에서 미국의 이해에 전략적 위협이 될 것으로 보았다. 그것이 1947년부터 오늘날에 이르기까지 미국의 대남한 공약의 주요한 원칙이다. 또한 미국의 대한 정책은, 아시아의 "대 초승달 지대"라는 은유로 표현되는 미국의 전후 경제 질서에 대한 논리와도 연관되어 있었는데, 미국은 일본에서 동남아시아를 거쳐 인도에 이르는 미국 주도 하의 경제 지역을 건설하려고 했다(Cumings, 1990: 49).

미군이 남한에 진주한 지 2개월 후인, 1945년 11월에, 미국은 이미 남한 단독 정부 수립을 고려했다(Cumings, 1981: 184-186). 그리고 1947년 초 미국의 최고 지도층은 남한의 단독 정부안을 긍정적으로 받아들였다(Cumings, 1990: 45-46). 위에서 지적한 바와 같이 미국은 이미 그러한 목적을 위해 유엔군을 이용하는 것을 고려한 적이 있었다. 1947년 5월, 국무부는 유엔을 통하여 남한에 단독 정부를 수립하는 안을 마련했다(Cumings, 1990: 66). 그런데 이승만파는 1차 미소 공동위원회가 종결된 직후인 1946년 6월부터 남한 단독 정부 수립을 주장했다. 또한 이승만은 1946년 12월부터 이듬해 3월까지 미국을 방문하여 단독 정부안을 미국에 강조했다.

2차 미소 공동위원회가 1947년 5월말부터 10월 중순까지 약 5개월에 걸쳐 열렸다. 2차 공동위원회의 결과도 1차와 유사했다. 우선, 협의해야 할 민주 정파와 사회단체에 대하여 합의하지 못했다. 이승만과 김구 세력은 여전히 신탁 통치에 대하여 비판적이었다. 그러한 교착 상태를 벗어나기 위하여 로버트 러 버트 미 국무부 차관은 미소 공동위원회 대신 신탁 통치에 관여하게 될 4개 국(미·소·영·중) 회담를 제안했다. 그는 또한 첫째, 양지역에서 각각 총선을 실 시하여 두 개의 임시 의회를 만든 후, 둘째, 두 임시 의회에서 남북 인구 비례 로 대표를 선출하여, 그 대표로 전국 임시 의회를 구성하고, 셋째, 전국 임시 의회에서 한국 임시 정부를 선출하고, 이 임시 정부가 한국의 독립 문제를 4대 강국과 논의하도록 하며, 넷째, 위의 과정은 유엔의 감시 하에서 수행되도록 하자고 제안했다.

모스크바로서는 그러한 제안은 받아들이기 어려운 것이었다. 그러한 제안은 사실상 "위싱턴의 그 누구도 소련이 받아들일 것으로 기대하지 않은 것"이었 다(Cumings, 1990: 69).[23] 원칙상 미국이 일방적으로 모스크바 3상회의의 결 정을 위반하고 있었다. 사실상 그것은 미소 공동위원회에서의 소련의 1대 1의 역할을 1대 3으로 축소시키는 것을 의미했다. 또한 위에서 언급한 바와 같이 남한의 인구는 북한 인구의 거의 2배였다. 더욱이 그 때 유엔은 미국의 압도적 인 영향 하에 있었다. 그렇기 때문에 소련의 거부는 놀랄 일이 아니었다. 1947 년 9월 중순 워싱턴은 한국 문제를 유엔 총회에 회부하겠다고 모스크바에 통 보했다. 9월 말 소련 대표단은 양점령군이 동시에 한반도에서 철수하고 한국 정부를 구성하는 문제를 한국인 자신들의 손에 맡기자고 제안했다. 그러나 한 국인들이 일본 식민지 잔재의 청산과 개혁에 강력한 욕구를 가지고 있으며, 좌 익이 한국 사회에서 우위를 점하고 있다는 것을 알고 있었기 때문에, 하지 장 군은 미국 점령 3개월 후인 1945년 12월에 워싱턴에 "남한의 상황은 공산주의 의 건설에 극도로 유리한 토대를 형성하고 있다"고 보고했다(Cumings, 1981: 210). 위에서 살펴본 바와 같이 1차 공동위원회 이후 하지는 좌우 연합을 추진 했다. 그러나 1947년 초에 하지는 "연합 정권도 쉽게 공산 정권으로 넘어갈 것"이라는 것을 알게 되었다(Cumings, 1981: 259). 그렇기 때문에 미국의 대표

---

23) 1945년의 한반도 분할이 1/3:2/3가 아니라 미소 간에 동등하게 한 것이었기 때문에, 국 무부는 이미 1946년 초에 소련이 인구 비례 방식을 수용하지 않을 것이라는 것을 알 고 있었다(Cumings, 1990: 47).

단이 소련의 제안을 거절한 것은 당연한 일이라고 할 수 있다. 10월 18일 미국의 대표단장이 공동위원회의 해체를 제안했으며 사흘 후 소련의 대표단이 서울을 떠났다.

5) 한반도의 영구 분단

이제 한국의 영구 분단은 임박해 있었으며, 공식화만 남아 있었다. 예견된 대로 11월 14일 유엔 총회가 유엔의 감시 하에 한국의 총선을 제안하는 유엔 결의안을 가결시켰다. 총회는 또한 결의를 집행하기 위해 유엔 임시 한국위원단의 설치를 결의했다. 그렇지만 예측한 대로 소련이 임시 위원단에 대한 협력을 거부했다. 그러자 유엔 소총회는 2월 19일 임시 위원단이 가능한 지역에서만 선거를 실시하자는 결의안을 가결시켰는데, 그것은 사실상 서울만을 의미했다. 그렇지만 이 때 호주와 캐나다와 같은 서구 국가도 그러한 결의가 "한반도의 분단을 영구화할 뿐만 아니라 결과적으로 세계 평화에도 위협이 될 것"이라면서 반대했다(Cho, S. S., 1967a: 190).

그런데 서울에서의 단독 정부 수립에 대한 유엔의 결의가 알려지자, 좌우익할 것 없이 서울의 많은 정치 세력이 반대했다. 우익 내부에도 첨예한 분열이 나타났다. 극우파인 이승만파는 결의안을 환영했다. 그러나 김구와 기타 온건 우익은 단정안을 맹렬히 비판했다. 그들이 신탁 통치에 반대했던 이유는 기본적으로 통일된 독립 국가의 즉각적인 수립을 위한 것이었지 겨레의 분단을 위한 것이 아니었다. 김구는 환국 이후 중경의 임시 정부가 해방된 한국에서 정통성을 지닌다고 주장해 왔다. 또한 그는 이승만과 경쟁 상태에 있었다. 그렇지만 김구와 김구 일파의 다수는 우익이나 단순한 권력 추구자이기 이전에 본질적으로 민족주의자였다고 할 수 있다. 김구는 "남한 단정이 미국이라는 단일 강국이 관리하는 영구적인 신탁 통치의 한 형태이며 그렇기 때문에 4대 강국에 의한 5년 간의 탁치보다 더 나쁜 것이라"고 공식적으로 성명을 발표했다(Chung, K. M., 1987: 143). 다른 온건 우익의 지도자인 김규식도 남쪽이 일방적으로 정부를 수립하면 북쪽도 정부를 수립할 것이고 "그러한 일이 일단 발생하면 영원히 이어질 것이고 영속화될 것이라"고 임시 위원단에 경고했다(Cho, S.

S., 1967a: 215).

그러한 한국민의 대응을 보면서 8개 국으로 구성된 유엔 임시 위원단에서 호주와 캐나다는 단독 선거를 다시금 반대했다. 그러나 1948년 3월 12일 위원단은 남한의 단독 선거 실시를 다수결로 결의했다.[24] 그리고 선거일은 5월 10일로 정해졌다.

나라의 분단을 막기 위하여 김구와 남한의 온건 좌우익 인사들은 때늦은 남북 지도자 연석회의의 개최를 서둘렀다. 남한의 많은 정치인, 지식인, 언론인들이 회의에 대한 지지를 표명하였다. 그들은 남북 분단이 필연적으로 국제전적인 내전과 동족 상잔의 성격을 갖는 국제전을 초래할 것이라고 입을 모아 경고했다(서중석, 1991: 594).[25] 김일성과 북한의 여타 지도자들은 남북 연석회의 제안을 환영했다. 남북 정치지도자협상회의가 4월 19일 평양에서 개최되었다. 좌익이 회의를 주도하기는 했지만, 남북의 지도자들은 모든 외국 군대가 한국에서 즉시 철수하여야 하며, 그 후 한국민 스스로 총선거를 실시하여 정부를 수립하자는 데 합의했다. 그렇지만 그것은 너무 늦은 것이었다. 예정대로 좌익은 말할 필요도 없이, 김구와 온건 우익이 불참한 가운데, 남한 단독 국회를 위한 선거가 5월 10일 실시되었다. 국회는 5월 31일 처음 소집되었으며, 7월 12일 헌법을 제정하고, 7월 20일 이승만을 초대 대통령으로 선출하였다. 1948년 8월 15일 대한민국의 수립이 선포되었다. 미국과 서방 국가들은 곧 이 신생 국가를 승인하였다.

다른 한편 북한도 남한과 마찬가지로 서둘러서 정식 정부를 수립하였다. 임시 인민위원회는 유엔이 한국 선거를 결의한 나흘 후인 1947년 11월 18일에 이미 임시 헌법 초안을 작성했다. 북한의 선거는 1948년 8월 25일에 실시되었다. 최고인민회의의 첫번째 회의는 9월 3일 평양에서 소집되었으며, 신헌법을 채택하였다. 김일성이 신정부의 제1수상으로 선출되었다. 남한의 대한민국 수립 3주 후인 1948년 9월 9일 북한에서 조선민주주의인민공화국의 수립이 선포되었다. 소련과 동구의 여러 나라도 곧 이 신생 국가를 승인했다.

---

24) 상세한 논의는 Chung, K. M.(1987: 144-145) 참조.
25) 미국이 계획한 유엔을 통한 한반도 총선거안을 보면서, 하지도 1947년 말 "전쟁을 통해서만이 남북이 통일될 수 있을 것이라"고 생각했다(Cumings, 1990: 68)

유엔 총회는 동구권 나라들의 반대를 무릅쓰고 1948년 12월 12일에 대한민국에 합법적인 지위를 부여했다(Goodrich, 1956: 65-74; Cho, S. S., 1967a: 215-224). 유엔의 결의는 대한민국이 "임시 위원단의 감시와 협의가 가능했던 한국의 일부에 대하여 통제권과 관할권을 갖는 합법 정부"로 수립되었으며, "한국에서의 유일한 합법 정부"라고 명기하고 있다(Goodrich, 1956: 67).[26] 1949년 1월 대한민국은 유엔 가입을 신청했지만, 소련이 거부권을 행사했다. 조선민주주의인민공화국의 가입 신청은 안보리가 회원 위원회에 송부하는 것조차 거부했기 때문에 표결에 부쳐지지도 못했다(Goodrich, 1956: 73).

그런데 미국의 의사를 반영한 1948년 12월의 유엔 결의가 대한민국에 합법적인 지위를 부여하기는 했다. 하지만 대한민국을 한국의 전국적 정부가 아니라고 명시적으로 선언한 적도 없고 전국적 정부라고 선언하지도 않았다. 대한민국이 '전국적 정부'의 지위를 가지는지에 대하여는 논쟁이 있었다. 인도, 뉴질랜드, 시리아와 같은 나라는 남한에서만 수립된 정부가 전한국을 포괄하는 '전국적 정부'일 수는 없다고 주장했다. 한국 정부 수립을 위해 유엔 임시 위원단이 구성되었을 때, 인도 대표인 크리쉬마 메논 단장이 "남한에 수립될 분단 정부는 1947년 11월 유엔 총회의 결의에 따라 규정된 전국적 정부가 될 수 없다"고 이미 지적한 적이 있었다(Chung, K. M., 1987: 144에서 재인용).

1948년 12월의 유엔 결의에서의 대한민국의 법적 지위에 관해서, 미국의 대표인 덜레스는 결의안이 "무엇이 명백한 진실인가를 말할 뿐이며, 현재의 정부가 사실상 전체 한국의 정부라고 주장하는 것도 한국의 특정 지역에 다른 정부가 존재한다는 것을 부정하는 것도 아니다"라고 설명하고 있다(Goodrich, 1956: 68에서 재인용). 그러나 그 의미는 여전히 불명확하다. 한 연구자가 지적하는 바와 같이, 결의는 대한민국을 "전국적 정부"로 인정한 것이 아니라는 의미로도 해석될 수 있고, 대한민국이 실질적으로는 전국적 정부가 아니지만 법적으로는 전국에 대하여 관할권을 갖는 전국적 정부라는 의미로 해석될 수도 있다(Cho, S. S., 1967a: 222). 어쨌든 유엔의 결의를 근거로 대한민국은 한반도의 유일한 합법 정부라고 지금까지 주장하고 있다(Cho, S. S., 1967a: 222; Chung, K. M., 1987: 142-145).

---

26) 이 결의의 합법성에 대한 비판적 논의는 **Chung, K. M.**(1987: 142-145) 참조

3. 요약과 결론

19세기 말의 한국 분단에 대한 논의에서처럼, 현재의 한반도 분단은 자신들의 지정학적 이익을 추구하는 외국의 힘의 정치에서도 기인한다. 한국 지도자들 사이의 이념적 분열도 영구적 분열에 기여했다.

전후 지구적 헤게모니 확립의 일환으로, 미국은 신탁 통치를 계획했다. 일본의 식민지였던 한국은 신탁 통치안의 대상이 되었다. 한국은 또한 전후 세계에서 미국의 태평양 안보를 위한 전략적 요충지였다. 그렇기 때문에 미국은 자신의 이익을 위해, 소련이 한반도 전역을 쉽게 차지할 수 있을 듯하자, 일본의 항복을 접수할 군사적 편의를 명목으로 미소 분할 점령을 결정했다. 미국은 남한에 진주한 후, 자신의 이익을 실현할 목적으로 우익을 강화하기 위해, 우위를 점하고 있던 좌익을 탄압했다. 한국민들은 일제 식민지 잔재의 완전한 청산을 원했다. 그러나 미국은 자신의 이익을 위해, 친일 부역자와 식민지의 한국인 관료를 재임용하였다. 또한 새로운 통일된 독립 국가를 건설할 역량을 갖추고 있던 인민공화국을 해체시켰다. 미국이 신탁 통치안을 추진했지만 미국에 필요한 세력이었던 한국의 우익이 반대하는 딜레마에 직면한 미국은 결국 한국의 영구적 분단을 선택했다.

러시아 제국을 계승한 소련도 전통적으로 한반도에 지정학적 이해를 가지고 있었다. 태평양 전쟁 참전을 결정할 때, 소련은 공식적으로 표명된 보상 외에도 전한반도의 단일한 지배 세력이 되는 것도 기대했을 것이다. 그러한 이익을 상실하지 않기 위해 소련은 서둘러 대일전에 개입했다. 소련은 최소한 한국 북반부에 진주하는 것만도 자국의 안보 이익에 유익한 것이기 때문에, 미국의 분할 점령안에 동의했다. 북반부에 진주한 소련도 자기와 친화력이 있는 세력이 권력을 장악하도록 도왔으며, 전한반도에 우호적인 정권을 수립하려고 했다.

일본 항복 전부터 이미 좌우익의 갈등이 있었기 때문에, 외세의 간섭이 없었더라도 해방된 한국은 심각한 이념적 대립을 겪었을 것이라고 빈번히 지적된다(Lee, C. S., 1965: 232; Cumings, 1984c: 33). 그렇지만 그 경우에는 분단은 없었을 것이다. 한국인 스스로 자신의 운명을 결정했을 것이기 때문이다. 미소를 불문하고 하나의 세력이 전한국을 점령하여 일본의 항복을 받았더라도, 한국민은 민족 분단의 비극은 피할 수 있었을 것이다.

한국의 분단에 대한 외세의 책임에 대한 논의에서, 미국측에 주요한 책임이 전가될 수 있다. 앞에서 살펴보았듯이, 소련도 책임에서 결코 벗어날 수 없다. 그러나 소련의 태평양 전쟁 참전을 요청한 것은 미국이었으며, 소련이 한반도 전체를 단독으로 점령할 수 있는 상황에서 미소 분할 점령을 제안한 것도 미국이었고, 신탁 통치안을 주장한 것도 미국이었다. 또한 미국은 우익의 취약성을 염려하여, 한반도 점령군에 대한 동시 철수와 한국의 미래를 한국인 자신들의 손에 맡기자는 소련의 제안을 거부했다. 그리고 신탁 통치의 딜레마에 직면하여서는, 결국 남한에 단독 정부를 수립시켰다. 브루스 커밍스가 지적하는 바와 같이 "미국은 한국 분단의 입안자이며, 기안자이고, 창출자이다. 모든 책임이 미국에 있지는 않다고 하더라도 주요한 책임은 미국에 있다"(Cumings, 1987b: 6).[27]

그렇지만 지도자들 사이의 이념적 대립도 영구 분단에 큰 역할을 한 것이 명백하다. 근본적으로 그들의 이념적 정향의 차이로 인해, 독립 운동 지도자들은 한국민을 대표하는 국제적으로 승인된 어떠한 조직도 만들 수 없었으며, 전후 연합군의 한반도에 대한 계획에 아무런 영향을 미칠 수도 없었던 것이다. 일본 항복 이후의 인민공화국의 수립은 한국민의 민족적 이해를 대표할 수 있는 또 다른 기회였다. 그러나 그 기회도 주로 지도자들의 좌우 이념 갈등으로 인하여 상실했다. 특히 신탁 통치 논의가 달아오른 이후에는 좌우익 할 것 없이 대부분의 지도자들이 이념적 성향을 우선적으로 생각했다.

모스크바 3상회의의 결정에 대응하는 과정에서, 지도자들의 국제적 상황에 대한 지식의 부족도 영구 분단을 초래하는 데 기여했다. 민족의 장래가 외세에 의해 일방적으로 결정되어서는 안된다는 윤리적 측면 외에도, 전략적 측면에서도 한국에 대한 신탁 통치안은 처음부터 문제를 안고 있었다. 신탁 통치의 실행을 위해서는 미소의 상호 협력을 전제해야 하는데, 양대 강국은 세계에 대한 서로 다른 이념적인 인식을 가졌으며 각각 자신의 가치 체계를 확산시키고

---

27) 미국이 주도한 분할 점령이 두 개의 한국이 탄생한 근본 원인이 된다는 점에서, 그레고리 헨드슨도 "미국이 한국 분할을 감내해 냈던 만큼 그만한 몫의 책임을 짊어졌더라면 분단은 없었을 것"이라고 지적한다(Henderson, 1974: 43).

자 했다. 또한 신탁 통치안은 즉각적인 독립에 대한 한국민들의 민족 감정을 고려하지도 않은 것이었으며, 한국민의 감성에 대한 무지를 보여주는 것이다.

그러나 최소한 1945년 말의 모스크바 3상회의까지는 미소의 목적이 한반도의 영구 분단이 아니라 비적대적인 정부의 수립이었다. 더욱이 3상회의의 결정은 원래 미국의 전시 계획과는 매우 다른 것이었으며, 신탁 통치에 대하여 주저하고 있던 소련의 입장이 반영된 것이었다. 3상회의의 결정은 한국인들이 임시 정부를 수립하여 그 정부를 통해 신탁 통치를 실시하도록 약속한 것이었다. 신탁 통치 기간은 '5년까지'로 되어 있었는데, 한국민들의 노력에 따라 단축될 수 있는 충분한 여지를 가지는 것이었다. 커밍스의 지적처럼 "한국인들의 자치 능력은 의심받지 않았으며 후견을 반드시 필요로 하는 것도 아니라는 의미에서, 사실상 그것은 신탁 통치에 대한 합의가 아니었다"(Cumings, 1981: 217). 더욱이 동구에서 미소의 갈등이, 이미 이념적 차이가 전지구적 대립으로 전개될 것이라는 조짐을 보이기 시작한 시점에서, 한국의 경우에는 미소가 이미 각자의 목적을 가지고 절반씩 물리적으로 점령하고 있었던 것이다.

그렇기 때문에 이러한 상황에서 모스크바 3상회의의 결정에 대한 수용은, 즉각적인 독립을 바라는 한국민의 민족 감정에 명백히 — 그렇지만 결과적으로는 일시적으로 — 상치되는 것이기는 했지만, 미소의 분할 점령에 종지부를 찍고 통일된 독립 국가를 수립하기 위해 한국인에게 가장 빠른 길일 수 있었다.[28] 그러나 부분적으로는 이념적 정향과 이상의 우위 때문에, 부분적으로는 국제 정치 상황에 대한 무지 때문에, 김구를 위시한 우익 지도자들은 모스크바 3상회의의 결정에 지속적으로 반대했다. 1948년 초의 민족 분단을 막기 위한 필사적인 노력에 비추어보았을 때, 이들 지도자들이 한국민의 장래에 실제로 기다리고 있는 것이 무엇인지를 예견하지 못했던 것이 분명하다. 대립적 이념을 가진 대등한 외세에 군사적으로 분할되어 있는 상황에서 지도자들 간의 이념적 갈등과 국제 정세에 대한 무지도 민족 분단의 원인이 되었다.

---

28) 이러한 관점에 대해서는 Koh, B. C.(1971: 478), Hwang, I. K.(1987: 60), Macdonald (1988: 259) 참조. 고병철도 "국가 건설과 정치 경제 발전을 실행할 준비가 아직 되어 있지 않았다"는 점에서, 한국의 지도자들이 모스크바 3상회의의 결정을 수용했어야 했다고 지적한다(Koh, B. C., 1971: 478).

4

지속되는 두 개의 한국

두 개의 한국이 출현한 이후에도 분단을 초래한 두 원인인, 힘의 정치에 기초한 강대국의 한반도 접근과 지도자들의 이념적 분열은 '두 개의 한국 체제'의 지속에 기여했다. 남북이 각각 독립된 국가의 형태를 가졌기 때문에 지도자들의 이념적 분열이 이제는 대한민국과 조선민주주의인민공화국 간의 국가 간 이념 대결로 나타났다. 동족 상잔의 비극을 동반한 첨예한 이념적 대립 속에서 양측은 분단 이후 서로에 대해 극도로 불신하게 되었으며 갈등은 더욱 심화되었다. 그것이 '두 개의 한국' 체제 지속의 또 다른 주요한 원인이 되었다.

이 장에서는 이러한 세 가지 요소를 중심으로 해서 분단 이후 심화되어 온 갈등과 대립을 살펴보도록 하겠다. 이미 살펴본 바와 같이 두 개의 한국의 출현은 냉전의 촉발로 가속화되었다. 아래에서 살펴보겠지만, '두 개의 한국' 체제는 냉전의 틀 속에서 남과 북이 각각 동서 진영의 지지를 받으면서 강화되었다. 그렇기 때문에 냉전의 종식이 특히 외세의 한반도에 대한 영향과 관련하여 '두 개의 한국' 체제에 중대한 영향을 끼친 것은 놀랄 일이 아니다.

그러므로 이 장에서는 — 전체 연구의 간결성과 반복을 피하기 위해 — 1980년대 후반 이후, 즉 냉전 종식 이후의 남북 갈등 상황에 집중하여 살펴보도록 하겠다. 냉전 이후의 남북 관계의 진전과 주요한 변화를 한반도 비핵무기지대와 비도발적 방위 체제에 대하여 논의하는 과정에서 살펴보도록 하겠다.

1. 외세와 두 개의 한국 체제

분단 과정에서 살펴본 바와 같이 강대국의 힘의 정치에 기초한 한국 문제의 접근이 '두 개의 한국' 체제를 유지하는 데 주요한 역할을 했다. 남한 편의 미국과 일본, 북한 편의 소련과 중국은 다양한 지지와 간섭을 동하여 서울과 평양의 정권이 분단 국가를 건설하고 유지하도록 도왔다.

정치적으로는 각각의 동맹 세력이 국제적으로 국가로서의 지위를 획득하고 국내적으로 정치적 안정을 확보할 수 있도록 지원했다. 앞에서 살펴본 바와 같이 서울과 평양의 정권이 각각 유일한 한반도의 국가로 수립을 선포하자, 강대국 후견국도 각각을 유일한 한국의 합법 정부로 승인하고, 각각을 동서 진영의 구성원으로 포함시켰다. 80년대 후반까지 남한 정권은 권위주의 군사 독재 정권이었으며, 국민들의 민주주의와 통일 열망을 억압한다고 비판을 받았다 (Easey and McCormack, 1978; Nix, 1986; Branfman, 1987). 그러나 브루스 커밍스에 따르면, 그러한 남한의 권위주의는 "미국의 원조로 탄생하였으며" 미국의 보호 아래 성장했다(Cumings, 1988a: 103; Cumings, 1987a: 4-6; Nix, 1986: 26-28).[1] 북한이 동서 대립기, 특히 1950년대 말 중소 분쟁 이후 등거리 정책을 통하여, 소련과 중국으로부터 상당한 정도의 정치적 독립을 유지해 왔다는 것은 잘 알려진 사실이다(Koh, B. C., 1969: Ch. 2; Chung, C. O., 1978; Kim, I. P., 1975: 93-115; Rhee, S. W., 1986: 42).[2] 그러나 김일성 정권의 출현과 초기의 안정화, 북한에서의 사회주의 국가 제도의 수립에서 소련의 정치적 지원이 중요했다는 것은 부인할 수 없는 사실이다(Scalapinao and Lee, C. S., 1972: v. 1 ch. 5).

경제 분야에서도 강대국은 두 개의 한국이 분리된 각각의 경제 체제를 건설

---

1) 상세한 내용은 Kim, S. S.(1980), Yang, Y. and McCormack(1978: 163-170) 참조. 한국 국내 정치에 미국이 개입한 다양한 측면에 대해서는 Macdonald(1992: 183-228) 참조.

2) 그러나 헬렌 루이즈 헌터는 특정 시점에서 평양의 소련 또는 중국 중 한 나라와의 관계가 다른 쪽과의 관계보다 훨씬 좋았지만, 그러한 관계 변화가 북한의 주도권 아래 있었던 것은 아니며 그렇기 때문에 등거리 노선은 실제라기보다는 신화였다고 주장했다 (Hunter, 1983: 206-207). 또한 하용출은 중소 분쟁은 별도로 하더라도 "북한 자율성의 중요한 기반은 (당이 경제와 사회를 강력하게 통제하는) 북한의 사회 경제 체제일 것이다"고 주장했다(Ha, Y. C., 1986: 590).

하는 데 지원했다. 일제 식민지 통치 하에서 한국의 산업은 일본 경제의 보조물로 개발되었는데, 중공업과 광산은 주로 북측에서, 농업과 경공업은 주로 남측에서 발전되었다(Halliday, 1987: 19-21; Cumings, 1984d: 8-16). 그렇기 때문에 38선은 양측에 왜곡되고 불균형한 경제 구조를 결과했다(U.S. National Foreign Assessment Center, 1978: 1; Halliday, 1987: 25-27). 더욱이 한국 전쟁은 그러한 취약한 경제의 대부분을 송두리째 파괴시켰다.[3] 그러한 상황에서 강대국의 경제 원조는 분단 국가의 경제 재건에 결정적인 요소였다. 1970년대 말까지 남한은 이스라엘, 남부 베트남과 더불어 미국 대외 원조의 가장 큰 수혜국에 속했다. 미국의 국제개발처(U.S.A.I.D.)가 한국 지원 사업을 끝낸 1980년까지 남한은 미국으로부터 130억 달러 이상을 지원받았다(Kim, K. H., 1982: 326-328; Lee, C. J. and Hideo Sato, 1982: 24-25, 156; Kwak, T. H. et al., 1982: Chs. 15-16). 초기에 북한도 소련과 중국으로부터 엄청난 경제적 원조를 받았다는 것은 주지된 사실이다(Chung, C. O., 1978: 12-13, 18-23; Chung, J. S. H., 1974: 118-124). 한 연구자의 지적에 의하면, 소련은 북한의 1차 5개년 계획 기간(1956~1961)에 약 7억 달러를 원조하였는데, 그것은 그 기간 동안 인도를 제외한 어떤 3세계 발전 도상 국가에 대한 지원보다도 큰 것이었다(McLane, 1973: 6).

그러나 무엇보다 중요한 것은 현존하는 두 개의 한국에 대한 외세의 영향이 군사적 측면에서 더욱 분명히 나타난다는 것이다. 그것을 강대국의 한국 전쟁(1950~1953) 개입과 이어서 남북과 각기 체결한 상호 방위 조약이라는 두 측면에서 살펴보도록 하겠다.

한국 전쟁의 기원은 여전히 매우 논쟁적인 문제이며, 다양한 견해가 제기되고 있다. 넓게는, 전쟁이 공산주의의 세계 팽창을 위해 소련에 의해 계획되고, 준비되고, 시작되었다는 주장도 있다(Dallin, 1961). 지배적인 설인 내전이라는 측면에서, 소련은 단지 수동적인 역할을 했을 뿐이며 북한이 주도적인 역할을 했다는 주장도 있다(Simmons, 1974:. 143-178; Simmons, 1975; Schecter, 1990: 144-147).[4] 또한 "미국이 침묵을 통해 북한의 남침을 정치적으로 조장하였으

---

3) 상세한 논의는 Halliday(1987: 25-27) 참조.
4) 시몬스도 1950년 6월의 북한의 전면적 공격 시점이 부분적으로는 지도자들 간의 권력

며, 미국의 방어 형태가 군사적으로 남침을 초래하게 했으며, 결국 38선에서의 국지전에 의해 전쟁이 발발하게 되었다"는 주장도 있다(Stone, 1969: 44; Gupta, 1972: 699-716; Kolko, 1972: 567-593). 그 외에도 한국 전쟁이 국제전일 뿐만 아니라 내전인 동시에 혁명 전쟁이었으며, 1950년 6월의 충돌이 전쟁의 시발점이 아니라 분단 이후 남북 간의 증대된 무력 대결의 귀결이었다고 보는 관점도 있다(Cumings, 1981 and 1990; McCormack, 1983; Merrile, 1989). 그렇지만 이러한 주장은 "북한이 6월 25일 남한의 국지적 도발을 이용하여 대대적인 공세를 발진시켰다"는 인식을 배제하지는 않는다(Cumings, 1983b: 40-41; Cumings, 1990: 618). 분단 이후 정치 소요, 게릴라전, 전면전 이전의 38선 충돌 등으로 약 10만 명이 이미 희생되었기 때문에, 양측은 모두 전면전을 일으킬 충분한 동기를 가지고 있었으며, 계획을 수립했을 수 있다(McCormack, 1983: 71, 160; Merrile, 1989: 188-189). 분단 이후 "북한의 입장에서는 남반부에 국가가 존재한다는 것 자체가 도발이었으며, 반대로 남한의 입장에서도 북쪽에 국가가 존재한다는 사실 그 자체가 도발이었다"(Cumings, 1990: 619).

뒤에서 살펴보는 바와 같이, 역사적 진실과는 별개로 전쟁의 기원 문제가 상호 불신의 주요한 원천이 되었다. 또한 기원의 문제와 무력 통일에 대한 논의를 별개로 하더라도, 한국 전쟁은 또 다른 문제를 남겼다. 즉 전쟁 동기의 하나인 분단된 한국의 통일이 외세에 의해 방해를 받았다는 사실이다.

민족 분단 문제를 논하면서, 그레고리 헨드슨과 리차드 리보우는 "통일 또는 상호 인정으로 정의될 수 있는" 세 가지 가능한 해결책이 있다고 지적했다(Henderson and Lebow, 1974: 437-438). 한 쪽이 다른 쪽을 군사적으로 정복하는 방법이 하나라면, 일방의 정치적인 승리가 다른 하나이며, 평화 공존이 또 다른 하나라고 할 수 있다. 이러한 관점에서 보았을 때, 한국 전쟁은 실패한 무력 통일 시도였다고 할 수 있다. 전쟁 동안에 한국은 통일할 수 있는 두 번의 기회가 있었지만 각각 미국과 중국의 개입으로 그 기회를 상실했다. 분단이 외세에 의해 초래되었던 것처럼, 무력 통일도 외세의 개입으로 저지되었던 것이다.

투쟁에 의해 결정되었다고 주장한다(Simmons, 1974: 148-149; Simmons 1975: 104-110).

전쟁 발발 직후 남한은 급속한 붕괴의 조짐을 보였다. 북한은 곧 남쪽으로 깊숙이 침투했는데, 개전 이틀 후에 서울을 점령하였다. 그러나 북한의 승리가 임박했을 때, 미국은 즉각적으로 개입을 결정했다(Paige, 1968: 159-179).5) 워싱턴은 소련이 북한의 남침 계획에 직접 관여한 것으로 보았다. 공산주의 팽창에 대한 미국의 대응 강도를 시험하기 위해, 아직 지구적인 전면전을 치를 준비가 되어 있지 않은 소련이 "한반도의 위성국을 앞잡이로 이용하는 것"으로 보았던 것이다(Paige, 1968: 132-133; Foot, 1985: 58-63). 그렇기 때문에 미국은 한국을, 남한 단독 정부 수립의 경우와 마찬가지로, "아시아에서의 봉쇄 정책의 시험대"로 보았다(Matray, 1983: 193; Brodie, 1973: 59-63). 서방 진영 지도자로서의 미국의 신뢰도와 위신도 시험되는 것으로 보았다. 더욱이 워싱턴은 한국 전쟁 개입을 이미 계획되어 있던 대규모의 냉전 특별 회계 예산안을 통과시킬 기회로 보았다(Simmons, 1974: 153-157). 미국의 점령 하에 있던 일본도 미국의 한국전 개입을 환영했다. 개입은 소련과 중국의 침공으로부터 일본의 안전을 미국이 보장한다는 것을 의미하기 때문이었다(Drifte, 1989: 121-122). 미국의 개입 초기부터 일본의 요시다 정부는 미국의 전쟁 수행에 필요한 가능한 모든 지원을 했다(Drifte, 1989: 122).6) 일본은 미국이 일본을 미국의 병참 기지로 사용하도록 했을 뿐만 아니라, 비공식적이고 제한된 규모의 일본인 전투 참전을 허용하였다.7)

남한에 의한 한반도의 통일 기회는 중국의 군사적 개입으로 봉쇄되었다. 미국의 개입은 1950년 9월에 이르러 전쟁의 흐름을 바꾸어 놓았다. 미국은 '수복' 정책8)을 채택했기 때문에, 유엔 기치 하의 미군은 10월 초 38선을 넘어 북

---

5) 미국은 1949년 6월 남한에서 점령군을 철수시켰지만 군사 고문단(*Korean Military Advisory Group*)은 여전히 남아 있었다. 『한국의 결정』의 저자인 글렌 페이지는 모든 정치학자는 사회과학 연구에서 가치의 중요성을 인식하고 있다고 고백한다. 또한 『한국의 결정』을 쓴 이후 폭력에 대한 그의 개인적 가치 판단이 수용에서 거부로 바뀠기 때문에, 『한국의 결정』은 "폭력을 잘 처리하기 위한 교과서로서가 아니라 처음부터 폭력을 어떻게 피할 것인가에 대한 시도로" 재검토되어야 한다고 요청했다(Paige, 1977: 1609).

6) 전쟁은 미국과의 평화 조약과 방위 조약 체결을 위한 길을 닦았으며, 병참을 위한 미국의 '역외 조달'은 일본에게 강력한 경제적 부양책이 되었다(Schaller, 1985: 288-294; Ree, 1989: 163-174; Scalapino, 1976a: 104-113).

7) 상세한 내용은 Drifte(1989: 126-131).

8) 브루스 커밍스는 미국이 1949~1950년에 수복 정책을 고려했으며 1950년 9월 중순 맥아

진하여 한중 국경 지역까지 진격해 들어갔다. 북한의 붕괴가 임박하게 된 것이 명백했다. 그러나 이 때 북한을 구원하기 위해 중국이 압록강을 넘어 미국의 '수복'을 저지했다.

위에서 지적한 바와 같이 전쟁이 발발했을 때 미국은 그것을 소련의 음모로 생각했다. "한국 전쟁은 소련이 침공을 준비하고 있는 보다 사활적인 지역으로부터 미군을 유인하기 위한 속임수일" 가능성도 있었다(Foot, 1985: 74; Paige, 1968: 132-133). 그러나 38선을 넘을 시점에, 미국은 소련 또는 중국이 직접 전쟁에 개입할 것으로는 예측하지 않았다(Foot, 1985: 74-87; Foot, 1983: 160-166; Halliday and Cumings, 1988: 112-113). 소련은 미국과 직접 충돌하는 어떠한 열전도 피하려는 것처럼 보였다. 중국도 "부적합하고 낮은 군사적 능력, 국내 문제, 유엔 가입, 소련에 군사 외교적으로 예속되는 데 대한 주저" 등의 이유로 전쟁에 개입하지 않을 것으로 판단했다(Foot, 1985: 86).

한국 전쟁에서 소련의 역할은 분명하지 않다. 전쟁의 기원과 관련하여, 소련의 역할에 대하여는 전쟁의 기안자로 보는 입장에서 전쟁이 소련에게는 충격적인 것이었다는 입장까지 다양한 견해가 있다(Hitchcock, 1951: 136-144; Simmons, 1974: 157-158). 소련이 공식적으로는 직접 전쟁에 개입하지 않았으며, 간접적인 지원조차도 수동적인 것이었다고 주장되기도 하지만, 어쨌든 소련은 전쟁중 북한을 지원했던 것은 사실이다(Simmons, 1974: 159-166; Simmons, 1975: 176-182).9) 중국은 한국 전쟁의 계획과 준비에 참가하지 않았으며 직접 참전을 예측하지도 않았다는 견해도 있다(Whiting, 1960: 45; Kim, H. J., 1989: 11-32). 그러나 북한의 완전 패배가 가까워지고, 미군이 국경에 접근하고, 소련의 직접적인 불개입이 명확해지자, 안보 이익에 심각한 위협을 느낀 중국은 직접적인 군사 개입을 결정했다. 더욱이 중국은, 일본이 그랬던 것처럼, 미국이 한반도를 침략의 발판으로 삼아 중국을 침탈할 계획을 가졌을 것이라고 두려워했다(Whiting, 1960: 154-159; Simmons, 1975: 164-168; Hunt, 1992: 459-465).10) 1950년 10월의 중국인민정치협상회의(中國人民政治協商會議)에서 행

더의 인천 상륙 작전 성공 후 실제로 그 정책을 수행했다고 주장한다(Cumings, 1983a: 51-52).

9) 공군의 역할을 포함한 소련의 한국전 참전 문제에 대한 논의는 Zimmerman(1981: 323-336) 참조.

한 연설에서, 중국의 지도부는 "전통적인 수사로 — 한국을 중국의 입술로 표현함으로써 — 한반도의 전략적 중요성을 강조했다"(Hunt, 1992: 464). 전쟁이 발발하자 미국에서는 한국전에서 핵무기 사용 가능성에 대한 공식적인 언급이 산발적으로 있어 왔다.[11] 그렇지만 안보 이익이 유린될 것이기 때문에, 중국은 핵공격을 받을 위험을 무릅쓰고 참전을 결심했던 것이다(Ryan, 1989: 27- 32; Hoyt, 1990: 79-92).[12]

미국은 3차 대전의 위험을 무릅쓰지 않고서는 중국을 패배시킬 수 없었으며, 중국도 미국과의 전면전을 감행할 위험을 무릅쓰지 않고서는 승리할 수 없었다. 어느 쪽도 그러한 위험 부담을 지려고 하지 않았기 때문에 한국 전쟁의 전장은 한반도로 한정되었다(Brodie, 1973: 63-69).[13] 군사적 교착 상태가 이어지자 양측은 해결책으로 휴전을 선택했는데, 휴전선은 38선과 비슷한 지점이었다. 그러한 귀결은 한스 모겐쏘의 말로 하면 "극동의 세력 균형을 반영하는 것"이었으며, 양측이 각각 영향력을 갖는 한반도 분단의 지속을 의미하는 것이었다(Morgenthau, 1973: 413). 파국적인 인적 물적 손실에도 불구하고[14] 한국 전쟁은 외세의 군사적 개입으로 통일을 달성하는 데는 실패했다. 전쟁은 두 개의 한국에 더욱 심화된 상호 적대와 불신이라는 장애를 더하여, 그렇지 않아도 힘든 통일을 더욱 어렵게 했다.

강대국에게 한국 전쟁의 주요한 교훈은 이 지역에서의 현실주의적 세력 균

---

10) 소련이 중국의 한국전 참전을 지시했다는 의심에 관하여(Rostow 1954: 68-70), 화이팅은 비록 중국의 참전이 "소련의 충고와 지원에 의해 고무"되었을 수는 있지만, "중국이 자신의 의지로 참전했다"고 주장한다(Whiting 1960: 152-154, 156).

11) 한국전 동안의 미국의 핵무기 사용 위협에 대해서는 Ryan(1989: 25-26, 49-72), Hayes(1991: 9-30) 참조.

12) 핵무기 사용에 대한 미국 정부 내의 고려에 대한 첩보가 중국의 참전을 고취시켰을지도 모른다는 가능성에 관하여는, 그러한 정보가 중국 지도자들 손에 있었지만, "참전을 결정하지 않게 하는 요인이 아니라 기껏해야 참전 결정을 고무한 요인일 뿐이다"고 주장된다(Whiting, 1960: 122; Ryan, 1989: 30-32). 중국은 "핵무기의 사용 가능성을 제거하려는 계산에서가 아니라 핵보복의 가능성에 대한 분명한 인식에도 불구하고" 참전을 결정했다. 그리고 미국의 가능한 핵공격에 대비하기 위해 몇몇 산업 설비를 취약한 도시 지역에서 이동시켰으며 민간인에게 민방위 교육을 실시했다(Ryan, 1989: 107- 124).

13) 이러한 관점에 대한 논의는 Guttman(1972) 참조.

14) 통계는 Dupuy(1977: 1251-1252) 참조. Halliday(1987: 25-27), Simmons(1974: 168-170) 참조.

형 원리의 재확인이었다. 그렇기 때문에 장기적인 목표는 자신들에 유리한 방식으로 통일된 한국의 건설에 있었다고 하더라도, 휴전 이후 냉전 기간 동안의 한반도에 대한 기본 정책은 현상 유지를 통하여 자신들의 이익과 영향력을 유지하는 것이었다고 할 수 있다(Doran, 1985: 7; Macdonald, 1988: 262).[15] 한반도에서 또 다른 전쟁의 발발은 그들 간의 세력 균형을 위험하게 할 뿐만 아니라 그들도 휩쓸려들 수밖에 없는 세계 대전을 촉발시킬 수 있었기 때문이다. 그렇기 때문에 강대국은 그들의 영향력과 의지를 벗어난 새로운 한국 전쟁을 원하지 않게 되었으며, 전쟁이 억지되었다.

한반도의 현상 유지를 선호하는 강대국의 정책은 방위 조약을 통한 남북한 지지로 나타났다. 미국은 1954년에 남한과, 소련과 중국은 1961년에 북한과 각각 방위 조약을 체결하였다. 게다가 미군은 남한에 미군을 계속 주둔시켰다. 그러한 군사적인 약속은 두 측면의 기능이 있었다. 동맹국의 적이 무력적 수단으로 통일을 달성하려는 시도를 막는 것이 하나라면, 동맹국이 그러한 시도를 하는 것을 막는 것이 다른 하나였다(White, 1979: 215-216). 물론 그 결과는 한반도 분단의 지속이었다.

그들의 현상 유지 정책은 또한 한반도의 통일에 대한 그들의 입장에서도 나타났다. 구 동서독의 경우와 달리, 강대국들은 한국의 통일에 대한 지지를 공식적으로 표명했다. 그러나 그들의 지지는 각각의 동맹국의 통일 정책에 대한 지지와 평화적 통일에 대한 희망 표명이 고작이었으며, 남북의 실질적 화해를 위해서 어떠한 (미, 소의) 공통적인 노력도 없었다. 다음에서 살펴보겠지만, 특히 냉전기의 남북의 통일 정책은 본질적으로 일방의 이익이 다른 쪽의 손실을 의미하는 제로섬(zero-sum)적 성격의 것이었다. '평화 통일'의 원칙에는 무력에 의한 통일의 가능성이 배제되어 있다. 그렇기 때문에 결국, 강대국이 동맹국의 제로섬 게임적인 통일 정책을 지지하고, 무력 통일의 가능성을 배제한 것은 현상 유지, 즉 분단의 지속 외에는 아무런 가능성도 남겨 두지 않은 것을 의미했다.

강대국의 현상 유지 정책이 냉전기의 한반도 평화를 유지시킨 주요한 요인

---

15) 미국, 일본, 중국, 소련의 시각에 대해서는 Kim, S. H.(1988: 76-80), Sneider(1980: 110-112), Kihl, Y. W.(1986: 155-157) 참조.

이었다는 주장이 종종 제기된다. 남한에 주둔하는 미국과 관련하여서 그러한 주장이 더욱 강하게 제기된다. 미군이 미국의 핵군사 개입의 '인계선' 역할을 하기 때문에, 미군이 제2의 한국 전쟁의 발발을 막았다는 것이다. 요약하면 강대국의 군사 개입과 현상 유지 정책은 한반도의 평화를 유지시키는 데 기여를 했기 때문에 정당화될 수 있다는 것이다.

그렇지만 원칙상, 외세의 군사적 개입에 의한 현상 유지, 즉 분단의 유지가 한반도의 장기적 평화를 위한 건전한 정책이 될 수 없는 것은 분명하다. 남북한 동포의 통일에 대한 열망을 전제했을 때, 그러한 방식에 의한 분단 유지가 한민족에게 결코 만족스럽고 바람직한 정책일 수는 없다. 그러므로 그러한 정책은 한민족의 자결권에 위배되는 것이라고 할 수 있다.

그러나 현실적 평화의 유지에서조차도 강대국의 한반도 개입은 문제점을 남기고 있다. 위에서 살펴본 바와 같이, 한국민들 간의 화해를 위한 실질적 노력이 없는 평화 통일에 대한 지지는 실제로는 각자의 동맹자가 상대방에 대하여 완전한 승리를 거두는 것을 지지하는 것에 다름 아니다. 또한 현상 유지는 그들의 분단 유지 선호에 대한 또 다른 표현일 뿐이다. 그러나 냉전기의 남북 관계가 보여주는 바와 같이 그러한 분단의 유지는 남북 간의 갈등과 대립의 유지를 의미한다. 한반도가 언제 폭발할지 모르는 화약고라고 일컬어지는 바와 같이 적대와 긴장의 고조만이 있었다.

강대국의 군사 개입은 그 자체만으로도 한반도에서 전쟁 발발의 위험을 내포한다. 강대국의 군사 개입이 그들이 원하지 않는 전쟁을 예방했다는 사실은 역으로 그들이 필요하다고 여길 경우에는 그러한 방지책을 포기할 수 있다는 것을 의미한다. 잘 알려진 바와 같이 주한미군의 전략적 목표는 단순히 남한의 안보에만 관계된 것이 아니다. 미국은 일본과 태평양의 안보를 훨씬 중시하고 있다(Yim, Y. S., 1982: 286-305; Kim, Y. N., 1982: 258-261). 더욱이 냉전기에 남한은 미국의 지구적 봉쇄 체제의 일부로서 동북아시아의 최전선이었다. 그렇기 때문에 한반도는 언제든지 동서 간 대립의 대리 전장이 될 수 있었다. 예컨대 공식적으로 알려진 대로, 레이건 행정부는 소련이 페르시아 만을 공격하면 미군은 한반도에서 반격하는 동시다발보복전략(*horizontal strategy*)을 채택했다(Cumings, 1988b: 107). 더욱이 주한미군은 핵무기를 보유하고 있다.16)

그러한 핵무기는 일본과 대만을 방어하기 위한 핵억지력으로도 작용한다 (Hayes, 1988: 360). 그러므로 냉전 기간 중 한국은 동서 간의 전면적인 핵전쟁의 경우뿐만 아니라 제한 핵전쟁의 경우에도 소련의 당연한 핵공격 목표가 될 수 있었다. 사실상 미국은 한국 전쟁 기간뿐만 아니라 그 후에도 몇 차례 한반도에서 핵무기 사용을 고려한 적이 있었다.17)

2. 두 한국 사이의 이념적 차이

남북한 간의 이념적 차이도 통일을 가로막았으며, 갈등과 대립이 유지되도록 했다. 데이비드 맥크레런은 "이념이 가장 근본적인 사상의 기초와 타당성에 대한 질문"이라는 점에서 "사회과학에서 가장 포착하기 어려운 개념"이라고 했다(McLellan, 1986: 1). 그러나 일반적으로 이념은 "특정한 행동 양식이나 과정을 형성, 동원, 지도, 조직, 정당화하고 여타의 것을 저주하도록 목적된 대로 세계를 표현, 해석, 평가하는 상징적인 신념과 표현"의 한 양태로 정의될 수 있다(Miller, 1987: 235). 이념적 차이에 대하여 여기에서는, 남북한의 정치, 경제, 사회 체제의 차이와 양체제를 지탱하는 근본 사상의 차이에 대하여 살펴보도록 하겠다.

앞에서 지적한 바와 같이 두 개의 한국이 출현한 이후, 분단의 정치 또는 동전의 이면인 통일의 정치가 남북한 관계에서 지배적이었다. 양측이 상대방에 대하여 공식적으로 내세운 통일 정책을 살펴보면서, 이념적 차이가 어떻게 분

---

16) "권위있는 근거"에 기초하여, 스테판 구즈는 1985년 현재 미국이 약 150기의 핵탄두를 남한에 저장하고 있다고 주장한다(Goose, 1987: 80-81). 한국에 배치된 미군 핵무기에 관해서는 Hayes(1991: 102) 참조.

17) 예를 들면, 팀스피리트 훈련과 동시다발보복 전략 외에도, 북한이 첩보 활동 혐의로 푸에블로 호를 나포했을 때, 미국은 핵보복을 위협했다. 사실 남한에 주둔하고 있던 다수의 F-4 전폭기는 핵무장만 하였기 때문에, 위기에 대처하기 위해·출동할 수 없었다. 1969년 북한 영공에 대한 첩보 활동을 이유로 EC-121기를 격추시켰을 때도 미국은 핵보복을 위협했다. 또한 괌에서 출동한 B-52기는 주기적으로 북한에 대한 가상 핵폭격 훈련을 했으며, 일본과 오키나와 공군 기지의 전폭기도 북한으로 출격시켰지만 마지막 순간에 불러들였다(Cumings, 1984a: 29-30; Cumings, 1984b: 770-779; Kaku and Axelrod, 1987: 71-88; Hayes et al., 1986: 50-54, 147).

단과 냉전기의 갈등을 유지시켜 왔는지를 논의해 보겠다.

1) 제로섬적 접근

분단 이후 남북 모두 통일을 가장 우선적인 정책 목표로 삼았다. 남북 모두 통일은 민족 내부의 문제이기 때문에, 외세의 간섭 없이 달성되어야 한다고 주장했다(Yum, H. C., 1988: 49). 1960년에는 양자 모두 평화 통일의 원칙을 천명했다. 그 이후 통일 실현을 위한 다양한 제안을 했다. 그러나 지난 40여 년간 통일 문제에 대한 논의는 출발점에서 맴돌 뿐이었으며, 그 이상의 아무런 진전도 없었다.

냉전기의 남북한의 통일 정책을 살펴보았을 때,[18] 가장 주목할 만한 특징은 항상 일방적인 주장이었다는 점이며, 그것은 왜 항상 교착 상태에 이를 수밖에 없었는가를 보여준다. 다시 말하면 남북은 본질적으로 제로섬 게임을 하고 있었던 것이다. 제안의 표면적인 명분이 무엇이건 상관없이, 사실상 남북은 모두 "상대방의 붕괴나 급속한 변화의 결과로서, 즉 한 쪽이 다른 쪽을 동화시키는" 통일을 달성하려고 했던 것이다(McCormack, 1982: 8, 20). 그렇기 때문에 맥코맥이 지적하는 바와 같이, 통일에 대한 제안은 신중한 것일 필요조차 없었다. 즉 "통일 방안에 대한 제안은 자신이 유연성을 가지고 있으며 공정한 해결책을 찾으려는 관심을 가진 양 (내부와 상대방과 세계에) 보여주기 위한 것이며, 그러한 제안이 받아들여질 수 없다는 것을 잘 인지하고 있으면서 제안한 것이었다"(McCormack, 1982: 8, 20-21). "누가 누구를 지배할 것이가"에 대한 관심을 제하면 나머지는 "순진하고 남의 말을 잘 믿는 사람들을 기만하고 속이는 선전"이었다는 비판이 과장이 아니었다(Hwang, I. K., 1984: 401).

일반적으로 '일관적'인 것으로 평가되는 북한의 통일 정책은 '고려민주연방공화국'에 대한 제안으로 대표될 수 있다. 이 제안은 김일성 주석이 1960년 '통일의 준비 단계로서 경제 협력과 연방제에 대한 제안'이라는 이름으로 처음 제안하였다(Kim, I. S., 1975: 66-67).[19] 그 이후 연방제안은 반복하여 제안되

---

18) 여기에 관한 간략한 평가는 Macdonald(1988: 263-271), Lewis(1988: 28-39), Haas (1989b: 2-12) 참조.

었으며 북한의 통일 정책으로 정착되었지만 매번 남한으로부터는 거부당하기만 했다.[20] 1980년 김일성은 고려민주연방공화국안을 제안했다(RCPU, 1986: 160-163; 동아일보사, 1989: 331-340). 그런데 1960년의 제안은 연방제를 최종적인 통일에 이르기 이전의 일시적인 중간 단계로 본 데 비해, 1980년의 제안은 연방제를 "통일된 정부 형태"로 본다는 점이 차이가 났다. 다시 말하면, 1980년의 고려민주연방공화국안은 통일 한국의 최종적 형태로 제시되었다는 것이다. 1960년의 제안과 비교해 보면, 1980년안이 좀 더 구체적이고 포괄적인 형태라고 할 수 있다. "연방제 국가의 통일 정부"의 핵심은 다음과 같다. ① 남북 동수와 적당한 수의 해외 동포로 구성되는 최고연방의회 ② 정치, 국방, 외교와 그 외 민족 전체의 공통된 이해와 관련된 문제를, 연방의회와 더불어 논의하고 결정하는, 연방의회의 상설 기관인 연방상임위원회 ③ 남북 각각의 자율성을 행사하고, 연방상임위원회의 지도와 관리를 받는 남북 지역 정부. 그렇기 때문에 '1국가 2정부'안으로서 고려민주연방공화국안은 남북이 독자적으로가 아니라 단일 연방국가로 유엔에 가입할 것을 제안했다. 또한 서로 다른 이념과 사회 체제를 가진 남북의 두 부분으로 구성되어 있기 때문에, 고려민주연방공화국은 "정치군사적 동맹이나 블록에 참가하지 않는 중립 국가"가 되어야 한다고 주장했다. 고려민주연방공화국안의 구체적인 정책으로 김일성은 또한 10개의 강령을 제안했다.[21]

남북의 이념적 차이와 한반도의 지정학적 위치를 전제했을 때, 고려민주연방공화국안은 그 자체로 몇 가지 점에서 고려할 만한 가치가 있다(Kim, C. I. E., 1984: 318-323). 그러나 제안의 맥락에서 볼 때, 그것은 북한 주도 하의 사회주의적 통일 계획 또는 기존 분단의 지속안이었다. 고려민주연방공화국안이 현실성과 타당성을 갖기 위해서, 김일성은 "북과 남이 상호의 사상과 사회 체제를 인정하고 용납해야 하며", 연방국가의 통일 정부는 남북 행정부의 소망을 존중하고, 일방이 다른 일방에 강요하는 것을 막아야 한다고 주장했다(RCPU, 1986: 160). 그러나 고려민주연방공화국안을 제안한 동일한 선언문에서 김일성

---

19) 이 제안이 발표된 몇 달 후인 1960년 9월 북한은 "무력에 의한 남조선 해방" 정책을 공식적으로 폐기했다(Rhee, S. W., 1978: 136).

20) 북한의 제안과 남한의 대응에 대한 상세한 설명은 Hwang, I. K.(1984: 402-410) 참조.

21) 상세한 설명은 RCPU(1986: 161-163) 참조.

은 "미제와 남조선 괴뢰의 식민지 파쇼 통치를 종식시켜야 한다"고 주장했으며, "통일이 조속히 달성되지 못하고 분단이 계속된다면, …… 남조선 인민은 식민지 노예의 굴레를 벗어던지지 못할 것이다"라고 주장했다(동아일보사, 1989: 333). 북한의 성명에 있는 '미제의 남조선 괴뢰'라는 용어는 전통적으로 남한의 지배층을 지칭하는 것이었다. 남한과 미국의 경제적 관계도 남조선에 대한 미국의 식민지 통치라는 표현으로 서술하고 있다. 그렇기 때문에 고려민주연방공화국이 남북의 이념적 차이에 대한 인정과 평화적 공존을 주장하더라도, 사실은 남한의 자본주의 이념과 미국과의 관계가 청산되어야 한다는 것을 전제하는 것이다.

더욱이 북한은 고려연방공화국 실현을 위한 대화의 전제 조건으로, 남한 민중에 의한 전두환 정권의 대체를 직접적으로 요구했다.[22] 다른 전제 조건도 제시되었는데 ① 반공 정책의 포기, ② 국가보안법 철폐, ③ 미군 철수, ④ 공산주의자와 전두환 정권에 대한 반대자를 포함한 정치범의 석방 등이 그것이었다(Kwak, T. H., 1983b: 160; Park, J. K., 1984: 81-82). 그러므로 1980년의 고려민주연방공화국안은 실제로는 남한 정부가 아니라 남한 민중에 대한 제안이었다고 할 수 있다. 그리고 남한에 미국의 지원을 받는 반공 자본주의 정권이 존재한다는 사실과 남북 간에 심각한 이념적 군사적 대립이 이어지고 있다는 사실을 전제했을 때, 그러한 제안은 실제로는 남한 민중이 사회주의혁명을 해야 한다는 것을 의미하는 것이었다.[23] 또한 연방제가 남한이 정치적으로 불안정한 전환기— 4.19 이후인 1960년과 광주 시민 항쟁 이후인 1980년 —에 제안되었다는 것은 북한이 내적인 정치적 분열에 대하여 전략적인 이점을 가지고 있다는 인상을 남한에 주기 위한 것이었다고 보는 연구도 있다(Kim, Y. M., 1987: 306-326).

---

22) 북한은 전두환 정권의 교체를 요구하는 이유로서, 야수적인 폭력으로 권력을 장악했기 때문에 남조선 인민들이 정통성을 인정하지 않는 전두환 정권과 교섭을 하게 된다면 그것이 "남조선 대중들에 대한 배신 행위"이기 때문이라고 주장했다. 전두환은 광주 학살의 책임이 있기 때문에 "만일 그러한 학살자와 자리를 함께하게 된다면, 그의 범죄에 동조하는 것이고 또 광주 희생자들뿐만 아니라 전민족의 분노를 초래할 것이다." 북한의 전두환 정권과의 대화 거부의 보다 상세한 이유는 Koh, B. C.(1984b: 65-66), McCormack(1982: 18-19) 참조.

23) 북한의 남조선 사회주의 혁명 전략에 대한 논의는 Baek, J. C.(1987: 772-779) 참조.

냉전기 남한의 통일 정책은 정권과 시기에 따라 변화를 겪었다. 그렇지만, 핵심은 하나였는데, 북한과 마찬가지로 목표는 남한 주도 하의 통일 또는 분단의 지속이었다. 고병철의 지적처럼 "통일 후의 정부에서 공산주의 영향의 제거 또는 중립화"를 기본 목표로 했던 역대 정권의 통일 정책에서 차이가 있었다면, "기본 목표를 수행헤 기는 과정에서 채택한 수단 영역에서의" 치이였을 뿐이었다(Koh, B. C., 1985: 71). 그러면 남한의 통일 정책에 대하여 살펴보도록 하자.

분단 25년째인 1970년에 이르기까지 남한이 통일 문제에 대한 북한과의 대화에 아무런 의지를 표명한 적이 없었다는 것은 놀라운 일이다. 이승만 정권 하에서는 표면적으로도 북한의 일방적인 항복만을 주장했다. 미소 공동위원회에서처럼, 남한은 유엔 감시 하의 인구 비례에 의한 총선거의 실시를 요구했는데, 남한의 인구가 북한보다 2배나 많았기 때문에 통일 한국에서 서울의 지배를 보장하는 것이었다. '북진 통일'도 강조되었다. 남한의 자료에 의하면, 그러한 구호는 수사였을 뿐이며 이승만 정권은 그것이 현실적으로 불가능함을 잘 알고 있었다는 것을 보여준다(RCPU, 1976: 37). 그렇지만 어쨌든 이승만 정권은 "통일의 최종적 수단으로서 무력의 사용을 포기한 적이 없었다"(Koh, B. C., 1985: 77). 단명한 장면 정권 하에서, 1960년 남한은 무력 통일 정책을 포기한다고 선언했다(RCPU, 1976: 255-256). 그렇지만 장면 정권도 남북한 인구 비례에 의한 유엔 감시 하의 총선거를 통한 통일 방안에 집착하고 있음을 그 선언에서 분명히 했다.

1961년 5월 군사 쿠데타에 의해 장면 정권을 무너뜨리고 집권한 박정희 정권은 그 후 10년 동안 통일 문제에 관하여 침묵을 지켰다.24) 박정희 정권은 반공을 국시로 선언하였으며, '선건설 후통일' 정책을 채택했다. 남한은 '승공 통일'을 달성해야 하는데, 그것을 위해서는 우선 경제력을 골간으로 하는 국력을 키워야만 한다는 것이었다(Koh, B. C., 1985: 82). 결과적으로 남한의 '선건설' 정책은, 통일은 남한의 주도 하에서 달성되어야 한다는 이승만 정권 이래의 전제에 대한 다른 표현이었다. 남북 대화를 주장하는 어떠한 집단과 개인도 국가 안보에 위협으로 여겨져 탄압을 받았다(Lewis, 1988: 31).

---

24) 구체적인 사례에 대해서는 Harrison(1978: 217-224) 참조.

 일반적으로 1972년 7월 4일의 남북 공동 성명은 남북한 관계의 중요한 계기로 평가된다. 그 이전까지의 극도의 적대감에 비추어보았을 때, 공동 성명은 실로 획기적인 것이었다. 공동 성명은 과거 남북한 관계의 극적인 전환을 가리키는 것일 뿐 아니라, 장래의 통일을 위한 기본 원칙을 제시하는 것이었다. 그러한 의미에서 7.4 공동 성명은 역사적 사건이었다고 할 수 있다. 그렇지만 다음에서 살펴보는 바와 같이, 공동 성명에 뒤이어 그 실현을 위한 어떠한 의미 있는 방법도 제시되지 않았다. 남한 정권이 주로 국내적인 정치적 목적을 위해 공동 성명을 지지하였다는 사실도 밝혀지고 있다.

 1970년에 남한은 처음으로 북한에 대한 유연한 자세를 보이기 시작했다. 예를 들면 한국 문제를 논의하기 위한 유엔 연차 회의에 북한이 참가하는 것을 반대해 온 정책의 폐기가 그것이다. 1971년에는 남북 적십자 예비 회담이 열렸으며, 서울과 평양 사이에 고위급 밀사의 교환이 있었다. 1972년 7월 4일에 '조국 통일 3대 원칙'에 대한 선언에 동의했는데, 다음과 같다.

> 첫째, 통일은 외세에 의존하거나 외세의 간섭을 받음이 없이 자주적으로 해결하여야 한다.
> 둘째, 통일은 서로 상대방에 반대하는 무력 행사에 의거하지 않고 평화적 방법으로 실현하여야 한다.
> 셋째, 사상, 이념, 제도의 차이를 초월하여 우선 하나의 민족으로서 민족적 대단결을 도모하여야 한다.[25]

 게다가 7.4 남북 공동 성명은 다음과 같은 획기적인 방안을 포함하고 있다.

---

25) 남한에서 미군의 철수 문제와 관련하여, 공동 성명의 첫번째 원칙인 "민족 자주적 통일"에 대한 해석 문제가 논란의 대상이 되었다. 합의문 영문의 단어는 자료마다 차이가 나는데, 특히 첫째 항목과 관련하여 그러하다. 남한의 공식 자료는 "통일은 외세의 이용이나 간섭 없이 독자적인 노력을 통해 달성되어야 한다"고 표현하고 있다(RCPU, 1976 vol. I: 319). 맥코맥은 *Peking Review*, No. 28(July, 14, 1972)를 인용하면서, 1항을 "통일이 외세에 의존하거나 외세의 간섭 없이 자주적으로 달성되어야 한다"고 쓰고 있다(McCormack, 1978: 222). 신린섭도 *Peking Review*의 문장을 "한국어 원어의 의미에 가장 가까운 것"으로 인용한다(Shinn, R. S., 1973: 69). 이 논문에서는 고병철의 영문 번역을 인용했는데, 고병철의 번역은 『로동신문』 1972년 7월 4일자와 『동아일보』 1972년 7월 4일자에 보도된 성명서의 한국어 원문에 기초한 것이며, 한국어의 원래 의미를 가장 정확히 표현하고 있다고 할 수 있다.

① 쌍방에 대한 비방과 무력 도발의 중지, ② 상호 이해의 증진을 위한 각 방면의 교류의 증진, ③ 합의된 원칙에 기초한 통일 문제 해결을 위한 "남북 조절위원회"의 설치가 그것이다.

그렇지만 양측의 과거의 적대를 전제한다면, 공동 성명은 "신뢰하기에는 너무나 좋은 말"로 되어 있다(Koh, B. C., 1985: 89). '사상, 이념, 제도의 차이를 초월한 것'과는 거리가 멀게 처음부터 양측은 첫번째 원칙인 자주 통일의 의미에 대한 근본적인 불일치를 노정했다. '외세에 의존하거나 외세의 간섭을 받음이 없이'라는 표현과 관련하여, 북한은 남한의 미군이 철수하여야 한다고 주장했다. 북한은 미군의 존재가 통일을 포함하는 한반도에서의 북한의 전략적 목표에 "강력한 방해물"이라고 인식하고 있었던 것이다(Kihl, Y. W., 1984: 211). 북한은 주한미군이 한반도의 평화를 보장하기 위한 것이라거나 북한의 남한에 대한 공격을 막기 위한 것이라기보다는 "동아시아에서 미국의 자기 이익"을 증진시키기 위한 것이라고 주장했다(Kihl, Y. W., 1984: 211). 그러나 남한은 주한미군은 유엔의 기치 하에 주둔하고 있으며 유엔은 특정한 외세가 아니라 세계의 대표체이기 때문에 첫번째 원칙의 범주에 포함되지 않는다고 주장했다(Koh, B. C., 1985: 90; Kwak, T. H., 1983b: 149-150).

더욱이 다음해인 1973년 6월 23일 박정희 정권은 '평화 통일 외교 정책 선언'을 통하여 남북한의 유엔 동시 가입을 제안했다(RCPU, 1976: 338-340). 박정희는 또한 동시 가입은 통일에 이르기까지의 전환기의 과도기적 수단이라고 선언했는데, 그것은 남한이 북한을 국가로 승인하지 않는다는 것을 의미한다. 그러나, 유엔 동시 가입은 남북한의 존재에 대한 법적인 제도화를 의미하는 것으로 결국 한반도에 두 개의 한국이 존재한다는 것을 공식적으로 인정한다는 것을 의미한다. 더욱이 앞 장에서 살펴본 바와 같이 남한이 유엔의 결의에 기반한 한반도의 '유일한 합법' 정부로서의 정당성을 주장하는 사실에 비추어보았을 때 그러한 제안은 분단의 실질적인 영구화를 의미한다. 그것은 실제 '1민족 2국가'안이며,26) 공동 성명의 정신과는 상당히 괴리된 것이었다.

---

26) 여기에서 '1민족 2국가'는 일방이 다른 쪽을 국제 관계에서 법적인 주권 국가로 인정할 뿐만 아니라 상호 관계에서도 사실상 주권 국가로 인정하는, 분단 국가의 통일 정책을 말한다. 그러한 정책도 궁극적으로는 통일을 목표로 하고 있지만, 통일에 대한 더 이상의 논의는 양측 간의 미래의 관계 진전에 맡겨두는 것이다. 다음에서 보게 되는

그러면 역사적인 합의이면서도 조만간 종이 조각에 불과한 것으로 된, 7.4 남북 공동 성명이 남북 간에서 어떻게 이루어졌는지 살펴보도록 하자. 일반적으로 1970년대 초, 미국의 베트남전의 베트남화 계획과 닉슨의 중국 방문에서 보이는 바와 같은 미국과 중국의 화해 무드 등 외적 정치적 환경의 중요한 변화가 남북한이 대화를 개시하게 되는 촉매의 역할을 했다고 지적된다. 그렇지만 외적인 환경이 대화의 계기를 제공하기는 했지만 통일의 3대 원칙에 대한 합의, 특히 '민족 자주' 통일과 같은 골치 아픈 원칙에 대한 합의는 남한의 대미 의존도에서 볼 때, 기대하기 어려운 것이었다. 북한으로서는 그 이상 환영할 만한 것이 없었을 것이다. 그 항은 외세의 철수를 명확히 하는 것으로, 평양 정권은 주한미군의 철수를 기대하였을 것이다. 북한이 합의에 대하여 적극적이었음은 의심할 나위가 없을 듯하다.

1972년 10월 남한에서 '10월 유신'의 선포 이후 북한도 헌법을 개정했다. 동년 12월 북한의 최고인민회의는 신헌법을 채택하였으며, 김일성 수상은 새롭게 신설된 직위인 '주석'으로 선출됨으로써 북한의 최고지도자로서의 지위를 명확히 했다(Kihl, Y. W., 1984: 70, 232). 그런데 이러한 변화가 7.4 공동 선언 이후의 일이며, 남한의 유신과 두 달밖에 차이가 나지 않는다는 사실에서 미루어 볼 때, 북한도 공동 성명을 국내 정치적 목적에 이용했던 것으로 짐작할 수 있다. 그러나 북한의 72년 개헌은 단지 김일성 권력의 "형식과 실질 간의 간극"을 좁힌 것일 뿐이었다(Koh, B. C., 1973: 208). 그러므로 김일성이 자신의 국내적 권력을 강화하기 위해 공동 성명을 이용했던 것 같지는 않다.

이미 지적한 바와 같이 과거에 남한은 남북한 인구 비례에 의한 총선거를 선호하였고, 북한은 동등한 대표를 주장했다. 아마도 그러한 이유 때문에, 북한은 남한과 동수의 도와 특별시를 갖기 위해 행정 구역을 재조정했다(Macdonald, 1988: 264). 그런데 북한은 이미 남북 통일을 위해 남북 동수의 대표에 기초한 연방제를 제안한 적이 있었다. 그렇기 때문에 1972년의 헌법 개정과 관련해서 볼 때, 김일성의 권력을 강화하기 위해 남북 공동 성명을 이용한 것이 아니라 통일 회담의 진전에 대비하여 김일성의 지위를 박정희와 비슷하게 강화하여 박정희의 위상 변화에 대응하기 위한 것이었다는 가설이 성립될 수 있다.[27]

바와 같이 1970년대 초 이후 서독의 통일 정책이 그러한 정책의 대표적인 경우이다.

위에서 지적한 바와 같이 헌법 개정이 김일성의 실제 지위에는 어떠한 변화도 미치지 않았다.

그렇지만 공동 성명에서부터 1972년 말까지의 일련의 사건에서 볼 때, 남한에서는 고병철의 지적대로, "남북 대화가 박대통령의 임기와 권력을 무한정 확대시키는 것을 징당화하기 위해 이용되었다는 분명한 결론에 도달할 수 있다"(Koh, B. C., 1973: 207-208; 김동성 1988: 13-14, 24). 박정희는 1969년 "한밤중에 몰래 자신의 지지자들만 불러모아 국회를 여는 수법으로" 3선 개헌안을 통과시켰다(Koh, B. C., 1973: 207-208; Kihl, Y. W., 1984: 59-62). 71년 4월의 대통령 선거에서 박정희는 가까스로 승리하였지만, 또 다시 당선되리라는 보장은 없었다. 동년 5월의 국회의원 선거에서 공화당은 대통령 임기를 바꿀 수 있는 개헌선 확보에 실패했다. 그 즈음에 박정희 통치에 대한 사회, 정치적 불만이 쏟아져 나왔다. 이 당시— 주로 1971년 —에 주목할 만한 다음과 같은 사건이 있었는데, "① 부정 선거, 정부 부패, 교련 반대 학생 시위의 계속(2개 대학 휴교, 수많은 학생의 체포, 대학에 군대가 진주하는 유례가 없었던 결과를 초래했다), ② 학문의 자유를 위한 대학교수들의 전국적 투쟁, ③ 국립병원 수련의들의 파업, ④ 사법부 독립의 침해에 대한 항의로 판사가 전국적으로 집단 사퇴서를 제출한 초유의 사법부 파동, ⑤ 광주대단지 사건, ⑥ 20명의 항명자를 포함한 44명의 목숨을 앗아간 특수 부대의 유혈 반란" 등이 그것이다(Koh, B. C., 1973: 207-208).

그렇기 때문에 박정희는 권력을 유지하기 위해 예외적인 수단을 필요로 했다. 일반 한국 민중의 통일에 대한 열정을 감안했을 때, 남북 관계는 극적으로 이용 가능한 만능의 수단이었다. 7.4 공동 성명이 발표되던 날, 밀사로 평양을 방문했으며 남북 조절위원회 서울측 대표인 중앙정보부장 이후락은 남북 대화의 진전을 위해서는 남한의 정치 체제와 제도를 근본적으로 새로 만들어야 한다고 몇 차례 의미있는 주장을 했다(Koh, B. C., 1985: 89, 101). 약 석 달 후, 박정희는 "통일을 위한 남북 대화의 성공을 촉진하기 위해 필요한" 남한의 헌법

---

27) 서대숙도 회의 자료에서 김일성이 "70년대 초 남한과 교섭을 시작했을 때, 박정희 대통령과 비슷한 지위가 필요하다고 느꼈을 것이라"고 지적한다(Choy, B. Y., 1984: 117 에서 재인용).

과 체제 변화를 강조하면서 '10월 유신'을 선포했다(*FEER*, 1972: 13). 계엄 하에서, 모든 권력을 담지하는 대통령제와 사실상 중앙정보부에 의해 조정되는 '통일주체국민회의'에 의한 대통령 간선제, 대통령 임기의 무한정한 연장, 언론·결사의 자유의 실질적인 폐지를 포함하는 새로운 헌법이 만들어졌다.

공동 성명에 대한 해석, '10월 유신', '1민족 2국가'안의 추진 등 일련의 남한의 조치들을 보면서, 북한은 1973년 중반 경, 서울측이 주로 국내적 목적 특히 박정희 군사 독재의 영속화를 위해 공동 성명을 위한 대화를 진행했다는 것을 인식하게 된 듯하다. 중앙정보부 요원이 '10월 유신' 이후 일본에 망명해 있던 김대중을 납치하자, 북한은 1973년 8월 남북 조절위원회의 활동을 실질적으로 중단시키고,[28] 중앙정보부장이자 남북 조절위원회 서울측 대표인 이후락의 교체와 앞에서 언급한 박정희의 6.24 선언의 철회를 요구했다(Kwak, T. H., 1983b: 148; Koh, B. C., 1985: 95-96).[29]

이 이후, 70년대 내내 남한은 '선평화 후통일' 정책을 채택했다(RCPU, 1976: 76; Kihl, Y. W., 1984: 207-208; Yu, S. R., 1988: 814). 이전의 정책은 '선건설'을 강조했던 데 비하여, 이제는 통일에 선행한 평화 공존의 중요성을 강조했다. 그것을 위해 제안된 주요한 방법으로는 유엔 동시 가입, 4대 강국에 의한 교차 승인(미국, 일본의 북한 승인과 소련, 중국의 남한 승인), 상호 불가침 조약, 다양한 교류와 협력, 정상회담 등이 포함된다.[30]

그러한 제안이 보여주는 바와 같이 '선평화 후통일' 정책은 분명히 '1민족 2국가'안을 원용한 것이라고 할 수 있다. 그러나 박정희 자신이 그러한 방법을 과도기적이라고 했던 데에서도 알 수 있는 바와 같이, 그것이 통일 문제 자체를 포기한 것은 아니다. 마찬가지로 평화에 대한 새로운 강조가 그 때까지는 중요하지 않았던 평화가 중요해진 것이라거나, 평화스러웠던 남북 관계가 불

---

28) 남북 조절위원회 이름 하의 남북 간의 부분적 접촉은 1975년 5월까지 계속되었다. 7.4 공동 성명 이후 설치되었던 직통 전화는 평양측에 의해 1976년 8월에 단절되었다.
29) 북한은 남한과의 평화 공존 원칙과 무력 사용의 포기를 옹호했지만, "그것이 한반도의 영속적인 분단을 받아들이는 것을 의미한다면, 평화는 긍정하지만 공존은 부정한다는 것"을 명확히 했다(Harrison, 1978: 236).
30) 1973년 6월부터 1982년 1월까지 남한의 여러 가지 제안에 대해서는 RCPU(1976, 1979, 1986) 참조.

편해졌다는 것을 의미하는 것은 아니다. 또한 서로 다른 두 체제의 통합을 위해서는 선행 단계로 평화 공존이 필요하다는 것을 남한이 그 즈음에야 새롭게 인지하게 되었던 것도 아니다. 사실상 '선평화'는 '선건설'의 다른 표현이었다. 또한 '선건설'이 '남한 주도 하의 통일 또는 분단의 지속'이라는 기본 입장의 다른 표현인 깃과 마찬가지로 '선평화'도 같은 기본 입장의 다른 표현이었다. 단지 그 시기에는 평화가 강조되었던 것이다.

위에서 논의한 바와 같이, 박정희 정권은 통일 문제에 대하여 1960년대에는 침묵했다. '승공 통일'을 위해, '선건설'이라는 구호 아래 경제력을 골간으로 하는 남한의 국력 건설을 가속화시켰다. 어느 정도의 성공(남한의 자료는 남한의 경제 발전 수준이 1960년대 후반기에 북한의 수준에 도달했다고 주장한다[Yeon, H. C., 1988: 93-94])을 기반으로 1970년대에 박정희 정권은 북한에 대하여 "어떤 체제와 어떤 사회가 살기 좋은 사회인지를 증명하기 위한, 발전과 건설과 창조를 통한 선의의 경쟁"을 하자고 북한에 제안했다(Koh, B. C., 1985: 85에서 재인용). 그러한 경제 발전이, 1970년대 초, 박정권이 남북 대화를 고려하게 되었던 요인의 하나라고 할 수 있다(Koh, B. C., 1985: 72). 그렇지만 남한의 경제 발전 수준은 여전히 북한과 비슷한 정도였다. 그러므로 북한보다 결정적인 경제적 우위를 확보하기 위해서는, 아직도 시간을 벌 필요가 있었다. 북한이 1960년에 경제적 우위를 기반으로(Cho, S. S., 1967b: 231), 남한이 정치 문제를 논의할 준비가 되지 않았다면 양측이 경제적인 면에서 만이라도 협력하자고 북한이 제안하자, 남한은 통일 문제 자체에 대하여는 60년대 내내 침묵을 지키면서 '선건설'로 대응했던 것이다. 경제 수준이 북한과 엇비슷해지자 남한은 대화를 시작할 수 있게 되었다. 이제 북한에 비해 명백한 경제적 우위를 달성하기 위해, 북한에 대한 궁극적인 승리를 거두기 위해, 남한은 더 많은 시간의 필요에 대한 표시로서 '선평화'를 주창하였던 것이다. 남한이 남한에 유리한 방식으로 통일을 이룰 수 있을 때까지는 분단의 유지가 필요하였다. 그런데 남한에서 억압의 외피가 붕괴되자, 남북 통일 협상에 대한 다양한 대중적 요구가 분출하였다(McCormack, 1978: 220-221; Hwang, I. K., 1987: 63-65). 7.4 공동 성명이 발표되자, 남한 국민들이 극도로 열광했다는 것은 놀라운 일이 아니다. 남북 조절위원회가 중단되자, 그들의 좌절도 마찬가지로 컸다. 다른 한편 국제 사회에서 북한은 "남한보다는 통일에 대해 훨씬 일관적인 관심을 가져왔다"고 지적된다(Henderson, 1976: 131; Cumings, 1985: 33). 그렇기 때문에 국내외적으로 박정희 정권이 더 이상 '선건설'을 명분으로 통일 문제를 미루어 둘 수 없었을 것이다. 즉 보다 경제적으로 발전하기 위한 시간과 더불어 통일 문제에 대한 보다 정당하고 공정한 해결책을 모색하려는 관심과 유연성을 보일 필요도 있었을 것이다. 요약하면, '선평화'는 통일은 남한 주도 하에서 달성되어야 하며 그렇지 않다면 분단을 유지해야 한다는 이승만 체제 이후의 일관적인 전제의 또 다른 표현이라고 할 수 있다.

북한의 고려민주연방공화국안에 대응하여 남한은 1982년 처음으로 통일의 구체적인 방안인 '민족화합민주통일방안'(통일민주공화국안)을 제의했다(Secretariat for the President, 1983: 11-14). 주요한 내용은 다음과 같다. 남북이 '민족통일협의회'를 구성하고, 민족통일협의회가 통일민주공화국을 실현하기 위한 통일헌법을 기초하고, 한반도 전역에 걸친 국민 투표를 통해 헌법을 확정하며, 그 헌법이 정하는 바에 따라 총선거를 실시하여 통일 국회, 통일 정부를 구성함으로써 통일 국가를 완성한다는 것이다. '고려민주연방공화국안'과는 달리 '민족화합민주통일방안'은 중앙집중적인 통일 국가의 수립을 목표로 하고 있다(Yu, S. R., 1986: 786-787; Kihl, Y. W., 1984: 227-228; Kwak, T. H., 1983: 164-166). 그 통일 방안에 뒤이어 남한은 "다양한 교류 협력"을 위한 20개 시범 실천 사업도 제의했다.[31]

그러나 남한의 1982년 통일 방안은, 남북한의 동시 유엔 가입과 그것을 통해 한반도에 두 개의 국가의 존재를 공식적으로 제도화하는 1973년 6.23 선언의 내용과 결부되어 있다(Kihl, Y. W., 1984: 224). 평화의 유지도 강조되었다. 또한 민족화합민주통일방안에서 남한은, 통일에 이르기까지는 남북한이 각기 제3국과 체결한 국제 조약과 협정을 존중한다는 내용을 포함하는, "남북한 기본 관계에 대한 잠정 합의"가 통일민주공화국에 이르기 위한 전제가 되어야 한다고 요구했다.[32] 즉 남한은 미국과의 상호 방위 조약과 주한미군의 유지를 요구했다. 그렇지만 앞에서 살펴본 바와 같이, 북한은 그것을 통일의 주요한

---

31) 상세한 내용은 RCPU(1986: 215-216).
32) 상세한 내용은 Secretariat for the President(1983: 13-14) 참조.

장애로 인식하고 있었다. 결국, 길영환이 지적하는 바와 같이, 민족화합민주통일방안은 70년대의 통일 원칙의 핵심을 유지한 것이었다(Kihl, Y. W., 1984: 224). 그렇지만 남북 교류 협력을 위한 20개 시범 실천 사업의 제안을 통해, 남한은 경제적 성공 특히 공업 부문의 성과(남한의 자료에 의하면, 1980년대 초 남한의 GNP는 북한의 4배 정도에 이른내[Yeon, H. C., 1988: 94-95])에 기반하여, 남북 협상에서 이전보다는 보다 적극적인 자세를 보여주었다.

노태우 정권은 취임 이후 줄곧 김일성과 정상회담의 용의를 표명했다. 게다가 1988년 7월 7일 노정권은 "특별 선언(7.7 선언)"을 발표했는데, ① 해외 동포의 자유로운 남북 왕래, ② 남북한 교역의 민족 내부 교역 간주, ③ 북쪽과 자본주의 국가와의 관계 개선 협조 및 남쪽의 사회주의 국가와의 관계 개선 추구 등이 주요 내용이었다.33) 그렇지만 그러한 내용의 핵심은 여전히 70년대의 통일 원칙인 '선평화 후통일'과 같은 것이었다. 그러나 방법은 1982년보다는 훨씬 대담해졌다고 할 수 있다. 그러한 긍정적인 태도는 주로 고르바초프 출현 이후 이루어진 미소 간의 새로운 데탕트와 남한의 지속적인 경제 성장과 무역흑자에서 연유한다(Ahn, B. J., 1988; Chee, C. I., 1988).

1989년 9월 새로운 통일 정책인 '한민족공동체 통일방안'을 발표했다.34) 한민족공동체안은 북한의 고려민주연방공화국안이 "서로 다른 이념과 체제를 가진 두 개의 국가를 영속화시킬" 위험을 가지기 때문에 불완전한 것으로 비판하면서(National Unification Board, 1990: 130; Kwak, T. H., 1991: 62), 3단계 통일 방안을 제안했다. 첫째, 남북 대화를 심화시키며, 둘째 남북한 정상회담을 통하여 민족 공동체 헌장을 채택하고, 그것을 통해 남북이 사실상의 독자적인 국가며 느슨한 연합인 한민족 공동체를 이루어 내고, 최종적으로 총선거를 통하여 양원제의 통일 의회와 통일 정부를 구성한다는 것이다. 물론 여기에서도 여전히 궁극적인 통일이 달성되기까지는 '교차 승인'과 '남북 동시 유엔 가입'을 가정하고 있다(National Unification Board, 1990: 117).

그렇기 때문에 궁극적으로는 단일한 통일 국가의 달성을 가정하기는 하지

---

33) 상세한 내용은 *Korean Journal of International Studies* Vol. 19, No. 4 1988, pp. 609-610 참조.
34) 상세한 내용은 National Unification Board(1989) 참조.

만, 한민족공동체통일방안은 1982년에 만들어진 민족화합민주통일방안의 보다 구체화된 수정판이라고 할 수 있다. 한민족공동체통일방안은 여전히 '1민족 2국가' 원칙에 기초하여 두 개의 독자적 국가로서 남북의 공존을 최우선시하였다. 즉 본질적으로 한민족공동체통일방안은 분단된 절반을 통일시키기 위한 방안이라기보다는 사실상 남북한 관계를 정상화하기 위한 방안이었다고 할 수 있다(Koh, B. C., 1990: 447). 더욱이 상원은 지역 대표(남북한 평등)에 기초하여 구성되지만, 하원은 인구 비례(남한에 2대 1로 유리한)에 기초하여 구성할 것을 제안했다. 또한 이 통일 방안에서는 통일 한국이 '자유와 인권과 행복을 보장하는 민주 국가'가 되어야 한다고 분명히 했다. 그것의 실천적 의미는 명백한 것이었는데, "통일된 국가를 남한이 주도하며, 결국 서울이 구상하고 있는 것은 남한에 의한 북한의 흡수에 가까운 것이라"는 것이다(Koh, B. C., 1990: 450).

종합해 보면, 냉전기의 남북의 통일 정책은 근본적으로 같은 목적을 가진 제로섬적 접근, 즉 각자의 주도 하에서의 통일이거나 분단의 유지였다고 할 수 있다. 북한의 통일 방안이 포괄적이고 '한번에 모든 문제를 해결하려는 것'인 데 비해, 남한의 통일 방안은 기능적이고 '점진적인 것'이라는 지적이 많다(Kihl, Y. W., 1984: 207-208, 216, 221-222; Yu, S. R., 1986: 778-780; Yu, S. R., 1988: 812-821). 점진적 접근법이 가진, 그러한 접근을 통한 통일의 불확실성과 분단의 장기화 문제나 급진적 접근법의 실천 가능성 문제를 감안했을 때, 어떤 방법이 통일을 촉진하는 데 보다 효과적일 것인가는 여전히 의문으로 남아 있다. 그렇지만 그러한 문제와 별도로 냉전기의 통일 정책은 남북한이 각각 자기 사회의 강점과 약점을 상대편과 비교하고 자신의 전략적 이익을 고려하여 통일 한국의 모습을 그려내고 자신들에게 유리한 형태로 통일에 도달하는 수단을 선택하였다는 것을 보여준다.

2) 이념적 대립

남북한의 통일에 대한 그러한 제로섬적 접근은 주로 이념적 차이에서 기인한다. 2차 대전 후의 동서 갈등에 대하여, 갈퉁(Johan Galtung)은 그것이 미소 간의 갈등이었으며, "자유주의와 마르크스주의, 그리고 그 사회·경제·정치적 표현인 자본주의와 사회주의"라는 특정한 두 이념 간의 갈등이었다고 지적했다(Galtung, 1984a: 40). 그에 의하면 그러한 이념의 일반적 특징은 양자 모두 보편적 적용 가능성과 다른 신념에 대한 배제에 있는데, 그것은 기독교와 이슬람교와 같은 동방 종교의 보편주의(전세계에 대한 타당성)와 유일주의(한 체제만의 타당성)에 의해 영향을 받은 것이다(Galtung, 1984a: 41-42, 70-73).[35] 이념의 담지자들은 자신의 이념이 신념 체계로서 또한 구체적인 사회·경제·정치 구성체로서 전세계적으로 승리를 거두게 하는 것을 자신들의 의무로 여긴다(Galtung, 1984a: 41-42).

미첼(C. R. Mitchell)은 갈등 상황을 "둘 이상의 사회와 정당(어떻게 규정되거나 구성된 것이든 상관없이)이 상호 양립할 수 없는 목표를 가졌다고 인식하는 상황"이라고 정의했다(Mitchell, 1981: 17-18). 또한 "기존 가치 체계들"은 종종 목표 불양립성의 요소가 된다고 본다. 그러한 정의에 따르면, 보편성과 유일성 그리고 상호 용납할 수 없는 목표를 지닌 자유주의와 마르크스주의는, 본질적으로 갈등 상황에 있게 된다.

냉전기에는, 분단 과정에서 나타난 바와 같이, 한국의 경우가 본질적으로 동서 대립의 축소판이었다. 미소의 개입과 미소의 이념 대립이 투영된 한국 지도자 사이의 이념적 균열이 없었다면, 두 개의 한국의 탄생 자체가 없었을 것이다. 두 개의 한국이 탄생한 이후 남북이 모두 자신들의 후견인들의 이념인, 자본주의와 사회주의에 각각 헌신하게 된 것은 놀라운 일이 아니다.[36] 그렇기 때문에 일반적으로 말해서, 남북을 분단시킨 근본 문제는 "통일 한국이 어떠한 정치경제 체제를 가질 것인가라는 중심적인 관심사"와 관계된 그러한 이념적 이원성과 연관된다(Scalapino, 1976b: 60). 더욱이 이미 지적한 바와 같이,

---

35) 그는 두 이념 모두 서양 국가에서 유래했다는 의미에서 서구적이며 "서방의 개신교/가톨릭과 동방의 정교회라는 기독교의 세속적 자손, 즉 자유주의는 제도화된 기독교에 의해 인정받았다는 의미에서 합법적인 자손, 즉 적출(嫡出)이며, 마르크스주의는 대부분의 제도화된 기독교를 거부하고 또 거부당했다는 의미에서 비합법적인(그러나 모스크바의 정교회와는 명시적이지는 않지만 협약을 맺은) 세속적 자손, 즉 서출(庶出)"이라고 지적했다(Galtung, 1984a: 41).

36) 남북한의 정체에 대한 비교는 Kihl, Y. W.(1984: 7-10) 참조. 경제에 대한 비교는 Halliday(1987: 27-42) 참조

남북이 각각 동서 진영에 편입되고, 진영 간의 갈등과 밀접히 연관되게 되면서, 한반도가 두 진영의 최전선이 되었다. 그렇기 때문에 출발에서부터 두 한국은 갈등 상황에 들어가도록 운명지어졌다.

케네스 월츠는 갈등 상황에 있는 국가 간의 관계를 Ⓐ 국가 간의 느슨한 관계, Ⓑ 국가 간의 긴밀한 관계: 적대, Ⓒ 국가 간의 긴밀한 관계: 협력, Ⓓ 무관계의 네 가지 범주로 분류한다(Waltz, 1971: 457-458).[37] 또한 싱거(Kurt Singer)를 원용하면서 Ⓑ 범주의 전형적인 행위 양태를 "결연한 투쟁"으로 지적하면서, 두 한국의 갈등을 이 범주로 분류한다. 이 범주에서는 정치와 정치형태가 갈등의 축이 되며 "누가 누구를 지배할 것인가"가 문제로 제기되는데, 그러한 문제에 대한 답은 관련 당사자 중 일방만을 만족시킬 수 있을 뿐이다라고 주장했다(Waltz, 1971: 459, 463-464). 이미 살펴본 바와 같이, 냉전기 상호 관계에서 남북의 위치가 바로 그러한 경우였다. 동서 대립의 최전선에 있으면서, 누가 누구를 지배할 것인가와 같은 상호 양립할 수 없는 목표를 가진 갈등 상황에서 두 한국의 제로섬적 접근은 불가피한 것이었다고 할 수 있다.

그러나 동서 이념 갈등의 일반적인 양태와 비교해 보았을 때, 남북한의 갈등은 특히 극심한 것이었다. 라이트(Q. Wright)를 부분적으로 원용하면서, 미첼은 이념적 차이와 갈등 간의 역사적 연관은 받아들일 수 있지만, 양자 간에 논리적으로 필연적인 관계는 없다고 주장했다(Mitchell, 1981: 38). 이념의 차이가 갈등을 유발하는 경향이 있지만 필연적으로 그러한 것은 아니라는 것이다. 실제로 동서 간의 관계가 항상 직접적 갈등 관계였던 것은 아니다. 동서 대립에서 최소한 현상적으로는, 냉전기도 있었지만 데탕트의 시기도 있었다.[38] 그러나 남북 관계는 냉전 기간 내내 대립 관계로 지속되었다. 1972년 7.4 공동성명이 발표되었을 때조차도, '단일 민족으로서 사상, 이념, 제도를 초월한 민족적 대단결'을 이루기로 맹약했음에도 불구하고, 잉크도 채 마르기도 전에, 남한 정부는 정부의 허가 없이 북측과 접촉한 혐의를 받은 두 지식인을 처형시켰다(McCormack, 1978: 222). 평양측도 1972년 이후 얼마 되지 않아, 남한

---

37) 예를 들면, 월츠는 미소의 경우와 미중의 경우를 Ⓐ 범주에, 프랑스와 독일의 경우와 미국과 일본의 경우를 Ⓑ 범주에 넣는다. 갈등은 항상 관계를 전제하기 때문에, Ⓓ 범주는 사례가 없다고 설명한다. 상세한 내용은 Waltz(1971: 469-470) 참조.

38) 미소 데탕트에 대한 논의는 Wallensteen(1989: 225-231), Wallensteen(1985: 1-8) 참조.

침투에 사용하기 위한 목적으로 휴전선 지하에 땅굴을 파기 시작했다고 주장된다(Kim, H. J., 1976: 294). 소련과 중국을 비롯한 많은 공산 국가들도 참가한 1988년 24회 올림픽을 남한이 개최했을 때, 북한은 참가를 거부했다. 마찬가지로 서방 국가들이 자국 청년들의 참가를 허용한, 세계청년학생축전을 1989년 북한이 개최했을 때, 남한도 남한 청년들의 참가를 금지시켰다. 서로의 이념적 차이에도 불구하고 남북한 모두, 다른 이념 진영에 있는 국가들과의 관계 개선을 추구했다. 그러나 서로는 여전히 서로에게 주적으로 남아 있다.

동서 대립 파고의 고저와 무관하게, 남북 간에 강도 높은 이념적 대립이 유지되는 이유를 설명하기 위해서는 남북 간의 정당성 경쟁이라는 또 다른 요소를 살펴보아야만 한다.

3) 정당성 경쟁

분단 민족은 이전에는 하나의 법적인 단위로 존재하던 민족이 분열된 상태이기 때문에, 역사적으로 많은 분단 민족은 자신이 역사의 특정한 시점에 존재했던 선행하는 민족 국가의 유일한 정통적 계승자라고 주장하는 경향이 있다(Henderson and Lebow, 1974b: 436). 그렇기 때문에 분단 민족은 선행하는 민족체와 법적 일체감을 주장하면서, 종종 적대 국가의 존재의 합법성을 승인하기를 거부한다.

정부 수립 이후, 남북한은 공히 상대방의 국가로서의 정통성을 부인하면서, 자신이 전한반도를 대표하는, 아니면 적어도 자신의 법적 지배력이 미치는 영역을 대표하는 합법 정부라는 지위를 확보하기 위해 노력해 왔다. 그러한 정통성 경쟁도 이념적 대립을 심화시켰으며, 결과적으로 분단과 갈등을 유지하는 데 기여했다. 그런데 여기에서 필자는 '정통성'을, 정권 또는 국가의 존재의 타당성과 특정한 영토에 대한 대표성을 지칭하는 것으로 보겠다.

헨드슨(Henderson)과 레보우(Lebow)에 따르면 민족은 일반적으로 자신의 정체성을 "공통의 전통, 역사, 민족 문화의 관점"에서 정의하며, "그러한 단일성이 민족을 하나로 묶으면서, 주변과는 분리되게 하는 심리적 접착제가 된다"고 지적했다(Henderson and Lebow, 1974b: 435). 그렇기 때문에 분단된 이후,

분단된 상태의 정치체를 정당화하고 독립적인 정체성을 형성하기 위해, 공산주의와 비공산주의 국가로 분단된 국가의 민족 지도자들은 이념을 중심 기제로 이용하는 경향이 있다고 지적했다(Henderson and Lebow, 1974b: 435).

남북한의 경우도 그러하다. 분단 체제의 수립과 분단 유지의 이유를 설명하기 위해, 즉 분단된 정치체의 정당성을 설명하고, 전한반도 또는 자신이 차지하고 있는 영역에 대한 대표성을 주장하기 위해, 서울과 평양의 정권은 자신들의 이념적 차이에 극단적으로 의존했다. 즉 본질적으로 정통성에 대한 주장이 상대편과의 이념적 차이에 대한 강조를 통해서만 가능했던 것이다. 이념적 차이를 강조하는 데서 핵심은 자신의 이념이 우월하다는 주장이었다.

분단된 정치체로서 자신의 탄생과 존재를 정당화하기 위해, 남북한은 모두 외세의 개입이 한반도를 분단시키고 분단을 지속시켰다는 것을 인정했다. 그렇지만, 양측 모두 상대편에 대한 외세의 영향은 비판하면서 자기 쪽에 존재하는 외세의 영향은 정당화한다. 게다가 남북은 종종 서로 상대방을 외세의 괴뢰 또는 하수인이라고 부른다. 외세의 괴뢰로서, 상대방이 민족적 양심을 팔아먹고 외세의 주구가 되어 조국을 분단시켰다는 것이다. 그러한 지적에는 항상 수식어가 따라붙는다. 즉 남한에게 북한은 '소련 공산당'의 괴뢰이며, 북한에게 남한은 '미 제국주의자'의 하수인이다. 결과적으로 상대편의 경우에는 탄생과 존재에서 외세의 지원을 비판하면서도 자신의 경우에는 정당화하기 위해서, 이념적 차이를 강조하면서 상대편과 그 후견인의 이념에 대해서는 비판하는 것이다. 자연히 자신과 자신의 후견인의 이념은 진실인 데 비해 상대편의 것은 오류로 전제된다.

남북한은 각각 항일 운동, 즉 남한은 상해 임시 정부에, 북한은 만주와 북중국에서의 항일 무장 투쟁에 기반하여 정통성을 지닌 민족 국가라는 주장을 정당화한다. 그렇지만 전한반도 또는 자기 지역을 대표하는 합법성을 주장하는 논리는 근본적으로 위의 경우와 마찬가지이다. 이미 살펴보았듯이, 그것이 전한민족의 '민족 정부'를 의미하는 것인지에 대하여는 논란의 여지가 있지만, 남한 정부의 합법 정부로서의 지위는, 미국 주도 하의 유엔 결의를 통해 부여되었다. 냉전기에 남한은 종종 그 유엔 결의를 인용하여 남한이 전한반도의 유일한 합법 정부라고 주장했는데, 그것은 남한이 전한반도를 대표한다는(그렇기 때문에 유일하게 정통성을 갖는다는) 것을 의미한다. 북한은 물론 그러한 주장을 전적으로 부정한다. 그러나 남한이 유엔 감시 하의 선거를 받아들인 데 비해 북한이 그것을 반대한 이유를 설명하기 위해, 양측은 외세의 꼭두각시이자 주구인 상대방이 조국 분단을 획책하였다고 비난한다. 남한은 북한이 소련의 지시로 선거를 반대하여 민족을 분열시켰다고 주장하며, 북한은 남한이 미국의 지시로 선거를 받아들여 민족을 분열시켰다고 주장한다. 결과적으로 위에서 언급한 경우와 마찬가지로 서로가 외세 후견 하의 자신의 행동은 정당화하는 데 비하여 상대편의 똑같은 활동은 비판하며, 그러한 정당성의 기초 위에서 상대방의 합법성은 부정하면서 자신의 합법성은 주장한다. 이러한 문제는 다시 자신과 외부 후견인의 이념의 우월성에 대한 주장으로 요약될 수 있다.

사실, 서울과 평양 정권의 존재 이유가 근본적으로 그들의 이념적 차이에 의해 정당화된다고 말하는 것이 별로 과장이 아니다. 이전의 동서 갈등과는 달리, 남북한의 갈등은 민족 내부의 갈등이다. 그러므로 그 점에 대해서만 생각해 보기로 하자. 냉전기에 소련이 설령 미국과 같은 이념을 가졌다고 하더라도, 소련과 미국은 독립적인 국가로 남아 있었을 것이다. 그렇지만 구 동서독의 경우와 마찬가지로, 남북한이 동일한 이념을 가졌다면 서로 분리된 국가로 있어야 할 아무런 이유도 없었을 것이다.

간단히 말해서, 자신의 정당성이 상대방에 대한 부정에 있으며, 서로의 이념적 차이를 강조함으로써 그러한 정당성이 주장될 수 있다는 사실을 전제할 때, 필연적으로 이념적 대립이 강화될 수밖에 없다. 앞서 지적한 바와 같이, 그러한 사실 때문에 남북한이 서로에 대하여 제로섬적 접근을 하게 된다.

냉전기 내내 정당성의 확립이 남북한의 대내외 정책의 목표였다(Koh, B. C., 1984a: 8-10). 동서 대립의 상황에서 남북한은 각각 안정적인 지지자를 확보하고 있었다. 그렇기 때문에 정당성 경쟁은 주로 유엔에서 비동맹 제3세계들을 상대로 하여 이루어졌다(Park, J. K., 1985: 219-244; Chung, C. W., 1986: 344-370; Clough, 1987: 274-318). 남북 대결이 격렬한 것이었기 때문에, 1975년 유엔은 같은 회기에 한국에 대해 모순되는 두 결의안을 동시에 채택하는 기묘한 결과를 남겼다.[39] 국제적 운동 경기의 개최와 국제 경기의 결과도 국가의 국

---

39) 1975년 가을의 30차 유엔 총회에서 주로 3세계 국가들의 지지에 힘입어 북한은 유엔

제적 위신을 높이는 것이었기 때문에, 스포츠도 정당성 경쟁에서 예외가 될 수 없었다. 1988년 서울 올림픽과 1989년 북한의 세계청년학생축전 개최가 그것을 잘 보여주는 실례라고 할 수 있다(Clough: 1987: 318-326). 국내적으로는 정당성을 위해, 자기 이념의 절대적 우월성과 사회, 경제, 정치적 진실성을 '흑백 논리'와 '선악의 논리'로 강조했다. 경직된 이념 교화를 하면서, 남북 모두 공식 노선으로부터의 일탈에 대하여는 혹독한 처벌을 가했다. 그런데 상호 관계에서는 법적이든 사실상이든 상대편을 결코 국가로 인정하지 않았다. 남한은 정부 기구 내에 이북 5도청을 두고 있으며, 북한은 인민대표대회 내에 남한측 대표를 두고 있다(Macdonald, 1988: 265).

마지막으로, 정당성 문제와 관련하여 지적되어야 하는 것은, 통일 문제 또한 그러한 남북한 경쟁을 유지하는 데 기여했다는 사실이다. 한국은 오랜 세월 동안 한민족 한나라였고, 공통된 언어와 문화를 가지고 있기 때문에, 한국민들은 남북 통일에 대한 강렬한 민족적 열망을 가지고 있다. 더욱이 분단이 주로 외세에 의해 획책된 것이었기 때문에, 단일한 독립 주권 국가가 되기 위해서는 그러한 영향력은 극복되어야만 하는 과제였다. 또한 분단으로 인하여, 전쟁의 재앙에서부터 천만 이산 가족 문제에 이르기까지, 헤아릴 수 없는 민족적 손실과 불이익을 당했다. 그런데 분단과 분단의 지속은 본질적으로 이념적 차이에 의해서만 정당화될 수 있다. 그러나 사회 이념의 역사적 유동성에 비추어보았을 때, 그러한 이념적 차이는 영속적일 수 없다. 따라서 남북한이 언젠가는 통일될 것이라는 것이 한국인에게는 자명한 사실로 받아들여지고 있다. 그렇기 때문에 필연적 결과로, 서울과 평양의 정권은 실제 의도가 무엇이든 상관없이 최고의 목표가 통일이라고 선언하는 것이다.

그러나 그러한 정부 정책, 즉 통일이라는 남북한의 공식적 과제도 서로 간의 정당성 경쟁을 유지하는 기제로 작용하고 있다. "두 개의 물체가 동일한 시간에 동일한 공간에 위치할 수 없다"는 물리 법칙에 상응하는 정치적 유추가 나

사상 처음으로 정치·안보 문제를 다루는 First Committee와 총회가 북한에 유리한 결의안을 채택하도록 하는 데 성공했다. 그 결의안은 유엔 사령부의 해체와 남한에서 모든 외국군의 철수 요구를 포함하는 것이었다. 그러나 같은 회기에 남한도, 북한과의 관계에서 남한의 이전의 지위를 지지하는, 남한에 유리한 결의안을 통과시켰다. 자세한 논의는 Koh, B. C.(1976: 43-63) 참조. 결의안 내용은 RCPU(1976: 388-389) 참조

타나게 된다(Henderson and Lebow, 1974b: 436). 서로가 정당성을 주장하는 상황에서 상대방을 국가로 공식적으로 인정한다는 것은 사실상 자신의 정당성의 약화나 제한을 의미하는 것이다. 더욱이 남북은 모두 통일을 자신의 최고의 목표로 선언하고 있다. 상대방에 대한 어떠한 공식적 법적 인정도 한반도에 정통성을 갖는 두 개의 국가가 존재한다는 것을 인정하는 것으로 된다. 그러한 인정은 통일이라는 자신의 목표를 침식시키는 작용을 하게 된다. 그러한 인정은, 현존의 분단이 영속적일 수 있거나 적어도 예측할 수 있는 미래에는 제거될 수 없다는 것을 의미하는 것이기 때문에, 최악의 경우에는 통일이라는 목표 자체가 포기될 수 있다. 남북한이 통일을 목표로 가지지 않게 된다면, 처음에는 자신이 유일한 정통성을 가지고 있다고 주장할 것이지만, 시간이 지남에 따라 서로의 정당성을 승인하고, 독립된 주권 국가로서 상호 공존할 수 있게 될 것이다. 그러나 통일이라는 목표가 있는 한은 정당성 경쟁을 지속시키고 강화시키게 될 것이다.

그러한 경향은 다른 분단 국가에서도 발견된다. 중국과 대만은 자신들의 통일 의지를 천명하고 있으며 따라서 서로를 국가로서의 정당성을 가지는 것으로 결코 인정하지 않는다. 구 동서독의 경우도 그것을 잘 보여준다. 독일은 1972년 기본 협정을 체결하고 1973년 유엔에 각기 가입했다. 그러한 과정은 국제 사회가 양독을 각각 독자적인 정당성을 갖는 국가로 공식적으로 받아들였다는 것을 의미할 뿐만 아니라, 양독도 서로의 존재를 법적으로나 실질적으로 인정했다는 것을 의미한다. 그러나 서로를 정당성을 갖는 국가로 승인하는 문제에서, 그들의 입장은 통일 문제에 대한 그들의 태도에 따라 다르다.

1970년대 초 동독은 통일을 공식적으로 포기했다(McCardle and Boenau, 1984: xi, 137; Childs, 1988: 118-124). 1949년 헌법에서 동독은 독일은 "하나의 민주 공화국"이며 자신에게 유일한 정통성이 있는 것으로 주장했다. 그러나 민주주의와 사회주의의 이름으로 독일을 통일하기 위해 노력한다고 선언하고 있기는 했지만, 1968년의 신헌법에서 동독은 "독일 민족의 사회주의 국가"라는 점을 강조했다. 그러나 1974년의 개헌에서 동독은 통일이라는 항목 자체를 아예 없애 버렸다. 동독의 입장에서는, 사회주의 독일 민족 국가인 동독과 자본주의 독일 민족 국가인 서독이라는 두 개의 독일 민족 국가가 존재하게 된 것이다. 그러므로 동서독 관계에서, 상호 독립된 주권 국가로서 관계를 공식적으로 처리할 수 있도록 대사를 교환할 것을 동독이 요구하게 되었다.

상호의 독립, 영토, 기본 조약에 따른 각각의 국제적 대표성을 존중하는 데 대해 동독에 동의했기 때문에, 서독은 사실상 두 개의 주권 국가가 존재한다는 것을 받아들였다.40) 또한 유엔에 독자적으로 동시 가입했기 때문에 서독은 국제 사회에서 법적으로 두 개의 독일 민족 국가가 존재한다는 것을 받아들였다. 그러나 서독은 여전히 통일을 미래의 과제로 남겨 두고, '하나의 독일 민족, 두 개의 독일 국가'라는 개념을 통하여 '민족적 실체', 즉 동서독 사이에 독일 민족이라는 연대와 의식을 유지하려고 노력했다(Griffith, 1978: 175; Bender, 1973: 396). 그러므로 상호 관계에서 서독은 동독의 국가로서의 정통성을 공식적으로 승인하는 것을 거부했으며, 대사가 아니라 '상주 대표'를 교환하여 양측이 '특수 관계'에 있음을 주장했다(Griffith, 1978: 206-219; Bender, 1973: 395-397).

3. 상호 불신

1981년 몇몇 재미 한국인 학자들이 북한을 방문했다. 그 결과 그들은 미국이 대북한 대립 정책을 재고해야 한다고 하면서 다음과 같이 주장했다. "평양이 매우 호전적이며 철저히 무장하고 남한을 공격할 준비가 되어 있다는 미국의 인식은 지나치게 단순한 것이며, 사실은 훨씬 복잡하다. 북한의 과장된 호전성은 극도의 불안감을 감추기 위한 것이며, 평양의 지도자들도 서울과 워싱턴의 정책 결정자들과 마찬가지로 한반도의 긴장을 완화하기를 원하는 듯하다"(Kim, C. I. E. and Koh, B. C., 1983: 151).

한국 전쟁 중, 특히 공중을 장악하고 있던 미국은 북한의 거의 모든 도시를 폭격했으며, 1953년의 북한이 1945년의 폴란드보다 더 지독히 파괴되었다는 사실에 유의해야 한다(Cumings, 1984b: 772).41) 그러나 위 방북 학자 중 한 명

---

40) 조약에 관한 논의는 Griffith(1978: 218-219), Whetten(1980: 84-85), Black(1972: 512-515).

이 주장하는 바와 같이, 전후 북한은 양과 질에서 놀랄 만한 경제 건설을 이룩하였으며, 북한은 자신들의 노동의 결과를 과시하고 있다(Koh, B. C., 1984b: 59). 그렇기 때문에, 특히 "주한미군의 잠재적 파괴력에 대한 북한의 편집광적이라고 할 수 있을 만한 예민성"에 비추어보았을 때, 북한도 "평화 유지에 사활적 이해를 가지는" 것 같다고 보았다(Koh, B. C., 1984b: 59). 1980년에 북한을 방문했던 미국의 국회의원도 비슷한 견해를 표명했다. "북한 사람들은 한국 전쟁으로 인한 파괴의 쓰라린 기억에 사로잡혀 있으며, 그들이 당연히 자부심을 가질 만한 전후에 건설한 모든 것이 파괴되는 모험을 하지는 않을 것이다."42)

그러므로 위의 방북 학자들도 "주적 북한의 생각이나 분위기에 대한 직접적인 관찰의 결과, 평화에 대한 가장 큰 위협은 상호 불신과 오해라는 것을 깨닫게 되었다"고 주장했다(Kim, C. I. E. and Koh, B. C., 1983: 152). 다른 한 연구자도 1984년, 남북 대립이 그들 간의 구체적인 정치적 이념적 차이에서 기인하는 것이지만, 양측이 가지고 있는 "불신, 두려움, 의심과 오해"와 같은 심리적 요인들도 갈등이 증폭되고 영속화되는 것에 작용한다고 지적했다(Lee, M. W., 1984: 347, 357). 남북한은 고려민주연방제안과 민족화합민주통일방안을 각각 제안하였지만, 그러한 장벽이 축소되거나 제거되지 않으면, "더 나은 어떠한 제안도 더 진척될 수 없을 것이다"고 지적했다(Lee, M. W., 1984: 345-347).

실로 남북 간의 상호 불신이 냉전기의 대립을 악화시켰으며 타협과 통일을 가로막은 또 다른 주요한 요인이라고 할 수 있다. 상호 불신 때문에, 군비 경쟁 모델의 경우에서와 마찬가지로, 양측은 상대방의 의도에 대하여 '최악의 시나리오'를 가정하면서 '작용-반작용'의 방식으로 대응하는 경향이 있다. 안보 불안감과 관련된 경우에 특히 그러하다. 그러므로 어떤 점에서는 그러한 심리적 장애가 남북 간의 긴장을 완화하고 상호의 차이를 줄이고 해소해 나갈 수 있는 대화의 기회조차 가로막고 있다고 할 수 있다. 그러면 남북한의 상호 불신을 조장하는 요소들을 살펴보도록 하자.

---

41) 그는 또한 미국이 하도 광범위하게 소이탄을 퍼부었기 때문에, "대부분의 전쟁 기간 중에 한국인들이 두더지처럼 동굴"에서 살았으며, "미국의 폭격은 베트남에서보다도 심한 것이었다"고 지적한다(Cumings, 1984b: 772).

42) U.S. Congress, *The Korean Conundrum*, p. 12, Koh, B. C.(1984b: 59-60)에서 재인용.

특히 한국 전쟁의 경험은 그 이후 남북 관계의 상호 불신의 주요 원천이 되었다. 전쟁은 항상 그 자체로 비극이다. 한국 전쟁은 민족적 재앙이었다. 수백만의 한국인들이 목숨을 잃었으며, 대부분의 국토가 폐허화되었다. 더욱이 양측이 전진하고 후퇴하는 과정에서 수많은 한국인들은 동족 상잔의 쓰라린 비극을 경험해야만 했다. 양측의 점령 기간 중, 좌익은 "우익 분자"를 처벌했으며, 우익은 "적색 분자"들에 보복했다(Yim, Y. S., 1984: 90; Macdonald, 1991). 전쟁의 비극 그 자체와 동족 상잔의 기억으로 인해, 양측은 서로에 대해 극도의 증오와 적대감을 갖게 되었다. 그러한 감정에 극도의 상호 불신이 부수적으로 뒤따르는 것은 결코 놀랄 일이 아니다.

더욱이 첨예한 이념적 대립 속에서, 전쟁 자체의 부산물인 상호 불신은 서울과 평양의 정권이 계속적으로 전쟁의 경험을 정치적으로 이용함으로써 훨씬 악화되었다. 한국 전쟁에 대한 논쟁 과정에서 양측은 '왜 전쟁이 일어났는가'가 아니라 '누가 전쟁을 시작했는가'에 초점을 두었다. 따라서 모든 비극의 책임은 물론 전쟁을 도발했다고 주장되는 측에 돌려졌다. 즉 '누가 전쟁을 시작하였는가'라는 점에서, 양측은 모두 자신들의 도덕성과 평화를 강조하면서 상대편의 사악함과 호전성, 그리고 반민족성을 과장하였다. 그러한 문제는 양측 모두에게 상대방은 비판하면서 자신을 정당화할 수 있는 귀중한 도구를 제공했다. 전쟁의 잔혹성에 대한 기억을 이용하여 국민에게 호소력을 가질 수 있었다. 거의 모든 사람들이 직간접적으로 전쟁으로 상처를 입은 상황에서, 상대방을 비판하기 위해서는 전쟁을 도발한 책임을 전가하는 것보다 더 효과적인 수단은 없다. 전쟁 기념일뿐만 아니라 일상적인 경우에도 서울과 평양의 정권은 전쟁의 잔학성을 국민들에게 회상시켜, '그 어느 때보다 큰' 전쟁 위협과 상대방의 사악함을 비판한다.

그러한 정치적 이용을 논하는 데서, 서울과 평양의 이념적인 이익 집단의 존재도 언급되어야 한다. 여기에서 이념적 이익 집단이란, 남북한 모두에서 현존의 이념으로부터 이익을 얻는 집단을 말하는데, 그들은 주로 이념의 유지를 통해 자신들의 이익을 보장할 수 있으며, 이념적 이해의 공유를 통하여 집단으로서의 응집성이 주어진다.[43) 각 사회에서 그들의 지도적 위치로부터, 그들 이익

---

43) 그러한 남북한의 이념적 이익 집단은 나탄 화이트가 "반민족적 한국인"이라고 이름 붙

집단은 남과 북의 지배 집단을 이루었을 뿐만 아니라 자신들의 이념을 지지하는 핵심적 사회 세력이 되었다. 정치 체제의 급격한 변화를 초래할 어떠한 남북의 타협이나 통일도 그들의 기득권에 대한 직접적 위협일 수 있다. 두 이념이 상호 배타적인 한, 자기 유지 자체가 자신들의 이념 수호에 의존하게 된다.[44] 그러므로 이들 이익 집단의 입장에서 한국 전쟁 특히 전쟁에 대한 책임을 상대방에 전가하는 것은 상대방과 상대의 이념을 불신하게 하는 더할 나위 없는 수단이 되었다. 같은 맥락에서 이들 집단은 남북한 간의 이념적 대립과 정당성 경쟁을 유지하는 데 중심적인 역할을 수행하고 있다.

상대방에 대한 도발과 서로가 느끼는 안보에 대한 위협도 상호 불신을 증폭시킨다. 한국 전쟁 이후 남과 북은 상대방이 휴전 협정을 위반했다고 무수히 주장했다. 1983년 아웅산 사건 외에도,[45] 남측이 주장하는 북한의 도발과 침투는 다음과 같은 것들이 있다. ① 1968년 북한의 124군 특수부대원 31명이 남한의 박정희 대통령을 살해하기 위해 서울에 침투했다. ② 1972년 이후 북한은 기습을 목적으로 최소한 4개 이상의 땅굴을 팠다. ③ 1987년 두 명의 북한 공작원이, 88년 서울 올림픽 참가를 저지할 목적으로 남한의 비행기를 폭파시켰다. 물론 북한은 어떠한 사건에 대한 책임도 공식적으로 부인했다. 북한이 주장하는 미군과 남한측의 휴전 협정 위반과 도발에는 다음과 같은 것이 있다. ① 1968년 북한의 초계정이 북한의 영해에서 첩보 활동을 한 미 정보함 푸에블로 호를 나포했다. ② 1969년 북한 영해에서 첩보 활동을 하던 미 해군 정찰기 EC-121기가 격추되었다. ③ 1980년대 초부터 미공군의 SR-71기가 북한의 영공을 침범하여 정기적인 정찰 비행을 했다. 물론 미군과 남한측은 그

인 집단을 포함한다. 양체제의 지도층, 지도층을 보조하는 관료, 군대와 비밀경찰 기구의 구성원, 남북한 정당의 구성원, 기존 사회경제적 체제에서 혜택을 보는 사회 집단이 그들이다(White, 1979: 217-218).

44) 그러므로 통일 문제에 대한 논의에서 그들은 자신들의 이해에 100% 유리한 방안을 선호한다(Kim, H. K., 1973: 114). 황인관은 "양측의 지배 집단 모두 통일을 원하지 않으며, 모든 (통일) 소동은 말뿐이며 공허한 구호에 불과하다"고 주장한다(Hwang, I. K., 1987: 105, 113).

45) 1983년 10월 9일의 아웅산 사건은 버마를 공식 방문 중인 남한의 전두환 대통령을 살해할 목적으로 의도된 것이었다. 전두환은 폭탄을 피했지만, 네 명의 장관을 포함한 17명의 수행원들이 사망했다.

것을 전적으로 부인했을 뿐만 아니라 도리어 그것을 북한이 도발한 사건이라고 주장했다. 양측의 주장과 부인의 진실성 여부를 따지는 것은 이 논문의 범위를 넘어선다. 그렇지만 어쨌든 남북한이 첨예하게 군사적으로 대립되고 있다는 점에서 그러한 사건이 일정 정도는 진실이라고 했을 때, 여기에서 중요한 것은 그러한 도발은 명백히 상호 불신을 증대시키고 기존의 대립 정책을 더욱 강화하게 하는 핑계를 제공했다는 사실이다.

더욱이 냉전기에 양측은 한국전 재발의 위험을 구조적으로 가지고 있었는데 그것도 상호 불신을 증폭시켰다. 주요 요인을 살펴보자. 첫째, 남북한의 기본 관계 그 자체가 전쟁의 위험을 가졌다고 할 수 있다. 이미 살펴본 바와 같이 남북 관계에서 양측은 본질적으로 제로섬 게임의 입장에 서 있었다. 그러므로 비록 양측이 평화 통일을 천명하고 있기는 하지만, 그것이 그들의 궁극적 목표를 달성하기 위해서 상대방을 공격할 유리한 기회를 피할 것이라는 것을 보증하지는 않는다. 더욱이 그들은 이미 전쟁을 한 적도 있었다.

둘째, 이미 살펴보았듯이 한반도의 지정학적 위치로 인해, 냉전기에 양측은 자신의 의지에 상관없이 전쟁의 위험에 놓여 있었다. 이웃 강대국들의 이해 갈등은 손쉽게 남북 대립을 전면전으로 촉발시킬 수 있었다.

셋째, 위에서 지적된 도발뿐만 아니라 우발적 사고도 또 다른 한국 전쟁을 촉발시킬 방아쇠가 될 수 있었다. 한 연구자의 지적처럼 비무장지대는 "현존하는 가장 잘못된 명칭 중의 하나"이다(Olsen, 1986: 863). 비무장지대는 사실상 화약고 지대이며, 그 양측에는 중무장한 군대가 극도의 증오와 적대감을 가지고 배치되어 있다. 비무장지대 주위에는 남북한의 군대는 말할 필요도 없고, 미군도 24시간 항상 전쟁 준비 태세에 있다(Hayes et al., 1986: 178). 한국은 미군이 항시적으로 평시 상태보다 한 단계 높은 방어 준비 상태(DEFCON 4)를 유지하고 있는 지구상의 유일한 지역이다(Goose, 1987: 76). 그러므로 의도적인 것이든 우발적인 것이든 일단 무장 충돌이 발생하면 양측은 전면적인 경계 상태에 들어간다. 상대측의 국내적 정치적 위기가 발생하는 경우에도 마찬가지이다. 예컨대, 1979년 박정희가 중앙정보부장에게 살해당했을 때, 남북한 모두 전면적 경계 상태에 돌입했다.

　세 가지 주요 요소를 중심축으로 하여, 냉전기의 남북한 갈등 상황을 살펴보았다. 1990년대에 들어 한반도의 지정학적 환경은 특히 강대국들의 관계 변화에 관련하여 극적으로 변화하였다. 다음 두 장에서는 냉전 종식 이후의 남북한 갈등 상황을 고려하면서 한반도의 평화 증진을 위한 수단으로서 한반도 비핵무기지대화와 비도발적 방위 체제의 수립에 대하여 논의히도록 하겠다.

5
· · · · · ·
한반도 비핵지대화

동북아에서 핵억지는 서유럽에서와 같이 냉전 동안 사회주의권을 봉쇄하기 위한 미국의 지배적인 군사 전략이었다. 따라서 동서 경쟁의 최전방으로서 한반도는 오랫동안 잠재적인 핵무대였던 것이다.[1] 나아가 강도 높은 남북의 군사적 대결에 비추어서 때때로 한반도는 핵무장한 강대국 간의 3차 대전을 야기할 수도 있는 '핵지뢰 인계철선(*tripwire*) 화약통'으로 불리기도 했다(Cumings, 1984a: 28; Hayes, 1991: xiv).

앞으로 살펴보게 되겠지만, 70년대 초부터 남북한은 독자적으로 핵무기를 개발할 수 있는 가능성을 드러내 왔다. 남한과 북한은 각각 1975년과 1985년에 핵무기확산금지조약(NPT)에 가입하였고, 양측 모두 최소한 공식적으로는 핵 비확산에 대한 지지를 표명해 왔다. 더 나아가 남북한은 1991년 12월에 한반도 비핵화 공동 선언(이하 '비핵 선언')에 합의하였다. 그러나 1970년대 남한의 핵무기 개발 시도와, 최근 국제원자력기구(IAEA)의 핵시설 사찰에 대한 북한의 조건부 거부, (비핵 선언에 명시된) 상호 핵시설 사찰에 대한 남북한 협상의 난항은 남한이나 북한이 핵무기를 갖고 있을 가능성에 대한 우려를 야기하고 있다. 한 측이라도 핵을 가지게 될 경우 다른 측도 그렇게 될 가능성이

---

1) 미국은 한국 전쟁 때 핵무기 사용을 고려한 뒤 1957년 "정전 협정을 위반하면서" 남한에 핵무기를 직접 배치하였다(Cumings, 1984b: 773).

매우 높은 것이다. 그렇게 되면 양측의 적대와 상호 불신에 비추어볼 때 선제 도발의 위험도 무릅쓰는 핵무기 경쟁이 야기될 것이다.

1991년 9월 미국은 남한에서 핵무기를 철수한다고 발표했다. 그러나 이 발표가 북한에 대한 핵무기 사용이나 사용 위협의 가능성을 완전히 배제한 것은 아니며, 남북한의 핵확산 문제는 한반도가 냉전 후에도 여전히 핵 대립의 폭발 직전에 있을 수 있다는 사실을 보여준다.

1990년대에 들어오면서 동서 관계의 변화를 반영하듯이 한반도 내·외부적인 지정학적 환경은 크게 변화되었다. (남한에서 미국의 핵무기 철수와 남북한 비핵선언과 같은) 앞서 언급한 변화 외에도 남한은 소련(현 러시아)과 중국과의 외교 관계를 정상화하였다. 다른 한편, 남북한은 유엔에 따로이긴 하지만 동시에 가입했는데 이로써 사실상의 '1민족 2국가' 관계라는 새로운 시대를 열게 되었다. 이어 양측은 또 미래의 남북한 관계에 관한 기본 합의를 채택하였다.

본 장과 다음 장에서는 한반도 평화의 전망을 증진하기 위한 수단으로서 비핵무기지대(NWFZ)와 비도발적 방어 체계(NPD)의 착상을 '두 개의 한국' 체제에 적용하는 것에 대해 논의할 것이다. 본 장에서는 한반도 비핵무기지대를 다루는데, 먼저 한국에서 미국의 핵억지 전략의 문제를 살펴본다. 다음으로 냉전 이후 한반도 내외의 주요 변화와 갈등 상황를 고찰하면서, 현재처럼 급속히 변화하는 지구적 및 지역적 질서 속에서 어떻게 한반도 비핵무기지대가 남북 간의 평화 관계와 동북아 지역의 전략적 안정에 모두 기여할 수 있는지를 논할 것이다. 마지막으로, 2장에서 논의한 유엔 비핵무기지대 모형의 개념에 입각해 한반도 비핵무기지대의 개략적 원칙을 제시하기로 한다.

1. 핵억지에 반대되는 사례

1장에서 우리는 핵억지 논리에 수반되는 다양한 문제를 살펴보았다. 한반도에서 미국의 핵억지 전략은 그러한 일반적 경향과 대체로 부합되고 부분적으로는 남북한 대결의 특수성을 반영하며 다양한 문제를 안고 있다. 먼저 이 전략의 기능적 측면과 관련된 문제부터 살펴보자. 핵억지의 수행에는 3가지 조건(의사 소통, 능력, 신뢰성)이 요구되는데, 한국에서 미국의 핵억지 전략은 두 가지, 즉 의사 소통과 신뢰성에서 불충분한 점이 있다. 미국은 북한과 충분한 의사 소통 통로를 갖고 있지 못한데 이는 전략의 효과성을 떨어뜨릴 수 있다(Nam, J. H., 1987: 274). 또한 북대서양조약기구(NATO)와 비교하여 한국에 관한 미국의 핵억지는 신뢰성이 떨어진다고 주장된 바 있다(Morgan 1987: 461-462, 465-466). 심지어 서유럽 방어와 관련해 미국의 확장적 억지 전략이 얼마나 신뢰성을 얻을 수 있는지에 대해 의문이 증대해 왔다. 그러나 유럽과 비교해 볼 때 미국은 전통적으로 아시아에 중요성을 덜 부여했고, 심지어 그 중요성도 거의 일본의 방어에 집중되어 왔다. 또한 남한 영토에 직접 미국의 핵무기를 배치하는 것의 군사적 효용에 대한 회의와 함께 "이 지역에서 가장 강력한 미국의 해양 핵병기, 특히 공격 핵무기인 토마호크(*Tomahawk*) 크루즈 미사일만으로도 완벽히 적절한 억지가 된다"고 주장된다(Mack, 1990: 7).

그러나 가장 중요한 것은 핵억지 전략이 한반도에서 실패할 가능성이 너무나 높다는 것이다. 1장에서 논의한 핵무기의 엄청난 파괴력을 감안할 때, 핵억지가 '절대적으로 효과적인 것으로 어떤 붕괴도 허용하지 않을 수 있는지'에 대한 근본적인 질문이 제기되어 왔다. 그리고 앞에서 살펴본 바와 같이 핵억지는 '전쟁 예방'이라는 원래 목표와 달리, 이론상으로 또 실제로 '전쟁 행위'(*war-fighting*)를 할 수 있는 다양한 경향을 수반하고 있다. 그리고 이미 보았듯이 한반도의 경우 전쟁 위험은 계속해서 매우 높았다. 남북한은 이미 한 차례의 열전을 경험하였고, 때때로 한반도가 전세계의 핵화약고라고 불릴 만큼 위험했다. 어떤 이는 심지어 일방이 결정적인 군사적 우위를 가지게 되는 것에 대한 공포와 아울러 일촉 즉발적인 한국의 상황으로 인해 이제까지 야기된 적이 없는 최초의 돌발적 핵공격 사태가 초래될 수 있다고 주장한다(Nam, J. H., 1987: 269, 273).

한국에서 미국의 핵억지에 관해 제기되는 또 다른 문제는 미국의 핵억지가 남북한의 평화 유지에 진정으로 기여해 왔느냐 하는 것이다. 특히 냉전 동안 미국은, 북한이 자신들의 방식대로 한반도를 통일하고자 하며 (거의 80%의 지상군의 전방 배치와 같은) 공격적인 군사 태세와 어마어마한 군비 증강 투자는 그 첫번째 활용 기회로서 남한에 대한 북한의 지속적인 공격 의도를 보여주는 가장 유력한 증거라고 주장해 왔다. 북한이 남한을 지속적으로 위협하듯이 미국의 핵위협도 지속적으로 북한을 견제해 왔고, 전쟁이 발발하지 않았기에 핵억지는 '평화를 유지'해 온 것이다(Hayes, 1989: 51에서 재인용; Hayes, 1991: 141). 나아가 가령 북한이 무모한 집단이라 미국의 핵위협으로도 그들의 공격적인 전쟁 계획 개시를 막을 수 없는 경우 "전체적인 '억지 정책'(deterrence package)에서 효과적인 요소는 상실될 수도 있다"(Hayes, 1989: 51에서 재인용).

냉전 동안 미소의 상호 핵억지가 유럽 평화를 유지했는지의 문제에 관련해 앞 2장에서 논의한 바와 같이 (핵억지가 '잘 작동했다'는) 그러한 주장에는 한쪽의 핵위협이 없었다면 다른 쪽이 공격했을 것이라는 보다 설득력 있는 증거가 필요하다. 같은 맥락에서 한반도에서 미국의 핵억지가 잘 작동해 왔다는 주장 또한, 미국의 핵위협이 없었다면 북한은 남한을 공격했을 것이라는 설득력 있는 증거를 요구한다. 그러나 그런 증거는 여태 없었다. 그런 증거가 없기 때문에 북한이 아직 남한을 공격하지 않았다는 사실로만 핵억지가 '잘 작동해 왔다'고 결론지을 수 없는 것이다.

아울러 남북한의 서로에 대한 태도를 논의할 때 양측이 각각 자기 방식대로 한반도를 통일하고자 한다는 사실과 양측이 군사력으로 그런 통일을 추구한다는 사실을 구분하는 것은 매우 중요한 것으로 보인다. 이미 살펴보았듯이 북한만이 아니라 남한도 자기 방식대로 한반도를 통일하고자 추구해 왔다. 남한의 경우 그러한 접근이 단순히 북한에 대한 군사적 침공을 추구해 왔다는 뜻은 아니다. 마찬가지로 북한이 자기 방식대로 통일을 추구해 왔다는 이유만으로 무력 통일을 추구한다고 주장할 수 없는 것이다.

또한, 북한만 종종 잠재적인 침략자로 묘사되며, 비록 허구적인 것이라고 비판됨에도 불구하고 소위 북한의 군사적 우위는 한반도에서 미국의 핵억지에 대한 하나의 근거였다(Goose, 1987: 55-94; Hayes, 1989: 45-58). 그러나 4장에서 본 바와 같이 현실은 '훨씬 더 복잡한' 것으로 그런 식의 인식은 '너무 단순'해 보인다. 고병철의 지적대로, 자체적인 인식에 관한 한 "평양의 안보 문제는 서울만큼 절박하다"(Koh, B. C., 1984a: 10). 미국과 남한측은 핵무기로 무장하고 있고, 북한에 대한 핵무기 사용을 위협하면서 거의 매년 대규모 연합 군사 훈련인 '팀스피리트' 훈련을 실시해 왔다. 이 훈련은 나토를 포함하는 그 어떤 미국 연합군과의 합동 훈련 중에서도 가장 큰 규모이다. 더구나 남한은 급속한 경제 성장과 더불어 1980년대 초 이래 방위비를 북한의 두 배 이상 지출해 왔다(IISS, 1991: 164-165).2) 한반도에 관한 거의 모든 전략 분석가들은 심지어 남북한 간의 기존의 군사적 균형조차 현재는 빠른 속도로 남한에 우세하게 기울고 있다는 데 동의한다.3) 따라서 북한측이 볼 때 미국과 남한측에서 유발하는 또 다른 한국 전쟁에 대한 진짜 불안과 공포를 갖고 있다고 해도 별로 놀라운 것이 아니다. 특히 미국의 핵위협에 관해 북한은 종종 '망상증'이라고 불릴 만큼 매우 민감하게 반응해 왔다.4)

압도적으로 우월한 군사력으로 위협당한다고 인지하는 국가는 종종 공격적 억지 전략을 채택한다. 이 전략은 예상되는 공격을 미리 제압하는 것이든지 아니면 외부적 공격 후에 보복하는 것이든 간에 성격상 방어적이다.

몇몇 저자는 미국의 전쟁 및 핵위협에 대한 반응으로서 북한이 아마도 이런 공격적 억지 전략을 채택해 왔을 것이라고 주장한다(Hayes, 1991: 146). 이러한 관점에서 고려할 때 북한은 직접적으로든 간접적으로든 공격할 의도는 없으나 침략을 두려워하고 있다고 할 수 있다. 그리고 이런 공포로 인해 북한은 "직접 혹은 간접의 선제적인 또는 보복적인 공격으로써 그런 공격을 되받아치고자 한다"(Hayes, 1991: 146). 따라서 핵공격에 대항하기 위해 북한이 "(어떤 전쟁이 시작되든 간에) 가능한 한 많은 군대가 남한에 들어가 핵무기가 사용되기 전에 남한군과 민간에 침투해 핵사용을 불가능하게 만들어 버릴 수 있도록" 주요 지상군을 전방 배치할 필요가 있을 것이라고 제시되기도 한다(Cumings, 1992a: 22; Hayes, 1991: 148). 1969년 미국 첩보 비행기 EC-121 격추와

---

2) 스톡홀름 국제평화연구소(*Stockholm International Peace Research Institute*, SIPRI)의 보고에 따르면 1980년대 남한의 군사비 지출은 북한보다 4배 더 많았다(SIPRI, 1990: 193).

3) 이에 대한 분석으로는 리영희(1990b: 101-133). 또한 1976년 이래 북한의 군사비 지출은 남한보다 상대적으로 감소해 왔다(Hayes, 1989: 54).

4) 미국의 핵공격에 대한 북한의 공포에 대해서는 Hayes(1991: Ch. 8) 참조. 브루스 커밍스는 북한이 가질 수 있는 핵공포에 비추어 북한 사회의 안보 편집증이 병리적이라거나 편집증적이라고 볼 수 없다고 지적한다(Cumings, 1984a: 33).

같이 미국과 남한측의 도발이라고 주장되는 북한의 군사 행동은 또다른 한국 전쟁의 위험에 대한 북한의 경고이자 그 자신을 방어하기 위한 단호한 의사의 표현일 수 있다(Hayes, 1989: 54-55; Hayes, 1991: 149-150).

그래서 피터 헤이스(Peter Hayes)는 만약 북한이 미국의 핵위협에 대한 반응으로서 제한된 전략 선택 하에서 가장 설득력 있게 보이는 공격적 억지 전략을 취해 왔다면 미국의 핵위협은 가장 비생산적이었다고 주장한다(Hayes, 1991: 148). 그런 위협은 한반도에 전쟁 억지책을 제공하고 평화를 유지하는 대신 북한의 망상적인 반응을 야기하고 정치적 기류를 악화시켰을 수 있고, 위기 속에서 북한이 방어를 위해 공격하거나 남한이 북한의 공격적 억지를 제압할 위험을 증대시켰을 가능성이 높다(Hayes, 1991: 148; Hayes, 1989: 55).

또한 한반도에서 미국의 핵억지 전략은 남북한의 핵확산을 강력하게 자극해 왔다(Hayes, 1991: 199-216). 미국은 남한에 핵무기를 배치하면서 남한 정권에게 핵무기가 남한 방위에 필수적이라는 인상을 주었고, 그 결과 남한이 자체의 핵무기를 보유하려는 욕구를 자극했던 것이다(Weinstein 1978: 292-293). 아래서 살펴볼 수 있듯이 남한은 1970년대 동안 자체 핵무기 개발을 시도했다. 참으로 역설적이긴 하지만 미국은 남한이 핵무기를 개발하는 것을 방지하기 위하여 남한에 핵무기를 배치해야 했다는 주장도 있다(Hayes, 1991: 200-202). 더 나아가 한반도 핵억지에 대한 미국의 논리가 남한의 자체 핵무장 욕구를 자극했을 뿐만 아니라 남한의 반응을 불러일으킬 가능성이 높은 핵 선택을 북한이 추구할 수 있도록 유인을 제공했다고 주장된다(Polomka, 1986: 51). 아래서 보는 바와 같이 북한이 진정으로 핵무기를 개발하려고 시도해 왔는지는 아직 불명확하다. 그러나 북한에 대한 미국의 핵위협이 북한의 핵 잠재력을 둘러싸고 현재 벌어지는 논쟁을 야기한 주요 촉매제였음은 명확하다.

2. 한반도 평화를 향하여: 비핵무기지대화

비핵무기지대를 확립함으로써 그 지역이 핵전쟁의 위협으로부터 벗어날 수 있다고 단언할 수는 없다. 그러나 1978년 유엔 결의안에서 일찍이 촉구된 바

와 같이 그것은 핵 비확산을 위한 "중요한 군축 조치"이며 비핵무기지대 당사
국은 핵무기확산금지조약(NPT)에 가입하는 것보다 더 강력한 비핵화 의지를
고수하게 된다. 따라서 2장에서 논의한 바와 같이 비핵무기지대는 법적으로
핵전쟁 위험을 제거하고 그러한 비핵화 규약을 통해 국가 간의 관계를 증진하
는 효과를 가지고 있다. 이런 주요한 비핵무기지대의 효과를 가정하고, 지금부
터는 특히 냉전 이후 남북한 주변의 갈등 상황을 고려하면서 어떻게 한반도
비핵무기지대가 한반도의 평화 전망을 증진하는 데 기여할 수 있는지 자세히
살펴보기로 한다.

1) 북한의 핵 잠재력

앞에서 언급한 것처럼 한반도는 핵확산의 가능성을 보여 왔다. 남한은 1975
년 5월 핵무기확산금지조약에 가입했음에도 불구하고 1970년대 동안 핵개발을
추진해 왔다.[5] 1975년 베트남 붕괴 이후 당시 남한의 박정희 대통령은 남한에
서 미군이 철수할 경우 자체 핵개발을 추구할 것이라고 공식적으로 밝혔다. 그
러나 남한의 핵무기 개발 계획은 이보다 더 앞선 1970년 늦여름과 가을로 거
슬러 올라간다. 그것은 1969년 닉슨이 괌 선언을 발표하고 남한측에 미 지상
군의 부분 철수 계획을 통보한 직후였다. 괌 선언에서 미국은 여전히 남한에
대한 핵우산의 보증과 모든 협정의 지속적인 준수를 약속하였다. 나아가 미국
은 남한에 또 다른 보병 부대를 주둔시키고 있었다. 그러나 남한은 미국의 안
보 지원이 약화될지 모른다는 우려 때문에 핵무장을 결정한 것이다.

이 계획이 미국에 의해 좌절된 것은 별로 놀랍지가 않다. 미국은 자신의 어
떤 안보 수혜국이라도 초강대국에 핵무기를 집중시키고자 하는 미국의 전지구
적 정책을 와해시키는 것을 용납할 수 없기 때문이다.[6] 그러나 남한은 핵무기
개발 계획을 추진했고, 1979년에 박정희가 암살되지 않았다면 1981년 전반
경 최초의 핵폭탄을 가지게 되었을 것이라고 알려져 있다.[7] 핵관련 전문 기술

---

5) 남한의 핵무장 시도를 자세히 다룬 것으로는 Ha, Y. S.(1983: 126-127, 131-133, 179-181),
   Spector(1984: 20-21, 341-342), Nam, J. H.(1986: 103-106)이 있다.

6) 자세한 논의는 Hayes(1991: 199-212) 참조.

7) *Jane's Defence Weekly*(1993: 6); *Pacific Research*(1993: 7)에서 재인용. 박종렬(1989:

에 대한 남한의 지속적인 추구는 1980년대에도 시도되었으나 또다시 미국의 간섭에 부딪쳤다(Hayes, 1991: 206).

일반적으로 남한은 쉽게 핵무기를 도입할 수 있는 수준에 있다고 추정된다. 남한은 1962년에 첫번째 연구용 원자로를 도입하였고, 1992년 말에는 원자로를 두 개 더 가동시켰다. 남한은 1978년 첫번째 핵발전소 가동을 시작하였고, 1989년 무렵에는 8개나 더 건설하였다. 남한은 핵발전소를 2001년 경에는 9개, 2006년에는 6개를 더 건설할 계획을 갖고 있다. 따라서 핵에너지에 대한 높은 의존도에 비추어 남한은 핵에너지 독립을 추구해 왔다고 할 수 있다. 남한은 1988년에 핵연료 제조에 성공하였고 핵연료 사이클을 거의 완성했다(Hayes 1991: 211). 남한은 또한 1995년까지 핵발전소 건설에 필요한 거의 완벽한 기술을 발전시킬 계획이다(『원자력 백서』, 1992: 80, 128-132). 따라서 미국 관리들은 비록 상대적으로 조야한 수준이지만 아홉 달이나 2년 내에 남한이 핵폭발 장치를 제조할 수 있는 능력을 가지고 있다고 판단한다(Hayes, 1991: 211).[8]

북한은 1965년에 첫번째 연구용 원자로를 도입하였고, 1987년에 또 다른 연구용 원자로를 평양에서 90킬로 북쪽에 있는 영변에 설치하였다. 그러나 1992년 말에 북한은 비록 두 개의 핵발전소를 건설중이었고, 하나 더 건설할 것을 계획하고 있었지만 어떤 완성된 핵발전소도 소유하고 있지 않았다. 그러므로 일반적으로 개발 능력에 관한 한 "남한이 북한보다 핵무기를 제조하기에 훨씬 더 잘 준비되어 있다"고 주장되는 것이다(Mack, 1990: 6).

북한도 1985년에 핵무기확산금지조약에 가입하였다. 그러나 1989년 중반 이후 북한의 핵무기 개발 능력은 특히 국제원자력기구 안전 협약의 수용에 대한 조건부 거부와 관련해 논쟁거리가 되어 왔다. 그러면 이 논쟁에서 진짜 문제가 되는 것이 무엇인지 두 단계로 나눠 살펴보기로 하자. 하나는 1991년 남한과의 비핵 선언 체결까지의 시기이고 다른 하나는 그 이후이다.

(1) 한반도 비핵화 공동 선언 이전

북한이 '한반도 비핵화 공동 선언'에 조인할 때까지 북한이 핵무기를 개발할

276-291) 참조

8) 남한의 핵기술 기반에 대해서는 Hayes(1992b: 5-20) 참조.

지도 모른다는 주장은 다음의 세 가지 중 한두 개를 근거로 들었다. 첫째, 1989년 미국과 프랑스의 위성 사진을 보면 플루토늄을 생산할 수 있는 핵연료 재처리 시설이 영변의 원자로 근처에서 건설되고 있다는 것이다. 잘 알려져 있다시피, 핵무기는 핵분열성 물질로서 고도의 농축 우라늄과 플루토늄-239가 필요하다. 둘째, 북한은 핵무기확산금지조약에 가입하였지만 국제원자력기구의 안전 협약에 서명을 거부해 왔다. 셋째, 동구권 해체와 증강하는 남한의 군사력을 놓고 볼 때 한반도에서 군사력 균형은 남한 쪽으로 기울고 있고 따라서 균형을 위해 핵무기가 필요할지 모른다는 것이다(Song, Y. S., 1991: 3-5).

그러한 주장과 더불어 언제 북한이 실제로 '폭탄'을 제조할 수 있는지에 대해서도 많은 추측이 있었다. 남한의 국방장관은 1990년 6월 국회의 국방위원회에서 북한이 1990년에 영변 핵연료 재처리 시설을 완공할 것이라고 증언하였고, 덧붙여 북한이 1990년대 중반 경에는 핵무기를 개발할 수 있게 된다고 하였다(『한국일보』, 1990년 6월 23일: 2). 미 중앙정보부(CIA)를 비롯한 미국의 감시 및 정보 기구는 북한의 핵무기 개발 시점에 대해 '수개월'에서 '수년'에 이르는 다양한 추정을 제시하였다.

한편, 여러 차례에 걸쳐 미국과 남한측은 북한이 국제원자력기구 안전 협약을 거부할 경우 제재하겠다는 위협을 가했다. 제재 수단으로 제안된 것에는 경제적인 것뿐만 아니라 군사적인 것도 포함되었다. 1991년 4월 남한의 국방장관은 북한이 핵무기 개발을 서두를 경우 남한은 북한의 핵시설에 대한 코만도형의 기습 공격을 개시할 수 있다고 진술했으나, 다음날 황급히 이 발언을 번복했다(*KH*, Apr. 14, 1991, p. 1). 1991년 11월에는 미국의 국방성 관리가 "만약 북한이 사막의 폭풍 작전(*Desert Storm*)을 맛보고 싶다면 지금이 기회다"라고 언급한 바 있다(Cumings, 1992a: 16에서 재인용).9)

그러나 미국 정부는 북한이 핵개발을 추진하고 있다는 유력한 증거를 공식적으로 발표한 적이 없었을 뿐만 아니라 위의 주장을 통해 그런 핵개발 시도가 있었다고 확고하게 입증하지도 못했다(Hayes, 1991a: 2; Cumings, 1992a: 17). 미국은 이미 북한이 영변에 연구용 원자로를 건설했다는 것을 알고 있었

---

9) 걸프전의 경우처럼 그러한 공격에서는 미국의 재래식 무기를 장착한 연안 발사 토마호크 크루즈 미사일을 사용할 수 있다(Hayes, 1992a: 4).

고, 첩보 위성이 찍은 원격 감지 사진과 비행 정찰을 통해 북한이 핵연료 재처리 시설을 건설할지도 모른다는 가능성만 얻어냈을 뿐이다. 북한이 발전소를 건설했을 수는 있으나 이것 자체로서는 북한이 핵무기 제조 계획에 몰두하고 있다는 결정적 증거가 되지 못했다. 북한은 거의 모든 분야에서 '자조'에 강한 역점을 두고 있었고, 자체 사용을 위해 핵발전소 건설을 계획했다. 따라서 북한의 재처리 시설 건설은 소련이나 중국에 대한 의존을 피하기 위한 핵연료의 자급 추구의 일환일 수 있다.10) 일본 역시 핵연료 재처리 시설을 소유하고 있으나, 이것이 일본이 핵무기를 개발하고 있다는 것을 의미하지는 않는다 (Drifte, 1990: 34-36). 사실상, 일본이 북한의 핵 잠재력에 관한 문제를 제기하지만 북한 관리는 반대로 일본의 플루토늄 계획의 규모는 민간의 플루토늄 필요에 근거해서는 설명될 수 없다고 지적해 왔다.11)

남한처럼 북한도 핵관련 기술을 개발했을 수 있다. 그러나 이것이 반드시 핵무기 능력을 갖추기 위한 계획이라고 할 수는 없었다. 악화일로에 있는 북한의 안보 상황이 북한의 핵무기 개발에 대한 확고한 증거가 될 수는 없다. 북한이 첫번째 핵폭탄을 가지게 되는 시점에 대한 미국 정부 관리들 사이의 이견 역시 북한의 핵계획과 관련해 미국이 가지고 있는 정보가 얼마나 정확한 것인지에 대한 의심과 불확실성을 드러내 주었다.

북한의 국제원자력기구 안전 협정 가입 거부를 다루었던 거의 모든 서구 언론과 학계는 거부 그 자체만을 강조하였는데, 이는 결과적으로 북한이 비밀리에 핵무기를 개발할지 모른다는 것을 암시하는 것이었다. 그러나 실제로 북한은 국제원자력기구 안전협정 가입 문제를 핵무기 확산 금지를 위한 국제적 레짐의 의무와 혜택의 상호성(균형)의 문제와 결부시켰던 것이다.

1장에서 언급했듯이 핵무기확산금지조약과 국제원자력기구의 세부 조항은 핵무기 보유국(NWS)과 핵무기 비보유국(NNWS) 간의 불균형이 구조화되어 있다. 무엇보다도 핵무기확산금지조약은 핵무기 비보유국에 대한 보유국의 핵

---

10) 피터 헤이스는 "북한이 도처의 원자력 옹호자들이 꿈꾸는 장기 운영의 플루토늄 경제를 위해 '순전히' 재처리 연구 개발 계획에 부합되는 원자력 발전을 위한 계획을 가지고 있다"고 한다(Hayes, 1992b: 16).

11) 1992년 11월 베이징에서 열린 북한-일본 외교 정상화 회담의 북한측 수석 대표의 기자 회견 참조(『한겨레 신문』, 1992년 11월 6일: 2).

무기 사용이나 사용 위협에 대한 충분한 보호 조치를 규정하고 있지 않다. 이 쟁점은 이미 핵무기확산금지조약이 설립 준비중일 때부터 논란이 되었다. 따라서 협상 동안 핵무기 비보유국의 가입을 장려하기 위한 방안의 일부로서 핵무기확산금지조약의 세 '수탁국'(*depository state*), 즉 미국, 소련, 영국은 1968년 유엔 안보리에서 결의안 255를 통과시켰다. 여기서 이들은 핵무기확산금지조약의 당사국인 핵무기 비보유국이 "핵무기가 사용되는 공격 위협 행위의 희생이나 대상이 될 경우" 그 국가에 대한 "즉각 원조"를 약속하였다(2항).

그러나 분명한 보호 조치를 규정하기 위해 '소극적 보장', 즉 핵무기 비보유국에 대해 핵무기 보유국이 핵무기를 사용하거나 사용 위협을 하지 않겠다는 공식적인 보장에 대한 요구가 점증해 왔다. 수탁 3국은 1978년 유엔 총회의 군축에 관한 특별 회의에서 그러한 보장을 하였다. 그러나 그들의 정책 성명은 개별 국가 차원의 문제로서 통일된 것은 아니었다. 더 심각한 것은 소련이 "핵무기의 사용 및 획득을 철회하고 그 영토에 핵을 보유하지 않은" 국가에 대해 핵무기를 사용하지 않을 것이라고 명시한 것에 반해, 미국은 이번에는 다소 구태의연한 양식으로 만약 핵무기 보유국과 "동맹 관계"에 있거나 "연합 관계"에 있는 핵무기 비보유국이 미국이나 그 동맹국을 공격한다면 미국은 그 핵무기 비보유국에 대해서도 핵무기를 사용할 수 있다고 언급했다는 사실이다.12) 영국 역시 비슷한 성명을 발표하였다.

따라서 많은 국제원자력기구의 비핵 당사국은 그 협정의 기능에 대한 환상을 떨쳐 버리게 되었고 비핵 국가의 안보 보증을 위한 조치를 포함하여 핵무기확산금지조약 자체의 개혁을 요구해 왔다.13) 새로운 또는 현대화된 핵무기의 시험 및 생산의 완전 금지와 기존의 핵병기를 축소 또는 제거한다는 공식적 보장과 함께 핵무기 보유국은 "개별적으로 또 집단적으로 핵공격으로 위협받거나 핵무기로 공격받는 비핵 국가를 방어하기로 서약해야 한다"고 주장되어 왔다(Epstein, 1992: 23). 그러므로 그러한 조치가 1995년 핵무기확산금지조

---

12) 이에 대한 논의는 Goldblat(1982: 445-447), Goldblat(1974: 236-241) 참조.

13) 다른 핵무기확산금지조약 개혁 조치로는 다음을 들 수 있다. 모든 핵실험의 전면 금지, 핵분열 물질과 핵무기 생산 중지, 핵저장고의 대폭 감축과 궁극적인 제거, 핵무기 사용 금지(Epstein 1992: 22-23). 핵실험의 전면 금지 문제에 대해서는 Howlett and Simpson (1992: 85-107) 참조.

약의 심의 회의(*Review Conference*)에서 핵무기확산금지조약을 연장하기 위해서도 필요할 것이라는 점이 주목된다(Epstein, 1992: 23). 사실상 1990년 재심의 회의에서 이집트는 이미 새로운 유엔 안보리 결의안을 제출한 바 있다. 이 제안에는 핵무기로 위협받거나 공격받는 국가에 대해 원조를 제공하기 위한 "공동 노력"(*collective commitment*)과 더불어 핵무기확산금지조약에 가입한 핵무기 비보유국에 대한 핵무기 보유국의 핵무기 사용 위협이나 실제 사용에 대한 대응으로서 즉각 안보리가 조치를 취할 의무가 포함되어 있다(Goldbat, 1992: 28-29).

북한이 국제원자력기구의 안전 협정과 관련해 항의를 제기한 것은 주로 핵무기확산금지조약의 차별적인 내용, 즉 핵무기 비보유국에 대한 핵무기 보유국의 소극적 안보 보장 부재에 관한 것이다. 북한 외교부는 북한이 "미국의 지속적인 핵위협을 받아 왔다"는 점을 강조하면서 만약 미국이 핵무기확산금지조약에 가입한 핵무기 비보유국인 북한에 대한 핵위협을 "법적 보증"으로 철회한다면 북한은 아무 때라도 국제원자력기구 안전 협정에 서명할 수 있다고 주장했다(*PT*, Nov. 24, 1990, p. 1; Kim, J. M., 1991: 15). 북한은 핵무기확산금지조약 회원국으로서 핵 안전협정에 서명해야 한다. 그러나 미국 역시 핵 비확산 조약의 수탁국으로서 협정 상의 의무를 완수해야 한다고 외교부 성명은 주장하였다.

분명히 냉전 동안 미국은 핵무기를 남한에 배치했다. 1958년 초 미국은 남한에 핵무기가 존재한다는 사실을 확인했고 핵무기가 철수되었다고 주장한 적은 한번도 없었다(Hayes, 1991: 35).[14] 그러나 북한이 그들에 대한 미국의 핵위협 제거를 요구하는 것과 관련해 미국은 핵 존재 여부를 확인 또는 부인할 수 없는 상태에서 그것에 대해 협상하는 것은 불가능하다고 답변했다(Mack, 1991: 98). 이 주장과 관련해 북한은 국제원자력기구가 북한과 남한의 미군 핵 시설을 동시에 사찰해야 한다고 반박했다. 또 북한은 미국과 남한측이 한반도를 비핵무기지대로 만들기 위한 북한의 거듭된 제안을 무시하였기 때문에 "최후 수단으로서 사찰 문제를 남한 내 미국의 핵무기 철수와 연계시킨다"고 주장

---

14) 또한 미국의 슐레진저(James Schlesinger) 국방장관은 1975년 남한 내 핵무기의 존재를 확인했다(Hayes, 1991: 60).

했다(Kim, J. M., 1991: 15). 더구나 북한은 1990년 11월, 미국이 합의를 보증한다는 조건으로 사찰 대상이 되는 핵시설과 사찰 방법에 대해 국제원자력기구와 완전히 합의했다(*KH*, Nov. 3, 1990, p. 1; Nov. 4, 1990, p. 1).15) 이어 국제원자력기구측 또한 남아 있는 장애물이 국제원자력기구와 북한 사이가 아니라 미국과 북한 사이에 존재한다는 점을 밝혔다(*KH*, Nov. 3, 1990, p. 1; Nov. 4, 1990, p. 1).

간략히 말해, 국제원자력기구 사찰 수용의 보류를 통해 북한은 지속적으로 남한 내 미국 핵무기 철수만이 아니라 핵무기의 선제 불사용에 대한 미국의 공식정 보장을 요구했던 것인데 이는 비핵무기지대화 정식에서 가장 잘 충족될 수 있을 것이다. 북한은 여러 차례에 걸쳐 핵을 추구하지 않겠다고 선언했고,16) 한반도 비핵무기지대화를 주장했다. 그러므로 평양이 국제원자력기구 안전협정 서명을 보류한 것은 그 자신의 핵무기 개발을 위한 은밀한 공작의 물증이 아니라, 북한에 대한 미국의 핵위협을 제거하기 위한 운동의 일부라고 이해되어야 한다.

(2) 한반도 비핵화 공동 선언 이후

소련의 1991년의 유산된 쿠데타 이후, 두드러진 쇠퇴와 함께 미국은 1991년 9월, 남한을 포함하여 전세계 지상 및 해상의 전술 핵무기 철수를 선언하였다.17) 서유럽과 달리 남한의 경우 미국의 공군 전술 핵무기도 철수될 것이라고 알려졌다(『한국일보』, 1991년 10월 20일, 1면). 동구권 붕괴와 더불어 걸프전으로 인해 한반도에서 핵무기의 역할이 재평가되게 되었고 이것이 전면적 철수로 이어지게 된 것이다. 걸프전에서 안전하게 목표점에 도달한 '스마트' 폭탄과 함께 이제 "첨단 재래식 병기가 핵무기보다 훨씬 더 유용하게 되었던 것"이다 (Cumings, 1992a: 22).

비록 북한의 핵시설에 대한 미국과 남한의 선제 공격 위협이 계속되었지만

---

15) 북한 정부 성명 또한 이를 확인하고 있다(*PT*, Nov. 24, 1990, p. 1).

16) 1991년 2월 말 일본을 방문한 최고위 북한 관리인 조선노동당의 국제부 비서인 김영선은 도쿄에서 다시 북한은 핵무기를 개발할 의도도 능력도 없다고 밝혔다(『한국일보』, 1991년 2월 28일, 8면).

17) 1991년 9월 말과 10월 초에 부시와 고르바초프가 각기 취한 일방적 핵감축 조치에 대한 자세한 내용은 *Pacific Research*(1991: 20) 참조.

1991년 부시 대통령의 성명과 함께 북한의 핵개발을 둘러싼 논쟁은 1991년 하반기부터 해결책을 찾기 시작했다. 부시의 성명을 통해 미국이 '확인도 부인도 않는'(NCND) 정책으로 피해 왔던 문제인 남한 내 미국 핵무기의 존재가 마침내 인정되었고 동시에 핵무기의 철수 또한 약속되었다. 따라서 북한의 국제원지력기구 안전 협정 수용에 가장 두드러진 장애가 해결되었다. 부시 성명 이후 1991년 12월 중반에 남한의 노태우 대통령은 남한에서 모든 핵무기가 철수되었다고 발표하였다.

12월 말 남북한은 한반도 비핵화에 관한 역사적인 합의를 타결하였다. 1991년 후반기에는 정말로 남북한 관계에 일련의 기념비적인 진전이 이루어졌다. 아래에서 자세히 다루겠지만, 1991년 9월 남북한은 유엔에 개별적이긴 하지만 동시에 가입하였고 1991년 12월 초에는 남북한 화해, 불가침, 교류 및 협력에 관한 합의(이하 '기본 합의')에 도달했다. '비핵 선언'에서 남북한은 "오직 평화적인 목적으로만" 핵에너지를 사용하고 또 핵무기를 "시험하거나 제조, 생산, 인수, 보유, 저장, 배치, 사용"하지 않기로 합의하였다.[18] 더 나아가 핵무기의 원료 물질 입수를 막기 위해 양측은 "핵재처리 시설과 우라늄 농축 시설을 갖추지 않기"로 합의하였다. 또한 양측은 검증을 위한 상호 사찰을 수행하기로 합의하고, 이 합의의 실행을 위해 남북한 공동핵통제위원회(이하 '핵위원회')를 설치하는 데 동의했다. 한편, 미국과 남한측은 1992년 1월 초 1992년도 팀스피리트 훈련 중지를 발표했다. 미국과 남한은, 북한의 공격에 대비한 것이라고 주장되는 팀스피리트 훈련을 통해 매년 핵공격을 포함한, 북한 후방에 대한 공격을 연습하였다. 이어 1992년 4월 초 북한은 핵시설 사찰을 수용하기로 하고 국제원자력기구와 안전 협정에 서명하였는데, 협정 이행은 "핵 비확산조약에 가입한 어떤 나라도 한반도에 핵무기를 배치하거나 북한에 대해 핵위협을 제기할 수 없다"는 조건에 종속된다는 것을 명시하였다(*Pacific Research*, 1992: 12에서 인용).

그러나 1992년 중반 이후 한반도 비핵화의 진전은 다시 좌절되었다. 국제원자력기구와 안전 협정 체결 이후 북한은 곧 영변을 비롯한 북한 내 핵시설 목록을 국제원자력기구에 제출하였다. 국제원자력기구는 5월 중순 한스 블릭스

---

18) 합의서 원문은 *Korea and World Affairs*(1992: 149) 참조.

사무총장의 예비 사찰에 이어 5월 말 첫 사찰을 실시했다. 사찰을 통해 북한의 핵시설이 주로 국내의 고유 기술로 개발되었기 때문에 일반적으로 낙후되었고, 심지어 원시적인 수준이라는 것이 대체로 드러났다. 북한은 새로운 그러나 1950년대 스타일의 5메가와트 가스-흑연 연구용 원자로를 가동하고 있었고, 동종의 원자로를 두 개 더 건설하고 있었다(1995년에 50메가와트 연구용 핵반응로가 완성될 예정이고 1996년에는 200메가와트 동력용 원자로가 설치될 예정이다). '방사화학연구소'라 불리는 핵연료 사이클 연구를 위한 북한의 재처리 시설은 영변에 건설 중이다. 약 80% 공정이 끝난 상태이나 시설 장치는 불과 40%만 설치되어 있었다. 핵재처리 시설 건설은 중단 상태에 있었고, 완성이 되려면 4~5년이 걸릴 것이라고 추산되었다. 북한은 연구 목적을 위해 몇 그램의 실험실 규모의 플루토늄을 분리해 냈다고 보고했다. 또 북한은 핵을 이용한 전기 발전을 위해 북한이 풍부하게 가지고 있는 자연 우라늄을 이용할 수 있는 가스-흑연 원자로를 개발하였다고 밝혔다. 아마도 부분적으로는 북한의 플루토늄 추출에 관한 외부 세계의 우려를 완화하기 위해, 또 부분적으로는 서방과의 관계 개선을 목적으로, 북한은 건설중인 방사화학연구소가 가스-흑연 원자로에서 나오는 사용 연료의 재처리 연구를 위한 것이지만 만약 경수로 및 경수로 연료용의 저농축 우라늄 기술을 제공받을 수 있다면 가스-흑연 원자로와 사용 후 연료 재처리 개발을 포기할 수 있다고 제안하였다. 가스-흑연 원자로에서 나오는 사용 후 연료는 10년 이상 저장할 경우 불안전하며 따라서 반드시 재처리가 요구된다(Albright and Hibbs, 1992d: 38-39). 그러한 재처리 과정에서 무기를 제조할 수 있는 정도의 플루토늄이 분리된다. 한편, 북한이 비밀리에 핵무기를 곧 개발할 것이라는 과거 미국의 주장과 달리, 국제원자력기구는 첫번째 사찰에서 북한이 핵무기 개발을 추진하고 있다는 어떤 증거도 없으며(국제원자력기구는 1992년 말 현재까지 이 입장을 고수했다), 사찰 동안 국제원자력기구에 대한 북한의 협조가 만족스러운 것이었다고 발표했다(『한겨레신문』, 1992년 6월 5일, 2면; 16일, 4면; 17일, 1면).

북한이 국제원자력기구와 안전 협정에 서명하기 전, 미국은 북한이 핵의혹을 해소하기 위해서는 안전 협정에 가입해야 한다고 강조했다. 그러나 협정 타결 이후 미국은 이제 비핵 선언에서 합의한 남북한 상호 사찰 실행의 필요를 강조하기 시작했다. 미국의 주장은 이라크의 사례를 볼 때, 국제원자력기구의 사찰은 제한적인 성격의 것이고 따라서 별로 기대할 바가 없다는 것이다(『한겨레신문』, 1992년 5월 17일, 2면). 이전에 북한의 핵무기 보유 가능성에 상당한 우려를 표명했던 레너드 스펙터(Spector and Smith, 1991: 8-13)는 (북한이 국제원자력기구 안전 협정에 가입하기로 결정한 후인) 1992년 북한의 핵시실 방문 이후 미국 정부가 북한에 대한 압력을 목적으로 의도적으로 언론에 정보를 유통시켜 왔을지도 모른다고 인정한 바 있다(『한겨레신문』, 1992년 6월 21일, 2면). 그러나 그도 이제는 상호 사찰이 더 중요하다고 주장하기 시작했다(『한겨레신문』, 1992년 5월 29일, 4면). 이 무렵 국제원자력기구의 사찰이 진행되고 있음에도 불구하고 미국은 북한에 대해 국제원자력기구의 특별 사찰을 실시할 필요를 제기했다.[19]

남북한은 비핵 선언에서 핵위원회에서 규정된 절차에 따라 군사 시설에 대해 "일방이 선택하고 양측 간에 합의된" 상호 사찰을 실행하는 데 합의했다. 1991년 9월 전세계에 공표한 미국의 전술핵무기 철수에 대한 부시 성명과 그에 뒤따른 남한 대통령의 남한 내 핵 부재 선언에도 불구하고 북한은 남한이 북한의 핵시설을 사찰하는 대신 북한은 남한 내 미군 기지를 사찰해야 한다고 주장했다. 북한은 자신들이 "국제원자력기구의 사찰을 받는 시점에 남한 내 미군 기지를 사찰하는 것은 한반도의 비핵화를 위해 중요하고도 긴급한 문제"라고 주장했다(*PT*, May 16, 1992, p. 8). 부시 성명 이후 미국은 북한이 국제원자력기구 안전협정을 받아들인다면 남한 내 미군 기지에 대한 북한의 사찰을 수락할 수 있다고 발표했다(Hayes, 1992: 4).

그러나 이제는 북한이 공식적으로 발표한 핵시설이 아닌 다른 곳에 핵무기 관련 물질을 숨기고 있을지 모른다는 의혹 하에 미국은 남북한 상호 사찰 과정의 일부로서 북한 군사 시설에 대한 남한의 사찰을 수락하지 않는다면 미군 기지에 대한 북한의 사찰도 허용할 수 없다고 주장했다(『중앙일보』, 1992년 5월 20일, 2면). 미국은 또, 이 경우 양측의 사찰 횟수가 동일해야 하고, 미국의 이라크 사찰 사례처럼 한 측이 (국제원자력기구의 '특별 사찰'과 달리) 상대적으로 짧

---

19) 1992년 7월 말 미하원 외교위원회의 청문회 참고(『한겨레신문』, 1992년 7월 24일, 2, 4면).

은 기간의 사전 통고, 예컨대 24시간 전에 통고하고 나서, 이유를 해명할 필요 없이 군사 기지를 포함한 군사 시설을 사찰할 수 있는 '특별 사찰'(*challenge inspection*) 또한 수락되어야 한다고 주장했다.

그러나 북한은 핵사찰이 핵시설에 대한 사찰이지 군사 시설에 대한 것은 아니라고 답했다(『한겨레신문』, 1992년 6월 2일, 1면). 군사 시설에 대한 남북한 상호 사찰은 기본 합의에 명기된 남북공동군사위원회(이 위원회에 대해서는 나중에 논할 것이다)의 토의에 따라 수행되어야 한다. 그러나 북한은 이러한 핵사찰이 여태까지 배치되었던 핵무기 철수를 확인하기 위한 목적의 남한 내 미군 기지에 대한 핵사찰과는 성격상 다른 것이라고 주장했다.

남한 정부 내 온건파는 위에서 살펴본 남북한 상호 사찰에 대한 미국의 접근에 비판적이었다고 알려져 있다(『한겨레신문』, 1992년 6월 5일, 3면). 왜냐하면 미국의 접근에서 핵심적인 것은 비핵 선언 범위를 벗어나는 '특별 사찰'의 실행이었기 때문이다. 그런 접근은 또한 군사 시설의 공개와 사찰이 당사국 사이에 어느 정도의 상호 신뢰가 구축된 이후에만 가능하다는 군비 통제의 일반 원칙을 무시하는 것이기도 했다. 그러나 남한 정부 내 강경파와 더불어 미국은 북한의 핵개발이 군사 시설 사찰 없이는 저지될 수 없다고 주장하며 그 제안을 강하게 밀어붙였다(『한겨레신문』, 1992년 6월 5일, 3면; 6월 26일, 1면).

한편, 남한은 핵위원회가 상호 사찰을 위한 통제 규칙을 규정해야 한다고 주장했다. 반대로 북한은 핵위원회가 상호 사찰만이 아니라, 한반도에 대한 외부의 핵위협을 방지하기 위해서 "한반도 비핵화에 대한 적절한 국제적 보장" 조치를 포함한 "공동 [비핵] 선언의 실행을 위한 제반 문제"를 다뤄야 한다고 주장했다(Hayes, 1992a: 8; 『중앙일보』, 1992년 5월 28일, 3면). 다른 말로 하면 북한은 비핵 선언을 통해 여전히 북한에 대한 미국의 핵무기 선제 불사용에 대한 국제적 보장을 추구하고 있었던 것이다. 핵위원회에서 남한은 또 북한의 방사화학연구소 건설이 비핵 선언을 위반하는 것이라고 주장했다.

1992년 초 미국은 남북한 상호 사찰이 실시되지 않으면 1993년도 팀스피리트 군사 훈련을 재개할 것이라고 발표했다(『한겨레신문』, 1992년 6월 2일, 2면). 그러나 핵위원회는 어떤 진전도 보지 못했다. 1992년 10월, 북한 핵시설에 대한 국제원자력기구의 사찰이 여전히 진행되고 있었지만 미국과 남한은 북한이 상호 사찰에 대한 그들의 제안에 동의하지 않을 경우 1993년 3월, 제17차 팀스피리트 훈련을 재개할 것이라고 공식적으로 밝혔다. 앞에서 언급했듯이, 북한은 팀스피리트 훈련을 공격용이며 북한에 대한 핵전쟁 연습이라고 비판해 왔다. 남북한 비핵 선언의 중요한 토대이자 이어진 북한의 국제원자력기구 안전협정 수용의 기반이 되었던 것이 바로 팀스피리트 군사 훈련의 중단이다. 별로 놀라울 것도 없이 핵위원회의 논의도 북한측에 의해 무기한 중지되었다.

비핵 선언 이후 한반도 비핵화의 진전을 보면 미국 및 남한측과 북한측이 냉전 종식과는 무관하게 여전히 서로에 대한 심각한 불신을 갖고 있음을 알 수 있다. 그러나 비핵 선언 이전과 마찬가지로 북한의 핵확산 문제에 관련해서는 북한이 핵무장을 결의하고 비밀리에 핵무기를 개발해 왔다는 데 대한 어떤 확고한 증거도 찾을 수 없다.

한편, 비핵 선언 이후 북한의 핵잠재력에 대한 논쟁을 보면 사실상 그것이 남북한 상호 핵사찰의 목표와 절차에 대한 논쟁이었음을 알 수 있다. 이 논쟁에서 진정으로 문제가 되는 것은, 미국은 계속해서 북한의 핵무장 가능성에 대한 의혹을 제기하는 반면, 북한은 핵무기확산금지조약의 의무 및 혜택 간의 불균형을 지적하면서 비핵 선언 이전에 국제원자력기구의 안전 협정 수용을 보류함으로써 그랬던 것처럼 미국의 핵위협 제거에 대한 국제적 보장을 추구한다는 점이다.

(3) 공정하고 평화로운 해결 방안

1992년 4월에 레너드 스펙터와 함께 북한 핵시설을 방문했던 카네기 재단의 셀리그 해리슨(Selig Harrison)은 1992년 7월 서울에서 열린 한 국제 회의에서, 비핵 선언의 마찰 없는 실행을 위해서는 양측이 서로의 군사 시설에 대한 사찰을 고집해서는 안된다고 제안한 바 있다(『한겨레신문』, 1992년 7월 4일, 3면). 그는 북한의 군사 기지 사찰에 대한 요구가 남북한 간 군사적 긴장과 대결 상황에 비추어 현 단계에서는 부적절한 것임을 주장했다. 한편 그는 미국과 남한측은 미국이 남한 내 핵무기 부재를 공식적으로 발표하면 남한 내 미군 기지의 사찰에 대한 요구에서 북한이 후퇴하도록 할 수 있을 것이라는 점을 지적했다.

남북한의 상호 핵사찰에 관한 대화가 봉착한 난관을 깨뜨리는 데 그의 제안은 상당한 장점을 갖고 있는 것으로 보인다. 핵무기확산금지조약의 차별적 성격 때문에 국제원자력기구의 안전 협정은 남한 내 미군 기지에는 적용되지 않는다. 그러므로 피터 헤이스가 지적한 것처럼 과거 남한 내 미국의 핵배치와 북한에 대한 미국의 핵사용 위협을 놓고 볼 때, 북한은 남한에 대해 즉시(*on-demand*) 실시되는 현장 사찰을 정당히 요구할 수 있다(Hayes, 1992a: 7). 그렇지 않고서는 미국이 핵무기를 정말 철수했는지 아니면 재도입했는지에 대해 북한이 안심할 길이 없는 것이다(Hayes, 1992a: 7). 북한이 국제원자력기구의 안전 체제에 가입했기 때문에 미국은 남한 내 미군 기지에 대한 북한의 사찰을 허용하지 않더라도 최소한 남한에 핵무기를 보유하고 있지 않다는 것을 공식적으로 선언해야 할 것이다. 또 북한은 남한 내 미군 기지에 대한 사찰을 고집하지 말고 미국의 선언을 인정해야 한다. 북한은 핵무기를 개발하지 않겠다고 발표하였고 한반도 비핵화에 관해 남한과 합의하였다. 어쨌든 필요하다면 북한은 다시 핵무기를 개발하지 않겠다는 선언을 발표해야 하고, 미국과 남한 측 또한 북한 군사 시설 사찰을 고집하지 말고 이를 받아들여야 한다. 더구나 서로의 군사 시설에 대한 남북한의 사찰은 핵의혹의 해소만이 아니라 과거의 극심한 상호 불신을 점차적으로 해소하기 위해서도 중대한 의미가 있다. 따라서 현재의 핵문제와는 별도로 이것은 상호적 토대 위에서 단계적으로 기본합의에 명기한 남북 군사공동위원회에 의해 수행되어야 한다.

그러나 장기적인 관점에서는 한반도 비핵무기지대화가 더 나은 해결 방안일 수 있다.[20] 기존의 비핵무기지대를 포함하여 유엔 모형에 기반한 비핵무기지대와 비핵 선언과의 주요한 차이점은 핵무기 보유국이 공식적으로 소극적 안전 보장을 선언하도록 요구하는지에 관한 것이다. 비핵 선언의 전문에는 한반도의 핵전쟁 위험 제거가 선언의 일차적 목표라고 명시되어 있다. 따라서 비핵 선언은 남북한이 핵무기 보유국에 한반도의 비핵 지위를 존중하도록 요구할 수 있는 가능성을 남겨 두고 있다. 그러나 비핵무기지대와 달리 비핵 선언은 소극적 안전 보장을 비핵 지위에 대한 조건으로 명기하고 있지 않다.

이미 보았듯이 북한의 핵잠재력에 대한 의혹을 해소하는 데 일차적인 장애

---

20) 셀리그 해리슨도 이 접근의 중요성을 지적한다(Harrison, 1991: 623-624).

는 과거 한반도에 대한 미국의 핵무기 사용 위협과 관련된 것으로 보인다. 외관상의 차이에도 불구하고[21] 북한의 과거 모든 주장은 기본적으로 이 주제를 중심으로 한 것이다. 북한은 핵무기확산금지조약의 핵무기 비보유 당사국으로서 그 의무를 수행해야 하지만 미국 또한 핵무기확산금지조약의 수탁국으로서 북한에 대한 핵무기의 선제 불사용에 대한 '법적' 보증을 제공할 의무를 수행해야 한다. 핵무기확산금지조약의 차별적 성격을 감안할 때, 또 무엇보다 핵무기확산금지조약을 설립했던 1968년 유엔 결의안의 정신을 참작할 때, 핵무기 보유국에 대한 핵무기 비보유국의 그러한 요구는 실로 정당한 것이다. 따라서 만약 미국이 북한의 국제원자력기구 안전 체제 수용에 대한 반대 급부로서 북한에 대한 소극적 안전 보장을 선언한다면 이는 북한의 핵확산에 관한 현재의 논쟁을 종식하는 데 있어 미국이 남한 내 핵 부재만을 선언하는 경우보다 더 나을 것이다. 필요하다면 당연히 북한은 핵개발을 않겠다는 입장을 재천명해야 한다. 또한 남북한 군사 시설에 대한 상호 사찰 역시 앞에서 언급한 대로 실시되어야 할 것이다. 한반도에서 미국의 핵억지 전략이 때때로 남북한의 핵무장 욕구를 자극해 왔다고 비판되었다는 사실을 두고 볼 때, 이러한 발전은 상징적으로도 한반도 비핵화의 성취를 위한 심화된 계기를 마련해 줄 수 있을 것이다.

이러한 접근은 한반도를 둘러싼 현재의 핵논쟁이 비핵무기지대화 정식으로 가장 잘 해결될 수 있음을 의미한다. 왜냐하면 비핵무기지대의 확립을 통해 미국의 소극적 안전 보장을 가장 자연스럽게 얻어낼 수 있기 때문이다. 비핵무기지대화는 다른 핵무기 보유국에 대해서도 그러한 보증을 요구한다. 핵무기 보유국이 한반도의 비핵 지위를 존중할 뿐만 아니라 남북한에 대한 핵사용이나 사용 위협을 하지 않는다는 소극적 안전 보장을 선언하는 일은 남북한 비핵 선언의 위상을 더욱 높일 것이다.

앞 장에서는 어떻게 한반도가 그 지정학적 위치 때문에 역사적으로 강대국

---

21) 국제원자력기구 안전 체제의 전면적 수용과 관련된 북한의 주장은 "남한 내 미군 핵무기의 완전 철수, 남북한 불가침 조약, 한반도 비핵지대화, 북한에 대한 미국의 핵위협 중단 및 남한 내 미국의 '핵전쟁' 연습 군사 훈련 중지, '선제 사용을 않겠다'는 데 대한 미국의 선언, 외국 전함이나 항공기 방문에 대한 감시 등을 담고 있다"(Hayes, 1992a: 3-4).

들이 자신들의 지정학적 이해를 놓고 다투는 전장이 되어 왔는지, 또 이로 인해 현재의 남북한 분단이 어떻게 야기되었는지를 살펴보았다. 여기서는 또한 남북한이 강대국을 위해 핵 대리전을 치를지도 모르는 가능성도 살펴보았다. 따라서 한반도에서 핵전쟁 위험 제거를 위한 국제적 장치가 영구적인 형태로 제공되려면 비핵무기지대 확립에 대한 핵무기 보유국의 공식적 약속은 현재의 핵논쟁의 종결만이 아니라, 보다 광범위하고 장기적인 관점에서 한반도의 안보를 위해 무엇보다 중요한 사항일 것이다.

3. 한반도 비핵무기지대화와 강대국

위에서 본 것처럼 한반도를 비핵무기지대로 확립하기 위해서는 미국만이 아니라 다른 핵무기 보유국들의 소극적 안전 보장이 필요하다. 지정학적 위치상 최소한 세 강대국(두 핵무기 보유국과 또 다른 인접 강대국인 일본)이 비핵무기지대화 협의를 존중한다는 것을 밝혀야 한다. 이제부터는 한반도 비핵무기지대화에 관한 네 강대국의 입장을 살펴보기로 한다.

1) 강대국의 입장

(1) 소련/러시아

앞에서 살펴본 바와 같이 소련은 1950년대 중반에 최초로 비핵무기지대화 착상을 내놓았기 때문에 비핵무기지대화에 대한 입장은 줄곧 적극적이었다. 소련은 틀레테롤코 조약과 라로통가 조약을 비준하였고 동남아 및 인도양과 같은 다른 지역의 비핵무기지대화를 지지했으며, 오랫동안 한반도 비핵무기지대화의 착상을 지지해 왔다.[22] 소련은 핵무기 생산 및 구입을 포기한 국가와

---

22) 이 입장은 1986년 7월 블라디보스톡에서 고르바초프 소련 대통령이 한 연설에서 재확인되었다. 여기서 그는 최초로 자세하게 페레스트로이카 시대의 소련의 동아시아 정책을 공개하였다. 그 본문은 *Soviet News*(Jul. 30, 1986)를 보라. 소련 대통령 비서실의 V. A. Medvedev는 1990년 공식 서울 방문 때 다시 한반도의 비핵무기지대화를 촉구했다(*KH*, Nov. 23, 1990, p. 1).

그 영토에 핵을 보유하지 않은 국가에 대해서는 절대 핵무기를 사용하지 않겠다고 선언했다.

소련의 주요 계승 국가로서 러시아는 평양과 서울에 대한 구 소련의 관계를 이어받았다. 이는 북한과는 군사 동맹 관계를 포함한 우호 조약이고 남한과는 완전한 외교적 관계를 말한다.23) 여기에 기반해 지리적-전략적 측면에서 보리스 옐친의 러시아는 현재 남북한과 일종의 등거리 정책을 발전시키고 있는 것으로 보인다. 러시아의 입장으로서는 등거리 정책이 한반도에 대한 러시아의 영향을 극대화하는 데 가장 도움이 된다고 여길 수 있다(Chufrin, 1992). 이 목적을 위해 우선적으로 러시아는 자신들이 더 이상 북한의 동맹국이 아니라는 점을 명확히 했다.24) 양국 간의 부정적인 영향뿐만 아니라 보다 광범위한 국제적인 반향을 고려하여 러시아는 소련-북한 간의 1961년 우호 조약을 성급하게 폐지하지 않았다(Chufrin, 1992: 10). 그러나 러시아는 이미 평양에 대한 적극적인 군사 지원을 하지 않을 뿐더러 북한과 새로운 무기 판매 계약을 체결하지 않겠다고 천명했다(Chufrin, 1992: 10-12). 또한 조만간 러시아가 북한과의 동맹 관계를 단절하기 위해 북한과의 우호 조약을 수정하여 조약의 지위를 전반적인 우호와 선린을 강조하는 개념으로 바꾸어 갈 것이라고 알려져 있다.25) 러시아와 북한 간 관계의 군사적인 측면은 어느 한 쪽이 개입되는 전쟁의 경우 자동적인 개입을 규정하고 있었다.

다른 한편, 1992년 12월 옐친 대통령이 국빈으로 서울을 방문했을 때 러시아와 남한은 협력과 선린 개념을 강조하는 기본 조약을 체결했다.26) 양국은 또한 고위급 장교와 해군 기지 방문을 포함한 상호 군사 교류에 관한 합의에 조인하였다. 어려운 경제적 상황에 처해 있기 때문에 러시아는 양국의 경제 관계를 강화하기를 갈망하고 있다. 남한은 1990년 남한에 대한 러시아의 승인에 대한 답례로 30억 달러의 차관을 제공하기로 약속했다(*KH*, Nov. 17 1990, p. 1).

---

23) 소련-남한 간의 관계 화해의 배경에 대한 논의로는 Meyer(1992: 758-767) 참조.

24) 1991년 6월 옐친 대통령의 남한 외무장관과의 대담 참조(*KH*, Jul. 1, 1991, p. 1).

25) 옐친 대통령은 1992년 6월 말 남한 외무장관과의 회견에서 "모스크바와 평양 간 1961년의 상호 원조 조약은 비록 형식적으로는 존재하나 내용상 더 이상 유효하지 않다"고 밝혔다고 한다(*KH*, Jul. 1, 1992, p. 1).

26) 조약 전문은 *KH*, Nov. 21 1992, p. 3 참조.

그러나 서울 방문 동안 옐친은 러시아가 북한의 핵무기 개발을 반대할 뿐만 아니라 한반도의 핵 비확산이라는 전반적인 방향을 지지한다는 점을 명확히 했다(*KH*, Nov. 21 1992, p. 2). 더 나아가 그는 한반도에 대한 전통적인 소련/러시아의 전략적 이해를 반영한 남한 국회 연설에서 남한 내 미국의 핵무기 철수를 환영하였고, 러시아와 다른 지역 강대국의 보증 하에 한반도를 대량 살상 무기가 철거된 지역으로 만들 필요를 역설했다(*KH*, Nov. 20 1992, p. 2). 또한 러시아는 여러 차례에 걸쳐 한반도의 안정과 남북한 관계의 평화로운 발전의 중요성을 강조해 왔다. 따라서 러시아는 한반도 비핵무기지대화에 소극적 안전 보장을 제공하는 데 별 어려움이 없을 것이다.

(2) 중국

구 소련과 마찬가지로 중국은 비핵무기지대화 제안에 적극적인 반응을 보여 왔다. 중국은 기꺼이 비핵무기지대 회원국에 대해 핵무기를 사용하지 않을 것임을 표명하였고, 핵 선제 불사용 원칙도 천명했다(Zhang, 1989: 91). 중국은 틀레테롤코 및 라로통가 조약을 비준했다. 또한 중국은 오랫동안 한반도 비핵무기지대화를 지지해 왔다(Glaser, 1988: 27).

1980년대 이래 중국은 남한과 오랫동안의 적대 관계를 청산하면서 급속하게 경제 및 민간 교류를 증대해 가고 있다. 또한 중국은 이웃 강대국에 의한 남북한 교차 승인을 지지해 왔다. 이러한 진전은 동서 관계의 변화와 더불어 증대하는 남한 경제의 힘을 반영하는 것이었다(Clough, 1991: 59-62; Liou, 1991: 59- 65). 1990년 10월의 한소 관계 정상화 이후 베이징과 서울은 사실상의 영사 기능을 갖춘 무역 사무소를 교환 설치하기로 동의하였다. 또 1992년 8월 남북한의 유엔 가입과 기본 합의 체결 이후 중국은 남한과의 외교 관계를 완전히 정상화하였다.

그러나 러시아와 달리 중국은 북한과 여전히 동맹 관계에 있다는 점을 명확히 했다. 중국과 남한과의 친선 관계는 북한에 대한 중국의 정책이 이제는 "보다 유연한 방식으로" 추구되고 있다는 것을 보여주는 것이라고 주장되고 있다(Hao and Qubing, 1992: 1144-1145). 그러나 중국 외교부는 남한과의 외교 관계의 완전한 정상화를 선언할 때 "1961년에 조인된 양국 간 기본 조약을 포함해 중국과 북한 사이의 어떤 합의에도 변화가 없을 것"이라고 공식적으로 밝혔다(*KH*, Aug. 25 1992, p. 1;『한겨레신문』, 1992년 8월 25일, 2면). 또한 베이징은 평양에 대해 "김일성과 그 후계자 김정일에 대해 단호한 지지를 표명할 것"이라는 점을 거듭 확인했다(Kim, I. P., 1992: 489). 또 중국은 남한 내 미국 핵무기의 철수를 환영했다. 나아가 중국은 "미국은 새로운 상황에서 남한 내 미군의 철수를 지체없이 실행해야 할 것"이라고 주장했다(Ye, 1992: 8). 냉전 동안 중국은 비공개적으로, 남한 내 미군 주둔으로 소련의 팽창주의와 북한의 모험주의가 봉쇄될 수 있다고 여겨 미군 주둔을 지지해 왔다. 그러나 "이러한 필요는 더 이상 존재하지 않는다"(Shambaugh, 1992: 98). 소련 해체 이후 북한에 대한 베이징의 외교 및 어느 정도의 군사, 경제적 지원은 평양에 매우 중요한 자산(資産)이 될 것으로 보인다.

중국은 한반도에 대한 어떤 형태의 핵확산에도 반대한다는 것을 공언하면서 간접적으로 한반도의 핵무장에도 반대한다는 것을 암시해 왔다.27) 한편, 중국은 오랫동안 남북한과의 안정적인 관계를 선호해 왔다. 특히 베이징이 1978년 등소평의 실권 장악과 더불어 근대화 개혁을 추진하기 시작한 이래, "국가 재건"에 노력을 집중하기 위해 "지속적인 평화 특히 주변국들 간의 평화라는 외부 환경을 필요로 했다"(Ye, 1992: 9). 북한이 미국-남한측과 그 어떤 공개적인 군사 충돌에 휩싸이게 된다면 중국은 심각한 딜레마에 처하게 될 것이다. 러시아의 경우처럼 중국은 한반도에 한반도 비핵무기지대화 정식이 규정하는 소극적 안전 보장을 제공하는 데 별 어려움이 없을 것이다.

(3) 일본

냉전 동안 일본은 소련을 주적(主敵)으로 간주하고 방위 정책의 핵심축으로서 일본과 미국의 안보 관계를 유지했다. 남한과 함께 일본은 미국 우위적인 동북아 군사 삼각 동맹의 일부이다. 따라서 당연히 남한의 안보는 "일본 자체의 안보에 필수적이며 한국은 일본의 유일한 완충막"이라고 인식되었다(Okazaki 1986: 312). 한편, 일본은 미국의 핵우산에 의존하면서 1968년 이래 공식적으

---

27) 예컨대 1992년 9월 남한의 노태우 대통령과 쟝저어민 중국공산당 총서기와의 회담을 보라(『한겨레신문』, 1992년 9월 30일, 1면).

로 이른바 비핵 3원칙 — 비제조, 비반입, 비보유 — 을 지지해 왔다(Endicott, 1975: 45). 따라서 미국의 핵우산에 의존하고 있는 일본으로서는 남한에서 미국의 핵무기 철수가 우선적으로는 완충 지대의 상실을 의미할 수 있다. 비록 일본 사회당이 한반도 비핵무기지대화 착상을 환영했지만 일본의 전략 분석가들은 종종 그런 착상을 "비실용적"이거나 "실현 불가능한" 것으로 간주했다(Weinstein and Kamiya 1980: 151-155, 264).

그러나 냉전 종식과 더불어 동북아의 전략적 환경은 근본적으로 변화되었다. 일본과 러시아는 여전히 쿠릴 열도의 네 섬의 소유권에 관한 오랜 분쟁을 해결해야만 한다. 그러나 러시아가 더 이상 일본에 대해 냉전상의 적으로 인식되지 않고 있다는 것은 분명하다. 사실, 동서 관계의 변화를 반영하는 1990년에 발표된 일본의 방위 백서는 1979년 이래 최초로 소련을 '잠재적 위협'으로 인정하지 않았다. 이에 따라 공산주의의 위협에 대한 완충 지대로서 남한의 중요성 또한 거의 사라졌다. 한편, 일본이 여전히 강조하는 안보 유대국인 미국은 남한에서 핵무기를 철수하였고 이제 한반도 비핵화를 지지하고 있다.

나아가 일본은 1990년 9월 냉전 후 한반도를 둘러싼 새로운 지정학적 상황을 반영하는 조치로서 "가능한 한 빨리" 북한과 관계를 정상화하기로 합의하였다.[28] 관계 정상화에 관한 양국의 협상은 주로 북한의 핵시설 사찰에 관련된 쟁점으로 인해 침체되어 왔다.[29] 그러나 이 쟁점이 미국-남한측과 북한에 의해 해결된다면 관계 정상화에 관한 조-일 협상은 가속화될 수 있을 것이다. 북한의 부존 자원과 남한의 생산성이 결합된다면 약 7천만의 인구와 남북한이 공통적으로 지닌 일본에 대한 반감을 고려할 때 "그 결과 생겨나는 [통일된 한국] 국가는 그 정치적 지향이 어떻건 간에 일본의 이익에 위협이 될 수 있을 것이다"(Olsen, 1985: 181; Gong, 1991: 217). 그러나 어떤 경우에도, 심지어 그 자체의 안보를 위해서도 일본은 전통적으로 평화롭고 안정적인 남북한 관계의

---

28) 그 배경에 대한 논의로는 Kim, H. N.(1991a: 193-196) 참조

29) 또 다른 주요 쟁점은 북한이 2차 대전 이후 일본이 야기했다고 주장하는 북한 손실에 대한 일본의 배상을 포함할 것을 요구하는 것이었다. 집권 자민당과 사회당의 일본 대표단이 1990년 북한과 외교 정상화에 동의했을 때, 일본 측은 식민 통치 기간에 초래된 피해만이 아니라 전후 45년 간 조선 인민이 겪어 온 손실에 대해 보상하겠다고 동의했다. 자세한 내용은 Kim, H. N.(1991a: 197-199) 참조

발전을 지지해 왔다. 또 분명한 것은 남북한 혹은 어느 한 측의 핵무장이 일본
의 안보에 위협이 될 것이라는 점이다. 따라서 만약 한반도의 비핵화가 어떤
국제적 보증을 필요로 한다면 일본이 그것을 거부하리라고 가정하기는 어렵
다.

(4) 미국

미국은 틀레테롤코 조약을 비준하였고, 따라서 라로통가 조약도 비준할 것
으로 예상된다.[30] 그러나 일반적으로 비핵무기지대에 대한 미국의 정책은 다
면적이었다. 비무기핵지대화 제안을 평가하는 미국의 기준에는 해당 지역에서
미국의 기존 안보 질서가 교란되지 말아야 한다는 것도 포함되어 있다.[31] 물
론 이 기준의 정치적 핵심은 미국의 전세계 핵전략을 반영하는 것이다. 냉전
동안 미국은 아프리카나 중동처럼 비핵화가 미국의 주된 이해로 되는 지역에
서는 비핵무기지대화 제안을 지지했다. 그러나 중유럽이나 발칸 반도, 북구 지
역 등 동서가 접하는 지점에서는 비핵무기지대의 확립을 반대했다. 또한 미국
은 동남아처럼 자국의 군사력이 소련의 군사력보다 우월한 지역에서도 비핵무
기지대의 확립을 반대했다.

놀랄 것도 없이, 미국은 냉전 동안 한반도 비핵무기지대화를 반대했다. 한반
도는 동서가 만나는 지점일 뿐만 아니라 일본과 더불어 남한이 미국 우위의
삼각 군사 동맹을 이루고 있는 지역이다. 서유럽의 경우처럼 이 지역에서 핵이

---

30) 미국은 호주에 통신/감시 시설을 설치하였고 미군의 핵전함은 종종 남태평양 항구를
방문한다. 그러나 미국은 미국이 관계된 군사 시설의 존재를 언급하지 않으면서도 방
문과 통과 문제를 비핵지대 회원국과 미국 사이에 양자 합의로 결정할 여지를 남겨 두
고 있기 때문에 결국 이 조약을 지지할 것으로 보인다. 1967년의 틀레테롤코 조약의
경우 이해 관계의 상충에도 불구하고 조약이 기정 사실이 되었을 때 모든 핵무기 보유
국들이 결국 조약을 비준하였다. 미국은 1981년에야 의정서만 비준하였다. 이에 관한
논의로는 Power(1986: 465-474), Fry(1986: 65-67) 참조. 미국이 아직까지 이 조약에
비준하지 않는 이유에 대한 논의에 관해서는 Hamel-Green(1990: 114-118) 참조.

31) 그 기준으로는 다음과 같다. ① 해당 지역에서 발의가 나와야 한다, ② 지역 내 모든
국가가 참여해야 한다, ③ 적절한 검증이 있어야 한다, ④ 기존의 안보 합의들이 교란
되어서는 안된다, ⑤ 그 제안은 조약 당사국의 어떤 핵폭발 장치의 보유나 개발도 금
지해야 한다, ⑥ 조약의 의무는 기존 국제법과 일치해야 하고 특히 공해의 항해 자유
와 영해의 순수한 통과 권리 원칙과 모순되어서는 안된다(Fry, 1986: 66).

라는 요소는 언제나 미국의 봉쇄 전략에 필수적인 요소였다. 동남아처럼 동북 아에서도 미국의 군사력은 소련보다 우세했다. 비록 소련은 1980년대 초에 동 북아의 군사력을 증강했지만(예컨대 Solomon, 1986) 워싱턴은 이 지역에서 미소 간 군사 균형이 미국 및 그 동맹국에 유리한 것으로 판단하였다(Glaser, 1988: 31; Drifte, 1987: 19-20).

냉전 종식에도 불구하고 미국은 여전히 한반도의 비핵무기지대화에 반대하 고 있는 것으로 보인다. 이미 보았듯이 미국은 남한에서 핵무기를 철수하였지 만 여전히 북한에 대한 소극적 안전 보장을 거부하고 있다. 냉전 기간 미국은 오랫동안 주변 4강의 남북한 교차 승인이라는 남한의 접근법을 지지했다. 비 록 소련/러시아와 중국이 남한과 관계를 정상화했지만 미국은 이제 그렇게 오 래 지지해 온 제안에 거의 흥미를 보이고 있지 않다. 대신 미국은 북한과의 관 계 개선을 북핵 문제와 연관시키고 있다.[32] 북한이 국제원자력기구 안전 체제 를 받아들이기 전까지 미국은 북한에 대한 경제적, 군사적 제재를 위협하면서 북한이 무조건적으로 안전 체제를 승인해야 한다고 강조했다. 그러나 북한이 안전 체제를 승인한 후에는 미국은 이제 남북한의 상호 사찰이 미국-남한이 내건 조건에 따라 수행되지 않는 한 대북 관계에 어떤 개선도 있을 수 없다고 주장하고 있다.

---

32) '교차 승인'이라는 원래 착상과는 다른 맥락에서, 미국은 1988년 이래 베이징에서의 북한과의 간헐적인 접촉에서 미국-북한 관계를 개선하기 위한 "조치"로서 일련의 북한 의 주도적 발의를 요구해 왔다. 1992년 12월 현재, 이러한 접촉은 28차례나 있었다. 미국이 북한에 대해 제시한 조치에는 다음과 같은 것이 있다. ① 합리적이고 충분한 군사 정책의 채택, ② 테러리즘 폐기, ③ 비무장지대에서 모든 부대의 철수, ④ 모든 기습용 공격 무기와 도강 장비의 제거, ⑤ 국제원자력기구 안전 협정 서명, ⑥ 남북한 대화의 진정한 발전, ⑦ 한국전에서 사망한 미군의 유골 반환(1989년 미상원 외교위원 회 청문회에서 리차드 솔로몬 동아시아 및 태평양 지역 차관보의 증언 참조). 그러나 1990년 중반 경 북한의 국제원자력기구 사찰 수용 문제가 두드러지게 되자 미국은 미 국이 제시한 '조치' 중에서 북-미 관계 개선을 위해 북한이 당면한 가장 중요한 과제를 국제원자력기구 사찰 협정에 서명하는 것이라고 주장하기 시작했다(1990년 7월 미하 원의 아태 문제 소위원회 청문회에서 동아시아 및 태평양 지역 대리차관보 앤드슨(De Saix Anderson)의 증언 참조, *KH*, Jul, 27, 1990, p. 1). 이러한 미국의 입장에 대해서 는 Plunk(1991: 2-3, 18-19)도 참조).

2) 미국의 선택

북한은 일관되게 핵무기를 보유할 의도도 생산할 능력도 없음을 강조해 왔다. 이미 보았듯이 북한은 또한 만약 미국이 북한에 대한 핵무기 선제 불사용에 대한 '법적' 보증을 제공한다면 핵무기확산금지조약의 핵무기 비보유국으로서 모든 의무를 수행할 것이라고 주장하고 있다. 더 나아가, 핵연료 사이클 연구를 위한 방사화학연구소 건설과 관련된 의혹을 제거하기 위한 노력의 일환으로 북한은 만약 경수로 기술과 핵연료용 저농축 우라늄을 제공받을 수 있다면 그러한 연구 시설의 개발을 포기할 수 있다고 제안하고 있다.

그러나 이와 같은 북한의 현재까지의 입장이 미래의 어떤 상황에서도 핵무기를 개발하지 않겠다고 보장하는 것은 아니다. 악화된 안보 상황으로 인해 비밀리에 핵무기를 개발하고 있을 수 있다고 종종 주장될 정도로,[33] 냉전 후 한반도를 둘러싼 전략적 상황은 빠른 속도로 북한에 불리한 쪽으로 변화되고 있다. 무엇보다 소련 붕괴로 인해 북한은 이제 군사적으로 보다 자립적일 필요가 있는데 이로 인해 핵무장이 하나의 매력적인 선택이 될 수도 있을 것이다. 북한은 군사 시설을 현대화하면서 (군사 장비의 일반적 수준이 남한이나 그곳에 주둔하고 있는 미군보다 훨씬 낮은 것으로 추정되는 데도) 주로 소련에 크게 의존해 왔다(Goose 1987: 57). 1990년 9월 모스크바가 서울을 승인하기로 준비하고 있을 때 평양은 일종의 '배신'감을 나타내면서 이제까지 동맹국에 의존해 왔던 몇몇 무기를 개발해야 할지도 모른다고 경고했다(Mack, 1992b: 5).

북한은 미 지상군의 부분적 철수 후에 악화되는 안보 상황 하에서 남한이 핵무장을 시도했던 것처럼, 그리고 차별적인 핵무기확산금지조약 체제에 대한 자국의 '정당한' 항의가 전적으로 무시되었다고 여길 때, 핵무기 개발을 고려할 가능성을 배제할 수는 없다. 사실 핵무기확산금지조약 그 자체로 보면 제10조 1항에서 조약 당사국의 최우선적 이해가 외부적 위험에 처할 때는 정당하게 조약에서 탈퇴할 수 있다고 되어 있다. 또한 비록 북한이 핵무기 개발을 하지 않겠다고 공언하고 있지만 미국이 북한이 핵무기확산금지조약 당사국으로서 그 의무를 다하고 있지 않다는 근거로 강제적인 군사 시설 사찰을 시도하

---

33) 이런 종류의 최근 논쟁에 대해서는 Mack(1992b: 2-6) 참조

거나 유엔 안보리를 통한 제재를 추구함으로써 북한을 궁지에 몰아넣는다면 북한은 핵무기확산금지조약 자체에서 탈퇴할 수도 있다.

종종 핵무장한 북한이 동북아 안정에 대한 심각한 위협이 될 것이라고 주장된다. 이미 보았듯이 북한이 핵무장하면 남한도 이를 따를 가능성이 매우 높다. 남북한 혹은 어느 한 측이 핵무기를 보유하게 된다면 일본도 핵무장할 가능성이 커진다.[34] 그리고 사태가 이렇게 진전되면 이 지역의 기존 안보 구조는 심각하게 파열될 수 있다. 또한 일본의 핵무장은 다시 동남아와 호주의 핵확산을 자극할 수 있다. 이러한 사태의 진전은 기존 핵무기확산금지조약 체제의 완전한 붕괴를 의미하게 될 것이다.

북한에 대한 미국의 선제 공격 위협과 관련해, 미국은 탈냉전 시대에 현실적으로 주요한 적이 사라진 그 공백을 메우기 위해 이라크나 북한, 불특정의 제3세계 '이탈자들'과 같은 지역적 군사 위협이나 불안 요인을 필요로 할지도 모른다고 종종 주장된다(Cumings, 1992a: 11-12).[35] 미국은 아시아 태평양 지역에서 뿐만 아니라 전세계 차원에서 유일한 초강대국으로 남아 있길 원하지만 국내적으로는 경제적 곤경과 주요 동맹국과의 경쟁에 직면해 있으므로 거대한 패권적 군사 체제의 지속을 정당화하기 위해서는 그러한 작은 적들을 확대할 필요가 있다는 점에서 앞의 주장은 주목된다.

어떤 경우든지 남북한 간의 전쟁 발발 위험을 고려할 때, 북한의 핵시설에 대한 미국-남한측의 선제 공격은 거의 분명히 한반도에 또 다른 비극적인 동족 상잔을 야기할 것이다. 나아가 심지어 그러한 선제 공격이 북한의 보복 없이 핵의혹 대상이 되는 시설을 파괴하는 데 성공한다 해도 이로 인해 북한의 핵능력이 완전히 소멸된다고 보장할 수는 없다. 즉 북한이 많은 수의 동굴을 석회암 깊숙이 파 놓았기 때문에, 비밀리에 핵무기를 개발하겠다는 강력한 의지만 있다면 이미 알려진 핵시설에 대한 정밀 공격으로는 그 계획을 완전히 무산시킬 수 없을 것이다(Hayes, 1992a: 5). 게다가 북한이 궁지에 몰려 있을

---

34) 커밍스는 미국이 사실상 "아직까지 존재하지 않고 또 사용 불가능한 평양의 핵무기보다는 일본과 남한이 핵무장을 하게 될 구실을 얻는 것에 더 관심이 있다"고 주장한다 (Cumings, 1992a: 23).

35) 로빈 럭험은 미국이 1980년 말 제3세계의 지도적 국가들에 대해 그러한 '악마 만들기' 작업을 시작했다고 주장한다(Luckham, 1990: 52).

때 단행되는 그런 선제 공격은 북한이 생존을 부지하기 위해 진짜 핵무장을 추구하게 되는 촉매제가 될 수 있다.

유엔 안보리에 의한 경제 제재의 효과성에 대한 의문도 제기되고 있다. 중국은 그러한 조치에 반대할지 모른다. 게다가 북한 경제는 기본적으로 자립적이고 이미 서방과 많이 고립되어 있다. 군사 제재의 경우와 마찬가지로 경제 제재 또한 북한을 궁지로 몰아넣게 되면 정말로 북한의 핵무장 추구를 야기할 수도 있다. 더 중요한 것은 그런 접근은 반드시 선제 공격과 마찬가지로 전면전에 이를 수도 있는 남북한 관계의 악화를 초래할 것이라는 점이다.

간략히 말해, 북한이 핵무기를 개발할 것이라고 가정했을 때에도 미국-남한 측의 군사 또는 경제 제재의 실효성은 분명히 매우 제한된 것일 것이다. 그러한 조치는 북한이 핵능력을 천천히 그리고 견고하고도 보다 복잡한 방식으로 개발하게 만들 수 있다. 그리고 국가로서 북한 그 자체를 파괴하지 않고서는 그러한 북한의 결정을 좌절시킬 수 없을 것이다. 다른 한편으로는 만약 북한이 핵무기를 개발할 의도가 없었고 또 없다면 그런 제재 조치는 남북한 관계의 상당한 악화를 초래할 뿐이다.

탈냉전 시대에 주변 4강은 그들 사이의 평화로운 관계 발전을 모색하기에는 여전히 수많은 오래된 문제와 새로운 도전을 안고 있다. 몇 개만 살펴보면, 일본과 러시아의 쿠릴 열도 소유권 분쟁이나 중-일 간 동지나해 댜오유타이(Diaoyutai) 섬 소유권 분쟁, 인권이나 유도탄 판매, 무역 등을 둘러싼 중-미 간의 갈등, 군사적 지배력을 둘러싼 중-일 간의 경계 등이 있다(Kapitsa, 1992: 494-498; Tow, 1992: 3-6; Segal, 1991: 14-19). 그러나 냉전 종식과 더불어 이들은 서로간에 누구도 '적' 관계를 갖지 않는 전례 없는 새로운 데탕트 시대에 진입했다. 따라서 미국이 강제적 수단을 통해 북핵 문제를 해결하고자 한다면 새로운 데탕트 관계는 거의 분명히 붕괴되고 말 것이다. 중국은 여전히 북한과 동맹 관계에 있고, 러시아 역시 북한과의 우호 조약과 과거 관계를 고려할 때 그러하다. 일본 또한 이를 우려할 텐데 일본은 전통적으로 남북한 간의 평화로운 관계 발전을 강조해 왔기 때문이다.

게다가 1장에서 논했듯이 오늘날 핵기술은 특히 전력 생산과 관련해 전세계적으로 확산되어 있다. 심지어 그 기술이 '뒤떨어진' 것이고 '원시적인' 것이라도 북한은 이미 자체적으로 가스-흑연 원자로를 개발하였고 심지어 실험실 규모이긴 하지만 플루토늄 생산에도 성공했다. 산업 규모의 핵연료 재처리 공장이 없다 해도, 소규모이지만 두세 개의 폭발 장치에 충분한 플루토늄은, 수백만 달러의 비용으로 어느 정도 산업화된 국가에서는 1~2년만에 건설될 수 있는 분리 시설에서 얼마든지 추출될 수 있다(Ha. Y. S., 1983: 121). 또한 대부분의 핵과학자들은 실험이 없이도 안정적인 핵무기가 개발될 수 있다고 믿고 있다(Spector, 1985: 53; Spector, 1987: 6). 사실 과거 핵확산 기록을 살펴보면 어떤 나라가 핵무기 능력을 획득하고자 하는 강력한 유인과 충분한 산업적 토대를 갖추고 있을 경우 그 나라가 궁극적으로 그러한 목적을 달성하는 것을 막을 수 없다는 점을 알 수 있다.

오랫동안 미국의 몇몇 전략 분석가들은 미국과 북한의 관계가 한반도의 긴장을 완화하는 데 기여할 수 있도록 개선되어야 한다고 주장해 왔다. 어떤 이들은 만약 남북한 간에 재래식 군사력에서 안정적인 균형이 이루어진다면 미국의 핵무기는 철수되어야 한다고 주장했다(Weinstein, 1978: 292-293; Johnson, 1979: 81; Harrison, 1987: 173-174; Bandow, 1990: 77-85; Gleysteen and Romberg, 1987: 1047-1052). 또 어떤 이들은 소련과 중국이 남한과 관계 정상화를 한 것처럼 미국도 북한과 공식 대화를 갖거나 한국 전쟁 이후 계속되었던 무역 및 금융 거래에 대한 미국의 금지 조치를 철회해야 한다고 주장하였다(Clough, 1987: 382-384). 북한을 고립에서 벗어나게 하고 평양에 대한 억제력 있는 영향력을 행사하려면 소련과 중국이 남한과 그런 관계를 발전시킬 준비를 하기 전에라도 북한에게 미국-북한 간의 경제 및 외교 관계 개선과 같은 "서방 옵션"이 주어져야 한다고 주장되기도 했다(Harrison, 1974: 60-62; Weinstein, 1982: 135; Zagoria, 1983: 370; Crowe and Rombert, 1991: 123-140 참조).

그러나 미국의 관점에서 볼 때 냉전 종식과 더불어 한반도를 둘러싼 전략적 상황은 위의 제안들이 제시되었을 때 가정했던 것보다 훨씬 더 만족스럽게 발전되었다. 소련의 계승국인 러시아는 더 이상 미국의 적이 아니다. 심지어 러시아는 종종 장래의 동맹국으로 간주된다(Hayes, 1992a: 5). 이미 언급했듯이 남북한 군사력의 균형은 남한에 대한 미국의 군사력 기여를 배제하고서도 빠른 속도로 남한쪽으로 기울고 있다. 게다가 북한은 1991년 12월 소련 해체와 더불어 주요 동맹국을 상실한 반면 남한은 소련/러시아, 중국과 관계 화해를 도모하고 있다.

한편, 앞에서 보았듯이 한반도는 미국의 주된 이해 관계가 핵 비확산일 수도 있는 지역으로 드러난다. 나아가 미국은 남한에서 핵무기 철수를 결정했다. 동서 경쟁의 소멸과 더불어 걸프전에서는 제한된 지역 갈등에서 핵무기보다 고성능의 재래식 무기가 더 유용하다는 점이 드러났다. 게다가 앞으로 살펴볼 것이지만, 1990년 말 이후 남북한은 핵 논쟁이 해결되기만 한다면 그들 간의 관계를 평화롭게 발전시킬 수 있는 기본 틀을 쌓는 데 성공하였다. 그리고 더 중요한 것은 북한이 공식적으로 핵무기를 개발하지 않겠다고 선언한 것이다. 북한의 경제적 어려움과 특히 동구 동맹국들의 갑작스런 붕괴로 인해 "평양의 일차적 관심사는 핵무기가 아니라 대외 무역과 외부 세계와 교류를 트는 것"으로 보인다(Klintworth, 1991: 12). 또한 다른 주변 강대국들은 한반도의 비핵 지위의 존중을 기꺼이 선언할 것으로 보인다.

따라서 북한이 핵 비확산 지역으로 남아 있는 한 미국이 북한에 대한 핵무기 사용이나 사용 위협을 하지 않겠다고 약속하는 소극적 안전 보장을 법적 형태로 제공한다면 이는 논란 많은 북한의 핵잠재력 문제를 해결할 뿐만 아니라 동북아 지역 전체의 장기적 평화와 안정을 위한 한반도 비핵무기지대를 창출하는 데 결정적인 계기가 될 것이다.36) 앞에서 언급한 것처럼 미국의 보장이 북한의 국제원자력기구의 안전 체제 수용에 대한 반대 급부로 제공된다면 북한의 군사 시설 사찰은 기본 조약에서 규정한 대로 남북한 간 상호 신뢰를 증대하기 위해서 상호 호혜적인 토대 위에서 수행될 수 있다.

미국은 주로 방위 부담 때문에 그리고 동서 경쟁의 소멸에 따라 아시아 태평양 지역에서 군사력을 철수하거나 감축할 수밖에 없다고 종종 얘기된다.37) 한반도의 경우 역시 미국이 낮은 경제적 비용으로 자국의 영향력을 유지하기 위해 남북한 간의 평화 정착이 필요하다(Falk, 1992: 9, 12-13). 한편, 일본이

---

36) 이러한 관점에 대해서는 Maynes(1991: 266-267) 참조.

37) 브루스 커밍스는 재정 압박으로 인한 미군의 철수는 "일어날 것인지 아닌지의 문제가 아니라 다만 언제 일어날 것인지"의 문제라고 지적한다(Cumings, 1992a: 26). 다른 한편, 어떤 미국의 필자들은 동아시아 동맹국들이 이제는 미국에게 "동맹 분담금"을 내야 한다고 주장한다(Hellmann, D. 1992: 406).

군국주의를 부활시켜 그 공백의 일부를 메울지도 모른다는 우려가 있다.[38] 유럽안보협력회의(CSCE)와 유사한 다자주의적 신뢰·안보 구축 조치(CSBM) 체제를 아시아에 건설하는 것은 그러한 우려를 완화하면서 이 지역의 평화와 안정을 유지하는 유망한 방도가 될 것이다. 한반도의 비핵무기지대화 또한 남북한 간 평화 관계의 발전과 주변 4강의 지역적 세력 균형에 기여하면서 동북아에서 그러한 신뢰·안보 구축 체제를 확립하는 데 기여할 수 있다.[39]

4. 한반도 비핵무기지대와 남북한

1972년 7월 4일 남북 공동 회담으로 이어진 1970년대 초의 남북 대화가 일차적으로는 미-중 관계의 해빙으로 유발된 것처럼 1990년대 초 남북한 관계 역시 미소 경쟁의 약화와 더불어 또 다른 거대한 전환점을 맞았다. 북한이 남북한 관계에 있어 남한의 '1민족 2국가' 정식을 받아들인 한편 남북한은 개별적이긴 하지만 동시에 유엔에 가입했고 남북한 간 기본 관계의 틀에 합의했다. 따라서 핵문제가 평화롭게 해결되면 남북한 관계는 커다란 개선을 이룰 수 있을 것이다.

1) 남북한 관계의 추이

7.4 공동 회담 이래 오랫동안의 치고받기 식의 관계를 유지해 온 남북한은

---

38) 리차드 포크는 소련 붕괴 이후 동북아에서 미국의 주요 관심이 "동반자나 적대자 어느 방향으로도 갈 수 있는" 일본에 대한 경계로 바뀌고 있다고 주장한다(Falk, 1992: 11-12). 브루스 커밍스는 냉전 갈등이 외관상 자본주의와 공산주의 간의 전세계적인 투쟁이라는 형태로 전개되었지만 미국의 봉쇄 정책은 사실상 적국 소련을 봉쇄함과 동시에 동맹국인 서독과 일본이 전세계적 군사 강대국으로 발전하는 것을 막는 것을 목적으로 했다고 지적한다(Cumings, 1992a: 6-8; Cumings, 1992b). 일본이 자국의 재무장을 정당화할 위험에 대해서는 Sakamoto(1992: 12-13) 참조.

39) 비슷한 관점에서, 한반도가 강대국들 간 완충 보호막이 되기 때문에 한민족의 민족 자결만이 아니라 동북아 주변 강대국 간의 세력 균형에도 기여할 것이라는 토대 위에 한반도의 중립국화에 대한 제안이 있어 왔다. 황인권은 이 주제에 대해 광범하게 저술을 해 왔다(Hwang, I. K., 1980; 1987; 1990 참조).

1990년 9월 한반도가 분단된 이래 최초로 (공식적으로는 '고위급' 회담이라는 명칭을 지닌) 각료 회담을 개최하였고 남북한 화해와 평화 통일을 위해 그러한 회담을 지속시킬 것에 동의하였다. 첫 고위급 회담 이후 한반도는 사실상 일련의 전례 없는 남북한 간 "최초의" 교류를 목격하였다. 그 해 후반부에는 뉴욕에서 최초의 남북한 영화 축제가 열렸고, 평양과 시울에서 남북한 친선 축구 시합을 가졌으며, 평양에서 열린 범민족 연주회에 남한의 전통 음악가들이 참석하였다.

한편 1990년대에 들어서 북한은 남한의 '1민족 2국가'라는 남북한 관계의 정식을 승인하는 신호를 보내기 시작했다. 이 무렵 동유럽과 소련 사회주의의 붕괴는 국제 공동체에서 북한의 고립을 가속화하고 있었다. 이와 달리 주로 동구 블럭 자체의 붕괴에 따른, 그리고 부분적으로는 경제 발전에 힘입은 남한의 '북방 정책', 즉 동구 블럭 국가(주로 소련과 중국)와의 관계 화해는 커다란 성공을 거두었다(Armstrong, 1990: 35-45). 1990년 6월 남한의 노태우 대통령과 소련의 미하일 고르바초프 대통령 간의 샌프란시스코 회담은 두 나라 외교 관계의 정상화가 조만간에 이루어질 것임을 의미하는 것이었다. 소련은 북한을 '한민족 전체의 합법적인 유일한 국가'라고 승인한 첫번째 국가이며 북한의 주된 동맹국이었다. 남한과 소련 두 나라 사이에 무역이 급속히 증가하면서 또 다른 북한의 주요 동맹국인 중국과의 관계 개선 역시 시간 문제일 뿐이었다. 북한이 분단을 강화시킬 뿐이라는 이유로 남한의 '교차 승인'과 '유엔의 동시/분리 가입'이라는 접근을 오랫동안 비판해 왔지만 그러한 입장의 고수는 이제 북한의 고립을 심화시킬 뿐이었다.[40] 1990년 9월 말 남한과 소련이 관계 정상화를 선언하기 바로 전에 북한은 일본과 '가능한 한 빨리' 관계를 정상화하기로 합의하였다.

남북한 관계에 대한 북한의 접근에서 나타난 이러한 변화는 통일 정책에서도 나타났다. 1991년 신년사에서 북한의 김일성 주석은 비록 "시험적인" 것이라고 했지만 '고려민주연방공화국' 방안에서 평양과 서울의 지역 자치정부는

---

40) 북한 외교 정책의 한 가지 특징은 변화하는 외부 자극에 대한 반응 양식에서 "경직성과 유연성이 혼합되어 있다"는 것이다(Koh, B. C., 1991: 2). 유엔 가입 결정과 관련해 1991년 5월 27일 북한 외교부는 북한이 "유엔 가입 외에는 어떤 대안도 가지고 있지 않다"고 언급했다(*PT*, June 1, 1991, p.8).

보다 많은 권한을 가지게 될 것이라고 제안했다.[41] 앞에서 보았듯이 1980년 제안에서는 처음부터 중앙정부가 지방정부를 지도하고 연방국가의 모든 일을 조정해야 한다고 주장했었다. 한편 북한의 고려민주연방공화국 정식이 불완전한 통일 형태에 이를 위험이 있는 반면 남한의 '한민족공동체' 정식은 단일한 국가 성립을 목표로 하기 때문에 진정한 통일을 이룰 수 있다는 남한의 주장에 대한 반응으로, 북한은 또한 남북한 간의 현재의 이념적 차이를 두고 볼 때 통일된 한민족 정부는 고려민주연방공화국 방안에 따라 성립되어야 하지만 남북한 간 이념적 차이가 미래에는 언젠가 극복될 수 있다는 점에서 연방 체제가 영구적인 통일 형태가 되어야 함을 의미하는 것은 결코 아니라고 밝혔다.[42] 앞 장에서 보았듯이, 1980년의 고려민주연방공화국 방안에서 연방 체제는 일반적으로 통일 한국의 최종 모습이라고 이해되었다.

그러나 더 구체적으로, '1민족 2국가' 정식으로 회귀하는 북한의 움직임은 1991년 9월의 유엔 동시/분리 가입을 받아들인 데서 나타났다. 앞 장에서 논한 대로 남북한이 생긴 이래 유엔은 그 둘 간에 정통성을 확보하는 중요한 경쟁 무대였다.[43] 1970년대 초까지 양측은 한반도 전역에 대한 유일한 정통성을 주장했고 따라서 유일한 유엔 가입을 추구해 왔다. 그러나 1973년 이후 이 논쟁은 유엔 가입의 방식을 둘러싸고 계속되었다. 남한은 남북한이 함께 그러나 분리된 정치 체제로서 유엔에 가입해야 한다고 주장했다. 그러나 북한은 여기에 반대하면서 이러한 유엔 가입이 한반도에서 두 개의 분리된 국가의 존재를 공식화하는 것으로서 결과적으로 분단을 고착화하게 된다고 주장했다. 북한은 그 대신 남북한이 연방정부를 형성한 후에 하나의 국가로서 가입해야 한다고 주장했다. 한편, 1980년대 후반과 1990년대 초에 남한이 일방적인 유엔 가입을 강하게 추진하자 북한은 1990년 5월 남북한 공동 가입을 제안했다.

북한이 '교차 승인'을 인정하고 고려민주연방공화국 방안을 수정하면서 잇따라 유엔의 분리 가입으로 돌아선 것은 사실상 남북한 관계가 "1민족 2국가"

---

41) 신년사 전문은 *Korea and World Affairs*(1991: 157-158) 참조.
42) 1991년 9월 콜럼비아 대학에서 한 북한 외교부 강석주 외교부 부부장의 연설 참조(『한국일보』, 1991년 9월 15일, 5면; 『한겨레신문』, 1992년 6월 27일, 1면).
43) 유엔 가입에 관한 과거 정황에 대한 논의는 Kim, H. N.(1991: 398-407), Koh, B. C.(1976: 43-63) 참조.

체제를 중심으로 한 새로운 시대에 진입한다는 것을 의미하였다. 유엔 가입을 신청하면서 남북한은, 분리 가입이 서로를 별개의 국가로 인정하는 것이 아니며 이러한 가입은 하나의 통일된 국가의 가입으로 향한 도정에서 잠정적인 단계에 불과하다는 것을 강조했다. 그러나 그 단서 문구가 어떻든 간에 유엔의 동시/분리 가입은 한반도에서의 두 국가의 존재를 법적인 기정 사실로 만듦으로써 비록 남북한이 공식적으로나 공개적으로 인정하길 원치 않는다 해도 양국에 대한 어떤 형태의 법적인 승인에 해당하는 방식으로 행동하고 있었다는 것을 의미한다. 이는 국제 사회가 남북한을 두 개의 별개의 합법적 국가로 승인하였다는 것을 의미하는 것이었다. 당연히 국제 무대에서 정당성을 두고 벌어진 남북한의 오래 된 치열한 경쟁은 최소한 법적인 의미에서는 종식되었다. 요약하자면, 북한이 남한의 '1민족 2국가' 정식을 받아들이면서 이제 양측은 공식화된 '두 개의 한국' 체제 위에서 통일 문제를 포함하여 그 관계를 발전시키기에 다다른 것이다.

1990년 10월과 12월의 2차 및 3차 남북 고위급 회담에서 양측은 회담 의제에 대한 합의를 이루어내지 못했다. 이는 통일에 대한 기존의 '점진주의'와 '급진주의'적 접근 사이의 긴장을 반영하는 것으로서, 남한은 신뢰 구축과 남북한 관계 호전을 위해서라도 경제 및 민간 교류가 우선되어야 한다고 주장하였고, 북한은 반대로 전쟁 위험을 걷어 내고 신뢰 구축을 위해서라도 한반도의 정치 군사적 긴장을 완화할 수 있는 조치가 우선되어야 한다고 주장하였다. 또한 양측은 여전히 유엔 가입 문제에 대해 상반되는 입장을 취하고 있었다. 남한은 두 개의 국가로 분리 가입을 주장한 반면 북한은 하나의 국가로서 단일 가입을 제안하였다. 1991년 2월로 예정된 4차 고위급 회담은 미국-남한측이 1월 말 "팀스피리트 '91" 군사 훈련을 개시함으로써 북한측에 의해 중지되었다. 앞서 본 바와 같이 이 훈련은 북한이 오랫동안 '사전 핵전쟁 연습'이라고 비난했던 것이고 남한은 반대로 '방어'에 목적이 있는 훈련이라고 주장했던 것이다.

1991년 10월 4차 고위급 회담에서 북한이 유엔 동시/분리 가입을 받아들인 이후 남북한은 회담 의제에 대한 합의에 도달했고, "정치 군사적 대결을 완화하는 동시에 교류와 협력을 촉진하는" 조치를 의논할 것을 결정하였다.44) 그리고

---

44) 상세한 합의 내용은 *Korea and World Affairs*(1991: 763-764) 참조

남북한 관계에 또 다른 역사적인 이정표를 세운 1991년 12월 5차 고위급 회담에서는 남북한 화해와 불가침, 교류 및 협력에 합의서(이하 '기본합의'로 칭함)를 채택하였다. 이것은 장래의 남북한 관계에 대한 기본 합의가 될 것이었다.[45] '기본 합의' 이후 곧 앞서 언급한 '비핵 선언'이 채택되었다.

유엔 가입의 경우와 마찬가지로 양측은 또 '기본 조약'의 서문에서 남북한 관계가 "나라와 나라 사이의 관계가 아닌 통일을 지향하는 과정에서 잠정적으로 형성되는 관계"라는 단서를 달았다. 그러나 각 측의 공식적인 부인에도 불구하고 '기본 합의'는 공식적으로 "1민족 2국가" 체제라는 새로운 시대의 개시를 확증하는 것이었다. 남북한은 최초로 함께 그 선언문에서 정식 국가명을 썼는데 남한은 '대한민국'으로, 북한은 '조선민주주의인민공화국'으로 호칭된 것이다. 양측의 대표 또한 공식 직함으로 그 합의서에 서명하였고, 합의서는 승인된 조약 체결 절차인 비준서 교환 이후에 효력을 발휘할 것이라는 것도 합의되었다.[46] '비핵 선언' 역시 동일한 명칭과 동일한 비준서를 사용했다. 그러나 이와 달리 1972년의 7.4 남북 공동 성명은 남북한을 간단히 '남'과 '북'으로 호칭했고 양측의 최고 대표도 그 공식 직함을 명기하지 않고 성명서에 서명했던 것이다.

'기본 합의'는 7.4 남북 공동 성명의 세 가지 통일 원칙(자주, 평화, 사상·이념·체제의 차이를 초월한 민족 대단결)을 재확인했다. 다른 주요 조항에는 다음과 같은 것이 있다. '남북 화해'라는 장에서 양측은 "서로 간에 내정을 간섭하지 않고" "서로의 체제를 인정하고 존중하며" "현재의 휴전 상태를 공고한 평화 상태로 변화시키기 위해 함께 노력할 것"이라는 점에 동의하였다. '남북 교류와 협력'이라는 장에서는 다양한 분야의 경제 교류와 협력에 동의하였으며 "남북 간 자유 왕래를 촉진하고", "이산 가족 간의 자유로운 교신과 만남, 방문을 허용하며", "이산 가족들의 자발적인 결합을 촉진하기로" 합의하였다.

'남북 불가침'이라는 장에서 양측은 "서로에 대해 무력을 사용하지 않고 어

---

45) 원문은 *Korea and World Affairs*(1992: 145-148) 참조.

46) 남한측 대표였던 김종휘 대통령 안보보좌관 또한 "사실상 합의는 통일 때까지 전반적인 남북한 간 관계를 지배하게 될 '조약'"이라고 확언했다(*KH*, Dec. 13, 1991, p. 1). 다른 보좌관도 "한반도에서 사실상 '두 개의 한국'이 존재한다"고 주장했다(Kim, H. J., 1992: 445).

떤 무력 침략도 하지 않을 것"이며 양측의 의견 차이나 분쟁이 "대화와 협상을 통해 평화롭게 해결될 것"이라는 데에 합의하였다. "우발적인 무력 충돌이나 확전을 방지하기 위해" 양측은 군사당국 간에 긴급 전화 연락선을 설치하기로 합의하였다. 또, 남북한은 "대규모 부대의 이동과 주요 군사 훈련을 상호 통지하고 통제하는 것과 비무장지대의 평화로운 이용, 군사 교류 및 정보의 교환 등을 포함하는" 신뢰 구축'조치의 확대를 논의하고 실행하기로 합의하였다. 나아가 군축의 일환으로 양측은 "대량 살상 무기와 공격 능력을 제거하고 이를 검증하는 것을 포함하는 단계적 군축"을 토의 및 실행하기로 합의하였다.

'기본 합의'의 이행을 위해 양측은 정치 문제와 군사 문제, 교류와 협력 문제를 다루는 분과위원회를 기본 조약의 효력 발생, 한 달 이내에 설치하기로 합의하였고, 판문점에 남북 연락사무소와 석 달 이내에 군사 문제와 교류 및 협력에 관한 공동위원회를 설치하기로 합의하였다.

간단히 말해 기본 합의에서 남북한은 두 개의 실질적이고 법적인 주권 국가의 토대 위에 화해 및 통일 문제를 해결할 수 있는 획기적이고 정교한 수단을 규정하였다.

남북한 유엔 동시 가입은 독일의 사례와 같이 통일을 촉진할 것이라는 주장이 종종 제시된다. 빌리 브란트 수상의 '동방 정치'로 시작된 1972년 동서독의 기본 조약과 1973년 유엔의 동시/분리 가입은, 독일 통일은 점령군으로서 독일에 대한 승전국의 권리를 폐기함으로써만 성취될 수 있다는 법률적 제한이 있는 상태에서 승전국이 유럽의 현상 유지와 데탕트를 추구하던 상황에서 진행된 것이었다(Balfour, 1982: 108-120; Raff, 1988: 328-329).[47] 그리고 앞 장에서 논한 바와 같이 '기본 합의'와 뒤이은 유엔 가입의 핵심적 성격은 서로를 사실상의 주권 국가로서 승인하고 법적인 두 개의 국가로서 공존 체제를 구축하는 것이었다. 그 당시 동독은 통일'이라는 주제를 포기하고 있었고, 서독 또한 통일 문제를 미래의 결정으로 남겨두고 있었다. 따라서 헬무트 콜 수상(나중에 서독 수상으로서 1990년 독일 통일에 박차를 가한 인물)은 1973년 동서독의 유엔 동시/분

---

47) 1990년 10월 1일, 이전 동맹국들은 마침내 점령군으로서의 권리 폐기에 대한 조약을 조인했다. 이어 1990년 9월 중반 경에는 통일 독일과 주변 지대의 창출을 승인하는 조약을 두 독일과 조인했다(*NYT*, Sept. 13, 1990, p. 1; Oct. 2, 1990, p. 11).

리 가입이 "동독을 별개의 국가로 인정했기 때문에 궁극적인 통일의 발판을 마련하기 위한 서독의 능력을 심각하게 약화시켰다고" 비판하였다(McAdams, 1989: 229).[48] 사실, 윌리엄 그리피스의 지적대로, 이러한 진전과 더불어 동서독 통일 문제는 "점점 더 먼 미래로 유예"되고 있었다(Griffith, 1978: 174). 따라서 소련의 글라스노스트와 페레스트로이카 정책으로 동독의 붕괴가 유발되었던 1990년에 양독의 평화 공존과 다양한 교류 형태가 독일 통일에 기여할 수 있었다는 사실만 보아서는 안되고, 독일 민족이 여전히 법적으로 민족 자결권을 박탈당하고 있었고, 통일 문제에 대한 독일 민족의 주도권이 구조적으로 외부 강대국들에 의해 차단되어 있었으며, 따라서 독일 통일이라는 주제 자체가 거의 폐기되고 있었던 상황에서 그러한 교류 형태가 고안되었다는 사실을 직시해야 한다.

또한 '1민족 2국가' 정식은 분단을 연장하거나 영구화하는 위험을 안고 있다. 앞 장에서 논한 바와 같이 분단 국가의 경우 타방에 대한 법적만이 아닌 사실상의 승인은 기존의 분단이 영구적이거나 아니면 최소한 가까운 미래에는 제거될 수 없거나, 최악의 경우에는 통일 목표 자체가 폐기될 수도 있다는 것을 암시한다. '1민족 2국가' 정식에 기반한 서독의 접근은 독일 민족에 대한 법적·제도적 제한에 따른 불가피한 선택이었으나 앞서 논한 바와 같이 이러한 불확실성의 위험을 안고 있었다. 냉전 동안 1973년 이래 남한의 접근은 사실상 서독의 접근법을 변형한 것이었다. 더구나 남한의 접근법은 '남한 식으로 파악된 통일, 즉 분단 유지'라는 통일 문제에 대한 제로섬적 접근의 또 다른 표현이었다.

한편, 동구와 소련의 사회주의 붕괴에도 불구하고 북한은 여전히 사회주의 체제를 유지하고 있고 "사회주의 건설의 새로운 상승기"에 대한 확신을 공언하고 있다.[49] 따라서 냉전 종식과는 무관하게 남북한의 이념적 차이는 여전히 지속되고 있다. 양측은 이제 외부적으로 한반도에 실질적이고 법적인 두 국가가 존재하며 남북한 관계에서도 서로를 실질적이고 법적인 국가로 대우한다는 것을 인정하고 있다. 그러나 궁극적인 통일 과제와 관련해서는 그러한 '국가

---

48) 콜은 당시 라인란트 팔츠의 기독민주당 지구당위원장이었다.
49) 북한 김일성 주석의 1992년 신년사(*PT*, Jan. 1, 1992, p. 2)

간 관계'를 공식적으로 부인하지만 내정의 목적상 여전히 자신의 이념의 절대적 우월성을 강조하고 있다. 또한 1991년의 남북 관계 진전에도 불구하고 양측이 궁극적으로 자기 방식대로 통일을 추구하는 것을 단념하였다는 어떤 징조도 없다. 양사회에서 이념적 이익 집단은 여전히 지도적 지위를 차지하고 있다.

그러나 남북한은 '기본 합의'에서 최고의 목표가 평화 통일의 달성이라는 점을 재확인했다. 또한 남북한은 7.4 남북 공동 성명에서 윤곽이 제시된 통일 원칙도 재확인했다. 물론 앞에서 본 것처럼 양측은 서로 다른 해석을 하고 있고 남한의 경우 '한민족공동체' 정식에 나타나 있는 것처럼 이념과 사회 체제의 차이를 초월하는 민족 대단결보다는 자유와 민주주의에 더 많은 강조를 두고 있다. 그러나 어떻든 간에 비록 양측이 '1민족 2국가' 정식을 채택하긴 했지만 남북한은 공식적으로 '기본 합의'에서 통일 원칙과 기본 지침을 다시 천명하였다.

더구나 앞에서 보았듯이 통일에 대해 남한은 기능주의적 접근을 택해 왔고 북한은 포괄적 접근을 취해 왔다. 따라서 전자는 분단의 지속과 통일의 불확실성이라는 문제를 내포하였고, 후자는 그 실현 가능성과 관련된 문제를 안고 있었다. 그러나 '기본 합의'는 양접근법을 함께 취했기 때문에 점진주의나 급진주의적 접근에 따르는 약점을 보완하면서 '1민족 2국가' 정식의 문제점도 감소시켰다. 게다가 예컨대 7.4 공동 성명과 비교할 때 '기본 합의'는 양측의 화해와 교류를 촉진하고 군사적 긴장을 완화하거나 제거할 수 있는 정교하고도 자세한 수단을 마련하였다.

주변 강대국 간의 데탕트 또한 남북한 평화 관계의 발전에 전례 없이 좋은 환경을 제공하고 있다. 사실상 7.4 공동 성명과 마찬가지로 기본 합의 또한 일차적으로 주변 강대국 간의 관계 변화로부터 촉진된 것이다. 앞에서 본 바와 같이 이들 강대국들은 남북한의 탄생과 생존을 뒷받침한 사실상의 후원 국가였다. 북핵 문제는 여전히 쟁점으로 남아 있다. 그러나 남북 대결의 지속이 강대국 간의 새로운 관계를 교란시킬 수도 있다는 점을 두고 볼 때, 이들 강대국들이 기본적으로 남북한의 평화 관계의 발전을 선호한다는 것은 분명하다. 남북한 관계는 이러한 주변 환경의 영향을 받지 않을 수 없다.[50]

주변 강대국들 간의 데탕트는 '두 개의 한국' 체제에 관한 이들의 기존 정책이 변화될 수도 있음을 암시한다. 현재 미국과 일본은 주되게는 핵문제 때문에 북한과 외교 관계를 개선하고 있지 않다. 그러나 이들 나라는 이미 북한의 핵잠재력에 대한 의혹이 풀린다면 북한과의 관계를 개선할 용의가 있다는 점을 표명해 왔다. 더구나 미국은 한반도의 핵 비확산을 강조하고 있고 북한은 경수로 기술과 핵연료용 저농축 우라늄이 제공된다면 가스-흑연 원자로와 핵연료 재처리 시설의 개발을 포기할 수 있다고 제안하고 있다. 이러한 기술에 대한 지원은 미국이나 일본이 제공할 수 있으며 이는 핵논쟁을 일소하고 또한 양국 관계를 정상화하는 데 기여할 것이다. 어느 경우에나 핵문제의 평화로운 해결은 그들 간의 외교 관계 정상화를 가속화하는 데 기여할 것이다.

어떤 주변 강대국도 적대 관계에 있지 않은 탈냉전 시대에 이루어지는 남북한에 대한 4강의 교차 승인은 냉전기와는 전적으로 다른 새로운 함의를 지닐 수 있다. 앞 장에서 살펴본 바와 같이 냉전 동안 평화 통일에 대한 강대국의 지지는 분단 지속에 대한 선호를 표현하는 것에 불과했다. 그러나 탈냉전기에 '교차 승인' 상황에 대한 지지는, 통일 과정이 한반도에 대한 강대국들의 기존의 지정학적 이해에 해를 끼침이 없이 평화롭게 남북 대화와 협력으로 진행될 수 있다면, 강대국들은 기꺼이 통일된 한국을 받아들일 수 있다는 사실을 의미할 수 있다. 이 점에서 1992년 11월 서울을 방문한 옐친 대통령이 남한 국회 연설에서 지적한 바대로, 냉전 종식은 남북한에게 "한반도 분단을 극복하는 데 있어 외부 장벽이 무너졌다"는 것과 "이제 통일은 남북한 민족의 손에 달려 있다"는 것을 의미할 수 있는 것이다(*KH*, Nov. 20, 1992, p. 2에서 재인용).51)

서울과 평양의 정권은 통일이라는 지상 과제를 강조해 왔다. 따라서 이러한 지상 과제와 더불어 '기본 합의'의 성격상 그리고 탈냉전 시대 주변 4강의 데탕트를 두고 볼 때, '기본 합의'는 최소한 남북한의 대화 지속을 위한 제도화된 기본 틀이 될 수 있다. 과거 적대 관계를 감안할 때 대화 지속이란 그 자체로서 한반도의 긴장 완화에 기여할 수 있다. 대화가 지속되면서 양측은 또 그들

---

50) 이런 관점에 대해서는 Koh, B. C.(1992: 464-465) 참조.
51) 한반도 내 그리고 한반도를 둘러싼 새로운 지정학적 상황에서 일본 또한 이제는 통일 한국을 승인할 준비를 하고 있는 것으로 보인다(Izumi, 1991: 87-91; Gong, 1991: 217).

간의 화해를 위한 호혜적인 방안을 찾을 수도 있다. 결과적으로 '기본 합의'가 진지하게 이행된다면 그것은 실질적이고 법적인 국가 관계의 토대 위에서 남북한의 평화 공존 체제를 발전시키고 이러한 평화 공존의 바탕 위에 통일을 성취할 수 있는 제도화된 틀이 될 수 있다.

2) 남한의 선택

합의된 바대로 '기본 합의'는 남북한이 6차 고위급 회담에서 비준서를 교환하면서 1992년 2월에 효력을 발생하기 시작했다. 3월에는 '기본 합의'에 합의된 대로 양측은 세 개의 분과위원회(정치, 군사, 교류 및 협력)를 설치하였다. 5월의 7차 고위급 회담에서는 연락사무소의 구성과 운영에 관한 세 개의 의정서를 마련하고, 군사 문제와 교류 및 협력을 위한 두 개의 공동위원회를 설치하였다. 기본 합의의 '남북 화해'를 더욱 효과적으로 수행하기 위해 7차 고위급 회담에서 양측은 또 8차 고위급 회담 때에 '화해'를 위한 공동위원회를 설치하기로 합의하였다. 7차 회담에서 양측은 또한 교류협력공동위원회 아래에 두 개의 공동위원회(경제 교류 및 협력을 위한 공동위원회와 사회문화 교류 및 협력을 위한 공동위원회)를 설치하는 데 합의하였다. 1992년 9월의 8차 고위급 회담에서 양측은 기본 합의를 조인한 대로 이행하기 위한 모든 준비를 마치고 4개의 공동위원회에 대한 의정서를 발효시켰으며, 1992년 11월부터 이들 위원회를 운영하기로 동의했다. 남북한은 실질적이고 법적인 두 개의 주권 국가 관계를 바탕으로 통일 문제와 공존 문제를 평화롭게 해결할 수 있는 새로운 시대로 진입한 것이다.

그러나 앞에서 언급한 바와 같이 상호 사찰을 위한 남북 대화가 미궁에 빠지면서 워싱턴-서울 측은 평양의 양보를 얻어내기 위한 압력 수단으로 '팀스피리트' 훈련을 재개하기로 결정하였고, 북한은 이에 대해 '핵위원회'에서 회담 중지로 응수했다.[52] 그 이후 '기본 합의'의 완전한 이행을 위한 회담도 중지되었다.[53]

---

52) 그 배경에 대해서는 Kapitsa(1992: 500) 참조.
53) 특히 경제 교류와 협력에 관해 서울측은 남북한 핵사찰 문제가 해결되기 전까지는 "어

'핵무기 선제 불사용'에 대한 미국의 법적 보증에 대한 지속적인 요구에서 나타난 바와 같이 북한은 오랫동안 특히 미국의 핵위협과 관련하여, 한반도 비핵무기지대화를 주장해 왔다.[54] 반대로 남한은 그러한 제안에 반대해 왔다.[55] 몇몇 안보 전문가들은 서울측이 한반도 비핵무기지대는 희생을 요구한다고 여길지도 모른다고 주장했다(Weinstein and Kamiya, 1980: 264). 서울 정권의 입장에서 볼 때 핵무기는 남한에만 존재하므로 비핵무기지대화는 순전히 미국의 확장적 핵억지의 상실을 의미할 수 있기 때문이다.

그러나 냉전 종식과 더불어 한반도를 둘러싼 전략적 상황은 급격히 남한에 유리하게 변화되었다. 앞에서 본 바와 같이 북한은 주요 동맹국인 소련을 상실한 반면, 남한은 러시아와 우호 관계를 정립했고, 또 다른 북한의 주요 동맹국인 중국과 관계를 정상화했다. 또한 많은 전략가들은 부분적으로는 남한의 경제 성장으로 또 부분적으로는 미국의 지지로 인해 남한의 재래식 군사력이 이미 북한을 앞질렀거나 최소한 1990년대 중반에는 우위를 차지하게 될 것이라고 추정한다. 한편, 호전된 남한의 전략적 지위를 반영하는 것으로서 미국은 남한에서 핵무기 철수를 결정하였는데, 그 때까지 핵무기는 남한이 한반도 비핵무기지대화를 반대하였던 일차적인 이유였다. 더 나아가 남북한은 한반도의 비핵화에 동의하였다. 간단히 말해 탈냉전기에 남한은 한반도 비핵무기지대화에 반대할 어떤 정당한 근거도 가지고 있지 않은 것 같다.

군사 및 경제 제재를 포함해 평양에 대한 워싱턴-서울의 압력이 증대하는 것을 놓고 보면 북한이 언젠가 핵문제에 대한 현재의 입장을 포기하고 국제원자력기구의 사찰을 무조건적으로 받아들이거나 남한의 조건에 따라 남북한 상호 사찰을 받아들이게 될지도 모른다. 다른 한편, 북한 지도층 내부에 동구의 변화처럼 북한의 변화를 촉발할 수 있는 '불만' 집단이 있다는 보고도 종종 들

떤 진전도 없을 것"이라고 주장한다(Koh, B. C., 1992: 480).

54) 1980년 조선노동당 제6차 당대회에 제출한 보고서(Kim, I. S., 1986: 49)에서 김일성이 "핵무기의 실험, 제조, 비축, 사용을 금지"하는 한반도 비핵무기지대화를 공식 제안한 후 북한은 비핵무기지대 확립을 계속해서 주장해 왔다.

55) 예를 들어 한국의 노태우 대통령은 1990년 광복 45주년 기념 연설에서 한반도 비핵무기지대화에 대한 강력한 반대를 천명하였다(『한국일보』, 1990년 8월 16일, 1면). 1991년 6월과 7월에 있었던 기자 회견에서 노태우 대통령은 비핵무기지대화에 대한 반대를 거듭 밝혔다(『한국일보』, 1991년 6월 28일 2면, 7월 4일 1면).

려온다.56) 또한 북한 경제가 거의 붕괴 지경에 이르렀다고 종종 주장된다. 어떤 필자들은 현 김일성-김정일 체제의 붕괴는 시간 문제일 따름이고 따라서 궁극적으로 서독이 동독을 인수한 독일 통일과 유사하게, 크게는 남한의 방식대로 통일이 이루어질 것이라고 예측한다(Mack, 1992a: 13; Foster-Carter, 1992 참조). 동구 블럭의 해제와 소련 해체가 예측하지 못한 형태로 갑자기 이루어진 것처럼 이러한 주장도 비록 남북한의 내정을 객관적으로 분석하는 데 필요한 필수적인 정보나 자료를 제시하고 있지는 못하지만 옳을 수도 있다.

그러나 현 단계에서 1990년 7월 기자 회견에서 남한 국무총리가 밝힌 것처럼 "남한에 의한 북한 흡수 통일이라는 독일식의 통일은 어려운 것"(『한국일보』, 1990년 7월 18일, 2면)으로 보인다. 무엇보다 서독과 달리 남한은 높은 수준의 정치적 안정이나 인권, 사회 복지를 누려본 적이 없고 북한 인민들이 남한의 사회 체제나 생활 방식을 갈망한다는 증거(현재의 상황에서 그러한 추정을 할 만한 어떤 현실적인 기반도 없지만)도 거의 없기 때문이다. 나아가 서울 정권은 종종 독일 사례를 볼 때 '흡수 통일'은 비록 남한 경제가 여전히 발전하고 있지만 거기에 가져오는 부담에 비추어 바람직하지 않다고 주장한다. 한편, 현 국면의 남북한 관계에서 더 중요한 것은 핵 잠재력과 관련된 북한에 대한 경제/군사 제재가 또 다른 동족 상잔이나 북한의 핵무장과 같은 위험을 초래한 것으로 보인다는 점이다.

과거의 남북한 대결을 놓고 볼 때 핵문제의 평화로운 해결이 결코 이후 남북한 관계가 조화롭고 평온하게 발전하게 됨을 의미하지는 않는다. 그러나 남북한은 '기본 합의'에서 평화 공존 관계를 발전시키고, 이 평화 공존의 바탕 위에 통일을 촉진할 수 있는 정교한 기본 틀을 마련하는 데 성공하였다.57) 앞서 살펴보았듯이 대화가 지속되는 한 남북한은 화해를 이루고 나아가 궁극적인 통일 목표를 달성하는 데 호혜적인 방안을 찾을 수 있다. 비핵무기지대화 정식에 의해 핵문제를 다루는 것은 남북한 모두를, 즉 한민족 전체를 이롭게 하는 것이다.

---

56) 예를 들어 1990년 6월 기자 회견에서 밝힌 루마니아 학자인 실비우 브루칸(Silviu Brucan)의 주장(『한국일보』, 1990년 6월 14일, 1면) 참조.

57) 커밍스는 과거 남북한 갈등을 고려할 때 이러한 진전은 "한국 전쟁의 최종적인 종식을 약속할 수 있다"고 지적한다(Cumings 1992c: 22).

5. 한반도 비핵무기지대화 모델

이제부터 한반도 비핵무기지대화를 위한 기본 원칙을 다루기로 하자. 어떤 지역이 국제적으로 승인된 비핵무기지대가 되려면 1975년 유엔 모델에서 제시된 기본 조건을 충족시켜야 한다. 한반도의 경우 역시 남북한의 공식적 합의와 함께 다음과 같은 법적 절차가 이루어져야 한다. ① 한반도에서 완전한 핵무기 부재, ② 비핵무기지대화 이행에 대한 국제적 보증, ③ 핵무기 보유국에 의한 소극적 안전 보장.

그러나 유엔의 비핵무기지대에 대한 정의와 기존 조약은 몇 가지 중요한 점에서 모호하다. 2장에서 본 것처럼, 예컨대 평화 목적을 위한 핵폭발이 허용될 수 있는지에 관해 논쟁의 소지가 있다. 인도는 평화 목적이라는 구실 하에 1974년에 핵장치를 폭발시켰다. 틀레테롤코 조약은 평화로운 핵폭발에 관한 허용적인 조건부 단서 조항을 갖고 있지만 라로통가 조약은 모든 종류의 핵폭발을 전적으로 금지하고 있다.

다른 논란거리도 일고 있다. 주된 것으로는 핵무기의 정의나 범위, 전적인 핵무기 부재라는 개념, 회원국 영토 또는 공해상에서 핵무기의 통과, 핵무기 비보유국에 대한 핵무기 보유국의 소극적 안전 보장 등에 관한 논쟁을 들 수 있다(Coates, 1987: 129-131; Multan 1985: 378-381; Lodgaard, 1983: 211-212; Goldblat, 1982: 63-68). 이러한 문제는 종종 비핵무기지대 회원국이 핵무기 보유국과 동맹 관계에 있을 때 더욱 복잡해진다. 다시 말해, 비핵무기지대와 핵무기 보유국의 동맹국에 대한 비핵무기지대 회원국의 의무 사이의 관계에 관련된 문제가 생긴다.

한반도에서 핵전쟁의 위험은 일차적으로 남북한이 핵무기 보유국과 동맹 관계에 있다는 것, 특히 미래에 남북한이 핵무장 하지 않는다 해도 미국이 여전히 남한에 군사력을 주둔시키고 있다는 사실에서 파생된다. 따라서 유엔 모델의 모호성과 기존 비핵무기지대화의 역사적 경험에 비추어볼 때 한반도 비핵무기지대화는 유엔 모델에 기반한 앞의 조건에 덧붙여 최소한 다음과 같은 점을 명확히 해야 한다.[58]

---

58) 비핵무기지대 확립을 위한 포괄적인 조약의 전형에 대해서는 Rieman(1989: 209-278)

첫째, 남한은 미국과 동맹 관계를 유지하고 있는 반면 북한은 중국과 동맹 관계에 있다. 따라서 한반도 비핵무기지대는 이들 핵무기 보유국들과의 동맹 조약에 따른 남북한의 의무와 비핵무기지대와 모순된다면 이러한 의무에 대해 우선권을 가져야 한다는 점을 명확히 해야 한다.

둘째, '핵무기'라는 용어는 일반적으로 핵탄두와 그에 관계된 장치를 의미한다.[59] 핵무기의 완전 부재는 대개 핵무기의 개발과 제조, 시험, 획득, 소유, 배치 및 사용에 대한 금지를 의미한다. 그러나 핵무기 관련 지휘-통제-통신-첩보 시설 또한 핵무기 장치의 필수적인 부분이다. 핵과 재래식 탄두를 나르는 운반 시설(이른바 '이중 사용' 체제) 또한 핵무기 장치에 통합된 일부분이다. 만약 핵무기 보유국과 동맹 관계에 있는 비핵무기지대 회원국이 그 영토 내에 그러한 핵관련 시설이나 핵무기 장치의 구성 요소의 존재를 허용한다면, 그런 시설은 핵공격시 동맹국이 사용할 수 있고 따라서 적의 군사적 목표물이 될 것이다. 그러므로 한반도 비핵무기지대화를 논할 때, 남한 내 미군의 존재를 감안한다면 앞서 언급한 시설이나 구성 요소는 한반도에서 금지되어야 하는 핵무기 범주에 포함되어야 할 것이다.

셋째, '평화 목적의' 핵폭발을 둘러싼 모호성과 더불어 이러한 핵폭발이 핵무기를 획득하려는 의도로 해석될 수도 있기 때문에 평화 목적의 핵폭발에 대한 금지 역시 한반도 비핵무기지대화의 일부여야 한다.[60] 라로통가 조약처럼 '핵폭발 장치'라는 용어가 '핵무기'보다는 더 광범위하게 사용되어야 할 것이다.

넷째, 비핵무기지대의 회원국이 되기 위한 조건의 하나로 종종, 해당 국가의 영토, 영해, 영공에서 어떤 핵무기의 통과나 수송도 금지되어야 한다고 주장되어 왔다. 한반도 비핵무기지대가 남북한과 그 영해만으로 구성된다는 사실을 고려하고 남북한이 모두 핵무기 보유국과 동맹 관계에 있다고 가정하면 남북

---

59) 구체적인 '핵무기'의 범위에 대해 아무런 언급을 포함하고 있지 않은 '비핵화 선언'은 이 개념을 원용하고 있다고 할 수 있다.

60) '비핵화 선언'에서 남북한은 "핵에너지를 평화적 목적을 위해서만 사용"한다고 합의하고 있지만, 이른바 '평화적' 목적을 위한 핵폭발(실험)을 금지한다는 구체적 조항은 명시하지 않고 있다.

한 내에서 핵무기의 통과는 비핵무기지대의 의미를 상당히 감소시킬 것이다. 따라서 한반도 비핵무기지대화는 핵무장이 가능한 선박과 항공기에 대해 핵무기 보유국들이 핵무기의 존재와 관련해 확인/부인 불가 정책을 고수하는 한, 그러한 선박과 항공기의 입항이나 착륙, 통과를 모두 금지해야 한다.

핵전함의 이동과 관련해 핵무기 보유국들은 비핵무기지대 내 '공해의 자유'가 국제법으로 보호되어야 한다고 주장한다. 그러나 이런 주장의 타당성은 쉽게 인정되지 않는다. 라로통가 조약이 회원국의 영해 내 핵무기의 존재를 허용하는 반면 틀레테롤코 조약은 부분적으로 공해를 포함하고 있어 그 적용 지대가 라로통가 조약보다 상당히 넓다. 이와 관련해 어떤 필자들은 또 "해양의 자유에 관한 국제법은 틀레테롤코 조약에서의 공해상의 핵무기 금지와 배치되지 않는다"(Goldblat and Lodgaard, 1986: 520)고 주장한다. 한반도는 러시아와 중국, 일본으로 둘러싸여 있고 주변의 해양은 이들 나라와 공유하고 있다. 따라서 비핵무기지대 내 공해상의 핵무기 통과 문제는 한반도 비핵무기지대화에 관한 논의를 넘어서는 것이다.

마지막으로 핵무기 보유국의 소극적 안전 보장과 관련해 의견 차이가 존재한다. 어떤 필자들은 어떤 국가가 스스로 핵무장 가능성을 포기할 때 그 대가로 핵무기 보유국의 어떤 핵공격으로부터도 면제될 것이라는 보장이 주어져야 하기 때문에 핵무기 보유국의 보장이 비핵무기지대화에 매우 중요하다고 주장한다(Multan, 1985: 379-380). 그러나 또 어떤 이들은 비핵무기지대 조약에 대한 핵무기 보유국의 합의가 "바람직하지만 조약의 효과적인 작동에는 그다지 결정적이지 않고", 또 조약이 "효력을 발생하기 전에는 요구되지도 않는다"(Fry, 1986: 65-65)고 주장한다. 핵무기 보유국이 이미 핵무기 비보유국에 대해 핵무기를 사용하지 않겠다고 비록 조건부로나마 선언했다는 점에 주목하면서 어떤 필자들은 "핵무기를 지닌 강대국에 대해 자발적으로 떠맡은 기존의 의무에 준거하도록 요구하는 것이 아니라 다국적인 국제 문서에서 그 공약을 재확인하도록 요구하는 것은 역효과를 초래할 것"(Goldblat and Lodgaard, 1986: 521)이라고 주장한다.

앞에서 본 것처럼 비핵무기지대화의 기본 목표는 비핵화를 통해 지대 내 국가들 간에 평화를 증진하는 것이다. 따라서 비핵무기지대 확립의 성공과 실패는 일차적으로 지대 내 국가들이 지대 설치와 준수에 합의할 수 있느냐에 달려 있다. 그러나 어떤 이의 지적처럼 "대체로 핵강대국들의 입장이 그러한 지대 설치의 실제적 가능성과 아울러 그 지속성과 효과성을 결정한다"(Multan, 1985: 380)는 것만큼은 틀림없는 사실이다.

한반도는 남북한이 핵무장을 해서가 아니라 주변 강대국이 핵무장되어 있고 특히 미국이 한반도에서 핵사용을 공식적으로 위협해 왔기 때문에 오랫동안 핵 화약고였다. 이미 살펴보았듯이 북한의 핵잠재력에 관한 논쟁 또한 북한에 대한 미국의 핵위협에서 먼저 나온 것이다. 한반도의 지정학적 위치와 남북한의 핵무기 보유국과의 동맹 관계를 감안할 때, 주변 강대국에 의한 소극적 안전 보장은 한반도 비핵무기지대의 창출만이 아니라 그 지속을 위해서도 매우 중요한 것이다.

6

······

한반도의 비도발적 방위 체제

　제2장에서 논한 것처럼, 공격적 방위 체제에서 국가들은 타국의 안보를 위협하지 않고는 자국의 안보를 강화할 수 없다. 따라서 양측이 똑같이 안전하다고 인지할 때까지는 어느 측도 안전하지 못하게 된다(Moller, 1989a: 194). 국가들이 비도발적 방위 체제(*non-provocative defence*, NPD)를 추구하면 이러한 안보 딜레마는 더 이상 발생하지 않을 것이다. 나아가 비도발적 방위 체제는 특히 위기 상황에서 선제 공격에 대한 억제책을 제공한다. 위기 시 안정력이 고양되면 우연히 또는 돌발적으로 전쟁이 발생할 가능성도 감소한다. 비도발적 방위 체제는 또한 군비 증강 메커니즘을 없애거나 최소한 상당히 감소시킬 수 있다.

　본 장에서는 한반도의 비도발적 방위 체제의 확립에 관해 논의할 것이다. 대안적인 군사 전략으로서 비도발적 방위 체제의 실효성에 대해 많은 논란이 있어 왔다. 따라서 한반도의 비도발적 방위 체제를 논의하기 전에 이러한 논란에 대해 살펴보기로 한다. 이어서 남북의 갈등 상황에 비추어 비도발적 방위 체제의 적합성과 필요성에 대해 논의한다. 마지막으로 남북한 양측에 모두 적합한 한반도의 비도발적 방위 체제를 위한 대략적인 원칙과 전략에 대해 논의할 것이다.

　비도발적 방위 체제의 개념과 모델은 주로 유럽 문제와 관련해서 발전되어 왔다. 그러나 많은 경우에 이들 개념과 모델은 보다 광범위하게 응용될 수 있는 몇몇 원칙과 연관 및 일련의 관계로서 제시된 것이었다.[1] 기본적인 남북한 비도발적 방위 체제에 대한 논의는 2장의 비도발적 방위 체제에 대한 이론적 고찰과 기존 모델에 근거하고 있으나 한반도라는 지정학적인 특수성도 고려하고 있다.

1. 비도발적 방위 체제: 비판과 대응

비도발적 방위 체제에 관해 많은 비판이 제기되어 왔다(Cheeseman, 1990: 8-18; Trömp, 1990: 43-45; Buzan, 1987a: 278-288; Gates, 1987: 33-52). 주요한 것으로는 먼저 '공격적'과 '방어적'이라는 표현의 구별에 관해 제기된 문제점이 있다 (Agrell, 1987: 76-78 참조). 앞서 논한 것처럼 이들 범주를 구별하는 데 있어 어떤 필자들은 무기 체제가 지닌 공격성 정도의 차이를 강조하지만 많은 비도발적 방위 체제 옹호자들은 '방어적' 특징은 한 나라의 군사적 태세 자체에서 찾을 수 있다고 주장하고 있다. 그러나 한 나라의 잠재적인 경쟁국이 그 나라의 자세를 정말 '방어적'(비위협적)이라고 인지하게 될 것인지 등과 같은 문제가 발생할 수 있기 때문에 이것은 그리 간단한 문제가 아니라고 주장된다. 더욱이 만약 효과적인 방어 체제가 어떤 순간에라도 공격 능력과 결합될 경우에 방어는 공격을 보완하는 강력한 요소가 된다. 또한 한 측이 일반 병력과 기동군을 모두 보유하고 있다면 상대국은 후자가 공격적으로 사용될 수도 있다고 생각할 수 있다.

그러나 공격 체제와 방어 체제 간의 대략적인 차이를 발견할 수 있다는 데에는 대체적으로 합의가 이루어져 있다. 전자에서는 먼저 전진하는 쪽, 즉 공격의 주도권을 먼저 취하는 쪽이 유리한 반면, 후자에서는 기다렸다가 상대가 공격을 하도록 내버려두는 쪽이 유리하다(Quester, 1986: 229-235).[2] 물론, 무

---

1) 타 지역에 적용된 비도발적 방위 체제에 대해서는 UNIDIR(1990), Singh and Vekaric (1990), Conetta et al.(1991) 참조.
2) 아그렐(Agrell)의 비판에 대한 대응으로는 Saperstein(1988) 참조.

엇이 '방어적'이냐 아니냐를 결정하는 데서 인지와 오인(誤認)의 문제는 잠재적 적대 국가 간에 대화나 타협, 공식적인 정보 교환과 같은 상호 과정을 통해 다뤄질 수 있다. 한편, 방어국의 기동군의 규모와 능력, 위치는 구조적으로 제한되어 있기 때문에 침략국 영토에 공격을 개시할 정도는 아니다. 이를 확인하기 위해 다른 측이 감시 장치를 사용할 수도 있다. 방어국이 상대국을 군사 훈련에 초대하는 것과 같은 신뢰 구축 조치는 그러한 문제를 해결하는 데 기여할 것이다.

둘째로, 방어국도 많은 불리한 점을 가질 수 있다고 주장된다. 어떤 국가가 비도발적 방위 체제를 택할 때에는 응징, 즉 역공격에 의한 억지력을 상실하게 될 것이다(Flanagan, 1988: 48). 선제 혹은 보복 공격을 당할 두려움이 없으므로 상대국은 보다 쉽게 행동의 비용과 이익을 계산할 수 있고, 침략을 위해 마음대로 군사력을 배치하며 공격을 위해 모든 자원을 가동할 수 있다. 상대국은 단순히 장거리 미사일이나 공중 폭격을 개시할 수도 있다. 나아가 어떤 군사적 갈등이 방어국 영토에서 일어날 때에는 방어국에서만 그 산업 기반과 도시 시설, 주민들이 위태롭게 된다. 상대국은 접경 지대에서 소규모 침입을 도발하거나 아마도 정치 혹은 경제적 양보를 얻어 내기 위해 제한된 지역을 점령할 수도 있다. 또한 방어국은 침략국 내의 군사 시설을 파괴하는 데 필요한 종류의 군사력을 보유하고 있지 않으므로 전쟁에서 이길 수 없다. 적국은 공격 재개를 위한 재충전을 위해 안전한 본국으로 철수할 수 있다.

그러나 앞에서 본 바와 같이 기본적으로 비도발적 방위 체제는 선제 공격의 유인과 비의도적 혹은 불의의 전쟁 위험을 감소시킨다. 따라서, 특히 어떤 측도 전쟁을 원치 않을 경우에, 비도발적 방위 체제는 선제 공격이나 군사 갈등의 발발 자체를 방지하므로 위기를 피하거나 통제할 수 있는 가능성을 상당히 증대시킬 것이다. 위기가 아닌 시기에 "청천 벽력" 같은 공격은 사실상 불가능한 것이다(Mack, 1989: 23). 신뢰 구축 체제 또한 선제 공격이 성공적일 가능성을 줄일 것이다. 또, 비도발적 방위 체제는 핵무기의 선제 사용 포기 원칙을 지지하며, 핵무기의 역할은 설사 있다 하더라도 전적으로 적국의 핵무기 사용에 대한 억지책으로만 제한된다. 냉전 동안 유럽의 확대된 핵억지에 대해 논의 과정에서, "만약 핵무기의 역할이 전쟁용에서 최소한의 억지책으로 바뀐다면 어떻게 소련이 도발받지 않은 상태에서 공격을 고려하게 되는 보다 큰 유인을 갖게 되는지”를 보여주어야 한다는 점이 지적되었다(Mack, 1989: 30-31). 앞에서 살펴본 바와 같이 이 때는 준(準) 핵시대였다. 만약 핵무기 보유국의 핵병기가 전쟁에 사용된다는 위협이 생긴다면 “모든 호전적인 국가의 으뜸 관심사는 핵무기의 확산을 피하거나 제한시키는 일이 될 것이다”(Boserup, 1986: 1).

비도발적 방위 체제를 취하는 국가가 공격받을 때 국제 공동체로부터 지지를 끌어들이는 것은 당연하다. 전쟁으로 인한 손해 비용 때문에 방어국은 침략국에게 배상을 요구하거나, 국제 사회가 전쟁 배상을 포함해 침략국에 대한 적절한 처벌을 부과하도록 요구할 수 있다. 여기서 유엔은 특히 탈냉전 시대에 적절한 역할을 수행하리라고 기대할 수 있다. 방어국이 방어적이지만 잘 무장되어 있고 그 자체를 보호하고자 하는 결의가 굳고 또 예견 가능한 국제 공동체의 반응이 방어국에 유리할 때는 부분 점령이나 접경 지대의 소규모 침입을 감행하려는 시도가 매우 어려운 일이 될 것이다.

비도발적 방위 체제가 전쟁에서 이길 수 있는지에 관한 논의는 주로 ‘이긴다’는 용어를 어떻게 정의하느냐에 달려 있다. 비록 비도발적 방위 체제가 침략국의 국내 군사 시설을 파괴할 수 없다 해도, 비도발적 방위 체제가 침략국의 전쟁 수행 능력을 감소시키거나 심지어 파괴할 수도 있는 비용을 침략국에 부과한다면 방어국은 ‘승리’할 수 있다.[3] 게다가 침략국의 생존이 문제로 되는 것도 아니기 때문에 침략국이 전쟁을 대의 명분으로 하여 그 국가의 모든 자원을 동원하는 것도 어려울 것이다. 반대로 국가 주권이 위태롭게 된 방어국은 전쟁도 불사하려는 민족적 결단이나 정치적 능력도 고양시킬 수 있을 것이다.

셋째로, 다음과 같은 또 다른 비판들도 있다. ‘최선의 방어는 최선의 공격이다’라는 전통적인 군사 명제에 따르면 공격 전략은 방어 전략보다 군사적으로 보다 효능이 크다. 비도발적 방위 체제는 동맹이라는 집단 방어 기제와 일치되지 않는다. 비록 강대국이 비도발적 방위 체제를 취한다 해도 상대적으로 큰 강대국의 방어력을 놓고 볼 때 강대국 주변의 소국은 위협을 느낄 수 있다(Gupta, 1990: 145). 또한 (비록 한국의 사례와 직접적으로 연관된 것은 아니지만) 강대국들의 비도발적 방위 체제와 관련된 문제도 제기된다. 강대국의 비도발적

---

3) 이에 관한 논의는 Mack(1986: 14-17, 19-20:, Mack(1989: 26-27) 참조.

방위 체제는 성격상 자국이 직접적으로 관계되는 지역 외부에서 국제 질서를 위해 군사력을 행사하는 것을 제한하기 때문에 그러한 질서의 기초를 위협할 수도 있다. 비도발적 방위 체제 전략은 해상 교통로와 멀리 떨어진 도서(島嶼) 영토와 같은 외적 이익을 방어하는 능력을 거의 지니고 있지 못하다.

몇몇 비도발적 방위 체제 지지자들은 컴퓨터 모의 실험을 사용해, 비록 그 실험들이 대대 규모의 방어력과 일련의 연대 규모의 공격력 사이의 특정한 지상전에 관련된 전쟁 게임의 형태이긴 하지만, 그들의 방어 체제가 공격적 방어 전략보다 훨씬 효과적임을 보여주었다(Hoffman et al., 1984, Mack, 1989: 17-18 에서 재인용). 또한 하나의 전략 양식이 다른 것보다 우월한가의 여부에서 결정적인 변수는 무기 체제나 방어 기술에 달려 있다고 지적되기도 한다(Levy, 1984: 219-238). 새롭게 부상하는 다양한 기술적 추세에서 공격과 방어의 균형은 좀더 후자쪽으로 기울고 있는 것으로 보인다. 마이크로 전자와 같은 새 기술은 비도발적 방위 체제를 위해 더 잘 이용될 수 있고 또 공격 과제보다 비도발적 방위 체제의 경우에 더 저렴하게 응용될 수 있다(Moller, 1990: 84; Mack, 1989: 24-26. Moller, 1989b: 82-89; Herolf, 1988: 42-44 참조).

어떤 비도발적 방위 체제 지지자들은 자립을 선호하나(Galtun 1984a: 180-192), 일반적으로 비도발적 방위 체제 옹호자들은 비록 동맹이 그런 비도발적 방위 체제 전략에 동의한다는 가정에 의존하긴 하지만 비도발적 방위 체제를 위한 조정된 동맹 전략을 인정한다(Grin and Unterseher, 1988: 28-30; Windass, 1985; Moller, 1992: ch. 3 참조). 비도발적 방위 체제를 취하는 세력의 동맹국은 침략자에 맞서기 위해 일관된 거대한 저항 지대를 만들 수 있다. 필요하다면 회원국이 군사적으로 공격을 받거나 혹은 위협받을 경우에 동맹국이 도우러 올 수도 있다. 또한 어떤 국가들은 타국 소속의 순수하게 방어적인 재래식 군사력을 평화 시기에 자국 영토에 주둔시킬 수 있다(Galtung, 1984a: 190).

강대국이든 소국이든 비도발적 방위 체제를 채택할 때 이는 그 국가가 타국에 대해 전쟁을 개시하지도 않고 정치의 수단으로 전쟁을 사용하지도 않을 것이라는 의미이다. 나아가 강대국의 비도발적 방위 체제는 공격적 방어 전략을 취할 때보다 주변 소국에 대해 덜 위협이 된다. 또한 주지하다시피 하나의 비도발적 방위 체제 모델이 똑같이 소국과 강대국에 적용될 수 없다(Visuri, 1990:

132 참조). 동서 양극 체제의 냉전 시대에 국제 안보 체제에서 미국과 소련의 역할은 자국의 국가 이익에 따라 자의적이었다. 따라서 심지어 어떤 국가의 정부가 요구하더라도 강대국은 공식적으로 동맹 관계에 있지 않는 한 무장한 군사력을 보내서는 안된다고 주장되었다.4) 만약 국제 공동체가 지역적 군사 갈등에 무력으로 개입할 필요성이 있다면 강대국은 유엔이 승인한 다국적 군에 참여함으로써 유엔 결의에 기여할 수 있다.

확실히 예비적인 형태이긴 하지만 몰러(Moller)는 어떤 국가가 중추적인 해상 수송로나 멀리 떨어져 있는 도서를 방어할 수 있는 비도발적 방위 체제의 해상 전략을 제시하고 있다(Moller, 1987b). 잠수함과 수중 폭뢰 및 정밀 유도 폭탄(*precision-guided munition*, PGM)으로 무장한 정찰선으로 구성된 함대(*fleet-in-being*)는 어떤 가상적인 적국의 침략 함대에도 위협을 가할 수 있다. 그렇지만 침략국의 본토를 공격하거나 제한된 작전 영역을 넘어서는 해상 통제를 수행할 수는 없다. 그는 냉전 동안 나토의 대륙 간 해상 교통로의 보호를 위해 나토가 그린랜드-아이슬랜드-영국 또는 그린랜드-아이슬랜드-노르웨이 선의 남쪽에 방어적 해상 통제를 수립할 수 있었을 것이라고 생각한다(Moller, 1992: 187-189). 이 중 어떤 방어선도 대체로 바렌츠 해와 노르웨이 해의 경계선 근처의 소련의 방어선과 교차하지 않는다. 그는 소련이 이러한 방어선에 따르게 하려면 서방 또한 소련의 해상 핵억지력을 위태롭게 하는 일을 피함과 동시에 소련 본토에 대한 유효 공격 범위 내에서 항공기나 크루즈 미사일 발사대를 배치하는 것을 삼가야 한다고 주장했다. 탈냉전 시대에 원격 해상 수송로를 방어하는 경우 국제법에서 보호되는 '공해의 자유' 또한 문제로 된다. 그러한 자유는 고양된 유엔의 평화 유지 역할에 의해 보호받을 수 있다. 한편, 이런 종류의 문제를 논의할 때는 그런 문제가 발생할 수도 있었던 사례를 고찰하는 것이 중요하다. 예컨대 구 소련이 제3차 세계 대전의 위험을 무릅쓰지 않고 인도네시아 부근의 해협에서 일본 선박을 나포하는 일은 상상할 수도 없었을 것이기 때문이다.

마지막으로 여기서 비도발적 방위 체제의 강점과 약점을 고찰할 때, 비도발

---

4) 예를 들어 그러한 불개입 제도가 존재했더라면 미국의 베트남, 소련의 아프가니스탄 개입을 방지했을 수도 있다(Johansen, 1983: 339).

적 방위 체제를 기존의 공격적 방어 전략과 비교하였다는 점을 주목할 필요가 있다. 비도발적 방위 체제는 공격적 방어 전략에 수반되거나 거기서 발생하는 안보 딜레마와 여타 문제를 해결하고자 한다. 단순히 현 단계에서 비도발적 방위 체제가 효과적으로 대응할 수 없는 문제가 있기 때문에 비도발적 방위 체제가 포기되어서는 안된다. 공격적 방어 전략으로도 대응할 수 없는 문제가 있기는 마찬가지이다.

2. 한반도 평화를 향하여: 비도발적 방위 체제의 확립

한반도 비핵무기지대의 창출과 더불어 남북한이 비도발적 방위 체제를 확립하는 것은 분명히 한반도 안정과 평화의 전망을 개선하는 데 기여할 것이다(Wiberg, 1989b: 6-7 참조). 앞에서 보았듯이 한반도는 대단히 위험하다. 남북한은 이미 한 차례의 열전을 치렀고, 양측이 모두 공격적 방어 자세를 취하고 있는 한편 1백만이 넘는 중무장군이 비무장지대를 가로질러 서로 대치하고 있다. 비무장지대가 종종 화약고로 불릴 만큼 우연적인 군사적 충돌도 핵재앙을 포함한 전면전으로 확전될 위험이 매우 높았다. 한 측이 선제 공격을 취할 가능성도 배제할 수 없었다.

양측이 불안전하다고 인지하는 한편 또 양측은 극심한 상호 불신을 보여 왔다. 남북한은 그 경제력에 어울리지 않게 과도한 군사 경쟁을 해 왔다. 사실 남북한은 안보 딜레마를 전형적으로 보여 왔다.

게다가 남북한은 이미 평화 관계 발전을 위한 역사적인 기본 합의에 동의하였다. 비도발적 방위 체제는 '남북한 불가침'의 이행과 더 나은 발전을 위한 주요 지침이 될 수 있다. 앞서 본 바와 같이 남한은 대체로 남북한 관계 개선을 위해서는 민간 및 경제 교류가 먼저 이루어져야 한다고 주장했고, 북한은 정치 군사적 문제를 먼저 다룰 것을 강조했다. 통계에 따르면 북한은 1948년과 1988년 기간에 236차례에 걸쳐 군비 통제와 감소를 위한 제안을 제시한 반면, 남한은 64번의 제안만 했다(Lee, C. M., 1991: 189).[5] 남한은 군비 통제 문제에

---

5) 1948년에서 1989년 기간에 남북한이 제시한 제안들에 대해서는 신정현(1990: 201-317)

어떤 의미있는 강조도 두지 않았다(Lee, M. Y., 1990: 130-131; Lee, C. M., 1991: 1985).[6] 그러나 앞에서 본 바와 같이 양측은 기본 합의에서 두 접근을 모두 다루기로 합의했다. 게다가 양측이 서로에 대해 무력을 사용하거나 무력 공격을 감행하지 않겠다고 선언한 '불가침' 장에서 양측은 이미 한반도 비도발적 방위 체제를 발전시키기 위한 몇몇 기본 틀을 마련한 것이다. 양측은 (군사 부대 이동 및 군사 훈련에 대한 상호 통지와 군사력 및 정보 교류와 같은) 운용상의 군비 통제 조치만이 아니라 (단계적 군축과 같은) 구조적 군비 통제 조치를 개발하기로 합의했다. 여기에는 대량 살상 무기만이 아니라 '공격 시설'의 제거도 포함된다.

4장에서 논한 것처럼 서울과 평양의 정권은 항상 통일을 위해 노력하도록 압력을 받아 왔다. 통일이 우리 측을 확대하는 식으로 이루어져야 할 지상 과제가 되기 때문에 무력 사용이 그 과제를 위해 선택할 수 있는 대안이 될 수 있다는 것은 별로 놀랍지 않다. 정확히 계산한 것이든 아니든 간에 다른 측의 군사력이 분명히 자기 측보다 열등하다고 보거나, 다른 측 사회 내부 갈등이 너무 심각해서 자기 측 방식대로 통일을 이룰 수 있는 기회가 왔다고 판단하거나, 또 국제 공동체가 그런 시도를 우호적으로 보아 넘길 것이라고 판단한다면 각 측은 다른 측을 공격할 유혹을 느낄 수도 있다.

평화 통일의 근간에는 "인명이나 재산에 대한 물리적 파괴 없이 정치적 통일에 이르는 과정"이 포함되어 있다(Young, 1983: 60). 한반도 비도발적 방위 체제 확립은 비록 통일 자체가 여전히 지상 과제이긴 하지만 남북한이 진정으로 무력 통일 시도의 가능성을 배제하는 것을 의미한다. 앞에서 본 것처럼 1960년 남북한은 각각 통일을 위해 군사적 수단을 사용하지 않을 것이라고 선언했다. 1972년 7.4 공동 성명에서 양측은 평화 통일 원칙에 합의했다. 이는 다시 1991년 기본 합의에서 확인되었다. 한반도 비도발적 방위 체제 또한 평화 통일 원칙이 실제로 실행될 것을 입증하는 수단이 될 수 있을 것이다.

참조

6) 최근 남북한 군비 통제 제안의 유사성과 차이성에 관한 논의는 Goodby(1990: 118-120), Lee, C. M.(1991: 189-190) 참조.

3. 한반도 비도발적 방위 체제의 모델

비도발적 방위 체제에서 두 가지 핵심적 사안은 불가침과 효과적 방어이다. 비도발적 방위 체제는 방어적이어야 하고 따라서 타방을 위협해서는 안된다. 그러나 또한 비도발적 방위 체제는 어떤 잠재적 공격도 효과적으로 다룰 수 있어야 한다. 따라서 한반도 비도발적 방위 체제를 위해서는 남북한의 군사적 교의와 전략만이 아니라 생활 방식도 이 목적에 맞게 조정되어야 한다.

1) 평화 조약

1953년의 정전 협정은 전문에서 "최후적인 평화적 해결이 달성될 때까지" 한국 전쟁의 전투 중지를 규정하고 있다(Rees, 1964: 462). 또한 협정 5조 62항에 따르면 이러한 전투 중지는 "정치적 수준에서의 평화적 해결을 위한 적당한 협정의 규정에 의해 명확히 대체되지 않는 한 효력을 지니게 된다"(Rees, 1964: 482). 따라서 양측이 평화로운 해결에 도달할 때까지 한반도는 여전히 전쟁 상태로 남아 있다는 것을 의미한다. 따라서 한반도 비도발적 방위 체제가 실현되려면 먼저 남북한 전쟁 상태가 종결되어야 한다.

1953년 "양측" 대표로서 그 "한 측"인 미국이 협정에 서명했고, "다른 한 측으로서" 북한과 중국이 서명했다(Rees, 1964: 462, 482-483). 북한은 오랫동안 미국과 북한이 협정 조인국이므로 정전 협정의 평화 조약으로의 대체에 관한 양국 간 2자 회담을 해야 한다고 주장해 왔다.[7]

그러나 그러한 제안을 수용하는 것은 남한 내 미군 주둔의 근거를 허물뿐만 아니라 평양과 워싱턴의 직접 대화로 인한 남한의 고립을 의미할 수도 있다. 북한도 이런 점들을 고려했을 수 있다. 따라서 하나의 대안으로 미국-남한측은 1979년, 한반도에서 "대화를 촉진하고 긴장을 완화하기 위한" 수단을 모색하기 위한 조처로서 미국과 남한, 북한 사이의 3자 회담을 제안했다(RCPU, 1986: 115). 남한은 처음에는 그런 3자 회담 구상조차 반대했다. 왜냐하면 "비

---

7) 예로서 1976년 북한이 미국 국방성에 보낸 공식 서한 참조. RCPU(1979: 31-32)의 "Hoping a Direct Talks with the U.S." 참조.

록 이 회담이 3자를 포함하지만 남한은 사실상 배제되고 미국과 북한의 회담으로 좁혀질 가능성이 있기” 때문이다(Kim, H. J., 1984: 111). 남한이 3자 회담을 제안하게 된 변화는 미국의 카터 행정부가 그렇게 결정함에 따라 강요된 것이었다(Kim, H. J., 1984: 113-114). 그러나 어떻든 간에 북한은 남북한 간에 해결해야 할 문제에서는 남한과 대화를 해야지만 정전 협정의 평화 협정으로의 대체에 관해서는 정전 협정의 두 조인국인 북한과 미국만이 회담해야 한다는 이유로 그 제안을 거절했다.

서울 정권과 버마가 평양측 책임이라고 주장하는 랑군 사건에 뒤이어 북한은 이번에는 이전 입장과 비교할 때 상당히 양보하면서 미국과 남한과의 3자 회담을 제안했다.[8] 그러나 이제는 남한만이 아니라 공산권 국가에 대한 강경 대결 노선을 채택한 레이건 행정부도 그 제안을 거절했다. 남한측 소식통에 따르면 평양 정권이 랑군 폭파 사건 이후 손상된 이미지를 개선하기 위해 “죽어 뛰지도 못할 말”을 팔려고 애쓴다는 것이었다(Kim, H. J., 1984: 121-122).

그러나 어떻든 간에 1991년의 기본합의에서 남북한은 서로에 대한 ‘불가침’을 선언했고 현재의 정전 상태를 ‘공고한 평화 상태’로 바꾸는 데 함께 노력하기로 합의했다. 그러한 발전을 지원하고 평화의 더 심화된 제도화를 위해 현 정전 협정은 조속히 평화 조약으로 대체되어야 한다.

2) 방어 무기 체제

남북한의 무기 체제는 ‘방어적’이어야 한다. 물론 대부분의 무기는 공격용과 방어용으로 다 사용될 수 있고 엄밀한 의미에서 ‘방어적 무기’ 같은 것은 존재할 수 없다. 그러나 2장에서 논한 바와 같이 ‘방어성의 정도’나 ‘무기의 사정거리’, ‘무기의 영향권’ 등이 기준이 될 수 있다. 또한 원칙적으로 다이슨의 지적대로 전투기보다는 방공 미사일, 탱크보다는 탱크 무기가 더 방어적이라 할 수 있다.

따라서 핵무기나 생체화학 무기와 같은 대량 살상 무기만이 아니라 명백히

---

8) 상세한 내용은 RCPU(1986: 322-325) 참조. 이와 관련한 북한의 견해에 대해서는 김창 원(1989) 참조.

공격적인 다른 무기들도 금지되어야 한다. 지상군의 경우 장거리 유도탄도 금지되어야 한다. 해상에서는 남북한 중 어떤 측도 공격 임무를 맡는 항공 수송기나 해상 발사용 크루즈 미사일을 보유하고 있어서는 안된다. 전함과 폭격기도 공격과 방어의 이중 능력을 갖고 있기 때문에 금지되어야 한다. 공군의 전투 능력은 부분적으로는 수량적인 문제이나 "다른 요소와도 함수 관계"에 있다.9) 따라서 그 범위와 유효 탑재량에 제한을 두어야 할 것이다. 전투 폭격기와 장거리 전투 요격기 또한 본질적으로 애매한 성격을 갖고 있기 때문에 금지되어야 한다(해군 및 공군의 무장에 관해서는 아래에서 다시 논의할 것이다).

3) 전력 배치 태세10)

방어용 무기 체제와 더불어 남북한의 군사 태세 또한 비도발적이어야 한다. 즉, "방어 양식으로 싸우기 위한 방어" 태세가 되어야 한다는 것이다(Boserup, 1986: 2-3). 이를 위해서는 먼저 비무장지대가 진정한 의미에서 비무장지대가 되어야 한다. 존재하는 잘못된 명칭 중에서도 가장 크게 잘못된 명칭일 만큼 비무장지대는 대소 규모의 군사적 충돌이 수시로 일어나는 상당히 무장된 지역이었다. 정전 협정의 규정대로 이 지대에서 "모든 군사력과 보급품 및 장비"는 철수되어야 한다(Rees, 1964: 464). 비무장지대의 비무장화(따라서 평화지대로의 전환)는 무엇보다 우연적인 군사적 충돌이 전면적으로 확대될 가능성을 크게 감소시킬 것이다.

둘째로, 비무장지대 뒤로 남북한은 그 영토를, 안정지대·고갈지대·후방의 세

---

9) 해체트는 수량적 규모만으로는 공군의 전투 전력을 파악하기 어려우며 "취역률(한 전투기 또는 폭격기가 작전을 수행할 수 있는 준비를 갖추고 있는 시간의 비율), 한 전투기(폭격기)당 탑재할 수 있는 무기의 종류와 양, 탑재 무기의 총 파괴력, 무기 운반 체제의 정밀도, 전투기(폭격기)의 기대 생존율 등"의 요인들이 중요한 지표가 된다고 지적한다(Hatchett, 1989: 178-179).

10) 개괄적인 한반도 비도발적 방위 체제를 모색하는 이 절은 Grin과 Unterseher의 '거미줄 방위 체제', Boserup과 Moller의 비도발적 공·해군 전략 모델에 기초하며, 확정적인 청사진이 아니라 '더 많은 논의'를 위한 기초라고 할 수 있다. Grin and Unterseher (1988: 28-29), Boserup(1988b: 104-107), Boserup and Neild (1990), Moller(1989a), Moller(1989b), Moller(1987b) 참조.

방어 지역으로 나누어야 한다. 안정지대는 비무장지대로부터 10 내지 20킬로
미터 정도 떨어진 지역으로 구성될 수 있다.11) 이 지대에는 (타방의 공격을 조
기에 경보할 수 있는) 감시 시설과 (적 보병의 진군을 막기 위한) 지뢰 시설이
나 다른 장애물을 설치할 수 있다. 소규모의 경보병군 또한 타방의 침략시 후
방군의 목표 포착을 지원하기 위해 배치될 수 있다. 그러나 다른 모든 군사 시
설은 이 지역에서 제거되어야 한다.

비무장지대는 군사분계선으로부터 남북으로 각기 2킬로미터씩 떨어져 4킬
로미터의 범위를 갖는다. 비무장지대의 비무장화와 더불어 안정지대의 설치는
위기 시 안정력의 고양에 우선적으로 기여할 것이다. 또한 이는 적의 공격에
대한 경고 시간을 늘릴 것이다. 여러 이유상 비도발적 방위 체제로의 전환에는
시간이 걸린다. 따라서 비도발적 방위 체제의 실행 과정에서 그러한 지대의 설
치는 좋은 신뢰 구축 장치로 작용할 것이다. 공격용 무기와 방어용 무기의 구
별이 논쟁적이라는 점을 감안할 때, 그러한 지대의 존재는 비도발적 방위 체제
의 군사 자세를 명확하게 만드는 투명성 제고 수단으로 기능할 것이다. 어떤
금지된 군비의 존재가 관측되면 비도발적 방위 체제의 실행 의지가 깨진 것임
을 보여주는 명확한 증거가 되며, 따라서 타방이 적절한 대응 조처를 준비할
수 있게 된다. 필요하다면 아래에서 논의할 바와 같이 후방 기동군이 고갈지대
로 조속히 전진 배치될 수도 있다. 안정지대는 전방 방어 벨트를 형성하게 될
것이다. 이 지대는 침략군이 후방에 위치한 방어군으로부터 강력한 포화를 맞
는 탄막(彈幕) 지대가 될 수 있다(Mack, 1989: 15-16).

안정지대의 넓이와 관련해 고려할 만한 중요한 요소는 비무장지대와 서울의
근접도이다. 서울의 위치는 종종 남북한 군축에 관한 논쟁에 매우 중요한 문제
로 여겨져 왔다. 서울은 비무장지대로부터 대략 40킬로미터 정도 떨어져 있고
1천 2백만의 인구를 갖고 있는 반면, 평양은 2백만에서 3백만 정도의 인구에
150킬로미터나 떨어져 있다. 따라서 서울측은 예컨대 북한의 전방군은 비무장
지대에서 50킬로미터 내에 재배치되고 서울의 군사력은 비무장지대에서 단지

---

11) 여기서 제안하는 안정지대의 규모는 서울과 비무장지대 간의 거리와 평양과 비무장
  지대 간의 거리를 감안하는 것으로 비도발적이지만 효과적인 방어 능력을 보유하는
  전력 태세를 보장하는 데 초점을 두고 있다.

10킬로미터 내 지역에 재배치되어야 한다고 주장한다.[12] 그러나 앞의 여러 장에서 살펴본 바와 같이 북한 또한 진정으로 불안전을 느끼고 있고, 미국-남한 측이 촉발하는 또 다른 한국 전쟁에 대한 두려움을 느끼고 있다. 따라서 북한 측으로서는 군사력의 전진 배치가 불가피한 전략적 선택이 될 수도 있었다. 비무장지대와의 서울의 근접성을 감안할 때 남한의 안정지대는 북한의 안정지대보다 작을 수 있다. 그러나 안정지대는 양측이 동등히 안전하다고 느끼는 식으로 결정되어야 한다.

안정지대 뒤로 20킬로미터에서 50킬로미터 넓이의 고갈지대는 주요 방어 벨트를 형성할 것이다.[13] 이 지대에는 탱크나 대포, 이동 미사일 발사대, 다리 설치 시설, 부대의 집결 등 공격 작전과 연관된 모든 중무장 군사 시설이 전적으로 제거되어야 한다. 몰러(Moller)의 용어를 따르면 평화시에 이 지대는 "공격 무기 부재 지대"(Moller, 1987a: 72)가 되어야 한다. 이러한 지대의 설치는 공격 능력을 제어할 뿐만 아니라 타방의 선제 공격 유인을 감소시키는 데 기여할 것이다.

그러나 효과적인 방어를 위해 이 지대는 방어적 군사 자원을 풍부히 보유하고 있어야 한다. 이러한 목적을 위해 이 지대에는 충분히 비축된 장비 및 보급품과 아울러 수많은 산개된 소규모 보병 부대와 이들 보병 부대를 지원하는 다소 작은 수의 경무장된 소규모 기동군이 배치되어야 한다. 선제 공격의 관점에서 볼 때 이 군대는 단지 적에 대해 별로 가치가 높지 않은 다수의 목표물이 될 뿐이다. 다시 말해 이 군대는 주로 개인 무기 및 기관총과 장갑 부대 대응용이나 대공(對空)용의 무기로 무장된다. 이용 가능하다면 최신의 방어용 정밀 유도탄 또한 사용될 수 있다. 지뢰 시설이나 탱크 덫과 같은 다른 장애물로 설치될 수 있다.

---

12) Lee, C. M.(1991: 190)에서 재인용. 한 학자는 "비무장지대에서 남으로 20킬로미터, 북으로 60킬로미터에 이르는 지대에 완전한 통제가 확립된 비무장화"를 주장한다(Arbotov, 1990: 104).

13) 이러한 형태의 방어 벨트를 갖춘 비도발적 방위 체제에 관한 논의는 Saperstein(1987: 50-56), Berg and Lodgaard(1983: 5-7) 참조. 여기서는 새퍼스타인이 지적하는 대로 '해제지대'(*disengagement zone*)라는 용어는 "영토 포기"를 의미하는 것으로 인식될 수 있기 때문에(Saperstein, 1987: 51) '고갈지대'(*depletion zone*)라는 용어를 사용한다.

이들 소규모 군대는 준비된 위치에서 친숙한 지형의 이점을 갖고 싸울 수 있다. 그러나 각 부대는 무전 및 지하 통신망으로 다른 부대 및 후방과 연결되어 있어야 하는 한편 작전상 유연성을 발휘하기 위해 지하 미사일 발사 시설들을 가지고 있어야 한다. 이들 보병군과 기동군의 주요 임무는 적의 전진을 지연 및 파탄시키고 그 군사력을 소모시키는 것이다. 그러나 또한 이들 군대는 후방 주둔군을 위한 목표 포착과 상대적으로 중무장한 기동군에게 병참 보급 지원 등을 제공할 것이다. 중무장 기동군은 평화시에 후방에 배치되나 전시에 필요하다면 고갈지대에 배치될 수 있다. 서울이 거대한 인구를 지닌 수도라는 점을 감안하면 남한은 서울 지역을 고갈지대에서 제외할 수 있을 것이다.

고갈지대의 보병 군대를 지원하고 더 깊숙이 침투하려는 적의 부대를 패퇴시키거나 몰아내기 위해서는, 후방에 경무장과 중간 정도 무장한 군대로 이루어진 포병대와 미사일 부대, 기동군이 산개되어야 한다. 비무장지대나 안정지대로 적이 침투할 경우 기동군은 신속히 고갈지대로 전진 배치될 수 있다.[14] 비도발적 방위 태세의 신뢰성을 높이기 위해서는 집결 대형으로 적군을 공격하는 부대를 고갈지대로부터 150킬로미터 정도 뒤로 배치할 수 있을 것이다. 후방에는 또 지역 방어를 위해 소규모 산개 보병 군대를 배치한다. 여기서 '산개'의 주요 목적은 고갈지대의 경우 적의 선제 공격 유인을 감소시키기 위해 낮은 가치를 지닌 목표물을 다량 만들어 내는 것이다. 따라서 사령부나 기간 시설처럼 높은 가치를 지니는 군사 요소 또한 후방에 산개 배치되어야 한다. 당연히 후방 군대는 대응 공격 능력을 지닐 필요가 있다. 그러나 이 군대는 첩보와 병참, 보병군의 전투 지원이 없이는 공격 목적으로 효과적으로 작동할 수 없기 때문에 분명히 방어적이다. 위에서 논한 바처럼 보병군은 소규모 단위로 조직되고, 그 영토 내에서 기본적으로 정태적 방어 태세로 작전하도록 될 것이다.

셋째, 한반도 비도발적 방위 체제의 한 부분으로서 남북한의 해군 및 공군의

---

14) '거미줄 방어 체제'는 냉전 시대에 서독을 모델로 삼아 개발되었다. 이러한 비도발적 방위 체제에서 정밀 유도탄으로 무장한 상태로 소규모 단위로 배치되며 침략하는 적의 진군을 방해하고 교란하는 임무를 띤 보병 단위들이 '거미줄망'을 구성하게 된다. 그리고 '거미'는 거미줄망을 지원하고 집중적인 전술적 반격을 수행하는 경무장, 중무장 병력으로 구성된다(Grin and Unterseher, 1988: 28-29). Moller (1992: 174-178) 참조.

자세와 전략 또한 비도발적이어야 한다. 해군의 경우 주요 임무는 타방의 해양 공격에 대해 자국 영토를 소극적으로 보호하는 것이다.[15] 이러한 목적을 위해 해군은 주로 대(對) 전함 또는 대공 미사일과 어뢰로 무장한 소규모 및 중간 규모의 함정으로 구성되어야 한다. 필요하다면 대(對) 잠수함 전용 헬리콥터와 "연안 방어에 충분한 지구력을 가지고 조용히 숨어서 기다릴 수 있는" 디젤 엔진의 어뢰 장착 잠수함으로 보완될 수도 있을 것이다(Moller, 1989a: 197). 영해에 전방 방어물로서 원격 조정 수뢰와 대 잠수함용 어뢰를 설치할 수 있다. 또한 기동선에 실은 대 전함 미사일과 연안 발사 어뢰, 대 전함 포(砲) 역시 연안의 주요 지점 주변에 설치될 수 있다. 공중 공격의 가능성에 대응해 지대공 미사일과 단거리 요격기를 포함하는 항공 방어 체제가 필요할 수도 있다.

　공군은 현대 군사 작전에서 매우 중요한데 '제공권'을 보장하는 것은 종종 공격국과 방어국에게 모두 최우선 순위였다.[16] 그 힘과 기동력에서 공군은 선제 공격의 우선 목표가 되어 왔고, 또한 군사력 구조에서 가장 확전 가능성이 높은 요소였다. 따라서 보서럽(Boserup)의 지적대로 공군의 비도발적 방위 체제는 ① 선제 공격의 군사적 매력을 감소 또는 제거하고, ② 타방의 공중 공간에 대한 장거리 침투를 막고 자국의 전선을 넘어서는 공중 우위를 방지하며, ③ 각 측 공군의 방어 능력을 강화하도록 고안되어야 한다(Boserup, 1988: 105; Moller, 1989b: 70-79; Hatchett, 1989). 이러한 목적을 위해서는 고정익 항공기를 위한 군사적으로 중요한 모든 비행장은 비무장지대 뒤의 어떤 범위, 즉 앞에서 논한 '안정' 및 '고갈' 지대 내에 위치해서는 안된다. 또한 선제 공격을 감행하고자 하는 각 측의 유혹을 감소시키기 위해 이 지대보다 넓은 사정거리를 갖는 지대지 미사일은 이 지대에 배치되어서는 안된다. 이 지대는 지대공 미사일과 더불어 지상군에 기반한 방공 무기로 무장될 것이다. 각 측 공군의 병기에서 수백 킬로미터의 단거리 작전용의 전투 요격기가 가장 이상적인 한편, 비행 중 연료 충전은 금지될 것이다. 이들 요격기가 공격에 취약한 활주로 의존을 줄이기 위해 단거리 혹은 수직 이착륙을 할 수 있으면 더 낫다(Moller, 1989b: 77). 또 자국 영토 내 지상전에 대한 공군의 직접 지원을 위해서 공대지 무기

---

15) 이에 관한 논의는 Moller(1989a :196-199) 참조.
16) 현대전에서 공군력이 차지하는 역할에 관한 논의는 Moller(1989b: 15-38) 참조.

를 지닌 전투 헬리콥터가 바람직하다.

4) 수량 제한

한반도 비도발적 방위 체제는 남북한 정규군과 병기에 낮은 한도를 부과할 수도 있다. 무기 체제와 군사력 태세에 관해서 비도발적 방위 체제 옹호자들의 주된 관심은 그것이 방어적인가의 여부이다. 그러나 남북한은 과도하게 군사력을 증강해 왔다. 비무장지대를 따라 약 1백만의 중무장군이 대치하고 있다. 그래서 '콩 세기' 또한 중요성을 지녀 왔다. 비도발적 방위 체제로의 전환과 더불어 APC나 탱크, 포, 지대지 미사일, 수륙 양용 상륙정, 전투기 등과 같은 주요 공격 무기와 군 인력의 수 또한 단계적으로 감축되어야 한다.

5) 감시와 투명성

비도발적 방위 체제가 선제 공격의 가치와 그 유인 요소를 감소시킴으로써 비도발적 방위 체제에서 적의 공격에 대한 조기 경보는 공격 지향적 방어에서 보다 덜 중요하게 된다. 그러나 이것이 비교적 장기의 경보 시간 획득이 중요치 않다는 의미는 물론 아니다. 현재 남한은 주로 미국의 감시 체계에 의존하고 있지만, 임박한 공격에 대해 12 내지 24시간을 사전 경보 시간으로 둘 것으로 예상된다. 북한의 경우는 분명 남한보다 경보 시간이 더 길지는 않을 것이다.

타방의 군사 행동에 관한 보다 효과적인 감시 체계가 조기 경보 시간을 늘리고 이로 인해 방어전에서 자국의 군사 작전이 더 효과적이게 된다는 것은 당연하다. 나아가 그런 체계는 '투명성'을 제공하기 때문에 비도발적 방위 체제 자체의 발전에 기여할 수 있다. 윈다스가 지적한 것처럼 "투명성은 방어자에게 선택적으로 유리하다." 대부분의 경우 방어자는 공격하는 적보다 더 효과적으로 스텔스기를 사용할 수 있다(Windass, 1985: 50). 또한 "점증하는 투명성은 급습과 주도권이라는 침략국의 자연적 이점을 중화시키는 경향이 있다"(Windass, 1985: 50).

앞에서 논한 바와 같이 비무장지대의 비무장화와 더불어 안전한 지대의 설치는 특히 그런 지대가 일방에서라도 형성되어 있다면, 한 측이 비도발적 방위 태세를 취하는 데 중요한 신뢰 구축 조치가 될 것이다. 남북한은 타방의 군사 태세가 진정으로 '비위협적'이라고 인지할 수 있어야 한다. 이를 위해서는 각 측이 나름의 감시 체계를 마련할 뿐만 아니라 엄중한 상호 검증에 대한 합의 또한 이루어야 할 것이다.

극소 전자 혁명과 더불어, 다양한 지상 레이다와 원격조정운반장치(*remotely-piloted vehicle*, RPV), 측면 정찰 레이다, 항공 조기 경보 및 통제 체계(AWCS), 항공 전자 광학 체계, 섬유 광학 이용, 무인 비행기, 첩보 위성 등 매우 다양한 감시 장치가 도입되고 있다. 비핵 선언에서 남북한은 상호 핵시설 사찰에 동의했다. 또 기본 합의에서는 다양한 신뢰 구축 장치의 창출과 상호 검증 원칙에 동의했다. 유럽안보협력회의(CSCE) 회원국들은 1992년 타국의 영토에 대한 감시 비행을 허용하는 "영공 개방" 조약을 조인했다. 핀란드 외무장관은 헬싱키에서 열린 조인식에서 이 조약을 "필적할 것이 없는" 것으로 표현했다(*KH*, Mar. 25, 1992, p. 4).[17] 정말로 그것은 검증과 신뢰 구축의 이정표였다. 예컨대 남북한은 자체의 위성 감시 장치와 AWCS 항공기를 보유하고 있지 않으므로,[18] 상호 검증 수단으로서 '영공 개방' 조약에 동의할 수 있다면 비도발적 방위 체제의 안정성은 크게 높아질 것이다.

6) 강대국의 조정

한반도 비핵무기지대와 달리 한반도 비도발적 방위 체제에는 주변 강대국에 의한 '법적' 보장이 필요치 않다. 그러나 이미 보았듯이 역사적으로 주변 강대국은 한반도에서 지정학적 이해를 다투어 왔다. 게다가 남한은 미국과 동맹 관계에 있고 북한은 중국과 동맹을 맺고 있다. 또한 미국은 남한에 일부의 무장

---

17) 1950년대 미국은 군비 통제 협약에 조인하는 전제 조건으로 '영공 개방'을 보장할 것을 주장하였다(Moller, 1989b: 28).

18) 그러나 1992년에 한국이 1993년도 전반기까지 세 대의 미국산 조기 경보 통제 체제(AWACS)를 구입할 것이라는 계획이 보도되었다(『한겨레신문』, 1992년 4월 15일, 2면, 『중앙일보』, 4월 29일, 1면).

군을 주둔시키고 있다. 그러므로 한반도 비도발적 방위 체제에 주변 강대국의 어떤 법적 보장도 요구되지는 않지만 그 이행을 위해서는 어느 정도의 강대국 협조가 필요하다.

갈퉁(Galtung)이 주장한 바처럼, 효과적인 비도발적 방위 체제를 위해서는 "방어적 측면에서 높은 수준의 자주 국방"을 갖추어야 하고, 따라서 기본적으로 강대국과 "비동맹"이 이상적인 것으로 보인다(Galtung, 1984a: 180). 강대국과 약소국의 동맹은 "군사 목적상 초강대국 영토를 동맹국에 확장하는 것과 마찬가지"이며 "공격이나 방어상 한 동맹국은 그 영토를 전적으로 혹은 부분적으로 군사 배치상 강대국의 처분에 맡기게 된다"(Galtung, 1984a: 185). 원칙적으로, 한반도 비도발적 방위 체제가 효과적이기 위해서는 남북한의 강대국과의 군사 조약이 철폐되고 비도발적 방위 체제는 자립적이고 비동맹적이어야 바람직하다. 포크(Falk)의 지적처럼 냉전 동안 남한 내 미국의 역할을 감안할 때 최소한 "서울에 관한 한", "한국의 장래는 통일과 평화 관계로 나아가는 만큼 독립과 주권을 강조할 필요가 있다"(Falk, 1992: 18).

그러나 양측이 현재 강대국과 동맹을 맺고 있는 현실에 비추어 동맹 관계는 최소한 한국식 비도발적 방위 체제를 수용하는 것으로 조정되어야 한다. 양측의 강대국과의 군사 조약에는 동맹국은 외적 침략의 경우 서로를 지원한다고 규정하고 있다.[19] 조약이 전체적으로 방어적 성격을 표방하고 있기 때문에 한반도 비도발적 방위 체제는 조약 자체의 재수정을 요구할 필요는 없다. 그러나 비도발적 방위 체제의 성격상 동맹 강대국은 한반도 비도발적 방위 체제를 존중하고 남북한에 대한 군사 지원을 순수히 방어적인 것으로 제한할 것을 선언해야 한다. 한반도 비핵무기지대의 경우처럼 남북한은 또한 한반도 비도발적 방위 체제에 대한 의무가 동맹 조약 상의 의무보다 우선한다는 점을 명확히 해야 한다.

보다 적극적인 의미에서 일본을 포함한 주변 강대국은 여러 가지로 한반도 비도발적 방위 체제의 설립과 안정에 기여해야 한다.[20] 무엇보다 강대국 간의

---

19) 조약의 전문은 *Royal Institute of International Affairs*(1953), (1961) 참조.

20) 구드비는 한반도 신뢰 안보 구축을 위하여 강대국들이 기여할 수 있는 다음 10개 영역을 제안한다. ① 기습 공격을 방지하기 위한 장치에 참여 (미국) ② 전력 감축에 참여 (미국) ③ 군 추가 주둔 및 장비 비축을 제한하기 위하여 남북한 당사자들과 협의 전개

데탕트 관계의 안정적인 발전을 위해서라도 강대국은 남북한이 비도발적 방위 체제 자체를 발전시키도록 고무할 수 있다. 또한 남북한 비도발적 방위 체제 과정의 쌍무적 성격을 건드리지 않고서도 강대국은 '하이테크' 감시 및 검증 시설을 통해 그것의 효과적 실행을 도울 수 있다. 남북한 중 어느 한 측이 비도발적 방위 체제를 준수하지 않을 경우 강대국은 위반한 측에 대한 집단적 처벌을 통해 방어자의 안전을 뒷받침할 것이다. 이것은 또한 동북아판 유럽안보협력회의(CSCE)나 유럽통상전력(CFE) 조약과 같은 더 넓은 지역적 틀을 지닌 집단 안보와 협력 체제에 통합될 수 있다.

미국은 남한에 군대를 주둔시키고 있고 또 남한군에 대한 작전 통제권을 행사하고 있으므로 한반도 비도발적 방위 체제와 관련해 보다 특수한 의무를 지닌다. 주요한 것으로는 먼저 미국은 남한의 통제권을 되돌려주어야 한다. 비도발적 방위 체제 군사 자세를 위해서는 방어 목적상 조정된 동맹 전략은 차치하고라도 서울측이 그 자체의 독립적인 통제 체제를 가져야 하는 것이다. 남한 내 미군 병기는 한반도 비도발적 방위 체제에 적합한 것이라야 한다. 핵무기 및 생화학 무기, 장거리 탄도탄, 장거리 전투기 등 분명하게 공격적인 모든 무기는 철수되어야 한다. 미국의 남한 내 군사 작전 또한 비도발적이어야 한다. 그러므로 미국-남한의 연례 팀스피리트 훈련은 남한의 비도발적 방위 체제를 위해 조정되어야만 한다. 더 나아가 남한 내 군사 전략 또한 비도발적이어야 한다. '종심 공격'과 같은 공격적 방어 전략은 철회되어야 한다. 한반도 비핵무기지대에서 일차적으로 요구되는 것이지만 핵무기의 선제 사용 포기 원칙도 선언되어야 한다. 말할 필요도 없이 과거 '수평적 확전' 전략처럼 한반도를 대리 전장으로 이용하려는 어떤 전략도 폐지되어야 한다.

(남북한의 동맹국) ④ 한반도 주변의 공해(公海)와 상공에서 사고 발생을 방지하기 위한 협력 (미국, 러시아, 중국, 일본) ⑤ 군전력 불사용 등의 안보적 함의를 지닌 남북한 간의 정치적 합의 또는 조약 승인 (주로 미국, 그러나 러시아, 중국, 일본도 해당될 수 있음) ⑥ 특정 무기 또는 장비를 수입하지 않겠다는 남북한 간의 협약 존중 (주요 무기 생산국) ⑦ 핵무기 제조 또는 구입 금지 의무에 대한 국제원자력기구 감시 기능에 참여 (모든 국제원자력기구 회원국) ⑧ 검증 작업에 참여 (남북한 당사자들에 의해 결정) ⑨ 휴전 협정 폐지 (미국 또는 유엔) ⑩ 남북한 당사자들에 의해 결정될 통일 방안 승인. Goodby(1990: 114-115).

4. 비도발적 방위 체제로의 전환

마지막으로 한반도 비도발적 방위 체제의 실행에 관해 살펴보기로 한다. 비도발적 방위 체제는 원래 공격적으로 무장된 잠재적인 적과의 공존을 가정한다. 따라서 일반적으로 비도발적 방위 체제 옹호자들은 그것이 일방의 실행으로 채택되는 것을 선호해 왔다(Moller, 1990: 82 참조). 따라서 대부분의 비도발적 방위 체제 옹호자들은 복잡한 쌍무적 또는 다자간 협상을 필요로 하고 종종 궁지에 봉착하는 군비 통제와는 달리, 비도발적 방위 체제가 지닌 강점의 하나로 일방적으로 실행될 수 있다는 점을 든다. 사실상, 비도발적 방위 체제에 대한 찬반 논쟁은 주로 그것이 일방적으로 실행될 수 있을 것인가에 관해 이루어졌다.

그러나 잠재적 적들이 비도발적 방위 체제를 쌍무적 또는 다자간에 채택할 수 있다면 더욱 바람직할 것이다. 예컨대 비록 일방적으로 접경 지대에 비무장 지대를 창출할 수 있다 해도, 타방에서도 그 지대가 설치된다면 분명히 더 효과적이게 될 것이다. 공군의 경우 비행 범위에 대한 제한은 부분적 혹은 완전한 상호성에 따라 매우 효과적으로 수행될 수 있다(Boserup, 1988: 106). 이러한 쌍무적 접근은 또한 타방의 적대감을 감소시키고 상호 신뢰의 기반을 강화하게 될 것이다. 이러한 발전을 위해서는 단계적 상호 긴장 완화(GRIT) 접근, 즉 타방의 반응을 끌어내는 한 측의 일방적 주도권이 채택될 수 있다(Osgood, 1962: 86).

여기서 비도발적 방위 체제에 대한 쌍무적 접근과 군비 통제의 차이에 대해 논의할 필요가 있다. 광범위한 의미로 군비 통제는 "전쟁 가능성과 전쟁 발발시 그 범위와 폭력성, 전쟁 대비의 정치경제적 비용을 줄이는 데 이해를 갖는 잠재적인 적들 사이의 모든 형태의 군사 협력"을 포함한다(Schelling and Halperin, 1985: 2). 따라서 비도발적 방위 체제 전략이 상호적으로 채택되면 군비 통제의 형태가 될 수 있다. 그러나 비도발적 방위 체제가 쌍무적 또는 다자간 접근으로 추구될 수 있다 해도 그것은 군비 통제와 구별되는 몇 가지 두드러진 점을 갖고 있다. 군비 통제가 성격상 쌍무적 또는 다자간 접근을 취한다면 비도발적 방위 체제는 주로 일방적 실행을 강조한다. 군비 통제가 방어 목적상 공격적 군사 자세와 무장을 배제하지 않는 반면, 비도발적 방위 체제는 성격상 공격 원칙의 배제와 가능한 한 공격 시설의 금지도 추구한다. 군비 통제는 당사국들이 타국에 대한 군사적 우위를 추구하지 않는 것을 보장하는 데 목적이 있다. 그러므로 억제력과 양립될 수 있는 최저 수준으로 군사력을 유지하는 것이 그 주요 목적이다(Buzan, 1987a: 252). 그러나 앞에서 본 것처럼 비도발적 방위 체제는 "상호적 방어 우위"를 목적으로 한다(Boserup, 1988: 104-107). 군사적 안정은 안보 딜레마의 해소와 방어 시설의 상대적 우위를 통해 추구된다. 따라서 2장에 논하는 바와 같이 군비 통제 체계에서 중요한 개념은 공격 능력에 대한 '억제'인 반면, 비도발적 방위 체제의 중요 개념은 공격 능력의 방어 능력으로의 전환이다.

주제로 돌아가서, 인도의 비도발적 방위 체제 지지자인 바네르지는 핵억지가 적용되지 않고 여러 가지 쟁점들이 갈등을 낳을 우려가 있는 제3 세계의 환경에서 방어 원칙은 일방적 조치만으로는 효과적으로 작동할 수 없다고 주장한다(Banerjee, 1990: 129-130). 나아가 그의 견해로는 비도발적 방위 체제를 위해 일방적으로 노력하는 것이 불안정을 초래할 수도 있다고 본다. 따라서 비도발적 방위 체제 조치는 오직 효과적인 상호 신뢰 구축 조치들에 의해 실질적으로 강화될 때만 채택될 수 있다고 주장한다(Banerjee, 1990: 131; Akavia, 1991: 29-30).

남북한 간에는 열전도 있었고 뒤이어 극심한 불신과 적대가 존재해 왔다. 또한 남북한의 군사력은 공격 자세로 전방 지역에 과도하게 배치되어 왔다. 따라서 어느 한 측이 일방적으로 비도발적 방위 체제 자세를 취하는 것은 쉽지 않을 것이다. 다른 측의 자세가 전적으로 또는 최소한 기본적으로 방어적이라고 인지하게 하는 것도 쉽지 않을 것이다.

게다가 남북한은 비도발적 방위 체제가 타방에 의한 어떤 군사적 도발에도 효과적으로 대처할 수 있다고 느낄 수 있어야 한다. 그러나 어느 측도 일방적 비도발적 방위 체제의 유럽 모델에서 볼 수 있는 고성능 정밀 유도탄이나 '하이테크' 감시 장치를 갖고 있지 않다. 어느 한 측이 접경 지대에서 작은 소동을 벌이거나 (예컨대 내부 통제라는 정치적 목적을 위해 의도적으로 긴장을 고조시키기 위해) 휴전선을 넘지 않고서 포격이나 미사일 공격을 수행할 경우에는 비도발적 방위 태세를 취하는 측은, 예컨대 침략자에 대한 적절한 국제적 응징을 국제 사회에 요구함으로써 그러한 도발을 제압할 수도 있다. 그러나 예를 들어 한 측이 전격전에 의한 무력 통일을 이루기 위해 전면전을 치를 목적으로 공중 전투기 폭격과 장거리 미사일 공격과 같은 수단으로 선제 공격을 감행할 경우 방어자는 심각한 불이익에 처할 수도 있다.

  물론 한반도 비도발적 방위 체제를 위한 부분적 절차는 일방적으로 시작될 수 있다. 양측은 일방적으로 비무장지대에서 많은 부대를, 아니 모든 부대를 철수시킬 수 있다. 어느 정도 범위의 안정지대 또한 일방적으로 설치될 수 있다. 남북한 중 어느 한 측의 이러한 일방적 행동으로 더 나은 상호 신뢰 기반이 창출되고 적대감도 감소될 것이다. 그러나 장거리 공격 무기에 대한 제한이나 '영공 개방' 감시 체제와 같은 다른 수단은 분명히 쌍무적 접근을 요구한다. 남북한 양자를 위한 한반도 비도발적 방위 체제의 기본 원칙과 전략은 앞에서 이미 다루었다. 전체적으로 이 체제는 쌍무적 접근으로서 보다 성공적으로 수행될 수 있다. 그러한 발전을 촉진하기 위해서 어느 한 측에 의한 단계적 상호 긴장 완화(GRIT) 시도는 유용할 것이다.

결 론

핵무기의 등장은 전쟁이 인류의 존재 그 자체까지도 위태롭게 할 수 있는 신시대를 열어 놓았다. 한반도는 오랫동안 핵으로 무장한 강대국 간의 3차 대전까지도 발발시킬 수 있는 화약고였다. 이 연구에서는 한반도의 안정과 평화의 전망을 높이는 데 기여하려는 의도에서, 핵억지 전략의 문제점들을 검토하고 몇 가지 대안적 구상을 고찰했다. 그리고 남북한 간의 과거의 갈등 양상을 면밀히 검토하면서 양자 간의 관계에 대한 이런 대안적 접근 방법들의 적실성과 필요성에 대해 논했다.

'핵억지' 전략은 정치 현실주의를 자신의 철학적 기초로 하면서 냉전 시기 동안 발전을 거듭했다. 국가 체계는 기본적으로 권력 정치의 체계라고 생각하는 현실주의자들에게, '핵억지'는 핵시대 '힘의 균형'의 일부였으며, 힘의 균형은 그들이 전통적으로 국제 관계에 대한 정치 이론에 있어서 지배적인 개념 틀로 간주해 왔던 것이었다.

그러나 보다 근본적으로는 핵무기 출현 그 자체가 '핵억지'의 전략과 이론을 발전시키고 유지시키는 구실을 했다. 히로시마의 사례에서 알 수 있듯이, 핵무기의 파괴력은 묵시록적인 것이었다. 그러나 이 무기는 이미 현실로 존재한다. 따라서 핵무기의 존재와 이용을 정당화하기 위해서는 '억지'라는 개념이 필요했다. 다시 말해, 핵무기의 존재와 그 이용은 기본적으로 전쟁 억제의 도구라는 논리로 합리화될 수 있었던 것이다. 그리고 핵억지 체계의 단 한번의 붕괴조차도 치명적인 것일 수 있다는 사실로 인해, 이 억지 체계는 전통적인 억지 개념과는 달리 항상 완벽하나 동시에 영원히 이용되지는 않는 것으로 간주되어 왔다.

핵억지의 옹호자들은, 핵무기가 이미 존재한다는 사실에 기초하여 여전히 (심지어 냉전의 종언 이후에도), 핵억지가 핵무기의 이용을 막는 최선의 수단이라고 — '실존적 억지'의 측면을 특히 강조하면서 — 주장한다. 실제로 이런 무기들의 가공할 파괴력을 생각할 때, '억지'는 핵무기의 존재나 이용을 정당화할 수 있는, 생각해 낼 수 있는 최선의 전략, 또는 유일한 전략이다.

'전쟁 방지'라는 그것의 기본적 목적과 달리 핵억지는 이론적으로나 실제적으로 다양한 '미사일 전쟁'의 위험에 연루되어 왔다. 핵억지의 '신뢰도'는 핵억지의 붕괴가 가까워 올 때만 더 높아진다. 핵억지는 억지하는 쪽과 억지당하는 쪽 모두가 잠재적인 득과 실을 합리적으로 생각하고 계산할 수 있다고 가정한다. 그러나 전쟁의 역사는 비합리적인 정치적 정책 결정가들이 얼마나 많은지를 잘 보여준다.

실제적 수준에서도 역시 다양한 제한적 핵공격 교환의 가능성까지 포함하는 핵미사일전과 전쟁 승리의 가능성이 강조되어 왔는 바, 이는 심지어는 핵억지의 신뢰도를 증대시키기 위한 것(즉 핵억지 그 자체가 보다 효율적으로 작동하게 하기 위한 것)일 때도 있었다. 핵무기가 보다 '이용 가능한 것'이 되어야 하며, 핵전쟁은 '보다 고려할 만한 것'이 되어야 하고, 가능하면 '승리를 보장하는 것'이 되어야 한다는 논리가 그것이다. 놀라울 것도 없이, 자기가 속한 사회의 대량 파괴는 결코 허용될 수 없는 것이고, 어떤 의미에서는 적의 진지에서 핵무기가 이미 발사된 후에 적진의 군사적 목표에 보복을 가하는 것은 무의미한 일이기 때문에, '선제 공격'의 전제 조건은 항상 강조되어 왔던 것이다.

힘의 균형의 경우에도 역시 핵억지는 '불확실성'의 문제를 제기하는데, 이는 대개는 '충분성' 개념의 상대성에 기인한다. 따라서 특히 '즉각적인 핵억지'의 경우에는 이 불확실성을 보완하기 위한 군비 경쟁이 뒤따르며, 이는 전쟁의 위험— 위기 시 무장 해제적 선제 공격을 감행하고자 하는 유혹을 포함하는 — 을 만들어 낸다. 또한 핵억지에는 '핵확산'의 문제와 더불어 의도치 않은 핵전쟁의 위험이 따른다.

핵억지에 대한 대안적 접근이 유효성을 갖는 가장 중요한 이유는, 핵억지가 '무슨 일이 있어도 붕괴하지 않으리라'는 기대에 기초하고 있는 경우에도 실패하지 않으리라는 보장이 전혀 없기 때문이다. 핵무기의 파괴력을 고려하여 갈퉁은 다음과 같이 지적한 바 있다. "핵 대학살은 인간성에 대한 범죄일 뿐만 아니라 …… 인간의 사회와 문화에 대한 범죄, 그리고 환경에 대한 범죄이기도 하다. 핵 대학살이 전일적 범죄, 우주적 차원의 범죄인 것은 바로 이 때문이다" (Galtung, 1984a: 18). 생물학무기금지조약(BWC)과 화학무기금지조약(CWC)이 체결되었다는 사실은 핵무기나 그에 대한 인간의 지식이 이미 존재하기 때문에 핵무기를 부정하는 것은 불가능하다는 주장의 근거가 될 수 없음을 증명한다. 즉 핵무기와 그것에 관한 지식의 존재가 핵무기로부터 자유로운 세상을 만드는 데 해결 불능의 장애물은 아니다. 현재의 국가 체계와 현실주의의 일방적, 경쟁적, 국가적, 군사적 안보 개념 모두가 변형될 수 있는 역사적 산물에 불과하다는 것 역시 분명한 사실이다. 현재의 국제 체계에서 국가 안보는 근본적으로 상호 의존적이다. 인류의 생존은 이제 현실주의의 이데올로기를 넘어서는 새로운 안보관을 요구하고 있다. 더구나 냉전이 끝나지 않았는가. 핵억지 전략은 포기되어야 하고 핵무기는 폐기되어야 한다. 그 대신 모든 인류의 공영을 위해 포괄적인 안보 체계가 마련되어야 한다.

한반도에서의 미국의 핵억지 전략 역시 여러 가지 문제들을 야기해 왔는데, 이는 부분적으로는 일반적인 핵억지의 문제점들을, 그리고 부분적으로는 남북한 갈등 상황의 특수성들을 반영한 것이었다. 그것의 기능적 측면과 관련된 문제들을 차치하고라도, 우선 한반도에는 핵억지 전략이 실패할 위험이 너무 높았다. 둘째, 북한에 대한 미국의 위협은 평양 측으로 하여금 이른바 공세적 방어 전략을 채택하도록 유도할 수 있는데 이는 결과적으로 한반도에서 긴장을 고조시킬 것이라는 점을 강조해야 한다. 셋째, 한국에서의 미국의 핵억지는 남북한 모두에게 핵을 보유하는 것에 이해 관계를 갖도록 하는 강력한 자극제가 되어 왔다.

핵무기 없는 세계나 포괄적인 안보 체계의 창출이 여전히 현실과는 동떨어진 것이라는 점을 고려할 때, 비핵무기지대와 비도발적 방위 체제 구상은 현

시점에서 핵 불개입을 보장할 가장 확실한 길로 보인다. 무엇보다도 이 구상들은 현재의 핵억지 체계의 틀 내에서도 수행될 수 있다는 점에서 힘을 가진다. 그러나 지역적 평화의 증대에 기여함으로써 그것은 궁극적으로 세계적인 핵무장 해제에도 기여할 것이다.

비핵무기지대의 수립은 핵무기확산금지조약에 가입하는 것보다 더욱 강력하게 핵확산 금지에 참여하는 것을 의미하며, 따라서 이 지역 내에서의 핵전쟁의 위험을 제거하는 데, 그리고 이런 비핵화 협정을 통한 역내 국가들 간의 관계를 향상시키는 데 기여할 것이다. 비핵무기지대는 또한 이 지역에 보다 확실하게 핵무기 및 전쟁으로부터 자유로운 지대로서의 지위를 부여하기 위해 현재의 핵무기 보유국들이 지역에서 소극적인 안전 보장을 제공할 것을 요구한다.

비도발적 방위 체제가 힘을 갖는 중요한 이유는 안보 딜레마를 종식시키기 때문이다. 그것은 선제 공격의 유인 요소 역시 제거하는데, 위기 시엔 더 더욱 그렇다. 위기 안정성이 증대함에 따라 우연적인, 혹은 의도치 않은 전쟁의 가능성도 제거될 것이다. 게다가 비도발적 방위 체제는 무기 체계의 역학에 존재하는 행동-반응의 메커니즘을 제거하거나 현저하게 감소시킬 것이다. 비도발적 방위 체제 내에서 현재의 핵무기 비보유국들은 당연히 향후의 핵개발을 포기해야 한다. 현재의 핵보유국들은 적어도 핵무기의 ‘선제 사용 포기’를 선언함과 동시에 최소의 핵억지 전략을 채택해야만 한다. 쌍방에서 모두 비도발적 방위 전략을 채택한다면 이는 무기 통제의 형태가 될 수 있을 것이다. 그러나 무기 통제가 공격적인 군전력 태세나 방어 목적의 무장을 배제하지 않는 데 비해, 비도발적 방위 체제는 그 자체가 공격적 원칙의 배제를 추구하며, 가능하다면 공격 능력의 배제 역시 추구한다. 따라서 군비 통제의 핵심 개념이 공격 능력의 제한이라면, 비도발적 방위 체제의 핵심 개념은 공격 능력에서 방어 능력으로의 ‘전환’이라고 할 수 있다.

한반도의 갈등 상황에 비추어볼 때, 한국 비핵무기지대와 비도발적 방위 체제의 수립은 분명히 한반도의 안정과 평화를 증대시킬 대안적인 안보의 틀이 될 것이다. 1991년 남북한 비핵 선언에도 불구하고 미국이 북한에 대한 핵무기 ‘선제 사용 포기’에 참여하는 것을 회피하는 것과 이와 관련된 북한의 핵 잠재력을 둘러싼 논쟁은 탈냉전 시대에도 여전히 한반도가 핵무기의 발포 지점이 될 가능성이 있음을 보여주고 있다. 비핵화 선언이 그것의 존재 조건으로서 열강들에 의한 소극적 안전 보장을 명시적으로 요구하지 않는다는 사실을 고려할 때, 한반도 비핵무기지대는 이 논쟁을 가장 확실하게 해결할 수 있으며 동시에 비핵무기-비핵전쟁 지역으로서의 한반도의 지위를 보다 강화할 수 있을 것이다.

북한이 비핵화 선언에 서명한 시기까지 북한의 국제원자력기구(IAEA) 사찰에 대한 거부는, 최소한 현 단계로서는, 비밀리에 핵무기를 개발하기 위한 양동 작전이라기보다는 자신에 대한 미국의 핵위협을 제거하는 노력의 일부였다고 할 수 있다. 비핵화 선언 이후 한반도의 핵 잠재력에 대한 논쟁은 이 논쟁이 남북한 상호 핵사찰의 목표와 과정에 대한 논쟁이었음을 보여준다. 여기서 진정으로 문제가 되는 것은 미국이 북한의 핵무장화의 가능성에 대해 계속 의문을 제기하는 반면, 북한은 핵무기확산금지조약(NPT)이 요구하는 의무와 그것이 주는 이익의 불균형성을 지적하면서, 계속해서 북한에 대한 미국의 핵위협 제거를 제도적으로 보장받으려 한다는 것이다. 핵무기확산금지조약의 불평등성에 비추어볼 때, 그리고 무엇보다도 1968년 유엔의 핵무기확산금지조약 확립 결의에 나타난 정신에 비추어볼 때, 이런 북한의 요구는 핵무기 비보유국들도 핵무기 보유국이 될 수 있다는 참으로 정당한 요구이다. 따라서 미국의 북한에 대한 소극적 안전 보장은 북한의 핵 잠재력을 둘러싼 논쟁을 완전하고도 평화적으로 해소시킬 수 있다. 이런 소극적 안전 보장은 한국 비핵무기지대 원칙에 가장 잘 부합될 수 있다. 또한 과거의 극도의 상호 불신을 제거하기 위해서라도 상대방의 군사 시설에 대한 남북한의 상호 사찰이 단계적으로, 1991년 12월의 기본 협정에서 명문화된 남북한 공동군사위원회에 의한 상호적 기반 위에서 수행될 수 있을 것이다.

한반도의 지정학적 위치로 인해, 한민족의 운명은 해외 열강들에 크게 영향받아 왔다. 1940년 한국의 남북 분할과 분단의 지속은 최근에 나타난 이런 영향력의 한 사례에 불과하다. 자신의 이익을 추구하는 인근 열강들 간의 경쟁의 부산물로 한반도는 대리 핵전장이 될 위험에까지 직면해야 했다. 따라서 한국인들이 비핵무기지대 수립이라는 수단에 의해 열강들 간의 '법적인' 소극적 안전 보장을 받아내는 것은 핵전쟁의 잠재력을 제거하는 데뿐만 아니라 보다 광범위하고 장기적인 관점에서 한반도의 안전을 위해 매우 중요한 것이다.

특히 동북아에서의 냉전 이후의 지정학적 상황을 고려한다면, 비핵무기지대 원칙에 의해 한반도를 둘러싼 핵확산을 해소하는 것은 미국의 전략적 이해에도 도움이 될 것이다. 북한은 자신이 핵무기를 생산할 의사도 능력도 없다는 것을 일관되게 주장해 왔다. 그러나 지금까지의 이런 북한의 입장이 미래의 어떤 상황에서도 역시 북한이 핵무기를 개발하지 않을 것이라고 보장하는 것은 아니다. 북한의 지극히 난처한 안보 환경을 고려할 때, 그리고 특히 북한이 불평등한 핵무기확산금지조약 체계에 대한 자신의 '정당한' 저항이 완전히 무시된다고 생각할 때, 북한은 정말로 핵무기의 개발을 고려할지도 모른다. 또한 북한은 핵무기확산금지조약 그 자체로부터 정정당당하게 탈퇴할 수도 있다.

미국은 북한이 국제원자력기구의 사찰을 계속 거부할 경우, 북한에 대한 제재를 고려하려는 것 같다. 그러나 한반도를 둘러싼 지정학적 상황들은 이런 제재가 또 한 번의 한국 전쟁을 불러일으킬 수 있는 고도의 위험성을 가지고 있을 뿐만 아니라, 국가 그 자체로서의 북한의 파괴 없이는 어떤 경제적, 군사적 제재도(혹은 그 둘 중 하나도) 북한의 핵능력의 완전한 제거를 보장하지 못할 것임을 보여준다. 더구나 이런 제재 조치들은 북한으로 하여금 자신의 생존을 위해 정말로 핵무장을 추구하게 만드는 촉매제가 될 수도 있다. 미국이 강제력에 의존하려 한다면, 이 역시 거의 틀림없이 탈냉전 이후 조성된, 전통적으로 한반도에 지정학적 이해 관계를 가져왔던 다른 열강들과의 새로운 화해적 관계들을 교란시킬 것이다.

냉전의 종언과 더불어 한반도를 둘러싼 전반적인 전략적 상황들은 미국의 이해 관계라는 관점에서 볼 때, 만족스러운 방향으로 발전해 왔다고 할 수 있다. 북한의 핵 잠재력이란 문제가 국제적인 핵확산금지 체제의 붕괴를 촉진할 위험성마저 가지고 있는 것이기는 하지만, 북한이 비핵화된 상태로 남아 있는 한 미국은 핵무기로 북한을 위협할 필요가 전혀 없다. 즉 한반도는 이제 핵확산금지가 미국의 주요한 이익이 될 수 있는 지역으로 떠오르고 있는 것이다.

앞에서 주장했듯이, 한반도 비핵무기지대화 원칙은 북한의 핵 잠재력에 관한 논쟁을 공정하고도 평화롭게 해결할 수 있을 것이다. 더구나 동북아의 신뢰 안보구축(CSBM) 체제로서의 한반도 비핵무기지대의 확립은 두 개의 한국 간의 보다 평화적인 관계의 발전뿐만 아니라, 이 지역 전체에서 인근 4대 열강 간의 힘의 균형을 유지하는 데에도 기여할 것이다. 나아가 이런 사태 발전은 만성적인 미국의 방위 부담 역시 덜어줄 수 있을 것이다.

국제적인 핵확산금지 체제를 강화하는 것은 탈냉전 시대의 새로운 세계 질서의 일부로 자주 강조되어 왔으며, 걸프전 이후로는 특히 그러했다. 그러나 이런 국제적 통제가 갖는 이점이 무엇이든 핵기술 그 자체는 시간이 갈수록 더 많은 나라에 확산되고 있음이 — 특히 전력 생산 문제와 관련해서 — 분명하다. 그 기술이 아무리 '낡은' 것이고 '원시적인' 것이라 할지라도 북한은 이미 가스-흑연 원자로를 스스로 개발했으며, 실험실 규모에서라고는 하지만 플루토늄의 생산에도 성공했다. 더구나 과거의 핵확산 기록이 보여주듯이, 한 나라가 핵무기 능력을 획득하고자 하는 강한 동기를 갖는 경우 실제로 그 목표를 성취하지 못하도록 하기는 매우 어렵다.

결과적으로, 핵확산의 금지를 위한 가장 효율적인 조치는 핵무기의 정치적, 군사적 사용 금지에 대한 국제적 규범을 만들어 내는 것이라고 할 수 있다. 이를 위해서는 국제 사회를 보다 안전하고 정의로운 것으로 만들려는 노력과 더불어 핵보유국들이 자신들의 핵무장 해제를 위해 노력할 필요가 있다. 진정, 국제적 핵확산 방지라는 과제를 위해서도, 새로운 국제 질서의 핵심적 원칙은 열강들이 포괄적 안보라는 개념에 기초하여 국제적 안보 문제들에 공정하고 평화적인 접근 방법을 채택해야 한다는 것이 되어야 함을 강조하고자 한다. 한반도 비핵무기지대 확립은 핵무용성 규범을 확산, 확립하는 데 기여할 것이고, 이를 현존하는 핵무기 보유국인 미국이 지지하는 것은, 그런 규범 확산의 필요조건을 부분적으로 충족시킬 수 있을 것이다. 미국의 지지는 또한 위에서 언급한 새로운 국제 질서의 최고 원칙에도 부합될 것이다.

90년대 초반의 남북한 관계는 극적인 변화를 보여 왔는데, 이는 주로 동서 관계의 변화에 기인하는 것이었다. 이 가운데 가장 두드러진 것은 양측이 '1민족 2국가' 원칙과 '교차 승인'의 개념에 입각한 한반도 내부 관계에 대한 남한의 접근 방법을 수용하면서, 두 개의 별개의 주권 국가— 법적으로나 사실상으로나 —로서 위에서 언급한 '기본 합의'에 도달했다는 점이다.

'1민족 2국가'라는 원칙과 '교차 승인'이라는 개념은 당연히 분단의 장기화나 영구화의 위험성을 가지고 있다. 그러나 1972년 동서독 기본 조약과 달리, '기본 합의서'는 1972년 7.4 공동 성명에서 윤곽이 잡힌 통일의 3대 원칙을 재확인하면서 남북한의 재통일의 성취가 양측의 최우선 목표임을 명시적으로 선언하고 있다. 더구나 '기본 합의서'는 남한의 기능적 접근 방법과 북한의 포괄적 접근 방법을 모두 채택하고 있기 때문에 '1민족 2국가' 원칙이 수반할 수 있는 문제점들을 제거했다고 할 수 있다.

더구나 냉전 시대와 달리 탈냉전 시대에는 어떤 주변 열강도 적대적인 관계를 가지고 있지 않다. 4대 열강에 의한 두 개의 한국의 교차 승인은 한국의 재통일을 향한 진전이 남북한 간의 대화와 협력에 의해 수행된다면, 그리고 오직 그럴 때만 열강들은 한반도에 대한 기득(既得)의 지정학적 이해 관계를 건드리지 않으면서 그것을 받아들일 것임을 의미하는 것이라 할 수 있다. 다시 말해 통일 문제는 이제 '두 개의 한국 사람들의 손에' 놓일 수 있게 된 것이다.

최근 미국과 일본이 북한과의 관계를 정상화하지 않은 것은 주로 핵문제 때문이었다. 그러나 두 나라는 이미 북한의 핵 잠재력에 대한 의문이 해소될 경우 북한과의 관계를 향상시킬 준비가 되어 있음을 밝힌 바 있다. 따라서 한반도에서의 핵확산 방지에 대한 미국의 이해 관계를 고려할 때, 북한이 경수로 기술과 원자력 연료를 만들 수 있는 저농축 우라늄을 얻을 수 있을 경우 가스-흑연 원자로와 핵재처리 시설의 개발을 포기하겠다고 제안한다면 그것은 핵논쟁의 해결과 북미, 북일 관계 정상화의 계기가 될 수 있을 것이다. 어떤 경우에도 핵문제의 평화적 해결은 '교차 승인'의 조속한 현실화를 가져올 것이다.

또한 '기본 합의'는 남북한 간의 화해, 비침략 및 사회경제적 교류와 협력을 위한 상세하고도 정교한 지침, 그리고 이런 계획의 실행을 위한 규칙들 역시 제공하고 있다. 즉 두 개의 한국은 기본 협정이란 형태로 상호 이익이 되는 방향으로 평화 공존을 발전시킬 수 있고, 이 평화 공존을 기반으로 재통일을 달성할 수 있는 제도적 틀을 마련한 것이다. 진지한 형태로 실행되기만 한다면 이는 과거의 제로섬적 게임에 대한 대안으로 가는 자연스런 경로를 제공할 것이다.

이런 획기적 합의는 현재 핵시설 상호 사찰의 목표와 절차에 대한 남북한 간의 견해 차로 인해 완벽한 형태로 실행되지 못하고 있다. 앞에서 지적했듯이, 핵문제는 미국의 북한에 대한 소극적 안전 보장에 의해 공평하고 평화롭게 해결될 수 있으며, 그것은 비핵무기지대 원칙에 의해서만 가장 잘 이루어질 수 있다. 또한 한반도가 역사적으로 열강들의 지정학적 이해의 각축장이 되어 왔다는 점에 비추어볼 때, 한반도 비핵무기지대화는 장기적인 관점에서 한반도의 안보에 기여할 수 있을 것이다.

냉전의 종언으로, 한반도를 둘러싼 전략적 상황과 환경은 남한에 유리하게 — 미국의 경우와 마찬가지로 — 바뀌었다. 더구나 두 개의 한국은 한반도가 영구적으로 핵과 전쟁으로부터 자유로운 지위를 획득할 수 있게 하기 위한 수단으로 한반도 비핵무기지대화에도 합의했다. 반면 어떤 식으로든 북한이 급격히 붕괴하는 것은 여전히 개발 단계에 있는 남한 경제에도 이롭지 못하며, 워싱턴-서울 측에 의한 경제적, 군사적 제재의 고려는 또 다른 동족 상잔을 빚을 한국 전쟁과 북한의 현실적인 핵무장 가능성이라는 위험이 따른다. 두 개의 한국으로 하여금 이미 평화적인 관계 발전을 위한 획기적인 합의에 동의하게 만든 정신들에 비추어볼 때, 남한이 비핵무기지대 원칙이라는 수단에 의해 핵문제를 해결할 것을 수락하는 것은 남북한 모두에게, 즉 한민족 전체에게 이익이 될 것이다.

한반도 비핵무기지대 확립과 더불어 한반도 비도발적 방위 체제 체계 역시 한반도에서의 안전과 평화의 전망을 확대할 것이다. 두 개의 한국은 이미 열전을 치른 바 있으며, 거의 위기 안정성을 가져보지 못했다. 비무장지대조차도 종종 화약고로 불리는 한 남북한은 의도치 않은 매우 높은 전쟁의 가능성을 안고 있으며, 이 의도치 않은 전쟁은 핵재앙으로까지 이어질 수도 있는 것이다. 또한 남북한은 모두 안보 불안을 느끼면서 극도의 상호 불신을 표해 왔고, 이는 이들을 과도한 군비 경쟁으로 내몰았다. 참으로 두 개의 한국은 안보 딜레마의 본보기였으며, 그것으로부터의 탈출이 비도발적 방위 체제의 가장 중요한 관심사인 것이다.

더욱 다행스런 것은 '기본 합의'에서는 남북한 양측이 이미 쌍무적 접근이라는 수단에 의해 한국 비도발적 방위 체제의 개발을 위한 기본 틀을 마련해 놓고 있다는 사실이다. 남북한은 대량 상살 무기뿐만 아니라 공격 능력의 제거에도 합의했다. 따라서 비도발적 방위 체제는 '기본 합의'의 군사 문제에 관한 부분들을 실행하고 더욱 진전시키는 중요한 지침이 될 수 있을 것이다.

또한 한국 비도발적 방위 체제의 수립은 남북한의 재통일이라는 절대 절명의 과제가 안고 있는 한 가지 근본적으로 불안전한 요소를 제거할 수 있을 것이다. 다시 말해 한반도 비도발적 방위 체제는 평화적 통일이라는 원칙이 실제로 실행될 수 있는가를 검증하는 수단이 될 수 있을 것이다. 한국이 한 민족으로 구성되어 있고, 과거에 한 나라를 유지해 왔기 때문에 통일 문제는 분단 이후 남북한 관계를 지배해 왔다. 따라서 비록 양측이 평화적 통일을 선언한다 할지라도 물리력의 사용은 통일을 위한 가능한 수단 중 하나로서 배제될 수 없을 것이다. 그런 가능성은 항상 한 쪽이 다른 한 쪽의 신뢰성에 대해 불안과 불확실성을 느끼게 하는 중요한 원인이었다. 한반도 비도발적 방위 체제는 남한과 북한이 진정으로 어떤 무력 통일의 시도 가능성도 배제하고 있다는 것을 상징화할 수 있을 것이다.

전체적으로 볼 때 특별한 강조점들과 더불어 이 연구의 몇 가지 함의 역시 언급되어야 할 것이다. 첫째, 1990년대로 접어들면서 두 개의 한국은 중요한 관계 전환전에 도달했다. 동서 경쟁의 퇴조는, 1945년 한반도에 대한 미·소의 분할 점령 이후 최초로, 두 개의 한국이 자신의 운명을 스스로 만들어 낼 수 있는 예기치 않은 기회를 제공했다. 또한 양측은 그들의 향후 관계에 대한 기본 합의를 만들어 내는 데 성공했다. 그리고, 비록 이데올로기적 차이가 여전히 남아 있음에도 불구하고, 이를 통해 화해를 위한, 궁극적으로는 재통일을 위한 호혜적인 방법들을 발견할 수 있었다. 다른 한편으로는 핵문제가 한반도에 또 한번의 비극적 동족 상잔 전쟁의 어두운 그림자를 드리웠다. 남북한은 한반도의 비핵지대화에 합의했지만 지난날의 극도의 상호 불신이 더 이상의 진전을 가로막고 있다.

둘째, 상호 간의 불신은 분단을 지속시킬 뿐 아니라 남북한 간의 대결을 특징짓는 주요 요인이 되어 왔다. 그러므로 한반도의 평화를 향한 첫번째 단계는 상호 불신을 완화하고 제거하는 것에 의해 마련되어야 한다. 한반도의 평화와 안정을 위한 모든 논의는 상대방이 진지하게 안보에 관심을 보일 수 있다는 것을 서로 인정하는 것에서부터 시작되어야 한다.

어떤 의미에서 이 연구는 두 개의 한국이 서로에게 일종의 '거울' 역할을 해왔다는 것을 보여준다. 거울에서 "대립하는 쌍방은 상대방이 지닌 관점과는 정반대의 관점을 지니게 된다"(Nye, 1973: 15; Dougherty and Pfaltzgraff, 1981: 282-283).[1] 워싱턴-서울 측은 북한이 위험할 정도로 공격적이고 남한을 침략하려고 한다고 느낀다. 반면에 평양 측은 미국-남한 측이 또 다른 한국 전쟁을 도발할지도 모른다고 두려워한다.[2] 상대방의 안보 문제도 자신의 안보만큼이나 절박한 것이라는 것을 남북한이 서로 인정할 때에만 쌍방은 이러한 거울 이미지에서 벗어날 수 있을 것이다.

셋째, — 이것 역시 상호 불신의 문제와 관계된 것으로서 — 부르스 커밍스가 권고한 바와 같이 "누가 한국 전쟁을 일으켰는가?"라는 질문은 더 이상 하지 말아야 할 시점이 된 것 같다(Cumings, 1990: 621). 미소의 한반도 분할 점령이 1948년 미국의 주도에 의한 유엔에서 남한만의 단독 정부 수립으로 이어졌을 때, 호주나 캐나다와 같은 서방국들조차도 이러한 조치가 세계 평화를 위협할 가능성을 지니고 있다는 점에서 반대했다. 한국의 많은 지식인들은 이러한 분단이 남북한 간에 내전이자 국제전이 될 전쟁을 반드시 초래할 것이라고 좀더 직접적으로 경고했다. 앞에서 언급한 바와 같이 하지 장군 역시 "오직 전쟁이란 운명만이 남북한의 재통일을 가져올 수 있을 것"이라고 예측했다. 즉, 분단 자체가 한국 전쟁을 잉태한 과정의 핵심 부분이었다. 누가 전쟁을 일으켰는가? — "아무도 안 일으켰다고도 할 수 있고, 동시에 1945년 이후 사건의 복잡한 구성에 참여한 모든 당사자들이 일으켰다고도 할 수 있다"(Cumings, 1990: 621).

---

1) 남북한이 서로에 대한 관계 속에서 사로잡힐 수 있는 부정적 감정과 거울 이미지(이를테면 자신은 평화적이고 올바른 존재인 반면, 상대방은 공격적이고 사악한 존재라고 생각하는)에 대해서는 Chun, I. Y.(1988: 202-204) 참조. 미국인과 소련인들이 냉전기 동안 서로에 대해 키워 왔던 거울 이미지에 대해서는 Mitchell(1981: 112-115) 참조.

2) 북한이 가지고 있을 수 있는 안보 불안감을 보여주기 위해 1983년 한 남한 작가는 다음과 같은 상황을 상상해 보고 그것이 남한 사람들의 안보에 대한 우려에 어떤 영향을 끼칠 것이지 생각해 보라고 제안한 바 있다. "북한 인구는 남한의 2배이다. 북한의 GNP는 남한의 3배 내지 4배이다. 약 3만 명의 러시아 군대나 중국 군대가 비무장지대 근처에 주둔해 있다. 북한군은 베트남전에 참전한 적이 있다. 게다가 북한은 경제적, 군사적으로 강력하고 신뢰할 만한 두 동맹국을 가지고 있다"(Lee, M. W., 1983: 136).

커밍스는 이러한 질문은 "동족 상잔에 의해 직접적으로 영향을 받은 세대들에게는 애를 끊는 것과 같다"고 지적한다(Cumings, 1990: 619). 우리는 남북한 양측의 이데올로기적 이익 집단들이 이러한 질문에 어떻게 정치적으로 이용당해 왔는가— 서로의 대립을 심화시키면서 —를 보아 왔다. 실제로 한국인들에게 이러한 질문이 제기되면 이들은 남북한 어느 쪽인가에 상관없이 먼저 스스로를 비난해야 할 것이다. 물론 한반도가 미국과 소련에 의해 분할 점령되지 않았더라면, 해방 조선이 심각한 내부 갈등을 겪었을지 몰라도 분단은 되지 않았을 것이다. 그러나 한국 지도자들 간의 이데올로기적 간극은 분할 점령을 한반도의 영구 분단으로 고착시키는 데 결정적으로 기여했다.

넷째, 사회적 이데올로기는 역사적으로 조건지어진 것이기 때문에 시간에 따라 융통성을 보이게 마련이다. 남북한 간의 이데올로기적 차이 또한 영구적일 수는 없다. 한국인들은 자신들이 동질적인 한 민족으로서 오랜 기간 동안 찬란한 문화를 지닌 통일 국가를 지속해 왔다는 것을 자랑스럽게 생각한다. 90년대 들어 한반도는 전쟁과 평화의 갈림길에 서 있다. 재래식 전쟁이든 핵전쟁이든 한민족에게 더 이상 동족 상잔의 비극이 있어서는 안된다. 한국에는 더 이상 어떤 이유로도 전쟁이 있어서는 안된다. 동서 대립이 종식된 새로운 시대에 서울과 평양의 정권은 한반도의 분단과 동족 상잔의 전쟁이라는 비극적 역사에서 벗어나 어떻게 한국 민족 전체의 이익을 위해 서로의 관계를 슬기롭게 발전시켜 나가야 할지를 배울 필요가 있다.

다섯째, 전지구적 관점에서 핵무기 시대 모든 인류의 공영을 위해 안보의 개념을 재정의할 필요가 있다. 냉전 이후의 시대에 대처하여 전쟁과 평화의 갈림길에 선 두 개의 한국은 한국 민족 모두의 공영을 위해 새로운 안보 개념을 마련할 필요가 있다. 한반도 비핵무기지대와 한반도 비도발적 방위 체제의 원칙들은 '기본 합의'와 함께 이러한 개념을 발전시키는 데 좋은 지침이 될 수 있을 것이다.

여섯째, 대안적인 안보 개념으로서 한반도 비핵무기지대와 한반도 비도발적 방위 체제의 원칙은 한반도에서의 평화를 증진시키는 데 고유한 가치를 지닌다. 남북한 간의 평화적 관계를 발전시키고 유지시켜 감으로써만 남북한은 결과적으로 평화 통일이라는 궁극적 목표 달성에 기여할 수 있을 것이다.

　　마지막으로, 현재의 국가 체제나 핵억지 체계의 대안들에 대해 그것의 실행 가능성과 관련된 비판이 제기되고 있다. 그것이 아무리 합리적으로 필요하고 규범적인 것이라고 할지라도 현재의 정치적 현실과는 거리가 멀다는 것이다 (Eckhardt, 1986: 51-62). 그러나 비핵무기지대와 비도발적 방위 체제는 이미 어떤 지역에서는 부분적으로 혹은 전반적으로 실시되면서 지역의 안정과 평화, 따라서 세계 평화에 기여해 왔다. 동서 대립의 퇴조는 보다 안전하고 정의로운 세계 공동체의 형성을 논의할 수 있는 유례 없는 기회를 제공하고 있다. 또한 동서 대립의 퇴조는 두 개의 한국이 평화 공존과 그러한 기초 위에서 통일을 달성할 수 있는 기본 틀을 발전시키는 기회를 제공하고 있다. 대안적 안보라는 관점에 입각한 남북한 관계의 진전은 이러한 새로운 세계 공동체를 위한 새로운 안보 시스템을 추구하는 데 또 다른 좋은 전범이 될 수 있을 것이다.[3]

---

　3) 이러한 견해에 대해서는 Paige(1989: 60-63) 참조.

참고문헌

FEER. 1972. *Far Eastern Economic Review,* October 21.

Korea Herald, The (KH).

New York Times, The (NYT).

Pyongyang Times, The (PT).

『한겨레신문』

『한국일보』

『중앙일보』

Adelman, Kenneth L. 1991. "Just a Sideshow." *The Bulletin of the Atomic Scientists* 47(9): 19-21.

Agrell, Wilhelm. 1987. "Offensive versus Defensive: Military Strategy and Alternative Defence." *Journal of Peace Research* 24(1): 75-88.

Ahn, Byung-Joon. 1988. "South Korea's New Nordpolitik." *Korea and World Affairs* 12(4): 693-705.

Akavia, Gideon Y. 1991. "Defensive Defense and the Nature of Armed Conflict." *The Journal of Strategic Studies* 14(1): 27-45.

Albrecht, Ulrich. 1990. "The Role of Military R&D in Arms Build-Ups." In Gleditsch and Njolstad(1990).

Albright, David and Hibbs, Mark. 1992a. "Iraq's Bomb: Blueprint and Artifacts." *The Bulletin of the Atomic Scientists* 48(1): 30-40.

Albright, David and Hibbs, Mark. 1992b. "Spotlight Shifts to Iran." *The Bulletin of the Atomic Scientists* 48(2): 9-11.

Albright, David and Hibbs, Mark. 1992c. "Pakistan's Bomb: Out of the Closet." *The Bulletin of the Atomic Scientists* 48(6): 38-43.

Albright, David and Hibbs, Mark. 1992d. "North Korea's Plutonium Puzzle." *The Bulletin of the Atomic Scientists.* 48(9): 36-40.

Aldridge, Robert C. 1986. "Is US in a Launch-On-Warning Position Now?" *Peace*

Research Reviews 10(3): 24-37.

Alger, Chadwick and Stohl, Michael (eds.). 1988. *A Just Peace Through Transformation: Cultural, Economic, and Political Foundations for Change.* Boulder: Westview.

Allen, Richard C. 1960. *Korea's Syngman Rhee: An Unauthorized Portrait.* Rutland: Charles E. Tutle Company.

Altfeld, Michael F. 1983. "Arms Races? And Escalation? A Comment on Wallace." *International Studies Quarterly* 27(2): 225-231.

AMBIO (ed.). 1983. *Nuclear War: The Aftermath.* Oxford: Pergamon Press.

Anderson, Benedict. 1992. "The New World Disorder." *24 Hours*(Feb. 1992, A special supplement published by ABC Radio, Sydney): 40-46.

Arbatov, Alexei G. 1990. "Sheathing Korean Dagger: Problems and Opportunities for the Northeast Asia Arms Control and Security Process." In IFANS(1990).

Arbess, Daniel J. and Sahaydachny, Simeon A. 1987. "Nuclear Deterrence and International Law: Some Steps toward Observance." *Alternatives* 12(1): 83-111.

Arkin, William M. and Handler, Joshua M. 1989. "Nuclear Disasters at Sea, Then and Now." *The Bulletin of the Atomic Scientists* 45(6): 20-24.

Armstrong, Charles K. 1990. "South Korea's 'Northern Policy'." *The Pacific Review* 3(1): 35-45.

Ashley, Richard K. 1981. "Political Realism and Human Interests." *International Studies Quarterly* 25(2): 204-236.

Ashley, Richard K. 1984. "The Poverty of Neorealism." *International Organization* 38(2): 225-286.

Auffermann, Burkhard (ed.). 1990. *NOD or Disarmament in the Changing Europe?* Tampere: Tampere Peace Research Institute Research Reports, No. 40.

Babst, Dean and Aldridge, Robert. 1986a. "The Nuclear Time Bomb: Assessing Accidental Nuclear War Dangers Through the Use of Analytical Models." *Peace Research Reviews* 10(3): 15-23.

Babst, Dean and Aldridge, Robert. 1986b. "Summary and Conclusion." *Peace Research Reviews* 10(4): 88-96.

Baek, Jong-Chun. 1987. "North Korea's Military Strategies for Reunification: Hypotheses and Policies." *Korea and World Affairs* 11(4): 769-784.

Bailey, Sydney D. 1989. *The United Nations: A Short Political Guide* (2nd ed.).

London: Macmillan.

Baldwin, Frank (ed.). 1974. *Without Parallel: The American-Korean Relationship Since 1945*. New York: Pantheon Books.

Balfour, Michael. 1982. *West Germany: A Contemporary History*. London: Croom Helm.

Ball, Desmond (ed.). 1982a. *Strategy and Defence*. Sydney: George Allen & Unwin.

Ball, Desmond. 1982b. "Nuclear Strategy and Force Development." in Ball(1982a).

Ball, Desmond and Richelson, Jeffrey (eds.). 1986. *Strategic Nuclear Targeting*. Ithaca: Cornell University Press.

Bandow, Doug. 1990. "Leaving Korea." *Foreign Policy* 77: 77-93.

Banerjee, D. 1990. "Non-Provocative Defence: Conceptual Framework and Parameters." In Singh and Vekaric(1990)

Barnaby, Frank and Rotblat, Joseph. 1983. "The Effects of Nuclear Weapons." In AMBIO(1983).

Barnaby, Frank and ter Borg, Marlies (eds.). 1986. *Emerging Technologies and Military Doctrine: A Political Assessment*. London: Macmillan.

Barnaby, Frank and Boeker, Egbert. 1988. "Non-Nuclear, Non-Provocative Defence for Europe." In Hopmann and Barnaby(1988).

Barnds, William (ed.). 1976. *The Two Koreas in East Asian Affairs*. New York: New York University Press.

Bateson, Mary Catherine. 1990. "Beyond Sovereignty: An Emerging Global Civilization." In Walker and Mendlovitz(1990).

Baylis, John, Booth, Ken, Garnett, John, and Williams, Phil. 1987. *Contemporary Strategy* Vol. I. New York: Holmes & Meier.

Bender, Peter. 1973. "The Special Relationship of the Two German States." *The World Today* 29(Sept. 1973): 389-397.

Bereanu, Bernard. 1983. "Self-Activation of the World Nuclear Weapons System." *Journal of Peace Research* 20(1): 49-57.

Berg, Per and Lodgaard, Sverre. 1983. "Disengagement Zones: A Step towards Meaningful Defense?" *Journal of Peace Research* 20(1): 5-15.

Berger, John. 1981. "Hiroshima - A Portrait of Evil." *New Society*, August 6, 1981.

Black, Hilary. 1972. "The East-West German Treaty." *The World Today* 28(Dec, 1972): 512-515.

Blackaby, F., Goldblat, J., and Lodgaard, S. (eds.). 1984. *No-First-Use*. London: Taylor & Francis.

Blake, Nigel and Pole, Kay. 1983a. *Dangers of Deterrence*. London: Routledge & Kegan Paul.

Blake, Nigel and Pole, Kay. 1983b. "Introduction: A Sceptical Look at the Nuclear Deterrence." in Nigel and Kay(1983a).

Blake, Nigel and Pole, Kay (eds.). 1984. *Objections to Nuclear Deterrence*. London: Routledge & Kegan Paul.

Blix, Hans. 1992. "Verification of Nuclear Non-Proliferation: Securing the Future." *IAEA Bulletin* 34(1): 2-5.

Bobbitt, Philip, Freedman, Lawrence, and Treverton, Gregory F. (eds.). 1989. *US Nuclear Strategy*. London: Macmillan.

Boeker, Egbert and Unterseherm, Lutz. 1986. "Emphasising Defence." In Barnaby and ter Borg(1986).

Bohn, Lewis C. 1972. "Is Nuclear Deterrence Really Necessary?" *War/Peace Report*, Nov./Dec.

Booth, Ken. 1987. "Disarmament and Arms Control." Baylis et al.(1987).

Booth, Ken. 1991a. "Security in Anarchy: Utopian Realism in Theory and Practice." *International Affairs* 67(3): 527-545.

Booth, Ken (ed.). 1991b. *New Thinking about Strategy and International Security*. London: Harper Collins Academic.

Booth, Ken and Wheeler, Nicholas J. 1992. "Beyond Nuclearism." In Karp(1992).

Boserup, Anders. 1981. "Deterrence and Defence." *The Bulletin of the Atomic Scientists*. 37(10): 11-13.

Boserup, Anders. 1986. "The Strategy of Non-Offensive Defence." Working Paper No. 2, Peace Research Centre, Australian National University.

Boserup, Anders. 1988a. "Common Security and the Concept of Non-Offensive Defense." In Alger and Stohl(1988).

Boserup, Anders. 1988b. "Air Power and Mutual Defensive Superiority: Problems and Possibilities." *Pugwash Newsletter* 25(3): 104-107.

Boserup, Anders. 1990. "Deterrence and Defence." In Boserup and Neild(1990).

Boserup, Anders and Mack, Andrew. 1974. *War without Weapons: Nonviolence in National Defense*. London: Frances Pinter.

Boserup, Anders and Neild, Robert (eds.). 1990. *The Foundations of Defensive Defence*. New York: St. Martin's Press.

Boulding, Elise (ed.). 1992. *New Agenda for Peace Research: Conflict and Security Reexamined*. Boulder: Lynne Reinner.

Boulding, Kenneth E. 1978. *Stable Peace*. Austin: University of Texas Press.

Boutros-Ghali, Boutros. 1992a. "Empowering the United Nations." *Foreign Affairs* 72(5): 89-102.

Boutros-Ghali, Boutros. 1992b. "An Agenda for Peace." *UN Chronicle* 29(3): 2-4.

Branfman, Fred. 1987. "South Korea: Voices for Democracy." *World Policy Journal* 4(1): 161-178.

Brodie, Bernard (ed.). 1946. *The Absolute Weapon: Atomic Power and World Order*. New York: Harcourt.

Brodie, Bernard. 1959. "The Anatomy of Deterrence." *World Politics* 11(2): 173-191.

Brodie, Bernard. 1973. *War and Politics*. London: Macmillan.

Brucan, Silviu. 1982. "The Establishment of a World Authority: Working Hypotheses." *Alternatives* 8(2): 209-223.

Bueno de Mesquita, B. and Riker, William H. 1982. "An Assessment of the Merits of Selective Nuclear Proliferation." *Journal of Conflict Resolution* 26(2): 283-306.

Bull, Hedley. 1966. *The Control of the Arms Race: Disarmament and Arms Control in the Missile Age* (2nd ed.). New York: Frederick A. Praeger.

Bull, Hedley. 1977. *The Anarchical Society*. London: Macmillan.

Bull, Hedley. 1980. "Future Conditions of Strategic Deterrence." Adelphi Paper No. 160.

Bundy, McGeorge. 1969. "To Cap the Volcano." *Foreign Affairs* 48(1): 1-20.

Bundy, McGeorge. 1980. "Strategic Deterrence Thirty Years Later: What Has Changed?" Adelphi Paper No. 160.

Bundy, McGeorge. 1984. "Existential Deterrence and Its Consequences." In Maclean (1984).

Burns, Arthur Lee. 1957. "From Balance to Deterrence: A Theoretical Analysis." *World Politics* 9(40): 494-529.

Bustelo, Mara R. and Alston, Philip (eds.). 1991. *Whose New World Order: What Role for the United Nations?* Sydney: The Federation Press.

Butfoy, Andrew. 1992/1993. "The Marginalisation of Nuclear Weapons in World Politics? The Case of Flexible Response." *Australian Journal of Political Science* 28(2): 271-289.

Butterfield, Herbert and Wight, Martin (eds.). 1966. *Diplomatic Investigations.* London: George Allen & Unwin.

Buzan, Barry. 1987a. *An Introduction to Strategic Studies: Military Technology and International Relations.* London: Macmillan.

Buzan, Barry. 1987b. "Common Security, Non-Provocative Defense, and the Future of Western Europe." *Review of International Studies* 13(4): 265-279.

Buzan, Barry. 1991. *People, States and Fear* (2nd ed.). New York: Harvester Wheatsheaf.

Carlton, D and Schaerf, C. (eds.). 1982. *The Arms Race in the 1980s.* London: Macmillan.

Carr, E. H. 1966. *The Twenty Year's Crisis 1919-1939.* London: Macmillan.

Centre for Peace and Conflict Studies, The (ed.). 1989. *Beyond Deterrence.* Sydney: University of Sydney.

Chay, Jong-Suk. 1990. *Diplomacy of Asymmetry: Korean-American Relations to 1910.* Honolulu: University of Hawaii Press.

Chee, Choung-Il. 1988. "South Korea's Foreign Policy in Transition: North Politics." *Korea and World Affairs* 12(4): 737-753.

Cheeseman, Graeme. 1990. "The Application of the Principles of Non-Offensive Defence beyond Europe: Some Preliminary Observations." Working Paper No. 78, Peace Research Centre, Australian National University.

Childers, Erskine B. 1992. "Gulf Crisis Lessons for the United Nations." *Bulletin of Peace Proposals* 23(2): 129-138.

Childs, David. 1988. *The GDR: Moscow's German Ally.* London: Unwin Hyman.

Cho, Soon-Sung. 1967a. *Korea in World Politics, 1940-1950: An Evaluation of American Responsibility.* Berkeley: University of California Press.

Cho, Soon-Sung. 1967b. "The Politics of North Korea's Unification Policies." *World Politics* 19(2): 218-241.

Choy, Bong-Youn. 1971. *Korea: A History.* Rutland: Charles E. Tutle Company.

Choy, Bong-Youn. 1984. *A History of the Korean Reunification Movement: Its Issues and Prospects.* Peoria: Bradley University.

Chufrin, Gennady. 1992. "Russian Interests in Korean Society in the Post-Cold War World." Security and the Korean Peninsula in the 1990s 학술대회발표논문 (Canberra, March 1992).

Chun, In-Young. 1988. "South-North Korean Relations: Problems and Prospects." *Korean Journal of International Studies* 19(2): 193-214.

Chung, Chin-O. 1978. *Pyongyang Between Peking and Moscow: North Korea's Involvement in the Sino-Soviet Dispute, 1958-1975*. The University of Alabama Press.

Chung, Chong-Wook. 1986. "North Korea and the International Community: The Search for Legitimacy in the United Nations and Elsewhere." In Scalapino and Lee, H. K.(1986).

Chung, Joseph Sang-Hoon. 1974. *The North Korean Economy: Structure and Development*. Stanford: Hoover Institution Press.

Chung, Kyung-Mo. 1987. "Korea Today, Korea Tomorrow: A Korean Perspective." In Sullivan and Foss(1987).

Clark, Grenville and Sohn, Louis, with Essays by Borgese, E. et al. 1973. *Introduction to World Peace through World Law*. Chicago: World Without War Publications.

Clark, Ian. 1982. *Limited Nuclear War*. Oxford: Martin Robertson.

Clarke, Arthur C. et al. 1992. "Agenda 2001. "*The Bulletin of the Atomic Scientists* 48(4): 10-44.

Clausen, Peter. 1991. "Star Warriors Try Again." *The Bulletin of the Atomic Scientists* 47(5): 9-10.

Clough, Ralph, N. 1987. *Embattled Korea: The Rivalry for International Support*. Boulder: Westview Press.

Clough, Ralph N. 1991. "The People's Republic of China: The Primacy of Economics." In Mazarr et al.(1991).

Coates, K. 1987. "Nuclear-Free Zones: Problems and Prospects." In Pitt and Thompson(1987).

Conetta, Carl, Knight, Charles, and Unterseher, Lutz. 1991. "Toward Defensive Restructuring in the Middle East." *Bulletin of Peace Proposals*. 22(2): 115-134.

Connaughton, Richard. 1992. *Military Intervention in the 1990s: A New Logic of War*. London: Routledge.

Cooper, Henry E. 1992. "Limited Ballistic Missile Strikes: GPALS Comes up with an

Answer." *NATO Review* 40(3): 27-30.

Cotton, James and Neary, Ian (eds.). 1989. *The Korean War in History*. Manchester: Manchester University Press.

Cox, Robert W. 1981. "Social Forces, States and World Order: Beyond International Relations Theory." *Millennium* 10(2): 126-155.

Crowe, William J. Jr. and Rombert, Alan D. "Rethinking Security in the Pacific." *Foreign Affairs* 70(2): 123-140.

Crutzen, Paul J. and Birks, John W. 1983. "The Atmosphere after a Nuclear War: Twilight at Noon." In AMBIO 1983.

Cumings, Bruce. 1974. "American Policy and Korean Liberation." In Baldwin(1974).

Cumings, Bruce. 1981. *The Origins of the Korean War*. Vol. I: Liberation and the Emergence of Separate Regimes, 1945-1947. Princeton: Princeton University Press.

Cumings, Bruce (ed.). 1983a. *Child of Conflict: The Korea-American Relationship, 1943-1953*. Seattle: University of Washington Press.

Cumings, Bruce. 1983b. "Introduction: The Course of Korean-American Relations, 1943-1953." In Cumings(1983a).

Cumings, Bruce. 1984a. "Korea — The New Nuclear Flash Point." *Korea Scope* 4(1): 27-33.

Cumings, Bruce. 1984b. "Ending the Cold War in Korea." *World Policy Journal* 1(4): 769-791.

Cumings, Bruce. 1984c. *The Two Koreas*. Foreign Policy Association Headline Series No. 269.

Cumings, Bruce. 1984d. "The Origins and Development of the Northeast Asian Political Economy: Industrial Sectors, Product Cycles, and Political Consequences." *International Organization* 38(1): 1-40.

Cumings, Bruce. 1985. "Some Thoughts on the Reunification of Korea." *Korea Scope* 5(2): 32-38.

Cumings, Bruce. 1987a. "The American Response to the Crisis is South Korea."미발 표논문.

Cumings, Bruce. 1987b. "The Division of Korea." In Sullivan and Foss(1987).

Cumings, Bruce. 1988a. "Power and Plenty in Northeast Asia: The Evolution of U.S. Policy." *World Policy Journal* 5(1).

Cumings, Bruce. 1988b. "The Conflict on the Korean Peninsula." In Sukumoto (1988).

Cumings, Bruce. 1990. *The Origins of the Korean War*. Vol. II: The Roaring of the Cataract, 1947-1950. Princeton: Princeton University Press.

Cumings, Bruce. 1992a. "Obstacles to Peace on the Korean Peninsula." The Conditions for Peace in the Korean Peninsula 학술대회발표논문(서울 1992년 3월).

Cumings, Bruce. 1992b. "The Wicked Witch of the West is Dead. Long Live the Wicked Witch of the East." In Hogan(1992).

Cumings, Bruce. 1992c. "Spring Thaw for Korea's Cold War?" *The Bulletin of the Atomic Scientists* 48(3): 14-23.

Dallin, David J. 1961. *Soviet Foreign Policy After Stalin*. Philadelphia: Lippincott.

Dean, Jonathan and Forsberg, Randall Watson. 1992. "CFE and Beyond: The Future of Conventional Arms Control." *International Security* 17(1): 76-120.

Delcoigne, G. 1982. "An Overview of Nuclear-Weapon-Free-Zones." *IAEA Bulletin* 24(2): 50-55.

Dely, Alex. 1986. "Projecting False Alarm Rates." *Peace Research Reviews* 10(4): 47-57.

Diehl, Paul F. 1983. "Arms Race and Escalation: A Closer Look." *Journal of Peace Research* 20(3): 205-212.

Diehl, Paul F. and Kumar, Chetan. 1991. "Mutual Benefits from International Intervention: New Roles for United Nations Peace-Keeping Forces." *Bulletin of Peace Proposals* 22(4): 369-375.

Doran, Charles F. 1985. "Some Reflections on Korean Partition and Reunification in the Context of Historical States System." *Korea Scope* 5(2).

Dougherty, James E. and Pfaltzgraff, Robert L. Jr. 1981. *Contending Theories of International Relations: A Comprehensive Survey* (2nd ed.). New York: Harper & Row.

Drifte, Reinhard. 1987. "Arms Control and the Superpower Balance in East Asia." In Segal(1987).

Drifte, Reinhard. 1989. "Japan's Involvement in the Korean War." In Cotton and Neary(1989).

Drifte, Reinhard. 1990. *Japan's Rise to International Responsibilities: The Case of Arms Control*. London: The Athlone Press.

Dror, Yehezkel. 1980. "Nuclear Weapons in Third-World Conflict." Adelphi Paper No. 161.

Dumas, Lloyd J. 1980. "Human Fallibility and Weapons." *The Bulletin of the Atomic Scientists* 36(9): 15-20.

Dunn, David J. 1991. "Peace Research versus Strategic Studies." In Booth(1991).

Dunn, Lewis A. 1990. "Four Decades of Nuclear Nonproliferation: Some Lessons from Wins, Losses, and Draws." *The Washington Quarterly* 13(3): 5-18.

Dupuy, R. and Dupuy, T. 1977. *The Encyclopedia of Military History, from 3500 B.C. to the Present.* (rev. ed.). New York: Harper & Row.

Dyson, Freeman. 1979. *Disturbing the Universe.* New York: Random House.

Easey, Walter and McCormack, Gavan. 1978. "South Korean Society: The Deepening Nightmare." In McCormack and Selden(1978)

Eckhardt, William. 1986. "The Radical Critique of Peace Research: A Brief Review." *Peace Research* 18(3): 51-62.

Emy, Hugh V. and Linklater, Andrew (eds.). 1990. *New Horizons in Politics: Essays with an Australian Focus.* Sydney: Allen & Unwin.

Endicott, John E. 1975. *Japan's Nuclear Option: Political, Technical, and Strategic Factors.* New York: Praeger.

Enthoven, Alain C. and Smith, K. Wayne. 1971. *How Much is Enough? Shaping the Defense Program, 1961-1969.* New York: Harper & Row.

Epstein, William. 1975. "Nuclear Proliferation in the Third World." *Journal of International Affairs* 29(2): 185-202.

Epstein, William. 1992. "And Now - The U. N. Century." *The Bulletin of the Atomic Scientists* 48(4): 22-23.

Ezz, Esmat. 1989. "Preventing Proliferation of Nuclear Weapons: Hopes and Realities." In Rotblat and Goldanskii(1989).

Falk, Richard A. 1981. "Normative Initiatives and Demilitarization: A Third System Approach." *Alternatives* 6(2): 339-356.

Falk, Richard A. 1983. *The End of World Order.* New York: Holmes & Meier.

Falk, Richard A. 1982b. "What New System of World Order." In Falk et al.(1982a).

Falk, Richard A. 1982c. "Normative Initiatives and Demilitarization: A Third System Approach." In Falk et al.(1982a).

Falk, Richard A. 1991. "Theory, Realism, and World Security." In Klare and Thomas

(1991).

Falk, Richard A. 1992. "Prospects for Korea after the Cold War." The Conditions for Peace in the Korean Peninsula 학술대회발표논문(Seoul, March 1992).

Falk, Richard A. in collaboration with J. Galtung, R. Kothari, and S. Mendlovitz. 1975. "State of the Globe: Report 1974." *Alternatives* 1(2, 3): 159-442.

Falk, Richard A., Kim, Samuel S., and Mendlovitz, Saul H. (eds.). 1982a. *Toward a Just World Order*. Boulder: Westview Press.

Falk, Richard A., Kim, Samuel S., and Mendlovitz, Saul H. (eds.). 1991. *The United Nations and a Just World Order*. Boulder: Westview Press.

Fieldhouse, Richard. 1992. "Nuclear Weapons Developments and Unilateral Reduction Initiatives." In *SIPRI Yearbook*.

Findlay, Trevor. 1992. "Test Ban in Sight." *Pacific Research* 5(4): 21-22.

Fischer, Dietrich. 1982. "Invulnerability Without Threat: The Swiss Concept of General Defence." *Journal of Peace Research* 19(3): 205-225.

Fisher, David E. 1990. *Fire & Ice: The Greenhouse Effect, Ozone Depletion, and Nuclear Winter*. New York: Harper & Row.

Fisher, David E. 1992. *Stopping the Spread of Nuclear Weapons: the Past and the Prospects*. London: Routledge.

Flanagan, Stephen J. "Nonoffensive Defense is Overrated." *The Bulletin of the Atomic Scientists* 44(7): 46-48.

Foot, Rosemary. 1983. "The Sino-American Conflict in Korea: The U.S. Assessment of China's Ability to Intervene in the War." *Asian Affairs* 14(2): 160-166.

Foot, Rosemary. 1985. *The Wrong War: American Policy and the Dimensions of the Korean Conflict, 1950-1953*. Ithaca: Cornell University Press.

Foster-Carter, Aidan. 1992. *Korea's Coming Reunification: Another East Asian Superpower?* London: The Economic Intelligence Unit.

Freedman, Lawrence. 1988. "I Exist; Therefore I Deter." *International Security* 13(1): 177-195.

Freedman, Lawrence. 1989. *The Evolution of Nuclear Strategy* (2nd ed.). London: Macmillan.

Freedman, Lawrence. 1991. "Wither Nuclear Strategy?" In Booth(1991).

Frei, Daniel. 1983. *Risks of Unintentional Nuclear War*. London: Croom Helm.

Friedberg, Aaron L. 1983. "A History of the US Strategic Doctrine: 1945 to 1980."

The Journal of Strategic Studies 6(Dec.): 37-71.

Fry, Greg. 1986. "The South Pacific Nuclear-Free Zone: Significance and Implications." *Bulletin of the Concerned Asian Scholars* 18(2): 61-71.

Fukuyama, Francis. 1991. "Liberal Democracy as a Global Phenomenon." *Political Science & Politics* 24(4): 659-664.

Gaddis, John Lewis. 1991. "The Long Peace: Elements of Stability in the Postwar International System." In Lynn-Jones(1991).

Gallios, P. 1965. "United States Strategy and the Defense of Europe." in Kissinger (1965).

Galtung, Johan. 1972. "Divided Nations as a Process: One State, Two States, and In-Between." *Journal of Peace Research* 9(4): 345-360.

Galtung, Johan. 1984a. *There are Alternatives: Four Roots to Peace and Security.* Nottingham: Spokesman.

Galtung, Johan. 1984b. "Transarmament: from Offensive to Defensive Defense." *Journal of Peace Research* 21(2): 127-139.

Galtung, Johan. 1985. "Twenty-Five Years of Peace Research: Ten Challenges and Some Responses." *Journal of Peace Research* 22(2): 141-158.

Galtung, Johan. 1990. "Cultural Violence." *Journal of Peace Research* 27(3): 291-305.

Galtung, Johan and Oberg, Jan. 1992. "Experimental Politics after the Cold War." In Oberg(1992).

Garnett, John. 1987a. "Limited War." In Baylis et al.(1987).

Garnett, John. 1987b. "Strategic Studies and Its Assumptions." In Baylis et al.(1987).

Garthoff, Raymond L. 1990. *Deterrence and the Revolution in Soviet Military Doctrine.* Washington: The Brookings Institution.

Gates, David. 1987. *Non-Offensive Defence: A Strategic Contradiction?* London: Institute for European Defence & Strategic Studies.

Gergorin, Jean-Louis. 1992. "Deterrence in the Post-Cold War Era." Adelphi Paper No. 266.

Gibert, Stephen P. (ed.). 1988. *Security in Northeast Asia.* Boulder: Westview Press.

Glaser, Bonnie S. 1988. "Soviet, Chinese and American Perspectives on Arms Control in Northeast Asia." Working Paper No.28, Peace Research Centre, Australian National University.

Glaser, Charles L. 1990. *Analyzing Strategic Nuclear Policy.* Princeton: Princeton

University Press.

Glaser, Charles L. 1992. "Nuclear Policy without an Adversary: U.S. Planning for the Post-Soviet Era." *International Security* 16(4): 34-78.

Gleditsch, Nils Petter and Njolstad, Olav (eds.). 1990. *Arms Race: Technological and Political Dynamics*. London: SAGE.

Gleysteen, W. H. Jr. and Romberg, A. D. 1987. "Korea: An Asian Paradox." *Foreign Affairs* 65(5): 1037-1054.

Goheen, Robert F. 1982. "Problems of Proliferation: US Policy and the Third World." *World Politics* 35(2): 194-215.

Goldblat, Jozef. 1974. "The UN Security Council Resolution of 19 June 1968 and the Security of Non-Nuclear-Weapon States." In SIPRI (1974).

Goldblat, Jozef. 1982. *Agreements for Arms Control: A Critical Survey*. London: Taylor & Francis.

Goldblat, Jozef. 1990. "NPT and Nuclear Weapon-Free Zones." *Arms Control* 11(1): 49-59.

Goldblat, Jozef. 1992. "Issues Facing the 1995 NPT Extension Conference." *Security Dialogue* 23(4): 25-32.

Goldblat, Jozef and Lodgaard, Sverre. 1986. "Comparison of Arms Control Commitments in the Treaty of Rarotonga and the Treaty of Tlatelolco." In SIPRI Year Book, 1986: 520-521.

Gong, Gerrit W. 1991. "International Cooperation for Tension Reduction and Arms Control on the Korean Peninsula." In Mazarr et al.(1991).

Goodby, James E. 1990. "Confidence and Security Building in the Korean Peninsula: The Negotiating Agenda." In IFANS(1990).

Goodrich, Leland M. 1956. *Korea: A Study of U.S. Policy in the United Nations*. New York: Council on Foreign Relations.

Goose, Stephen. 1987. "The Military Situation on the Korean Peninsula." In Sullivan and Foss(1987).

Gottfried, Kurt and Blair, Bruce G. (eds.). 1988. *Crisis Stability and Nuclear War*. New York: Oxford University Press.

Goulding, Marrack. 1992. "Peace-Keeping: A New Era." *UN Chronicle* 29(3): 16-20.

Gray, Colins S. 1982. *Strategic Studies: A Critical Assessment*. Westport: Greenwood Press.

Gray, Colins S. and Payne, Keith. 1980. "Victory Is Possible." *Foreign Policy* 39: 14-27.

Green, Philip. 1966. *Deadly Logic: The Theory of Nuclear Deterrence.* The Ohio State University Press.

Gregory, Shaun and Edwards, Alistair. 1989. "The Hidden Cost of Deterrence: Nuclear Weapons Accidents 1950-88." *Bulletin of Peace Proposals* 20(1): 3-26.

Griffith, William E. 1978. *The Ostpolitik of the Federal Republic of Germany.* Cambridge: The MIT Press.

Grin, John and Unterseher, Lutz. 1988. "The Spiderweb Defense." *The Bulletin of the Atomic Scientists* 44(7): 28-30.

Gupta, Karunakar. 1972. "How Did the Korean War Begin?" *China Quarterly* 52: 699-716.

Gupta, Narendra L. 1990. "Non-Offensive Defence - Sustaining the Doctrine." In Singh and Vekaric(1990).

Guttman, Allen (ed.). 1972. *Korea — Cold War and Limited War* (2nd ed.). Lexington: D. C. Heath.

Ha, Yong-Chool. 1986. "Soviet Perceptions of Soviet-North Korean Relations." *Asian Survey* 16(5).

Ha, Young-Sun. 1983. *Nuclear Proliferation, World Order and Korea.* Seoul: Seoul National University Press.

Haas, Ernst B. 1953. "The Balance of Power: Prescription, Concept, or Propaganda?" *World Politics* 5(4): 442-477.

Haas, Michael (ed.). 1989a. *Korean Reunification: Alternative Pathways.* New York: Praeger.

Haas, Michael. 1989b. "The Historical Approach to Korean Reunification." In Haas (1989a).

Halliday, Jon. 1987. "The Economies of North and South Korea." In Sullivan and Foss(1987).

Halliday, Jon and Cumings, Bruce. 1988. *Korea: The Unknown War.* London: Viking.

Hamel-Green, Michael. 1990. *The South Pacific Nuclear Free Zone Treaty: A Critical Assessment.* Canberra: Australian National University.

Han, Woo-Keun. 1980. *The History of Korea* (trans. by Kyung-Shik Lee, ed. by

Grafton K. Mintz). Honolulu: The University Press of Hawaii.

Hao, Jia and Qubing, Zhuang. 1992. "China's Policy toward the Korean Peninsula." *Asian Survey* 32(12): 1137-1156.

Hao, Yufan and Huan, Guocang (eds.). 1989. *The Chinese View of the World.* New York: Pantheon Books.

Harkavy, Robert E. 1991. "After the Gulf War: The Future of Israeli Nuclear Strategy." *The Washington Quarterly* 14(3): 161-179.

Harrison, Selig S. 1974. "One Korea." *Foreign Policy* 17: 35-62.

Harrison, Selig S. 1978. *The Widening Gulf: Asian Nationalism and American Policy.* New York: Free Press.

Harrison, Selig S. 1987. "Dateline South Korea: A Divided Seoul." *Foreign Policy* 67: 154-175.

Harrison, Selig S. 1991. "A Chance for Detente in Korea." *World Policy Journal* 8(4): 599-631.

Hatchett, Ronald. 1989. "Restructuring Air Forces for No-Provocative Defence." In Borg and Smit(1989).

Hayes, Peter. 1988. "American Nuclear Hegemony in Korea." *Journal of Peace Research* 25(4): 351-364.

Hayes, Peter. 1989. "Hall of Mirrors: American Nuclear Deterrence in Korea." In Center for Peace and Conflict Studies(1989).

Hayes, Peter. 1991. *Pacific Powderkeg: American Nuclear Dilemmas in Korea.* Lexington: Lexington Books.

Hayes, Peter. 1992a. "Moving Target - Korea's Nuclear Proliferation Potential." Working Paper No.1992/5, Dept. of International Relations, Australian National University.

Hayes, Peter. 1992b. "The Republic of Korea and the Nuclear Issue." Security and the Korean Peninsula in the 1990s 학술대회발표논문.(Canberra, 1992년 3월).

Hayes, Peter, Zarsky, Lyuba, and Bello, Walden. 1986. *American Lake: Nuclear Peril in the Pacific.* Penguin Books.

Held, David, Anderson, James, Bieben, Bram, Hall, Stuart, Harris, Laurence, Lewis, Paul, Parker, Noel, and Turok, Ben (eds.). 1983. *States and Societies.* Oxford: Martin Robertson.

Hellman, Sven. 1990. "The Risks of Accidental Nuclear War." *Bulletin of Peace*

Proposals 21(1): 99-103.

Hellmann, Donald C. 1992. "The United States and Asia in an Age of International Upheaval." *Current History* 91(Dec.): 401-406.

Henderson, Gregory. 1974. "Korea." In Gregory Henderson et al.(1974).

Henderson, Gregory. 1976. "Korea: Militarist or Unification Policies?" In Barnds (1976).

Henderson, Gregory, Lebow, Richard Ned, and Stoessinger, John G. (eds.). 1974a. *Divided Nations in a Divided World*. New York: David McKay.

Henderson, Gregory and Lebow, Richard Led. 1974b. "Conclusions." In Henderson et al.(1974a).

Herolf, Gunilla. 1988. "New Technology Favours Defense." *The Bulletin of the Atomic Scientists* 44(7): 42-44.

Herz, John H. 1950. "Idealist Internationalism and the Security Dilemma." *World Politics* 2(2): 157-180.

Hitchcock, Wilbur W. 1951. "North Korea Jumps the Gun." *Current History* 20(115): 136-144.

Hoag, Leonard C. 1970. "American Military Government in Korea: War Policy and the First Years of Occupation, 1941-1946." U.S. Office of Chief of Military History의 의뢰에 따라 준비한 초고.

Hoffman, H., Huber, R., and Steiger, K. 1984. "On Reactive Defense Options: A Comparative Systems Analysis of Alternatives for the Initial Defense against the First Strategic Echelon of the Warsaw Pact in Central Europe." Institut fur Angewandte Systemforschung und Operations Research, Hochschule der budeswehr Munchen, Berich Nr. S-8403, Nov. 1984.

Hogan, Michael J. (ed.). 1992. *The End of the Cold War: Its Meaning and Implications*. Cambridge: Cambridge University Press.

Holm, Hans-Henrick. 1986. "Star-Wars." *Journal of Peace Research* 23(1): 1-8.

Holmes, Robert L. 1989. *On War and Morality*. Princeton: Princeton University Press.

Hopmann, P. Terrence and Barnaby, Frank (eds.). 1988. *Rethinking the Nuclear Weapons Dilemma in Europe*. London: Macmillan.

Howe, Paul. 1991. "Neorealism Revisited: The Neorealist Landscape Surveyed through Nationalist Spectacles." *International Journal* 46(2): 326-351.

Howlett, Darryl and Simpson, John. 1992. "The NPT and the CTBT: Linkages,

Options and Opportunities." *Arms Control* 13(1): 85-107.

Hoyt, Edwin P. 1990. *The Day the Chinese Attacked: Korea, 1950 - The Story of the Failure of America's China Policy.* New York: McGraw-Hill.

Hunt, Michael H. 1992. "Beijing and the Korean Crisis, June 1950-June 1951." *Political Science Quarterly* 107(3): 453-478.

Hunter, Helen-Louise. 1983. "North Korea and the Myth of Equidistance." In Kwak, T. H.(1983).

Husain, Ross Masood. 1991. "Zones of Peace: The Indian Ocean as a Case Study." In United Nations Department for Disarmament Affairs(1991).

Hwang, In-Kwan. 1980. *The Neutralised Unification of Korea in Perspective.* Cambridge: Schenkman.

Hwang, In-Kwan. 1984. "DCRK (Democratic Confederal Republic of Koryo) versus Neutralization." *Korean Journal of International Studies* 15(4): 401-417.

Hwang, In-Kwan. 1987. *One Korea via Permanent Neutrality: Peaceful Management of Korean Unification.* Cambridge: Schenkman Books.

Hwang, In-Kwan. 1990. *The United States and Neutral Reunified Korea: Search for a New Basis of American Strategy.* Lanham: University Press of America.

Imber, Mark F. 1991. "Environmental Security: A Task for the UN System." *Review of International Studies* 17(2): 201-212.

Independent Commission on Disarmament and Security Issues, The (The Palme Commission). 1982. *Common Security: A Blue Print for Survival.* New York: Simon and Schuster.

Institute of Foreign Affairs and National Security (IFANS) (ed.). 1990. *Arms Control on the Korean Peninsula: What Lessons Can We Learn From European Experiences.* Seoul: IFANS.

International Institute for Strategic Studies, The (IISS). 1991. *The Military Balance 1989-1990.*

Intriligator, M and Brito, D. 1984. "Can Arms Races Lead to the Outbreak of War?" *Journal of Conflict Resolution* 28(1): 63-84.

Izumi, Hajime. 1991. "Japan: From Stability to Proaction." In Mazarr et al.(1991). *Jane's Defence Weekly.* 1993. Vol. 19, No. 9(Feb. 27, 1993).

Jennekens, J., Parsick, R., and von Baeckmann, A. 1992. "Strengthening the International Safeguard System." *IAEA Bulletin* 34(1): 6-10.

Jervis, Robert. 1968. "Hypotheses on Misperception." *World Politics* 20(3): 454-479.

Jervis, Robert. 1976. *Perception and Misperception in International Politics*. Princeton: Princeton University Press.

Jervis, Robert. 1978. "Cooperation under the Security Dilemma." *World Politics* 30(2): 167-214.

Jervis, Robert. 1979. "Deterrence Theory Revisited." *World Politics* 31(2): 289-324.

Jervis, Robert. 1984. *The Illogic of American Nuclear Strategy*. Ithaca: Cornell University Press.

Jervis, Robert. 1989. *The Meaning of the Nuclear Revolution: Statecraft and the Prospect of Armageddon*. Ithaca: Cornell University Press.

Jervis, Robert, Lebow, Richard Ned, and Stein, Janice Gross. 1985. *Psychology and Deterrence*. Baltimore: Johns Hopkins University Press.

Johansen, Robert C. 1983. "Toward an Alternative Security System: Moving beyond the Balance of Power in the Search for World Security." *Alternatives* 8(3): 293-349.

Johansen, Robert C. 1987. "Global Security without Nuclear Deterrence." *Alternatives* 12(4): 435-460.

Johansen, Robert C. 1991. "A Policy Framework for World Security." In Klare and Thomas(1991).

Johansen, Robert C. and Mendlovitz, Saul H. 1980. "The Role of Enforcement of Law in the Establishment of a New International Order: A Proposal for a Transnational Police Force." *Alternatives* 6(3): 307-337.

Johnson, A. Ross. 1973. "Yugoslavia's Total National Defence." *Survival* 15(2): 54-58.

Johnson, Stuart E. 1979. *The Military Equation in Northeast Asia*. Washington: the Brookings Institution.

Kahn, Herman. 1961. *On Thermonuclear War*. Princeton: Princeton University Press.

Kahn, Herman. 1962. *Thinking about the Unthinkable*. London: Weidenfeld and Nicholson.

Kahn, Herman. 1984. *Thinking about the Unthinkable in the 1980s*. New York: Simon and Schuster.

Kaku, Mchio and Axelrod, Daniel. 1987. *To Win a Nuclear War: The Pentagon's Secret War Plans*. London: Zed Books.

Kang, Young-Hoon and Yim, Yong-Soon (eds.). 1978. *Politics of Korean Reunification*.

Seoul: Research Center for Peace and Unification(RCPU).

Kapitsa, Mikhail S. 1992. "The Evolving Situation in Northeast Asia and the Korean Problem." *Korea and World Affairs* 16(3): 494-502.

Kaplan, Fred M. 1980. *The Dubious Specter: A Skeptical Look at the Soviet Nuclear Threat.* Washington: IPS.

Kaplan, Fred M. 1983. *The Wizards of Armageddon.* New York: Simon and Schuster.

Kaplan, Stephen S. (ed.). 1981. *Diplomacy of Power: Soviet Armed Forces as a Political Instrument.* Washington: The Brookings Institution.

Karp, Regina Cowen (ed.). 1992. *Security without Nuclear Weapons? Different Perspectives on Non-Nuclear Security.* Oxford: Oxford University Press.

Karp, Regina Cowen. 1992a. "The START Treaty and the Future of Strategic Nuclear Arms Control." In *SIPRI Yearbook.*

Kaufmann, William W. (ed.). 1956a. *Military Policy and National Security.* Port Washington: Kennikat Press.

Kaufmann, William W. 1956b. "The Requirements of Deterrence." In Kaufmann (1956a).

Kaysen, Carl, McNamara, Robert S, and Rathjens, George W. 1991. "Nuclear Weapons after the Cold War." *Foreign Affairs* 70(4): 95-110.

Kenny, Anthony. 1984. "Better Dead than Red." In Blake and Pole(1984).

Keohane, Robert O. (ed.) 1986a. *Neorealism and Its Critics.* New York: Columbia University Press.

Keohane, Robert O. 1986b. "Realism, Neorealism and World Politics." in Keohane (1986a).

Kihl, Young-Whan. 1984. *Politics and Policies in Divided Korea: Regimes in Contest.* Boulder: Westview Press.

Kihl, Young-Whan. 1986. "The Two Koreas: Security, Diplomacy, and Peace." In Kihl, Y. W. and Grinter(1986).

Kihl, Young-Whan and Grinter, Lawrence E. (eds.). 1986. *Asian-Pacific Security: Emerging Challenges and Responses.* Boulder: Lynne Rienner.

Kim, C. I. Eugene. 1984. "An Evaluation of Korean Reunification Formulas." In Kwak, T. H. et al.(1984).

Kim, C. I. Eugene and Mortimore, Dorothea E. (eds.). 1975. *Korea's Response to Japan: The Colonial Period 1910-1945.* Western Michigan University.

Kim, C. I. Eugene and Koh, Byung-Chul (eds.). 1983. *Journey to North Korea: Personal Perceptions.* Berkeley: University of California.

Kim, Hak-Joon. 1976. *The Unification Policy of South and North Korea: A Comparative Study.* Seoul: Seoul National University Press.

Kim, Hak-Joon. 1984. "The Tripartite Conference Proposal for Korean Settlement: Its Origin, Evolution and Prospects." In Kwak, T. H. et al.(1984).

Kim, Hak-Joon. 1989. "China's Non-Involvement in the Origins of the Korean War: A Critical Reassessment of the Traditionalist and Revisionist Literature." In Cotton and Neary(1989).

Kim, Hak-Joon. 1992. *Unification Policies of South and North Korea, 1945-1991: A Comparative Study* (3rd ed.). Seoul: Seoul National University Press.

Kim, Han-Kyo. 1973. "South Korean Policy Toward North Korea." In Kim, Y. C. (1973).

Kim, Hong-Nack. 1991a. "Japanese-North Korean Relations: Problems and Prospects." *Korea Observer* 22(Summer): 189-295.

Kim, Hong-Nack. 1991b. "The Two Koreas' Entry into the United Nations and the Applications for Inter-Korean Relations." *Korea and World Affairs* 15(3): 397-414.

Kim, Il-Pyong. 1975. *Communist Politics in North Korea.* New York: Praeger.

Kim, Il-Pyong 1992. "The Normalization of Chinese-South Korean Diplomatic Relations." *Korea and World Affairs* 16(3): 483-492.

Kim, Il Sung. 1975. *For the Independent Peaceful Reunification of Korea.* Pyongyang: International Publishers.

Kim, Il Sung. 1986. *For an Independent World.* Pyongyang: Foreign Language Publishing House.

Kim, James M. 1991. "Nuclear Exchange." *Far Eastern Economic Review*(Jan. 17, 1991).

Kim, Ki-Hoon. 1982. "The Development of Contemporary U.S.-ROK Economic Relations." In Kwak, Chay, Cho, and McCune(1982)

Kim, Samuel S. 1980. "United States Korean Policy and World Order." *Alternatives* 6(3): 419-452.

Kim, Seung-Hwan. 1988. "Prospects for Korean Security." In Gilbert(1988).

Kim, Young C. (ed.). 1973. *Major Powers and Korea.* Maryland: Research Institute on Korean Affairs.

Kim, Yu-Nam. 1982. "U.S.-Korean Security Interdependence: With Special Reference to Northeast Asia." In Kwak, T. H. et al.(1982).

Kim, Yung-Myung. 1987. "The Impact of South Korean Politics upon North Korea's Reunification Policies." *Korea and World Affairs* 11(2): 304-330.

Kissinger, Henry A. (ed.). 1965. *Problems of National Strategy.* New York.

Kittel, Gabriele, Makowitzki, Manfred, Nielebock, Thomas, and Ott, Ralf. 1991. "Nuclear Weapon-Free Zones: Re-evaluating a Political Concept of Peacemaking." *Bulletin of Peace Proposals* 22(2): 217-226.

Klare, Michael T. and Thomas, Daniel C. (eds.). 1991. *World Security: Trends and Challenges at Century's End.* New York: St. Marks Press.

Klintworth, Gary. 1991. "Arms Control and Great Power Interests in the Korean Peninsula." Working Paper No.231, the Strategic and Defence Studies Centre, Australian National University.

Koh, Byung-Chul. 1969. *The Foreign Policy of North Korea.* New York: Praeger.

Koh, Byung-Chul. 1971. "Dilemmas of Korean Reunification." *Asian Survey* 11(5): 475-495.

Koh, Byung-Chul. 1973. "Convergence and Conflict in the Two Koreas." *Current History*(November).

Koh, Byung-Chul. 1976. "The Battle Without Victors: The Korean Question in the 30th Session of the U.N. General Assembly." *Journal of Korean Affairs* 5(4): 43-63.

Koh, Byung-Chul. 1984a. *The Foreign Policy Systems of North and South Korea.* Berkeley: University California Press.

Koh, Byung-Chul. 1984b. "The Korean Impasse - The View from Pyongyang." In Kwak, T. H. et al.(1984b).

Koh, Byung-Chul. 1985. "Policy Toward Reunification." In Koo, Y. N. and Han, S. J.(1985).

Koh, Byung-Chul. 1990. "A Comparative Study of Unification Plans: The Korean National Community versus the Koryo Confederation." *Korea Observer* 21(4): 437-455.

Koh, Byung-Chul. 1991. "Pyongyang's Foreign Policy: Continuity and Change." *Korean Studies* 15(1): 1-14.

Koh, Byung-Chul. 1992. "The Inter-Korean Agreements of 1972 and 1992: A Comparative Assessment." *Korea and World Affairs* 16(3): 463-482.

Kolko, Joyce and Gabriel. 1972. *The Limits of Power: The World and the United States Foreign Policy, 1945-1954.* New York: Harper & Row.

Koo, Young-Nok and Han, Sung Joo Han (eds.). 1985. *The Foreign Policy of the Republic of Korea.* New York: Columbia University Press.

Korea and World Affairs. 1992. Vol. 16, No.1.

Krasner, Stephen. 1978. *Defending the National Interest.* Princeton: Princeton University Press.

Kurtz, Lester R. 1988. *The Nuclear Cage: A Sociology of the Arms Race.* Eaglewood Cliffs: Prentice Hall.

Kwak, Tae-Hwan (ed.). 1983a. *The Two Koreas in World Politics.* Seoul: Kyungnam University Press.

Kwak, Tae-Hwan. 1983b. "Problems of Korean Political Integration: A Micro-level Analysis." In Kwak, T. H.(1983a).

Kwak, Tae-Hwan. 1991. "Conditions for Korean Political Integration: A Creative Adjustment." *Asian Perspective* 15(1): 37-68.

Kwak, Tae-Hwan, Chay, John, Cho, Soon-Sung, and McCune, Shannon (eds.). 1982. *U.S.-Korean Relations, 1882-1982.* Seoul: Kyungnam University Press.

Kwak, Tae-Hwan, Kim, Chonghan, and Kim, Hong-Nak. 1984. *Korean Reunification: New Perspectives and Approaches.* Seoul: Kyungnam University Press.

Laurenti, Jefferey. 1990. "Conclusion: Reflections on a Nonoffensive Defense." In UNIDIR(1990).

Lawler, Peter. 1986. "Peace Research and International Relations: From Divergence to Convergence." *Millennium* 15(3): 367-390.

Lawler, Peter. 1990. "New Directions in Peace Research." In Emy and Linklater (1990).

Lebow, Richard Ned and Stein, Janice Gross. 1989. "Rational Deterrence Theory: I Think, Therefore I Deter." *World Politics* 41(2): 208-224.

Lee, Chae-Jin and Hideo Sato. 1982. *U.S. Policy Toward Japan and Korea.* New York: Praeger.

Lee, Chong-Sik. 1965. *The Politics of Korean Nationalism.* Berkeley: University of California Press.

Lee, Chung-Min. 1991. "The Future of Arms Control in the Korean Peninsula." *The Washington Quarterly* 14(Summer): 181-197.

Lee, Ki-Baik. 1984. *A New History of Korea* (trans. by Edward W. Wagner with Edward J. Shultz). Cambridge: Harvard University Press.

Lee, Man-Woo. 1983. "How North Korea Sees Itself." In Kim, C. I. E. and Koh, B. C.(1983).

Lee, Man-Woo. 1984. "Korean Reconciliation: Combining Two Track Diplomacy." In Kwak, T. H. et al.(1984).

Lee, Min-Yong. 1990. "The Feasibility of the Arms Control Discussion in the Korean Peninsula." *Korea Observer* 21(Spring): 107-133.

Leitenberg, Milton. 1981. "Presidential Directive (P.D.) 59: United States Nuclear Weapons Targetting Policy." *Journal of Peace Research* 18(4): 309-317.

Lellouche, Pierre. 1982. "The Dilemmas of Non-Proliferation Policy: the Supplier Countries." In Carlton and Schaerf(1982).

Leventhal, Paul L. 1992. "Plugging the Leaks in Nuclear Export Controls: Why Bother?" *Orbis* 36(2): 167-180.

Levy, Jack S. 1984. "The Offensive/Defensive Balance of Military Technology: A Theoretical and Historical Analysis." *International Studies Quarterly* 28(2): 219-238.

Lewis, D. S. (ed.). 1988. *Korea: Enduring Division? A Keesing's Special Report.* Essex: Longman.

Lewis, George and Postol, Theodore. 1991. "SLCMs - Ignored, then Stored." *The Bulletin of the Atomic Scientists* 47(9): 26-28.

Lifton, Robert Jay and Falk, Richard A. 1984. "Obtain the Possible: Demand the Impossible." In Weston(1984).

Linklater, Andrew. 1990. *Beyond Realism and Marxism: Critical Theory and International Relations.* London: Macmillan.

Liou, To-Hai. 1991. "Sino-South Korean Relations since 1983: Toward Normalization?" *The Journal of East Asian Affairs* 5(1): 49-78.

Lipschutz, R. D. and Holdren, J. P. 1990. "Crossing Borders: Resource Flows, the Global Environment, and International Security." *Bulletin of Peace Proposals* 21(2): 121-133.

Little, Richard and Smith, Richard (eds.). 1991. *Perspectives on World Politics* (2nd ed.). London: Routledge.

Lodgaard, Svere. 1983. "Nuclear Disengagement in Europe: Problems of Nuclear Weapon-Free Zones." *Bulletin of Peace Proposals* 14(3): 209-217.

Lodgaard, Sverre. 1985. "Approaches to Nuclear Arms Restraint Between Arms Control and Disarmament." *Bulletin of Peace Proposals* 16(4): 335-348.

Luckham, Robin. 1984. "Myths and Realities of Security." In Weston(1984).

Luckham, Robin. 1990. "American Militarism and the Third World: The End of the Cold War?" Working Paper No. 94, Peace Research Centre, Australian National University.

Luttwak, Edward. 1980. "The Problems of Extending Deterrence." Adelphi Paper No. 160.

Lynch, T. F. III. 1990. "The Military and Alternative Security: New 'Missions' for Stable Conventional Security." In Weston(1990).

Lynn-Jones, Sean M. (ed.) 1991. *The Cold War and After: Prospects for Peace.* Cambridge: The MIT Press.

Macdonald, Callum. 1991. "So Terrible a Liberation: The UN Occupation of North Korea." *Bulletin of Concerned Asian Scholars* 23(2): 3-19.

Macdonald, Donald Stone. 1988. *The Koreans — Contemporary Politics and Society.* Boulder: Westview Press.

Macdonald, Donald Stone. 1992. *U.S.-Korean Relations from Liberation to Self-Reliance: The Twenty-Year Record.* Boulder: Westview Press.

Mack, Andrew. 1983. *Peace Research in the 1980s.* Canberra: Australian National University.

Mack, Andrew. 1986. "Defence versus Offence: The Dibb Report and Its Critics." Working Paper No. 14, Peace Research Centre, Australian National University.

Mack, Andrew. 1989. "Alternative Defence Concepts: The European Debate." Working Paper No. 68, Peace Research Centre, Australian National University.

Mack, Andrew. 1990. "Is Pyongyang the Next Proliferator?" *Pacific Research* 3(1): 6-7.

Mack, Andrew. 1991. "North Korea and the Bomb." *Foreign Policy* No. 83.

Mack, Andrew. 1992a. "The Case for a Nuclear Weapon-Free Zone in Northeast Asia." Working Paper No. 1992/8, Dept. of International Relations, Australia National University.

Mack, Andrew. 1992b. "Nuclear Dilemmas: Korean Security in the 1990s." Working Paper No.1992/9, Dept. of International Relations, Australian National University.

MacKenzie, Donald. 1984. "Nuclear War Planning and Strategies of Nuclear Coercion." *New Left Review* (Dec.): 31-56.

Maclean, Douglas (ed.). 1984. *The Security Gamble: Deterrence Dilemmas in the Nuclear Age.* Totowa: Rowman & Allanheld.

Mandelbaum, Michael. 1981. *The Nuclear Revolution: International Politics before and after Hiroshima.* Cambridge University Press.

Mares, Peter et al. 1992. "What Happened to the New World Order?" *24 Hours* (Feb. 1992): 1-39.

Marsh, Barbara. 1986. "The Probability of Accidental Nuclear War." *Peace Research Reviews* 10(4): 5-24.

Martin, Laurence. 1991. "Dismantling Deterrence?" *Review of International Studies* 17(3): 215-224.

Mathews, Jessica Tuchman. 1989. "Redefining Security." *Foreign Affairs* 68(2): 162-177.

Matray, James Irving. 1983. "Korea: Test Case of Containment in Asia." In Cumings (1983a).

Matray, James Irving. 1985. *The Reluctant Crusade: American Foreign Policy in Korea, 1941-1950.* Honolulu: University of Hawaii Press.

Maynes, Charles William. 1991. "Time for a Thaw?" *The Nation.*(Sept. 9, 1991, 264-267).

Mazarr, Michael J. 1992a. "Military Targets for a Minimum Deterrent: After the Cold War How Much is Enough?" *The Journal of Strategic Studies* 15(2): 147-171.

Mazarr, Michael J. 1992b. "Nuclear Weapons after the Cold War." *The Washington Quarterly* 15(3): 185-201.

Mazarr, Michael J., Blodgett, John Q., Cha, Young-Koo, and Taylor Jr., William J, (eds.). 1991. *Korea 1991: The Road to Peace.* Boulder: Westview Press.

McAdams, A. James. 1989. "Inter-German Relations." In Smith et al.(1989).

McCardle, A. W. and Boenau, A. B. (eds.). 1984. *East Germany: A New German Nation Under Socialism?* New York: University Press of America.

MccGwire, Michael. 1986a. "Deterrence: the Problem — Not the Solution." *Inter-*

national Affairs 62(1): 55-70.

MccGwire, Michael. 1986b. "The Insidious Dogma of Deterrence." *The Bulletin of the Atomic Scientists* (December): 24-29.

MccGwire, Michael. 1991. *Perestroika and Soviet National Security*. Washington: The Brookings Institution.

McCormack, Gavan. 1982. "The Reunification of Korea: Problems and Prospects." *Pacific Affairs* 55(1): 5-31.

McCormack, Gavan. 1983. *Cold War Hot War: An Australian Perspective on the Korean War*. Sydney: Hale & Iremonger.

McCormack, Gavan and Selden, Mark (eds.). 1978. *Korea: North and South: The Deepening Crisis*. New York: Monthly Review Press.

McCune, George M. 1965. *Korea Today*. Cambridge: Harvard University Press.

McLane, Charles B. 1973. "Korea in Russia's East Asian Policy." in Kim, Y. C. (1973).

McLellan, David. 1986. *Ideology*. Milton Keynes: Open University Press.

McNamara, Robert S. 1983. "The Military Role of Nuclear Weapons: Perceptions and Misperceptions." *Foreign Affairs* 62(1): 59-80.

Mendlovitz, Saul H. 1989. "Struggles for a Just World Peace: A Transition Strategy." *Alternative* 14(3): 363-369.

Mendlovitz, Saul H. and Weiss, Thomas G. 1973. "Toward Consensus: The World Order Models Project of the Institute for World Order." In Clark et al.(1973).

Merrile, John. 1989. *Korea: The Peninsula Origins of the War*. Newark: University of Delaware Press.

Meyer, Peggy Falkenheim. 1992. "Gorbachev and Post-Gorbachev Policy toward the Korean Peninsula: The Impact of Changing Russian Perceptions." *Asian Survey* 32(8): 757-772.

Milburn, Thomas W. 1959. "What Constitutes Effective Deterrence?" *Journal of Conflict Resolution* 3(2): 138-145.

Millar, T. B. 1992. "A New World Order?" *The World Today* 48: 7-9.

Miller, David (ed.). 1987. *The Blackwell Encyclopaedia of Political Thought*. Oxford: Basil Blackwell.

Miller, Steven E. 1991. "Is Arms Control a Path to Peace?" In Thompson and Jensen (1991).

Milliband, Ralph and Panitch, Leo (eds.). 1992. *Socialist Register 1992 — New World Order?* London: The Merlin Press.

Milner, Helen. 1991. "The Assumption of Anarchy in International Relations Theory: A Critique." *Review of International Studies* 17(1): 67-85.

Ministry of Energy & Resources and Korea Electronic Corporation of the Republic of Korea (eds.). 1992. *A White Paper of Nuclear Power.* Seoul.

Mische, Patricia M. 1992. "Security through Defending the Environment: Citizens Say Yes!" In Boulding(1992).

Mitchell, C. R. 1981. *The Structure of International Conflict.* London: Macmillan.

Moller, Bjorn. 1987a. "The Need for an Alternative NATO Strategy." *Journal of Peace Research* 24(1): 61-74.

Moller, Bjorn. 1987b. "A Non-Offensive Maritime Strategy for the Nordic Area: Some Preliminary Ideas." Working Paper No. 3/1987, Copenhagen: Centre for Peace and Conflict Research.

Moller, Bjorn. 1988. "No-First Use of Nuclear Weapons and Non-Offensive Defence." In Alger and Stohl(1988).

Moller, Bjorn. 1989a. "Restructuring the Naval Forces towards Non-Offensive Defence." in ter Borg and Smit(1989).

Moller, Bjorn. 1989b. "Air Power and Non-Offensive Defence: A Preliminary Analysis." Working Paper No. 2/1989, Copenhagen: Centre for Peace and Conflict Research.

Moller, Bjorn. 1990. "Non-Offensive Defence, the Armaments Dynamics, Arms Control, and Disarmament." In Auffermann(1990).

Moller, Bjorn. 1991a. "Civilian-Based and Non-Offensive Defence." Working Paper No. 3/1991, Copenhagen, Centre for Peace and Conflict Resolution.

Moller, Bjorn. 1991b. *Resolving the Security Dilemma in Europe: The German Debate on Non-Offensive Defence.* London: Brassey's.

Moller, Bjorn. 1992. *Common Security and Nonoffensive Defence: A Neorealist Perspective.* Boulder: Lynne Reinner.

Morgan, Patrick M. 1977. *Deterrence: A Conceptual Analysis.* London: SAGE.

Morgan, Patrick M. 1987. "American Extended Deterrence in Northeast Asia." *Korean Journal of International Studies* 18(4): 439-474.

Morgenthau, Hans J. 1952. "Another 'Great Debate': The National Interest of the

United States." *American Political Science Review* 46(December): 961-988.

Morgenthau, Hans J. 1973. *Politics among Nations: The Struggle for Power and Peace* (5th ed.) New York: Alfred Knopf.

Morrison, David C. 1984. "Lost in Space: Satellites and Accidental Nuclear War." *Peace Research Reviews* 9(5): 121-132.

Mueller, John. 1991. "The Essential Irrelevance of Nuclear Weapons: Stability in the Postwar World." in Lynn-Jones(1991).

Muller, Harald. 1992. "The Nuclear Non-Proliferation Regime beyond the Persian Gulf War and the Dissolution of the Soviet Union." In *SIPRI Yearbook.*

Multan, Wojciech. 1985. "The Past and Future of Nuclear-Weapons-Free-Zones." *Bulletin of Peace Proposals* 16(4): 375-385.

Myers, Ramon H. (ed.). 1982. *A U.S. Foreign Policy for Asia: The 1980s and Beyond.* Stanford: Hoover Institution Press.

Myrdal, Alva. 1982. *The Game of Disarmament.* New York: Pantheon Books.

Nahm, Andrew C. (ed.). 1973. *Korea under Japanese Colonial Rule: Studies of the Policy and Techniques of Japanese Colonialism.* Western Michigan University.

Naidu, M. V. 1985. "Peace Research: Its Nature and Scope." *Peace Research* 17(2): 11-19.

Nakarada, Radmila and Oberg, Jan (eds.). 1989. *Surviving Together: The Olof Palme Lectures on Common Security.* Hampshire: Dartmouth.

Nam, Joo-Hong. 1986. *America's Commitment to South Korea: The First Decade of the Nixon Doctrine.* Cambridge University Press.

Nam, Joo-Hong. 1987. "U.S. Forces in Korea: Their Role and Strategy." *Korea and World Affairs* 11(2): 268-285.

National Unification Board (ed.). 1988. *A Comparative Study of South and North Korea.* Seoul: National Unification Board.

National Unification Board (ed.). 1989. *To Build a National Community through the Korean Commonwealth: A Blueprint for Korean Unification.* Seoul: National Unification Board.

National Unification Board (ed.). 1990. *A Comparison of Unification Policies of South and North Korea.* Seoul: National Unification Board.

Natvig, Bent. 1989. "Nuclear Disarmament and Accidental Nuclear War." *Bulletin of Peace Proposal* 20(2): 219-223.

Neild, Robert. 1992. "After Arms Control." *Bulletin of Peace Proposals* 23(1): 23-28.

Newcombe, Hanna. 1982. "Alternative International Security Systems" (Part I). *Peace Research* 14(2): 13-20.

Newcombe, Hanna. 1983a. "Alternative International Security Systems" (Part II). *Peace Research* 15(1): 1-8.

Newcombe, Hanna. 1983b. "Alternative International Security Systems" (Part III). *Peace Research* 15(2): 13-27.

Newcombe, Hanna. 1984. "Survey of Non-Official Peace and Disarmament Proposals." *Peace Research Reviews* 10(1): 49-76.

Newcombe, Hanna. 1986. "Collective Security, Common Security, and Alternative Security: A Conceptual Comparison." *Peace Research* 18(3): 1-8, 95-99.

Newcombe, Hanna. 1990. "Reform of the U.N. Security Council." *Peace Research Reviews* 11(5): 94-96.

Nitze, Paul H. 1992. "Keep Nuclear Insurance." *The Bulletin of the Atomic Scientists* 48(4): 34-36.

Nix, Crystal. 1986. "Pressure Points: The Struggle for Human Rights in South Korea." *Korea Scope* 6(1): 1-20.

Nye, Joseph S. Jr. 1985. "NPT: The Logic of Inequality." *Foreign Policy* 59: 123-131.

Nye, Robert D. 1973. *Conflict among Humans.* New York: Springer.

Oberg, Jan (ed.). 1992. *Nordic Security in the 1990s: Options in the Changing Europe.* London: Pinter Publishers.

Okazaki, Hisahiko. 1986. *A Grand Strategy for Japanese Defense.* New York: University Press of America.

Oliver, Robert T. 1955. *The Man Behind the Myth.* New York: Dodd Mead.

Olsen, Edward A. 1985. "Japan and Korea." In Ozaki and Arnold(1985).

Olsen, Edward A. 1986. "The Arms Race on the Korean Peninsula." *Asian Survey* 26(8): 851-867.

Osgood, Charles E. 1962. *An Alternative to War or Surrender.* Urbana: University of Illinois Press.

Osgood, R. E. 1962. *NATO: The Entangling Alliance.* Chicago University Press.

Ozaki, Robert S. and Arnold, Walter (eds.). 1985. *Japan's Foreign Relations: A Global Search for Economic Security.* Boulder: Westview Press.

Ozinga, James R. 1989. *The Rapacki Plan: The 1957 Proposal to Denuclearize*

      Central Europe, and an Analysis of Its Rejection. McFarland: Jefferson. *Pacific Research*. 1993. Vol. 6, No. 2. 1993.

Paige, Glenn D. 1968. *The Korean Decision: June 24-30, 1950*. New York: The Free Press.

Paige, Glenn D. 1977. "On Values and Science: The Korean Decision Reconsidered." *American Political Science Review* 71(4): 1603-1609.

Paige, Glenn D. 1981. "Nonviolent Politics for Disarmament." *Alternatives* 6(2): 287-305.

Paige, Glenn D. 1989. "The Nonviolence Approach to Korean Reunification." In Haas (1989).

Park, Jae-Kyu. 1984. "North Korea's Democratic Confederal Republic of Koryo: A Critique." In Kwak, T. H. et al.(1984).

Park, Jae-Kyu. 1985. "Korea and the Third World." In Koo Y. N. and Han, S. J. Han (1985).

Peace Research Institute, The (PRI). 1982. "Alternative Approaches to a Denuclearised Future." *Peace Research Review* 9(2): 1-7.

Peace Research Institute, The (PRI). 1984. "Summary." *Peace Research Reviews* 9(4).

Peace Research Institute, The (PRI). 1984a. "Decreasing Time for Decision Making." *Peace Research Reviews* 9(4): 24-42.

Peace Research Institute, The (PRI). 1984b. "Accidents Involving Information." *Peace Research Reviews* 9(4): 43-44, 52-54.

Peace Research Institute, The (PRI). 1984c. "Accidents Involving Weapons." *Peace Research Reviews* 9(5): 83-90.

Peace Research Institute, The (PRI). 1984d. "The U.S. Strategic Warning System and Its Problems." *Peace Research Reviews* 9(5): 159-177.

Perkovich, George. 1991. "Counting the Costs of the Arms Race." *Foreign Policy* 85(83-105).

Petrovsky, Vladimir. 1990. "Towards Comprehensive Security through the Enhancement of the Role of the United Nations." *Alternatives* 15(2): 241-245.

Pettman, Ralph. *International Politics*. Melbourne: Longman Cheshire.

Pitt, David and Thompson, Gordon (eds.). 1987. *Nuclear-Free Zones*. London: Croom Helm.

Plunk, Daryl M. 1991. "Recent Changes on the Korean Peninsula and US Policy towards Pyongyang." *The Journal of East Asian Affairs* 5(1): 1-23.

Polomka, Peter. 1986. "The Two Korea: Catalyst for Conflict in East Asia?" Adelphi Paper No.208.

Poneman, Daniel. 1981. "Nuclear Policies in Developing Countries." *International Affairs* 57(4): 568-584.

Porro, Jeffrey D. 1982. "The Policy War: Brodie vs. Kahn." The *Bulletin of the Atomic Scientists* 38(6): 16-19.

Posen, Barry R. 1991. *Inadvertent Escalation: Conventional War and Nuclear Risks.* Ithaca: Cornell University Press.

Potter, William C. 1992. "The New Nuclear Suppliers." *Orbis* 36(2): 199-210.

Power, Paul F. 1986. "The South Pacific Nuclear-Weapon-Free Zone." *Pacific Affairs* 59(3): 455-475.

Prandler, Arpad. 1991. "The Fourth Review Conference of the Non-Proliferation Treaty." *Disarmament* 14(1): 125-154.

Prins, Gwyn (ed.). 1983. *Defended to Death.* Penguin Book.

Quester, George H. 1986. *The Future of Nuclear Deterrence.* Lexington: Lexington Books.

Quester, George H. 1992. "The Future of Nuclear Deterrence." *Survival* 34(1): 74-88.

Raff, Diether. 1988. *A History of Germany: From the Medieval to the Present.* New York: Berg.

Raffel, James and D'agostino, Brian. 1991. "Time for an Old Blueprint." *The Bulletin of the Atomic Scientists* 47(9): 31-33.

Range, Willard. 1959. *Franklin Delano Roosevelt's World Order.* Athens, University of Georgia Press.

Rapoport, Anatol. 1992. *Peace: An Agenda Whose Time Has Come.* The University of Michigan Press.

Redick, John R. 1975. "Regional Nuclear Arms Control in Latin America." *International Organization* 29(2): 415-445.

Redick, John R. 1981. "The Tlatelolco Regime and Nonproliferation in Latin America." *International Organization* 35(10): 103-134.

Rees, David. 1964. *Korea: The Limited War.* London: Macmillan.

Rees, David. 1989. "The Korean War and the Japanese Security Treaty." In Cotton and Neary(1989).

Research Center for Peace and Unification (RCPU). 1976, 1979, 1986. *Korean Unification: Source Materials with An Introduction*, Vols. I, II, III. Seoul: RCPU.

Research Institute of Peace Policies in Asia-Pacific (이성렬 역) 1989. 『조선통일론』. 서울: 세계.

Rhee, Sang-Woo. 1978. "North Korea's Unification Strategy: Review of Military Strategies." In Kang, Y. H. and Yim, Y. S.(1978).

Rhee, Sang-Woo. 1986. "Chuch'e Ideology as North Korea's Foreign Policy Guide." In Scalapino and Lee, H. K.(1986)

Rieman, Arthur M. 1989. "Creating a Nuclear Free Zone Treaty That is True to Its Name: The Nuclear Free Zone Concept and a Model Treaty." *Denver Journal of International Law and Policy* 18(1): 209-278.

Rioux, Jean-Francois. 1992. "Supply-Side Controls on Nuclear Proliferation." *Orbis* 36(2): 163-165.

Risse-Kappen, Thomas. 1991. "Did 'Peace through Strength' End the Cold War?" *International Security* 16(1): 162-188.

Roberts, Adam (ed.). 1967. *The Strategy of Civilian Defense: Non-Violent Resistance to Aggression*. London: Faber and Faber.

Roberts, Adam. 1986. *Nations in Arms: The Theory and Practice of Territorial Defense* (2nd ed.). London: Macmillan.

Robock, Alan. 1989. "New Models Confirm Nuclear Winter." *The Bulletin of the Atomic Scientists* 45(7): 32-35.

Rosenberg, David Alan. 1983. "The Origins of Overkill: Nuclear Weapons and American Strategy, 1945-1960." *International Security* 7(4): 3-71.

Rosenberg, David Alan. 1987. "US Nuclear Strategy: Theory vs Practice." *The Bulletin of the Atomic Scientists* 43(2): 20-26.

Rostow, W. W. 1954. *The Prospects for Communist China*. Massachusetts Institute of Technology.

Rotblat, J. and Goldanskii, V. I. (eds.). 1989. *Global Problems and Common Security: Annals of Pugwash 1988*. New York: Springer-Verlag.

Royal Institute of International Affairs. 1953. 1961. *Documents on International Relations*. London.

Runciman, Alan. 1989. "Deterrence as Fact." In Centre for Peace and Conflict Studies

(1989).

Rundle, Guy. 1991. "A New World Order?" *Arena* 95: 2-8.

Russet, Bruce. 1983. *The Prisoners of Insecurity: Nuclear Deterrence, the Arms Race, and Arms Control.* San Francisco: W. H. Freeman and Company.

Ryan, Mark A. 1989. *Chinese Attitudes toward Nuclear Weapons: China and the United States during the Korean War.* Armonk: M. E. Sharpe.

Ryotovuori, Helena. 1990. "Peace Research as 'international' — in What Sense?" *Journal of Peace Research* 27(3): 273-289.

Safty, Adel. 1991. "The War against Iraq: New World Order or the Same Old Order?" *Peace Research* 23(2&3): 17-23.

Sagan, Carl. 1983/4. "Nuclear War and Climate Catastrophe: Some Policy Implications." *Foreign Affairs* 62(2): 257-292.

Sagan, Carl and Turco, Richard. 1990. *A Path Where No Man Thought: Nuclear Winter and the End of the Arms Race.* New York: Random House.

Sakamoto, Yoshikazu (ed.). 1988. *Asia: Militarisation and Regional Conflict.* Tokyo: The United Nations University.

Sakamoto, Yoshikazu. 1992. "Korea and Regional Peace." The Conditions for Peace in the Korean Peninsula 학술대회발표논문(Seoul, March 1992).

Saperstein, Alvin M. 1987. "An Enhanced Non-Provocative Defense in Europe: Attrition of Aggressive Armoured Forces by Local Militias." *Journal of Peace Research* 24(1): 47-60.

Saperstein, Alvin M. 1988. "Provoking a Discussion on Non-Provocative Defense." *Journal of Peace Research* 25(1): 91-93.

Scalapino, Robert A. 1976a. "The American Occupation of Japan - Perspective After Three Decades." *Annals of the American Academy of Political and Social Science* 428: 104-113.

Scalapino, Robert A. 1976b. "The Two Koreas - Dialogue or Conflict?" In Barnds (1976).

Scalapino, Robert A. and Lee, Chong-Sik. 1972. *Communism in Korea* (Part I: The Movement, and Part II The Society). Berkeley: University of California Press.

Scalapino, Robert A. and Kim, Jun-Yup (eds.). 1983. *North Korea Today: Strategic and Domestic Issues.* Berkeley: University of California.

Scalapino, Robert A. and Lee, Hong-Koo (eds.). 1986. *North Korea in a Regional and Global Context*. Berkeley: University of California.

Schachter, Oscar. 1991. "The Role of International Law in Maintaining Peace." In Thompson and Jensen(1991).

Schaller, Michael. 1985. *The American Occupation of Japan - The Origins of the Cold War in Asia*. Oxford: Oxford University Press.

Schecter, Jerrold L. (trans. and ed.). 1990. *Khrushchev Remembers: The Glasnost Tapes*. Boston: Little.

Schell, Jonathan. 1982. *The Fate of Earth*. London: Picador.

Schell, Jonathan. 1984. *The Abolition*. New York: Alfred A. Knopf.

Schelling, Thomas C. 1963. *The Strategy of Conflict*. New York: A Galaxy Book.

Schelling, Thomas C. 1966. *Arms and Influence*. New Haven: Yale University Press.

Schelling, Thomas C. and Halperin, Morton H. 1985. *Strategy and Arms Control*. Sydney: Pergamon.

Schmahling, Elmar (ed.). 1990. *Life beyond the Bomb: Global Stability without Nuclear Deterrence*. New York: Berg.

Secretariat for the President, The. 1983. *The 1980s, Meeting A New Challenge: Selected Speeches of President Chun Doo Hwan*, Vol. II. Seoul.

Segal, Gerald (ed.). 1987. *Arms Control in Asia*. London: Macmillan.

Segal, Gerald. 1991. "A New Order in Northeast Asia." *Arms Control Today*. 21(Sept): 14-19.

Segal, Gerald, Moreton, E., Freedman, L., and Baylis, J. 1983. *Nuclear War and Nuclear Peace*. London: Macmillan.

Shambaugh, David. 1992. "China's Security Policy in the Post-Cold War Era." *Survival* 34(2): 88-106.

Sharp, Gene. 1973. *The Politics of Nonviolent Action*. Boston: Porter Sargent.

Sharp, Gene. 1985. *Making Europe Unconquerable*. London: Taylor & Francis.

Sharp, Gene. 1990. *Civilian-Based Defence: A Post-Military Weapons System*. Princeton: Princeton University Press.

Sharp, Jane M. O. 1991. "Disarmament and Arms Control: A New Beginning?" In Booth(1991).

Sheehan, Michael. 1983. *The Arms Race*. Oxford: Martin Robertson.

Sheehan, Michael. 1988. *Arms Control: Theory and Practice*. Oxford: Basil Blackwell.

Shinn, Rinn-Sup. 1973. "Foreign and Reunification Policies." *Problems of Communism* 22(1): 55-71.

Simmons, Robert R. 1974. "The Korean Civil War." In Baldwin(1974).

Simmons, Robert R. 1975. *The Strained Alliance: Peking, Pyongyang, Moscow, and the Politics of the Korean Civil War.* New York: Free Press.

Simpson, John. 1991. "NPT Stronger after Iraq." *The Bulletin of the Atomic Scientists* 47(8): 12-13.

Singh, Jasjit and Vekaric, Vatroslav (eds.). 1990. *Non-Provocative Defence: The Search for Equal Security.* London: Tri-Service Press.

Slocombe, Walter B. 1991. "The Continued Need for Extended Deterrence." *The Washington Quarterly* 14(Autumn): 157-172.

Sloss, Leon. 1991. "U.S. Strategic Forces After the Cold War: Policies and Strategies." *The Washington Quarterly* 14(Autumn): 145-155.

Smith, Gordon, Paterson, William E., and Merkl, Peter H. (eds.). 1989. *Developments in West German Politics.* London: Macmillan.

Smith, Michael Joseph. 1986. *Realist Thought from Weber to Kissinger.* Baton Rouge: Louisiana State University Press.

Smithson, Amy E. 1992. "Chemical Weapons: The End of the Beginning." *The Bulletin of the Atomic Scientists* 48(3): 36-40.

Sneider, Richard L. 1980. "Prospects for Korean Security." In Solomon(1980).

Snyder, Glenn H. 1960. "Deterrence and Power. *Journal of Conflict Resolution* 4(2): 163-178.

Snyder, Glenn H. 1961. *Deterrence and Defense.* Princeton: Princeton University Press.

Solomon, Richard and Kosaka, Masataka (eds.). 1986. *The Soviet Far East Military Buildup.* Dover: Auburn House.

Solomon, Richard H. (ed.). 1980. *Asian Security in the 1980s: Problems and Policies for a Time of Transition.* Cambridge: Gunn & Hain.

Song, Young-Sun. 1991. "The Korean Nuclear Issue." Working Paper No.1991/10, Dept. of International Relations, Australian National University.

Sorensen, Georg. 1988. "Peace and Security: Concepts and Strategies." In Alger and Stohl(1988).

Spector, Leonard S. 1984. *Nuclear Proliferation Today.* New York: Vintage Books.

Spector, Leonard S. 1985. "Silent Spread." *Foreign Policy* 58: 53-78.

Spector, Leonard S. 1987. *Going Nuclear*. Cambridge: Ballinger.

Spector, Leonard S. 1988. *The Undeclared Bomb*. Cambridge: Ballinger.

Spector, Leonard S. 1990. *Nuclear Ambitions: The Spread of Nuclear Weapons 1989-1990*. Boulder: Westview Press.

Spector, Leonard S. 1992a. "Repentant Nuclear Proliferation." *Foreign Policy* 88: 21-37.

Spector, Leonard S. 1992b. "Nuclear Proliferation in the Middle East." *Orbis* 36(2): 181-198.

Spector, Leonard S. and Smith, Jacqueline R. 1991. "North Korea: The Next Nuclear Nightmare?" *Arms Control Today* 21(March): 8-13.

Spiegel, Steven L. and Waltz, Kenneth N. (eds.). 1971. *Conflict in World Politics*. Cambridge: Winthrop.

Steele, David. 1987. *The Reform of the United Nations*. London: Croom Helm.

Steinbruner, John et al. 1991. "Reflections on the New World Order." *The Bulletin of the Atomic Scientists* 47(5): 19-37.

Stephenson, Carolyn (ed.). 1982a. *Alternative Methods for International Security*. Washington: University Press of America.

Stephenson, Carolyn. 1982b. "A Review of the Literature." In Stephenson(1982).

Stephenson, Carolyn. 1988. "The Need for Alternative Forms of Security: Crises and Opportunities." *Alternatives* 13(1): 55-76.

Stockholm Initiative on Global Security and Governance, The. 1991. *Common Responsibility in the 1990s*. Stockholm: Prime Minister's Office.

Stockholm International Peace Research Institute, The (SIPRI) (ed.). 1974. *Nuclear Proliferation Problems*. London: The MIT Press.

Stockholm International Peace Research Institute, The (SIPRI) (ed.). 1985. *Policies for Common Security*. London: Taylor & Francis.

Stockholm International Peace Research Institute, The (SIPRI) (ed.). *SIPRI Yearbook*.

Stockholm International Peace Research Institute, The (SIPRI). 1983. "Appendix 13E: Agreement between the United States of America and the Union of Soviet Socialist Republics on the Establishment of Nuclear Risk Reduction Centres." In *SIPRI Yearbook 1988*.

Stone, I. F. 1969. *The Hidden History of the Korean War*. New York: Monthly Review Press.

Suh, Dae-Sook. 1967. *The Korean Communist Movement, 1918-1948.* Princeton: Princeton University Press.

Sukumoto, Yoshikazu (ed.). 1988. *Asia: Militarization and Regional Conflict.* Tokyo: The United Nations University.

Sullivan, John and Foss, Roberta (eds.). 1987. *Two Koreas - One Future?* Lanham: University Press of America.

Tanter, Richard. 1988. "Nuclear-Free Zones as a Demilitarization Strategy." In Sakamoto(1988).

Taylor, Theodore. 1989. "Roles of Technological Innovation in the Arms Race." In Rotblat and Goldanskii(1989).

Teller, Edward and Sagan, Carl. 1985. "Pro and Con." *Discover* (Sept.): 66-74.

ter Borg, Malies and Smit, Wim A. (eds.). 1989. *Non-Provocative Defence as a Principle of Arms Reduction And Its Implications for Assessing Defence Technologies.* Amsterdam: Free University Press.

Thee, Marek (ed.). 1982. *Armaments, Arms Control and Disarmament.* Paris: UNESCO.

Thee, Marek. 1990. "Science-Based Military Technology as a Driving Force behind the Arms Race." in Gleditsch and Njolstad(1990).

Thompson, Scott and Jensen, Kenneth M. (eds.). 1991. *Approaches to Peace: An Intellectual Map.* Washington: United States Institute of Peace.

Thorne, Leslie. 1992. "IAEA Nuclear Inspections in Iraq." *IAEA Bulletin* 34(1): 16-24.

Tow, William T. 1992. "Northeast Asia and International Security: Transforming Competition to Collaboration." *Australian Journal of International Affairs* 46(1): 1-28.

Trachtenberg, Marc. 1991. *History and Strategy.* Princeton: Princeton University Press.

Tromp, Hylke W. 1990. "Nonoffensive Defense, Conventional Stability, and the Military Balance." In Schmahling(1990).

Tunander, Ola. 1989. "The Logic of Deterrence." *Journal of Peace Research* 26(4): 353-365.

Turco, R. P., Toon, O. B., Ackerman, T. P., Pollack, J. B., and Sagan, Carl. 1990. "Climate and Smoke: An Appraisal of Nuclear Winter." *Science* 247(12, Jan.): 166-176.

Turco, R. P., Toon, O. B. Ackerman, T. P., Pollack, J. B., and Sagan, Carl. 1983. "Nuclear Winter: Global Atmospheric Consequences of Multiple Nuclear Explosions." *Science* 222(Dec. 23): 1283-1292.

U.N. General Assembly, The. 1976. *Official Records: Thirtieth Session.* Supplement No. 34 (A/10034). New York: United Nations.

U.S. National Foreign Assessment Center, The. 1978. *Korea: The Economic Race between the North and the South.* Washington.

U.S. Office of Technology Assessment. 1980. *The Effects of Nuclear War.* London: Croom Helm.

UNIDIR (ed.). 1990. *Nonoffensive Defense: A Global Perspective.* New York: Taylor & Francis.

United Nations Department for Disarmament Affairs. 1991. *Disarmament: United Nations Regional Disarmament Workshop for Asia and the Pacific.* New York: United Nations.

van Ree, Erik. 1988. *Socialism in One Zone: Stalin's Policy in Korea, 1945-1947.* Amsterdam.

Vayrynen, Raimo. 1985. "Is There a Role for the United Nations in Conflict Resolutions?" *Journal of Peace Research* 22(3): 189-196.

Visuri, Pekka. 1990. "Political Change in Europe and the Idea of Non-Offensive Defence: In Search for New Perspectives." In Aufferman(1990).

Walker, R. B. J. 1990. "Security, Sovereignty, and the Challenge of World Politics." *Alternatives* 15((1): 3-27.

Walker, R. B. J. and Mendlovitz, Saul H. (eds.). 1990. *Contending Sovereignties: Redefining Political Community.* Boulder: Lynne Rienner.

Wallace, Michael C., Crissey, Brian L., and Sennott, Linn I. 1986. "Accidental Nuclear War: A Risk Assessment." *Peace Research Reviews* 10(3): 85-120.

Wallace, Michael D. 1979. "Arms Races and Escalation." *Journal of Conflict Resolution* 23(1): 3-16.

Wallace, Michael D. 1982. "Armaments and Escalation." *International Studies Quarterly* 26(1): 37-56.

Wallensteen, Peter. 1985. "American-Soviet Detente: What Went Wrong?" *Journal of Peace Research* 22(1): 1-8.

Wallensteen, Peter. 1989. "Recurrent Detentes." *Journal of Peace Research* 26(3):

225-231.

Wallerstein, Immanuel. 1992. "The Collapse of Liberalism." In Miliband and Panitch (1992).

Waltz, Kenneth N. 1958. *Man, the State, and War*. New York: Columbia University Press.

Waltz, Kenneth N. 1971. "Conflict in World Politics." In Spiegel and Waltz(1971).

Waltz, Kenneth N. 1979. *Theory of International Politics*. Menlo Park: Addison-Wesley.

Waltz, Kenneth N. 1981. "The Spread of Nuclear Weapons: More May Be Better." Adelphi Paper No. 171.

Waltz, Kenneth N. 1990. "Realist Thought and Neorealist Theory." *Journal of International Affairs* 44(1): 21-37.

Weede, Erich. 1980. "Arms Races and Escalation." *Journal of Conflict Resolution* 24(2): 285-287.

Weede. Erich. 1989. "Extended Deterrence, Superpower Control, and Militarized Interstate Disputes." *Journal of Peace Research* 26(1): 7-17.

Weinstein, Franklin, B. (ed.). 1978. *U.S.-Japan Relations and the Security of East Asia: The Next Decade*. Boulder: Westview Press.

Weinstein, Franklin B. 1982. "The U.S. Role in East and Southeast Asia." In Myers (1982).

Weinstein, Franklin B, and Kamiya, Fuji (eds.). 1980. *The Security of Korea: U.S. and Japanese Perspectives on the 1980s*. Boulder: Westview Press.

Wells, Samuel F. Jr. 1981. "The Origins of Massive Retaliation." *Political Science Quarterly* 96(1): 31-52.

Weston, Burns H. (ed.). 1984. *Toward Nuclear Disarmament and Global Security: A Search for Alternatives*. Boulder: Westview Press.

Weston, Burns H. (ed.). 1990a. *Alternative Security: Living without Nuclear Deterrence*. Boulder: Westview Press.

Weston, Burns H. (ed.). 1990. *Alternative Security: Living Without Nuclear Dilemma in Europe: The German Debate on Non-Offensive Defence*. London: Brassey's.

Weston, Burns H. 1990b. "Law and Alternative Security: Toward a Just World Peace." In Weston(1990a).

Whetten, Lawrence L. 1980. *Germany East and West: Conflicts, Collaboration, and*

Confrontation. New York: New York University Press.

White, Nathan N. 1979. *U.S. Policy Toward Korea: Analysis, Alternatives, and Recommendations*. Boulder: Westview Press.

Whiting, Allen, S. 1960. *China Crosses the Yalu: The Decision to Enter the Korean War*. Stanford: Stanford University Press.

Wiberg, Haakan. 1989. "Balance of Power and Nuclear Deterrence." Working Paper No. 15/1989, Copenhagen: Centre for Peace and Conflict Research.

Wiberg, Haakan. 1989b. "Non-Offensive Defence and the Korean Problem." Working Paper No. 22/1989, Copenhagen: Centre for Peace and Conflict Resolution.

Wiberg, Haakan. 1990a. "New Perspectives on Non-Offensive Defence." Working Paper No. 22/1990, Copenhagen: Centre for Peace and Conflict Research.

Wiberg, Haakan. 1990b. "Can Non-Offensive Defence Improve Arms Reduction?" *Disarmament* 13(1): 83-97.

Wiberg, Haakan. 1990c. "Arms Races — Why Worry?" In Gleditsch and Njolstad (1990).

Wight, Gabriel and Porter, Brian (eds.). 1991. *International Theory: The Three Traditions*. Leicester: Leicester University Press.

Wight, Martin. 1966. "The Balance of Power." in Butterfield and Wight(1966).

Wight, Martin. 1991. "Theory of Diplomacy: Balance of Power." In Wight and Porter (1991).

Wilenski, Peter. 1991. "Reforming the United Nations for the Post-Cold War Era." In Bustelo and Alston (1991).

Williams, Michael C. 1992. "Rethinking the 'Logic' of Deterrence." *Alternatives* 17(1): 67-93.

Williams, Phil. 1987. "Nuclear Deterrence." In Baylis et al.(1987).

Williamson, Paul. 1986. "Accidents and Deliberation as Elements in the Outbreak of War." *Peace Research Reviews* 10(4): 76-83.

Windass, Stan (ed.). 1985a. *Avoiding Nuclear War: Common Security as a Strategy for the Defence of the West*. London: Brassey.

Windass, Stan. 1985b. "Essentials of Defensive Deterrence." In Windass(1985a).

Windass, Stan and Grove, Eric. 1988. *The Crucible of Peace: Common Security in Europe*. London: Brassey's Defence Publishers.

Wiseman, Geoffrey. 1989. *Common Security and Non-Provocative Defence: Alternative*

Approaches to the Security Dilemma. Canberra: Australian National University.

Wurst, Jim. 1992. "A Man, a Plan, Now What?" *The Bulletin of the Atomic Scientists* 48(7): 9-11.

Yang, Youngja and McCormack, Gavan. 1978. "The United States in Korea." In McCormack and Selden(1978).

Ye, Ru'an. 1992. "Historic Transformation of the Korean Peninsula and China's Concerns." Security and the Korean Peninsula in the 1990s 학술대회발표논문(Canberra, March 1992).

Yeon, Ha-Cheon. 1988. "Economy.' In National Unification Board(1988).

Yim, Yong-Soon. 1982. "U.S. Strategic Doctrine, Arms Transfer Policy, and South Korea." In Kwak, T. H. et al.(1982).

Yim, Yong-Soon. 1984. "Issues and Problems of Korean Unification." In Kwak, T. H. et al.(1984).

Young, Oran R.. 1983. "Korean Unification: Alternative Theoretical Perspectives." *Korea and World Affairs* 7(1): 57-80.

Yu, Suk Ryul. 1986. "Unification Strategies of South and North Korea." *Korea and World Affairs* 10(4): 776-797.

Yu, Suk-Ryul. 1988. "Theoretical Approach to South Korea's Unification Policy." *Korea and World Affairs* 12(4): 809-824.

Yum, Hong-Chul. 1988. "Politics." In National Unification Board(1988).

Zagare, Frank C. 1990. "Rationality and Deterrence." *World Politics* 42(2): 238-260.

Zagoria, Donald S. 1983. *North Korea: Between Moscow and Strategic and Domestic Issues*. Berkeley: University of California.

Zhang, Xiaochuan. 1989. "Chinese Nuclear Strategy." In Hao and Huan(1989).

Zimmerman, William. 1981. "The Korean and Vietnam Wars." In Kaplan(1981).

김동성. 1988. 「7.4 남북공동성명의 의의와 평가」, 동아일보사 편(1988). 『통일: 어떻게 할 것인가?』 서울: 동아일보사.

김창원. 1989. 「조선의 평화문제에 관한 고찰」, Research Institute of Peace Policies in Asia-Pacific(1989).

대한민국 동력자원부 및 한국전력공사 편. 1992. 『원자력백서』. 서울.

동아일보사. 1989. 『원자료로 본 북한』. 서울: 동아일보사.

동아일보사 편. 1988. 『통일: 어떻게 할 것인가?』 서울: 동아일보사.

리영희. 1990a. 『자유인, 자유인』. 서울: 범우사.

리영희. 1990b. 「남북한 전쟁능력 비교연구」, 리영희 1990a.

박종렬. 1989. 「이것이 박대통령의 핵무기 개발의 진상이다」. 『신동아』 1989년 4
월 호.

서중석. 1991. 『한국현대민족운동 연구: 해방후 민족국가 건설운동과 통일전선』
(서울: 역사비평사, 1991).

신정현. 1990. 『한반도의 군비통제』. 서울: 예진출판사.

와다 하루끼. (이종석 역). 1992. 『김일성과 만주항일전쟁』. 서울: 창작과 비평사.

∎ 지은이 소개

심재권

전북 삼례에서 태어나 서울대 상대 입학. '71년 '서울대생 내란음모 사건(조영래, 장기표, 이신범, 김근태 등)으로 제적·투옥되었으며, '80년 '김대중 등 내란음모 사건으로 수배·투옥된 후, '83년 안기부의 강요에 의해 강제 출국당함

호주 및 독일 인권단체들의 후원으로 38세에 호주 멜버른 모나쉬대학 청강생으로 공부를 시작, 망명 10여 년 세월 동안 오직 일념으로 나라의 평화와 미래의 설계에 몰두하여, '94년 동대학에서 국제정치학 박사(핵문제 및 평화 이론 전공) 학위 취득

'94년 귀국하여 성공회대학교에 출강했으며, 현재 새정치국민회의 정책위원회 부의장 및 강동(을) 지구당 위원장, 녹색환경연구소(GRI) 연구위원으로 일하고 있다

한반도 평화를 위하여

ⓒ 심재권, 1996

지은이／심재권
펴낸이／김종수
펴낸곳／도서출판 한울

편집책임／이창래

초판 1쇄 인쇄／1996년 3월 18일
초판 1쇄 발행／1996년 3월 29일

주소／120-180 서울시 서대문구 창천동 503-24 휴암빌딩 201호
전화／326-0095(대표)
팩스／333-7543
등록／1980년 3월 13일, 제14-19호

Printed in Korea.
ISBN 89-460-2338-4 93340

* 책값은 겉표지에 있습니다.